BIBLIOGRAPHIE HISTORIQUE
DES FINANCES
DE LA FRANCE
AU DIX-HUITIÈME SIÈCLE

PAR

RENÉ STOURM

Ancien Inspecteur des Finances
Professeur à l'École des Sciences politiques

Editeurs du " Journal des Économistes ", de la " Collection des principaux Économistes ",

PARIS

LIBRAIRIE GUILLAUMIN ET Cie

Editeurs du " Journal des Économistes ", de la " Collection des principaux Économistes "
du " Dictionnaire de l'Économie politique ",
du " Dictionnaire du Commerce et de la Navigation ".

14, RUE RICHELIEU, 14

1895

BIBLIOGRAPHIE HISTORIQUE

DES

FINANCES DE LA FRANCE

AU DIX-HUITIÈME SIÈCLE

DU MÊME AUTEUR :

Les Finances de l'Ancien Régime et de la Révolution, origines du système financier actuel, ouvrage couronné par l'Académie française (prix Thérouanne), deux volumes in-8°, 1885.

L'Impôt sur l'Alcool dans les principaux pays, un vol. in-12, 1886.

Cours de finances. Le Budget, deuxième édition, un vol. in-8°, 1891.

Systèmes généraux d'Impôts, impôt sur le capital, sur le revenu, tarifs progressifs, systèmes radicaux, droits sur les successions, sur les valeurs mobilières, sur les objets de première nécessité, etc., un vol. in-8°, 1893.

BIBLIOGRAPHIE HISTORIQUE

DES FINANCES

DE LA FRANCE

AU DIX-HUITIÈME SIÈCLE

PAR

RENÉ STOURM

Ancien Inspecteur des Finances
Professeur à l'École des Sciences politiques

PARIS

LIBRAIRIE GUILLAUMIN ET Cie

Éditeurs du " Journal des Économistes ", de la " Collection des principaux Économistes ",
du " Dictionnaire de l'Économie politique ",
du " Dictionnaire du Commerce et de la Navigation ".

14, RUE RICHELIEU, 14

1895

PRÉFACE

Nous aurions volontiers intitulé cette bibliographie : *Histoire des finances du dix-huitième siècle par les livres*, car les livres dérivent des événements et reflètent les sentiments publics avec une corrélation si intime, que dresser leur catalogue semble presque faire de l'histoire.

Cependant, à proprement parler, quelle que soit la passion, très légitime d'ailleurs, qu'inspire aujourd'hui *le document*, quelles que soient aussi les illusions d'un bibliographe, les livres, par eux-mêmes, ne font pas l'histoire ; le document, malgré son authenticité, son réalisme, son évidence, ne suffit pas à engendrer la vérité historique.

Au contraire, servi à trop haute dose, comme dans une bibliographie, il risque de dérouter les recherches, de troubler la vue, de fournir des armes à l'erreur, de déconcerter le jugement par sa masse encombrante et disparate, par son abondance et ses contradictions. On ne saurait suivre aveuglément un tel guide.

La vérité se trouve bien au fond du document, mais à l'état confus et incohérent, exigeant pour se manifester d'en être dégagée, par un travail de triage, d'élimination, de discussion, de choix intelligent et raisonné, travail où éclate alors le mérite supérieur, le mérite réel de l'historien, où les qualités propres de son esprit reprennent leur rang, c'est-à-dire le premier rang, où son discernement, sa perspicacité, son bon sens, sa puissance intellectuelle, son génie même, s'il en a, constituent sa prééminence, devant laquelle tout procédé documentaire, si perfectionné soit-il, devra toujours s'incliner.

Cette plaidoirie contre notre propre cause, ce rôle secondaire assigné au document n'empêchent pas de proclamer son importance, importance primordiale, essentielle ; car, sans document, l'histoire n'existerait pas : il en constitue la matière première : c'est le minerai d'or que l'artiste transforme en joyau. Grâce à lui, les assertions et les descriptions s'appuient sur des autorités précises et facilement contrôlables ; le narrateur cesse de marcher à l'aventure au gré de ses impressions ou de son parti pris ; le roman et le pamphlet font place à des exposés scientifiques. Concluons donc que, si le meilleur historien n'est pas celui qui compile le plus, au moins faut-il que d'autres compilent pour lui.

Tout en remplissant ici cette tâche modeste de compilateur, nous avons profité des matériaux qui passaient sous nos yeux pour esquisser à nouveau les idées et les faits déjà retracés et appréciés dans un livre antérieur. Par là notre titre de bibliographie historique se trouve justifié, titre moins ambitieux que n'eût été celui d'histoire par les livres.

Cette bibliographie, dans son exécution, a présenté beaucoup de difficultés imprévues.

Au début, en effet, lorsqu'il ne s'agissait, dans nos suppositions, que de cataloguer les sources de notre précédent livre sur les finances de l'ancien régime et de la révolution, l'œuvre semblait devoir être rapidement terminée.

Mais les notes conservées revirent à peine le jour que de trop nombreuses lacunes, incorrections et insuffisances enlevèrent tout espoir de les utiliser telles quelles. Les *Annales de l'École des sciences politiques* accueillirent alors quatre articles[1] d'une composition entièrement refondue, laquelle, d'après le temps consacré à son établissement, nous sembla mériter les honneurs du clichage.

Hélas ! les formes de ces clichés ont dû être à leur tour abandonnées, tant leur revision, au moment de transformer les articles en volume, fit encore apercevoir de changements et d'additions à opérer. Finalement nous présentons ici un travail tout nouveau ; les matières y semblent réparties dans un ordre meilleur ; les titres d'ouvra... y sont plus complets et

---

1. Annales de l'École libre des Sciences politiques, des 15 juillet 1886, 15 juillet 1887, 15 octobre 1890 et 15 juillet 1891.

plus exacts; surtout des annotations plus développées analysent chacun des principaux écrits. La perfection n'en reste
pas moins toujours certainement bien loin de nous.

Pour établir et reviser ce catalogue, les différents dépôts
publics ont été consultés : bibliothèque nationale, bibliothèque
de la Chambre de commerce de Paris, bibliothèque Carnava-
let, notre propre bibliothèque, etc. Là, nous avons pu lire et
analyser à loisir tous les ouvrages notoires, et même beaucoup
d'autres d'ordre secondaire, ces derniers subsidiairement con-
trôlés dans divers catalogues de Jacques Lelong, de Morellet,
de Barbier, de Quérard, de Brunet, etc., dans les revues et
dans les journaux du temps, dans les nombreuses publications
sur la Révolution, dans les recueils biographiques, etc. Si la
période du Directoire a reçu des développements un peu trop
étendus, cela tient à l'étude spéciale que nous en poursuivions
corrélativement, à titre de préambule de l'histoire des finances
du Consulat.

Ces recherches, comme nous le disions, ont été forcément
très longues, mais leur attrait ne fait pas regretter le temps
qui leur a été consacré.

Mai 1895.

BIBLIOGRAPHIE HISTORIQUE

DES

FINANCES DE LA FRANCE

AU DIX-HUITIÈME SIÈCLE

PRÉAMBULE

Les dernières années du règne de Louis XIV inaugurent le dix-huitième siècle, avec leur cortège de misères, de détresse financière, de faillites, d'expédients désastreux, tels que ventes d'offices, surhaussements de monnaies, anticipations, etc., mis en usage jusqu'en 1715. Sous la Régence survient inopinément la richesse factice, issue des folies de la spéculation, des abus du crédit, surexcités par le système de Law, pour aboutir à de trop célèbres catastrophes. Le règne de Louis XV, malgré certaines tentatives aussitôt réprimées de suppression des privilèges fiscaux, laissa subsister tous les maux dont souffrait la nation. Sa longue durée a pour seul avantage de permettre d'étudier à loisir le fonctionnement de l'administration financière de l'ancien régime, jusqu'au contrôleur général Terray, fameux par la série de ses impudentes banqueroutes.

Cependant l'esprit de réforme, au cours de cette période, ne s'en propage pas moins dans le sein du public, sous l'inspiration des philosophes et des économistes. Dès l'avènement de Louis XVI, Turgot, puis Necker occupent le ministère. Les assemblées provinciales et l'assemblée des notables sont réunies. Enfin, la nation tout entière appelée à exprimer officiellement ses vœux, charge l'assemblée constituante de rédiger les lois d'impôts, origine de nos institutions actuelles. Malheureusement, la Révolution s'adonne aux plus funestes expériences : papier-monnaie, emprunts forcés et progressifs, contributions arbitraires, confiscations, jurys d'équité, jusqu'à ce qu'apparaisse, aux derniers jours, un ordre nouveau.

Quelle étonnante diversité de faits et d'idées embrasse cette revue des finances françaises, depuis Louis XIV jusqu'à Napoléon, simple rapprochement de noms qui mesure le chemin parcouru ! L'observateur de tant d'événements, le lecteur de tant d'écrits, d'espèces si variées, souvent si étranges, extrêmes en tous genres, voit se dérouler, dans cette immense et exceptionnelle enquête, les exemples les plus frappants, les enseignements les plus décisifs.

L'inventaire de telles richesses semblait donc mériter la peine que nous avons prise à le dresser, peine assez considérable, non seulement par le fait de la compilation ou de la lecture d'une grande masse de documents, mais surtout en raison de la forme historique, nouvelle peut-être, que nous avons essayé de donner à ce travail.

Nous tentons, en effet, de rédiger autre chose qu'une simple nomenclature.

Notre livre voudrait entreprendre une sorte de voyage raisonné à travers les publications financières parues au cours du dix-huitième siècle ou postérieurement à son sujet, en rattachant les événements successifs aux écrits qu'ils ont provoqués, en cherchant surtout à distinguer parmi ces écrits ceux qui méritent d'émerger de la foule.

Dans ce but, afin de mettre en vedette les sources particulièrement recommandables, nous les signalerons par des commentaires spéciaux. C'est le procédé le plus simple et le plus efficace en même temps, semble-t-il.

Ces commentaires figureront, suivant les cas, ou bien dans le texte courant en haut des pages à côté des indications historiques, ou bien en note, entre parenthèses, à la suite des mentions bibliographiques.

De même qu'un *guide* arrête le voyageur devant les plus beaux sites pour se livrer à leur description, de même nous retiendrons l'explorateur des bibliothèques du dix-huitième siècle en face des ouvrages les plus notoires, afin de lui montrer en quoi ces ouvrages saillants méritent de frapper son esprit.

Quant aux publications d'ordre secondaire, elles ne représenteront plus, si l'on poursuit la comparaison, que ces paysages vulgaires, à travers lesquels le touriste passe sans séjourner, ou qu'il embrasse d'un coup d'œil du haut de quelque sommet.

Les publications secondaires, cependant, par leur nombre, par la répétition des idées qui y sont contenues, par le fait du public dont elles émanent, par l'écho des sentiments populaires dont elles traduisent les mille voix, constituent l'accompagnement, la préparation, l'air ambiant des écrits plus retentissants cotés à part. Leur intérêt ne saurait donc être méconnu, bien que nous nous bornions à cataloguer simplement leur titre, sans autre commentaire. Tocqueville a dit, dans l'avant-propos de *l'Ancien régime et la Révolution* : « Je n'ai pas seulement « relu les livres célèbres que le dix-huitième siècle a pro- « duits ; j'ai voulu étudier beaucoup d'ouvrages moins « connus et moins dignes de l'être, mais qui, composés « avec peu d'art, trahissent mieux encore peut-être les « vrais instincts du temps. »

Pour les uns comme pour les autres, spécialement pour

les derniers, nous no prétendons pas avoir dressé une nomenclature complète, co qui no serait, d'ailleurs, ni possible, ni même désirable [1]. Peu d'omissions non intentionnelles cependant doivent subsister, nous l'espérons.

Espérons, en outre, que ce travail, s'il est bien établi [2],
facilitera aux érudits l'accès du champ relativement peu
exploré dos finances du xviiie siècle.

La présente bibliographie comprend deux parties :

Dans la première figureront les ouvrages d'un caractère
général, qui se rapportent soit au xviiie siècle tout entier,
soit à l'ensemble de l'une de ses deux grandes périodes :
l'ancien régime ou la révolution.

La seconde partie aborde la suite chronologique des
publications écloses à l'occasion des événements successifs depuis 1700 jusqu'à 1800, avec commentaires, comme
il a été dit, pour les écrits qui semblent en mériter, et
avec rappel, à l'occasion, des documents généraux de la
première partie.

Cette seconde division sera la plus remplie.

---

1. Quoi qu'on fasse, un catalogue bibliographique demeurera toujours
plus ou moins incomplet. Il faut en prendre son parti, et même il faut
savoir ajouter aux omissions involontaires des omissions intentionnelles.
A quoi bon, par exemple, cataloguer l'ouvrage suivant publié à propos
des réformes financières du contrôleur général de Silhouette : *Lettre
d'une comédienne à une danseuse de l'Opéra et Réponse d'une danseuse
de l'Opéra à une comédienne ?* Le titre semble piquant, mais ce serait
rendre un mauvais service au lecteur que de l'engager à consulter de
pareilles pauvretés.

2. D'excellents modèles de bibliographie nous sont fournis par la
*Bibliothèque choisie des livres de droit qu'il est le plus utile d'acqué-
rir et de connaître,* insérée dans le second volume de la *Profession
d'avocat* de Dupin aîné, et par le *Catalogue raisonné des principaux
ouvrages d'économie politique,* qui termine l'*Histoire de l'Économie
politique* de Blanqui, ainsi que par l'ouvrage suivant de M. Monod :
Bibliographie de l'histoire de France, catalogue méthodique et chronologique des sources et des ouvrages relatifs à l'histoire de France depuis
les origines jusqu'en 1789, par G. Monod, maître de conférences à
l'Ecole normale supérieure. Paris, 1888, in-8°.

PREMIÈRE PARTIE

FINANCES DU DIX-HUITIÈME SIÈCLE DANS LEUR ENSEMBLE

CHAPITRE I

HISTOIRES POLITIQUES DU XVIIIe SIÈCLE

Les histoires politiques consacrent nécessairement de
nombreux chapitres aux questions financières, surtout
lorsque les finances deviennent la cause déterminante des
grands événements publics. D'un autre côté, comme on
ne saurait comprendre les finances en dehors du cadre de
la politique qui les enserre, l'étude des œuvres des principaux historiens s'impose ici en première ligne. Mais
cette étude, qui fait nécessairement partie du bagage préalable de tout homme instruit, peut demeurer très sobre-
ment documentée.

Notons seulement que l'*Histoire du dix-huitième siècle*,
par Ch. Lacretelle [1], clairement divisée, fait bien ressortir
l'importance relative des questions financières dans la suite
des événements politiques, et forme l'accompagnement
naturel de cette bibliographie jusqu'en 1789. On peut encore utiliser les derniers volumes de la grande *Histoire*

---

1. Histoire de France pendant le xviiie siècle, par Charles Lacretelle,
membre de l'Académie française. Paris, 1844, 6 vol. in-8°. Sixième édition. Première édition en 1808. (Se termine à l'ouverture des États généraux de 1789. Table alphabétique des matières à la fin du 6° volume.
Une suite contenant l'histoire de la Révolution française, en 8 volumes,
a paru de 1821 à 1827, et forme les tomes VII à XIV.)

de France par Henri Martin [1], qui, comme la précédente, s'arrête à 1789.

Parmi les historiens généraux de la Révolution, Thiers restera certainement le plus compétent et le plus lumineux pour quiconque s'intéresse particulièrement aux questions de finances, bien que, dans le présent ouvrage [2], l'auteur ne leur donne qu'une place beaucoup moins prépondérante qu'il ne l'a fait depuis dans son histoire du Consulat et de l'Empire. Ainsi, les grands travaux financiers de la Constituante sont à peine indiqués, au cours du seul volume, sur dix, consacré à cette assemblée. Les détails deviennent plus complets pour la Convention et le Directoire. En outre, l'esprit de parti dicte souvent au jeune écrivain de la Restauration de trop indulgentes appréciations en faveur des émissions de papier-monnaie et des faillites qui en dérivent.

L'histoire de Mignet [3] jouit d'une réputation méritée. Celle de Sybel [4], savant allemand, s'appuie sur de nombreux et intéressants documents. Les *Tableaux de la Révolution* de Schmidt et son *Paris pendant la Révolution* [5]

1. Histoire de France depuis les temps les plus reculés jusqu'en 1789, par Henri Martin. Quatrième édition. Paris, 1857-1861, 16 vol. gr. in-8°, plus un vol. de table analytique, en tout 17 vol. (Les tomes XIV, XV et XVI sont consacrés au xviii° siècle jusqu'en 1789.)

2. Histoire de la Révolution française, par MM. A. Thiers et Félix Bodin (1re édition). Paris, 1823-1827, 10 vol. in-8°. (A partir du 3e volume, en 1824, le nom de Thiers reste seul. Très nombreuses éditions successives en tous formats.)

3. Histoire de la Révolution française, par F.-A. Mignet, 1824, 2 vol. in-8°.

4. Histoire de l'Europe pendant la Révolution française, par H. de Sybel, directeur des archives royales, membre de la chambre des députés de Prusse et de l'Académie des sciences de Berlin. Traduit de l'allemand. Paris, 1869-1888, 6 vol. in-8°.

5. Tableaux de la Révolution française, par Adolphe Schmidt, professeur d'histoire à l'université d'Iéna. Leipzig, 1867-1870, 3 vol. in-8°.

Adolphe Schmidt. Paris pendant la Révolution, d'après les rapports de la police secrète. 1789-1800. Traduction française accompagnée d'une préface par Paul Viollet. Paris, 1880-1894, 4 vol. in-8°. (Tome Ier : Affaires

décrivent, d'après les rapports de la police, l'explosion de murmures, do plaintes et de sarcasmes provoqués dans les carrefours et les cafés par la dépréciation des assignats, les lois d'impôts, les emprunts forcés, le maximum, la disette et la misère.

Enfin, parmi beaucoup d'autres entre lesquels le choix est difficile [1], deux ouvrages ont droit à une mention particulière : *l'Ancien régime et la Révolution*, par Tocqueville [2], célèbre et éloquent tableau de la marche des idées

---

politiques. Tomes II et III : Affaires sociales. Nombreux détails sur les émissions d'assignats, la dépréciation des monnaies, la misère, les souffrances publiques, les effets du maximum, les emprunts forcés, l'agiotage, etc. Tome IV : Affaires religieuses; instruction publique. Table alphabétique générale.)

1. Précis historique de la Révolution française (assemblée constituante), par Rabaut-Saint-Etienne. Paris, 1792, 2 vol. in-18.

Précis historique de la Révolution française, par Lacretelle jeune (suite du précédent). — Assemblée législative. 1801, in-18. — Convention, 1806, 2 vol. in-18. — Directoire exécutif, 1806, 2 vol. in-18.

Histoire de la Révolution française, par M. Necker (nouvelle édition). Paris, 1821, 4 vol. in-16.

Considérations sur la Révolution française, par Mme de Staël, ouvrage posthume publié en 1818 par le duc de Broglie et le baron de Staël (nouvelle édition). Paris, 1861, 2 vol. in-12.

Histoire de la Révolution française, par J. Michelet. Paris, 1868, 6 vol. in-8o.

La Révolution, par Edgard Quinet. Paris, 1865, 2 vol. in-8o.

Histoire de la Révolution française, par Louis Blanc, 1847-1862, 12 vol. in-8o.

Histoire de la Révolution et de l'Empire, par Amédée Gabourd. Paris, 1846-1851, 10 vol. in-8o.

Essai historique et critique de la Révolution française, par M. P. P. (Pierre Paganel), ex-législateur. Paris, 1815, 3 vol. in-8o.

Histoire générale et impartiale des erreurs, des fautes et des crimes commis pendant la Révolution française (par Prudhomme). Paris, an V, 6 vol. in-8o.

Alison (Archibald), Histoire de l'Europe depuis le commencement de la Révolution française, en 1789, jusqu'à la chute de la Convention. Traduction de l'anglais. Bruxelles, 1855, 7 vol. in-8o.

La chute de l'ancien régime (1787-1789), par Aimé Chérest. Paris, 1884-1886, 3 vol. in-8o.

2. L'ancien régime et la Révolution, par Alexis de Tocqueville, de

au xviiie siècle, démontrant qu'un enchaînement logique de causes et d'effets relie les institutions successives de la France avant et après 1789, et *les Origines de la France contemporaine*, par H. Taine [1], où le maître soumet à la puissance de son analyse tous les ressorts du mécanisme social actuel, y compris les ressorts financiers, dont le rôle lui paraît, à juste titre, prééminent.

---

l'Académie française. Paris, 1856, in-8°. (Deuxième édition la même année 1856. Autres éditions successives.)

Fragments de l'ouvrage qui devait faire suite à l'Ancien régime et la Révolution, insérés dans les œuvres et correspondances inédites d'Alexis de Tocqueville, publiées et précédées d'une notice par Gustave de Beaumont. Paris, 1861, 2 vol. in-8°.

État social et politique de la France avant et depuis 1789. Chapitres inédits de l'ouvrage destiné à faire suite au livre l'Ancien régime et la Révolution, etc. Tome VIII des œuvres complètes d'Alexis de Tocqueville publiées par Mme de Tocqueville. Paris, 1865, in-8°.

1. Les origines de la France contemporaine, par H. Taine. Paris, 1875-1894, 6 vol. in-8°. (L'Ancien régime : 1 vol., 1875. La Révolution : 3 vol., 1878-1884. Le Régime moderne : 2 vol., 1891-1894.)

CHAPITRE II

Peu d'ouvrages embrassent d'un seul trait la suite des finances à travers tout le xviiie siècle.

En général, la Révolution de 1789, comme un mur infranchissable, devient le terme ou le point de départ de tous les travaux historiques. Cependant, avons-nous dit, un lien continu joint les deux époques.

C'est le sentiment de cette continuité qui guide M. Octave Noël dans son étude sur l'organisation financière de la France[1], M. de Nervo dans ses *Etudes historiques*[2], et M. Fournier de Flaix, dans son intéressant exposé des théories fiscales et des impôts aux xviie et xviiie siècles[3]. D'autres traités plus spéciaux[4] traversent aussi le xviiie siècle tout entier.

En 1863, l'Institut ayant adopté comme sujet de concours « L'impôt avant et depuis 1879 », le rapport de

---

1. Etude historique sur l'organisation financière de la France, par Octave Noël. Paris, 1881, in-12. (Onze chapitres consacrés successivement à chacune des branches de l'administration financière. 504 pages.)

2. Etudes historiques. Les finances françaises sous l'ancienne Monarchie, la République, le Consulat et l'Empire, par le baron de Nervo, receveur général. Paris, 1863, 2 vol. in-8o.

3. La réforme de l'impôt en France, par Fournier de Flaix. Paris, 1885, 1er vol. paru, in-8o.

4. Histoire des impôts indirects depuis leur établissement aux premiers temps de la monarchie jusqu'à leur reconstitution à l'époque impériale, par Auguste Rousset et Louiche-Desfontaines. Paris, 1883, in-8o.

Étude sur les tarifs de douanes et sur les traités de commerce, par M. Amé, directeur général des Douanes. Imp. Nat., 1876, 2 vol. grand in-8o.

M. Vuitry[1] explique magistralement les relations existant entre les deux parties de la question, et l'unité qui ressort de son apparente dualité.

J'ai cherché, de mon côté, à déterminer la soudure qui rattache l'ancien système financier au système actuel, dans un ouvrage[2] qu'on me permettra de citer encore au cours de cette bibliographie.

L'*Histoire du droit français*, par M. Laferrière[3], suit le même ordre d'idées à l'égard des matières de droit et d'administration, lesquelles s'étendent souvent aux questions financières, notamment dans le second volume.

Les ouvrages d'économie politique et de finances de Blanqui[4], de Joseph Garnier[5], de Batbie[6], de Parieu[7], de MM. Paul Leroy-Beaulieu[8], Gustave du Puynode[9], du marquis d'Audiffret[10], le Dictionnaire des finances[11] et le

---

1. Rapport sur le concours relatif à l'impôt avant et depuis 1789, par M. Vuitry, lu dans les séances de l'Académie des sciences morales et politiques des 28 février et 14 mars 1863. Mémoires de l'Institut, tome XII.

2. Les finances de l'ancien régime et de la Révolution. Origines du système financier actuel, par René Stourm. Paris, 1885, 2 vol. in-8º.

3. Histoire du droit français, par F. Laferrière. Paris, 1838, 2 vol. in-8º.

4. Histoire de l'économie politique, par Blanqui aîné, de l'Institut. Paris, 2 vol. in-8º. Cité plus loin.

5. Traité des finances, par Joseph Garnier. Paris (4e édition), 1885, in-8º.

6. Mélanges d'économie politique. Mémoire sur l'impôt avant et depuis 1789, par Batbie. Paris, 1865, in-8º.

7. Traité des impôts, par Esquirou de Parieu. Paris, 1864, 5 vol. in-8º.

8. Traité de la science des finances, par M. Paul Leroy-Beaulieu, membre de l'Institut. 5e édition. Paris, 1892, 2 forts vol. in-8º.

9. De la monnaie, du crédit et de l'impôt, par M. du Puynode, 2e édit., Paris, 1863, 2 vol. in-8º.

10. Système financier de la France, par le Mis d'Audiffret. Paris, 1854-1870, 6 vol. in-8º.

11. Dictionnaire des finances, publié sous la direction de M. Léon Say..., par MM. Louis Foyot et A. Lanjalley. Paris, 1889-1894, 2 forts vol. grand in-8º. (Les articles sur les matières financières remontent aux origines antérieures au siècle.)

nouveau Dictionnaire d'économie politique[1], renferment de nombreux passages se rattachant à l'ancien régime et à la Révolution.

Il n'en est pas moins vrai, comme nous le disions au début, que peu d'historiens ont étudié dans leur ensemble les finances du xviiie siècle, et franchi, sans s'arrêter, la barrière de 1789.

Nous pourrions sans doute citer encore l'histoire financière de Bresson[2], qui passe en revue assez superficiellement les ministres des finances et leurs actes, depuis l'origine jusqu'à de Villèle, l'*Essai sur le revenu* de Ganilh, qui traverse aussi le xviiie siècle et même empiète sur le suivant, très estimable traité dont il est toutefois difficile d'extraire des renseignements précis[3], l'histoire financière d'Alexis Monteil, qui revêt, comme toutes les œuvres de l'auteur, une forme plutôt originale que didactique[4], la *Théorie du crédit public* de Hennet, où d'habiles chercheurs comme Pierre Clément ont su puiser avec

---

1. Nouveau dictionnaire d'économie politique, publié sous la direction de M. Léon Say... et de M. Joseph Chailley. Paris, 1891-1892, 2 forts vol. gr. in-8o. (Nombreux articles biographiques sur les écrivains économiques du xviiie siècle, sans parler des articles de fond où les questions économiques sont traitées historiquement.)

2. Histoire financière de la France depuis l'origine de la monarchie jusqu'à l'année 1828, par Jacques Bresson. Paris, 2e édition, 1840, 2 vol. in-8o.

3. Essai politique sur le revenu public, depuis le milieu du xve siècle jusqu'au xixe, par M. Ch. Ganilh, avocat, ex-tribun. Paris, 1806, 2 vol. in-8o.

4. Histoire financière de la France, depuis les premiers temps de la monarchie jusqu'à nos jours, par Alexis Monteil, avec introduction, supplément et notes par Ch. Louandre. Paris, 1872, in-12. (L'histoire des Français des divers états, d'Alexis Monteil, comprend un volume intitulé Finances, que M. Ch. Louandre présente à part et annote. On y trouve, au sujet du xviiie siècle, des notices humoristiques sur les financiers et les économistes, les divers impôts, les opérations de la Révolution, etc., avec des pièces annexes.)

succès [1], l'*Histoire de l'Administration en France* par Anthelme Costaz [2], etc. [3].

Mais pour découvrir de plus amples richesses, il va falloir, à l'exemple de la majorité des auteurs eux-mêmes, étudier séparément l'ancien régime et la Révolution.

Recherchons donc d'abord les documents financiers généraux applicables à l'ancien régime, en distinguant les écrits modernes et les écrits du temps.

---

1. Théorie du crédit public, par M. le chevalier Hennet, commissaire royal du cadastre. Paris, 1816, in-4º. (Une grande partie des 587 pages de cet in-4º est consacrée à l'histoire des finances du dix-huitième siècle, par ministre. Il y aurait eu là matière à un volume spécial. A signaler les articles sur Desmaretz, Noailles, Orry, Machault, Silhouette, Terray, Necker, Clavière, Destournelles (avec de curieux souvenirs personnels), Ramel. Autre chapitre sur les finances de l'Angleterre de 1272 à 1815.)

2. Histoire de l'administration en France, par Anthelme Costaz. Paris, 1832, 2 vol. in-8º. (Ouvrage que Michel Chevalier cite avec éloges et qui contient en effet de nombreux renseignements sur le commerce, l'industrie et l'agriculture au xviiiᵉ siècle.)

3. Histoire générale des finances de la France, par Arnould, 1806, in-4º, cité plus loin.

Etude sur les impôts et les budgets, par Félix Cohen, auditeur au conseil d'État. Paris, 1865, 1 vol. gr. in-8º. (Historique résumé des anciens impôts.)

La dette publique. Histoire de la rente française. Par M. J.-M. Gorges. Paris, 1884, in-12 (390 pages).

Histoire de la dette publique en France, par A. Wuhrer. Paris, 1886, 2 vol. in-8º. (Le premier volume poursuit l'histoire de la dette jusqu'à la chute du Directoire.)

Les finances de la France. La rente et l'impôt. Leur origine. Leur histoire, par Alfred Joubert. Paris, 1893, in-12. (Histoire rapide des finances depuis les premiers rois jusqu'à nos jours, 520 pages.)

CHAPITRE III

§ 1er. — Ouvrages modernes relatifs aux finances de l'ancien régime.

1° EXPOSÉS GÉNÉRAUX DES FINANCES DE L'ANCIEN RÉGIME

Le meilleur recueil à consulter pour de fréquentes et
rapides recherches est l'histoire classique des finances de
l'ancien régime par Bailly[1].

L'*Histoire de l'impôt*, par M. Clamageran[2], conscien-
cieux travail, dont l'éloge n'est plus à faire, traite du
XVIIIe siècle dans son tome troisième. L'ouvrage de
M. Gomel sur les *Causes financières de la Révolution*
termine le sujet de l'ancien régime avec son tome second[3].
Les hautes fonctions remplies par M. Bouchard ne l'ont pas

---

1. Histoire financière de la France, depuis l'origine de la monarchie
jusqu'à la fin de 1786 par M. A. Bailly, inspecteur général des finances.
Paris, 1839, 2 vol. in-8°. (Le second volume, consacré au XVIIIe siècle,
se termine par 172 pages de tableaux et états de développements sur les
opérations du Trésor et sur les diverses impositions existant avant 1789.)
2. Histoire de l'impôt en France, par Clamageran, docteur en droit.
Paris, 1867-1876, 3 vol. in-8°.
3. Les causes financières de la Révolution française, par Charles Gomel. Paris, 1892-1893, 2 vol. in-8° (1er volume : Les ministères de Turgot
et de Necker. 2e volume : Les derniers contrôleurs généraux).

empêché de tracer l'exposé du système financier de l'ancienne monarchie en un important volume[1].

La mort n'a malheureusement pas permis à M. Vuitry de poursuivre jusqu'au XVIIIe siècle ses *Études sur le régime financier de la France*, qui s'arrêtent après les trois premiers Valois. Les monographies fiscales de M. Alph. Callery, éparses au cours de cette bibliographie, sont destinées à constituer l'histoire des Institutions financières de l'ancienne France.

Paul Boiteau a dressé un bilan complet du pays avant la Révolution[2]. En 1841, Raudot l'avait devancé[3]. D'autres exposés récapitulatifs sont à citer[4], dont quelques-uns composés par de savants publicistes contemporains, à l'occasion du centenaire[5].

1. Système financier de l'ancienne monarchie, par L. Bouchard, président à la Cour des comptes. (Administration générale. Recettes. Dépenses. Contrôle.) Paris, 1891, in-8°.

2. État de la France en 1789, par Paul Boiteau. Paris, 1861, in-8°. (Nouvelle édition en 1889 de cet ouvrage très souvent cité, avec notice par M. Léon Roquet, et annotations de M. Grassoreille.)

3. La France avant la Révolution. Son état politique et social en 1787, à l'ouverture de l'assemblée des notables, et son histoire depuis cette époque jusqu'aux États généraux, par M. Raudot, ancien magistrat. Paris, 1841, in-8°.

4. Dictionnaire abrégé de la France monarchique, par P.-A. Guéroult. Paris, en X, in-8°. (Manuel sommaire des institutions de l'ancien régime.)

La France législative, ministérielle, judiciaire et administrative sous les quatre dynasties, par Viton de Saint-Allais. Paris, 1813, 4 vol. in-18.

Recherches sur l'origine de l'impôt en France, par Potherat de Thou. Paris, 1838, in-8° (Chapitres spéciaux sur l'état financier avant la Révolution. 363 pages.)

La France en 1789, la société, le Gouvernement, l'Administration, avec cartes des traites et gabelles, d'après Necker, par Alfred Pizard. Paris, 1882, in-16.

L'ancienne France. La justice et les tribunaux. Impôts, monnaies, finances. Paris, 1888, gr. in-8°. (Intéressant, anecdotique, gravures.)

5. Un centenaire économique. 1789-1889. Communication faite à la société de statistique de Paris, par M. Alfred Neymarck. Paris, 1889, in-8°.

Les contributions de la France à cent ans de distance, 1789-1889, par M. le comte de Luçay. (Extrait de la Réforme sociale.) Paris, 1891, in-8°

Albert Babeau, correspondant de l'Institut. Paris en 1789. Ouvrage

Montcloux, ancien fonctionnaire du ministère des finances, a consacré divers chapitres de son traité de la comptabilité publique[1] aux budgets, aux impôts et aux juridictions financières de l'ancien régime.

Les préambules des histoires de la Révolution de Louis
Blanc[2], de Michelet[3], de Lanfrey[4], différentes histoires
de Louis XV[5] et de Louis XVI[6], *l'Esprit révolutionnaire
avant la Révolution* de M. Félix Rocquain[7], la préface
des *Assemblées provinciales* par Léonce de Lavergne[8], *les
Économistes français au xviiie Siècle* par le même[9], *les
Physiocrates* par M. Schelle[10], *la France industrielle en
1789* par M. Levasseur[11], *l'Administration de l'agricul-*

---

illustré de 96 gravures sur bois et photogravures, d'après les estampes
de l'époque. Paris, 1889, in-16.

1. De la comptabilité publique en France, par H. de Montcloux. Paris, 1840, in-8o. (Annexes spéciales relatives aux impôts, budgets et
comptabilité de l'ancien régime.)

2. Histoire de la Révolution française, par Louis Blanc, déjà citée.

3. Histoire de la Révolution française, par Michelet, déjà citée.

4. Essai sur la Révolution française, par Lanfrey. Paris, 1858, in-8o.

5. Précis du règne de Louis XV, par M. de Voltaire... Genève, 1769,
2 vol. in-12 (beaucoup d'autres éditions).
Histoire philosophique du règne de Louis XV, par le comte de Tocqueville. Paris, 1847, 2 vol. in-8o.

6. Histoire du règne de Louis XVI pendant les années où l'on pouvait
prévenir et diriger la Révolution, par Joseph Droz. Paris, 1839-1842,
3 vol. in-8o.
Louis XVI et ses vertus aux prises avec la perversité de son siècle,
par l'abbé Proyart. Paris, 1808, 5 vol. in-8o.

7. L'esprit révolutionnaire avant la Révolution. 1715-1789, par Félix
Rocquain. Paris, 1878, gr. in-8o. (Histoire des précédents révolutionnaires sous la régence, Louis XV et Louis XVI, jusqu'aux États généraux. Liste des livres condamnés de 1715 à 1789.)

8. Les assemblées provinciales sous Louis XVI, par Léonce de Lavergne. Paris, 1863, in-8o.

9. Les économistes français au xviiie siècle, par Léonce de Lavergne.
Paris, 1870, in-8o.

10. Ouvrages de M. Schelle sur les physiocrates et sur du Pont de
Nemours, cités plus loin.

11. La France industrielle en 1789, par M. E. Levasseur. Mémoire lu à
l'Académie des sciences morales et politiques dans les séances des 8,

ture au contrôle général par MM. Pigeonneau et de Foville[1], l'*Histoire de l'économie politique* par Blanqui[2] et par
Frédéric Passy[3], *les Réformes de Louis XVI* par M. Semichon[4], *la Révolution française et la féodalité* par
M. Henri Doniol[5], etc.[6], certaines autres publications économiques d'une grande valeur[7], réservent aux finances
une place souvent très étendue dans leurs considérations
générales sur la société avant 1789.

---

29 avril, 6 et 13 mai 1865. Paris, 1865, in-8º. (L'industrie, les privilèges,
la corporation, la manufacture, les ouvriers, les réformes. Suite de
l'Histoire des classes ouvrières, célèbre ouvrage de l'auteur, 154 pages.)

1. L'administration de l'agriculture au contrôle général des finances
(1785-1787), par Henri Pigeonneau et Alfred de Foville. Paris, 1882,
in-8º.

2. Histoire de l'économie politique, par Blanqui, 2 vol. in-12.

3. Un coup d'œil sur l'histoire de l'économie politique, par M. Frédéric Passy. Discours à l'association française pour l'avancement des
sciences. Rouen, 1883.

4. Réformes sous Louis XVI, par M. Semichon. Paris, 1876, in-8º.

5. La Révolution française et la féodalité, par M. Henri Doniol. 2ᵉ édition. Paris, 1876, in-8º.

6. La finance d'autrefois, par Émile Paz et Louis Gratien. Paris,
1892, in-12. (Ce livre vulgarise, sans omettre la partie anecdotique, les
notions financières relatives à l'ancien régime : Autour du système de
Law, les contrôleurs généraux des finances, les financiers à la Bastille,
un budget de l'ancienne monarchie, les fermiers généraux, les intendants des provinces.)

7. Faits, calculs et observations sur la dépense d'une des grandes
administrations de l'État à toutes les époques, depuis le règne de
Louis XIV et inclusivement jusqu'en 1825, suivi d'un appendice sur la
progression des dépenses dans la succession des temps et de tableaux du
prix des principaux objets de consommation à la fin du xviiᵉ siècle, par
le comte d'Hauterive, membre de l'Institut. Paris, 1828, in-8º. (Le titre
indique suffisamment le contenu de l'ouvrage, qui traite spécialement de
l'administration des affaires étrangères, en généralisant son sujet. Documents curieux. Relevé des prix successifs du marc d'argent, 160 pages.)

Le pacte de famine, l'administration du commerce, par Léon Biollay.
Paris, 1885, in-8º.

Études économiques sur le xviiiᵉ siècle. Les prix en 1790, par M. Léon
Biollay. Paris, 1886, in-8º. (Travail érudit de 508 pages.)

La population française. Histoire de la population avant 1789, par E.
Levasseur, membre de l'Institut. Paris, 1889-1892, 3 vol. in-8º. (Grand
ouvrage dont l'éloge a été justement prononcé au sein même de
l'Institut.)

Divers autres ouvrages modernes consacrés à des catégories de fonctionnaires, d'institutions, d'impôts, etc.,
constituent des monographies qui affectent cependant un
caractère général.

A. — Intendants, secrétaires d'État, fermiers généraux.

MM. d'Arbois de Jubainville[1], Albert Babeau[2], de Luçay[3],
Capefigue[4], Pierre Clément[5], Delahante[6], Vme de Janzé[7],

---

1. L'administration des intendants d'après les archives de l'Aube, par
H. d'Arbois de Jubainville. Paris, 1880, in-8°. (Chapitres décrivant,
avec exemples locaux, le mécanisme de la taille, de la capitation, des
vingtièmes, etc.)
Collection des inventaires-sommaires des archives départementales
antérieures à 1790. Aube. Troyes, 1864, in-fol. (Introduction par
M. d'Arbois de Jubainville, contenant des détails techniques sur les
tailles, les vingtièmes, les droits domaniaux, etc., et autres parties de
l'administration des intendants.)
2. La province sous l'ancien régime, par Albert Babeau. Paris, 1894,
2 vol. in-8°.
3. Des origines du pouvoir ministériel en France. Les secrétaires
d'Etat depuis leur institution jusqu'à la mort de Louis XV, par le
comte de Luçay. Paris, 1881, in-8°. (Etude sur les contrôleurs généraux
du xviii° siècle jusqu'à Louis XVI et sur l'organisation du contrôle général des finances.)
4. Histoire des grandes opérations financières. I. Les fermiers généraux depuis le xviii° siècle jusqu'à leur mort sur l'échafaud, le 15 mai
1794, par M. Capefigue. Paris, 1855, in-8°. (Renseignements superficiels,
mais présentés sous une forme originale. Réhabilitation paradoxale de
Terray et de Calonne.)
5. M. de Silhouette, Bouret, les derniers fermiers généraux, par Pierre
Clément, Alfred Lemoine. Paris, 1872, in-12. Cité plus loin.
6. Une famille de finances au xviii° siècle, par M. Adrien Delahante.
Deuxième édition. Paris, 1881, 2 vol. in-8°. (Mémoires et lettres de deux
fermiers généraux de la famille Delahante, au moyen desquels l'auteur
a reconstitué l'existence, les attributions et les travaux des financiers de
la fin du xviii° siècle.)
7. Les financiers d'autrefois. Fermiers généraux, par la vicomtesse
Alix de Janzé. Paris, 1886, in-8°. (Biographies anecdotiques de Samuel
Bernard, les frères Paris, La Popelinière, Dupin, Helvétius, Bouret,

etc. [1], étudient spécialement les intendants, secrétaires d'État, et fermiers généraux. La notoriété des auteurs dispense ici de souligner par aucun commentaire ces travaux intéressants à tous les points de vue.

Ajoutons, en ce qui concerne les fermes générales, les écrits de Lavoisier, que M. Grimaux vient de rééditer, dans une collection d'œuvres complètes qui sera citée plus loin [2].

B. — Chambres des comptes, parlements, consignations.

Les Chambres des comptes, parlements, etc., ont fait l'objet de publications intéressantes par Mérilhou, Alphonse Callery, de Coral, de Boislisle, Biollay, etc. [3].

Boutin, etc., fournissant de nombreux détails sur les mœurs et le genre de vie des fermiers généraux.)

1. Voir plus loin :

L'Enregistrement et la ferme générale, par M. Besson.

Une direction de l'enregistrement du temps de la ferme générale, par M. Chardon.

Déjà cité :

La finance d'autrefois, par Emile Paz et Louis Gratien.

2. Voir plus loin à son ordre chronologique :

Calculs des produits de différents baux de la ferme générale, par Lavoisier. 1774.

Réponse aux inculpations, par Lavoisier, 1794.

---

3. Etude sur la Chambre des comptes de Paris, par François Mérilhou. (Extrait de la Revue de législation et de jurisprudence, 1851-1852.)

Historique de la Cour des comptes, depuis les premiers temps de la monarchie jusqu'à nos jours, par M. Hugues de Coral. Paris, 1853, in-8º.

Histoire de la Chambre des comptes de Bretagne, par M. H. de Fourmont. Paris, 1851, in-8º.

Notice sur la Cour des aides de Montauban..... (1642-1790), par M. Taupiac, vice-président du tribunal civil de Montauban. Montauban, 1865, in-8º.

Inventaire des archives des Chambres des comptes, précédé d'une notice historique sur ces anciennes institutions. Bruxelles, 1837-1865, 4 vol. in-folio. (Signés Gachard et Alexandre Pinchart.)

Les consignations et l'amortissement remplissent deux brochures très documentées de M. Maurice Roy [1].

C. — Localités diverses.

Les érudits, depuis quelques années, s'attachent à décrire de très près la situation administrative et fiscale des anciennes provinces, élections, paroisses, etc.; grâce à eux les détails de l'organisation financière de la monarchie pris sur le fait revivent et deviennent presque contemporains. Seulement, le nombre considérable de ces monographies locales empêche de les cataloguer comme on aurait plaisir à le faire. Chaque jour les sociétés savantes y ajoutent une nouvelle contribution :

Chambre des comptes de Paris. Pièces justificatives pour servir à l'histoire des premiers présidents (1506-1791), publiées par M. A.-M. de Boislisle. Nogent-le-Rotrou, 1873, in-fol.

Histoire des attributions du Parlement, de la Cour des aydes et de la Chambre des comptes, depuis la féodalité jusqu'à la Révolution française. Etude destinée à l'histoire des institutions financières de l'ancienne France, par Alphonse Gallery. Paris, 1879, in-8o (86 pages).

La Cour des aides de Normandie, ses origines et ses charges de conseiller, par le vicomte d'Estaintot. Rouen, 1882, in-8o.

Histoire de la maison Nicolay, rédigée et publiée par A. M. de Boislisle. Pièces justificatives. Nogent-le-Rotrou, 1884, in-4o.

Discours de M. l'avocat général Biollay sur les installations successives de la Cour des comptes et de sa devancière la Chambre des comptes de Paris. Audience solennelle de la Cour des comptes du 16 octobre 1886.

Histoire, actes et remontrances des Parlements de France, Chambres des comptes..., par Dufey (de l'Yonne), avocat. Paris, 1826, 2 vol. in-8o.

Histoire du Parlement de Normandie, par A. Floquet. Rouen, 1842, 7 vol. in-8o. (Grand prix Gobert en 1843. Très instructif, cité plus loin.)

Histoire du Parlement de Bordeaux depuis sa création jusqu'à sa suppression (1451-1790), par Boscheron des Portes. Bordeaux, 1878, 2 vol. in-8o.

1. Etude historique sur les consignations antérieurement à 1816, par Maurice Roy. Paris, 1881, gr. in-8o.

De l'amortissement des dettes de l'Etat, son origine, son histoire en France jusqu'en 1790, par Maurice Roy. Paris, 1888, in-8o.

l'inventaire entrepris par M. Eugène Lefèvre-Pontalis [1]
en fait foi. Nous ne pouvons donc citer ici que quelques
échantillons [2]. Parmi les travaux les plus récents, les
Etudes de M. Dupuy et les *Notes sur mon village* de
M. Rey offrent un intérêt particulier.

1. Bibliographie des sociétés savantes de France, par Eugène Lefèvre-Pontalis, bibliothécaire du comité (des travaux historiques et scientifiques au ministère de l'Instruction publique). Paris, 1887, in-4º.
Bibliographie des travaux historiques et archéologiques publiés par
les sociétés savantes de France, par Eugène Lefèvre-Pontalis et Robert
de Lasteyrie. Paris, 1888-1891, 2 vol. in-4º.
2. États du Languedoc et département de l'Aude. Paris, 1818, 2 vol.
in-4º. (Essai historique sur les États généraux de la province de Languedoc, par le baron Trouvé.)
Statistique des Bouches-du-Rhône par M. le comte de Villeneuve,
préfet. Marseille, 1821, 4 vol. in-4º. (Renseignements intéressants sur les
finances des pays d'État.)
Histoire de Bretagne, par M. Daru. Paris, 1826, 3 vol. in-8º. (Controverses au sujet des privilèges de la Bretagne en matière de sel.)
Académie d'Arras. Rapport sur le concours d'histoire (Des pays d'États
en général et des Etats d'Artois en particulier), par le comte A. d'Hé-
ricourt. Arras, 1859, in-8º.
L'Alsace avant 1789, ou état de ses institutions provinciales et locales, de son régime ecclésiastique, féodal et économique, de ses mœurs
et de ses coutumes sous l'ancienne administration française, par M. J.
Krug-Basse, président du tribunal civil de Bergerac. Paris, 1877, in-8º
(362 pages).
L'ancien régime dans la province de Lorraine et Barrois, d'après des
documents inédits, 1698-1789, par l'abbé D. Mathieu. Nancy et Paris,
1879, in-8º (469 pages).
La fin de l'ancien régime à Saint-Prix.., par Rey. Paris, 1881, in-8º.
Notes sur mon village. Les cahiers de Saint-Prix et de la subdélégation
d'Enghien en 1789, par Auguste Rey, maire de Saint-Prix. Paris, 1892,
in-8º. (Détails locaux ; extraits des rôles ; exemptions de la noblesse ;
taille réelle et taille personnelle ; surtaxes et détaxes après 1789 ; renseignements sur la dîme, sur les aides, etc. Ouvrage utile à consulter.
354 pages.)
Etude sur les attributions financières des Etats provinciaux et en particulier des Etats du Languedoc au xviiie siècle, par Paul Rives. Paris,
1885, in-8º.
Etudes sur l'administration municipale en Bretagne au xviiie siècle.
Les municipalités. Répartition et perception des impôts directs. Répartition des charges publiques. Finances municipales. Par Ant. Dupuy,
doyen de la faculté des lettres de Rennes. Paris et Rennes, 1891, gr.

D. — Opérations de crédit.

Les opérations de crédit de l'ancien régime, déjà exposées dans les histoires générales des finances, et spécialement dans l'histoire de la Dette publique de Wuhrer, ont été aussi étudiées à part [1]. Un rapport de M. Léon Say à l'Institut éclaire le sujet [2].

E. — Impôts divers de l'ancien régime.

Parmi les impôts de l'ancien régime, figurant de même dans les grands ouvrages cités précédemment de Bailly, Clamageran, etc., certains ont fait l'objet de travaux particuliers [3] : les douanes par M. Amé, déjà nommé, et par

---

in-8°. (Renseignements sur les fouages, la capitation, les corvées, les vingtièmes, etc., extraits des archives locales. Savant travail qui fait revivre le mécanisme des anciennes taxes.)

Les États de Bretagne sous l'ancien régime, par Th. Xavier d'Haucour. Rennes, 1892, in-8° (43 pages).

La province sous l'ancien régime, par M. Albert Babeau. 1894, déjà cité.

1. Les emprunts de l'ancienne monarchie, par Maurice Harbulot. (Articles insérés dans le Journal de la société de statistique de Paris, mai 1889, et dans le Bulletin du comité des travaux historiques, 1890).

2. Rapport sur le concours pour le prix Bordin, par M. Léon Say, membre de l'institut. Paris, 1888, in-8°. (De la forme des emprunts publics au xviiie et au xixe siècle en France, en Angleterre et en Hollande. 15 pages.)

3. Recherches historiques sur le droit de douane... jusqu'à la révolution de 1789, par Anat. Saulnier. Paris, 1839, in-8°.

De l'impôt sur le revenu mobilier, ou histoire des anciennes impositions sur le revenu, par Thibault-Lefebvre, avocat. Paris, 1819, in-8°.

Étude historique sur les impôts en France jusqu'en 1789, par A. Camille Savy. Paris, 1867, in-12.

Recherches sur la perception de la dîme en Champagne. Étude historique..., par Prosper Michel. Paris, 1873, in-8°.

La dîme royale à Niort et à La Rochelle en 1718, par Léo Desaivre. Paris, 1880, in-8°.

Notions historiques sur les impôts et revenus de l'ancien régime, par M. Clergier, ancien sous-directeur au ministère des Finances. Imprimé-

Anatole Saulnier, les gabelles par Alphonse Callery, l'enregistrement par M. E. Besson, les dixièmes et cinquantièmes par M. Houques-Fourcade, qui mérite une mention spéciale ; on trouve encore des renseignements complets sur les vingtièmes dans le livre de M. Marion sur Machault, cité plus loin à sa date, etc.

Les corvées [1] prennent place dans l'ouvrage souvent

---

rie nationale, 1882, in-8o. (Résumé très succinct de l'Encyclopédie méthodique citée plus loin.)

Les impôts en Provence avant la Révolution, par le Dr Henri Grégoire. Toulon, 1882, in-8o.

La fraude des gabelles sous l'ancien régime, d'après les mémoires inédits de M. de Châteaubrun (1730-1786), par Alphonse Callery. Fontainebleau, 1882, in-8o. (Détails très vivants sur l'organisation du service et la fraude des gabelles, d'après les notes d'un ancien directeur des fermes à Laval.)

Les impôts sur le revenu en France au xviiie siècle. Histoire du dixième et du cinquantième ; leur application dans la généralité de Guyenne, par Maurice Houques-Fourcade. Paris, Bordeaux, 1889, in-8o. (Exposé documenté et instructif de l'assiette et du mécanisme des impôts indiqués ci-dessus. La généralité de Guyenne est prise comme exemple à l'appui des considérations générales que développe l'auteur.)

Les impôts sur le revenu sous l'ancien régime à propos d'un livre récent. Journal des économistes d'octobre 1889, article par M. Gustave du Puynode au sujet de l'ouvrage ci-dessus.

Machault d'Arnouville par M. Marion, 1891, cité dans la seconde partie. (Chapitres spéciaux sur le fonctionnement de l'impôt du vingtième.)

La Révolution française. Revue mensuelle, no du 14 novembre 1894. Article de M. Marion : Les rôles du vingtième dans le pays toulousain. (Étude documentée avec tableaux. L'auteur combat les assertions pessimistes de Taine sur les charges excessives des paysans avant 1789. 22 pages in-8o.)

Une direction de l'enregistrement au temps de la ferme générale, par E. Chardon. Abbeville, 1887, in-8o.

Un chapitre de notre histoire financière. L'enregistrement et la ferme générale, par Emmanuel Besson. Paris, 1893, in-8o. (L'auteur passe en revue l'administration et les perceptions de l'enregistrement depuis les Romains jusqu'à nos jours, en insistant surtout sur les xviie et xviiie siècles. 102 pages).

---

1. De la corvée et des prestations en nature, par un ingénieur des ponts et chaussées. Paris. 1818, in-8o.

Exposé de l'origine et de l'administration de la grande voirie jusqu'en 1790, par J.-B. Peigne. Paris, 1857, in-18.

consulté de Vignon, et dans divers autres écrits, notamment celui de M. Th. Ducrocq.

Nous ne mentionnerons pas ce que disent des corvées les nombreux rapports et discours relatifs à la transformation actuellement proposée de l'impôt des prestations.

§ 2. — *Ouvrages du temps sur les finances de l'ancien régime.*

Les écrits originaux du temps permettent de pénétrer plus profondément, plus personnellement surtout, dans la connaissance de l'administration antérieure à 1789. Il ne s'agit toujours ici, bien entendu, que des écrits d'ordre général et récapitulatif, puisque les publications d'une portée moins étendue sont réservées pour la seconde partie de ce travail dressée par ordre chronologique.

1° RECUEILS GÉNÉRAUX DU TEMPS SUR LES FINANCES DE L'ANCIEN RÉGIME

L'*Encyclopédie méthodique*, placée, même pour la partie des finances, sous le vocable de Diderot et de d'Alembert, est le premier recueil du temps à consulter.

Le Dictionnaire des finances de l'Encyclopédie [1], com-

Etudes historiques sur l'administration des voies publiques en France aux xviie et xviiie siècles, par E.-J.-M. Vignon, ingénieur en chef des ponts et chaussées. Paris, 1862, 3 vol. in-8o.

La corvée des grands chemins et sa suppression en France, et spécialement en Poitou. Discours prononcé par M. Ducrocq à la séance de rentrée des facultés de l'Académie de Poitiers, le 17 novembre 1881. Inséré dans les Etudes d'histoire financière et monétaire, par Th. Ducrocq. Poitiers, 1887, in-8o.

---

1. Encyclopédie méthodique, ou par ordre de matières, par une société de gens de lettres, de savans et d'artistes. Finances. Paris, 1781-1787, 3 vol. in-4o. (Ces trois gros volumes, à deux colonnes, contiennent, le premier LC pages de Discours préliminaire et 685 pages de dictionnaire alphabétique, le second 786, et le troisième 707 pages de dictionnaire alphabétique, plus 17 pages de table raisonnée.)

posé de trois forts volumes in-quarto, traite l'ensemble des questions financières dans une série d'articles classés par ordre alphabétique. De nombreux textes d'édits avec leurs préambules, des circulaires administratives, des extraits d'ouvrages, des détails techniques de toute nature y sont compilés, précédés d'un essai historique sur les finances par Rousselot de Surgy. On ne saurait entreprendre l'étude des finances de l'ancien régime sans tenir à sa disposition ce recueil méthodique, bourré de renseignements, malheureusement trop souvent confus. M. Léon Say, dans sa préface du Dictionnaire des finances en 1894, dit : « L'Encyclopédie méthodique des « finances de Panckoucke ne contient que des articles « manquant souvent d'intérêt, ou bien des extraits d'ou- « vrages auxquels de nos jours il vaut mieux recourir « directement... Les statistiques y sont, en général, in- « complètes et quelquefois même inexactes... [1]. »

Il en est de même de la partie de l'Encyclopédie relative à l'économie politique, où figurent, au milieu de beaucoup d'autres, de remarquables articles [2].

D'autres recueils généraux consacrent aux finances une place plus ou moins étendue [3]. Mentionnons à part la col-

---

1. Dictionnaire des finances, 1884-1894, 2 vol. gr. in-8o, déjà cité. (Préface par M. Léon Say. 19 pages.)
2. Encyclopédie méthodique ou par ordre de matières. Économie politique et diplomatique, par M. Démeunier, avocat et censeur royal. Paris. 1784-1788, 4 vol. in-4o. (Articles : Impôts, Monnaie, Prix et Valeurs. Corvées, Chemins, Économistes, Agricole, Bled, etc.)
3. Dictionnaire universel, chronologique et historique de justice, police et finances, par ordre de matières, par Fr.-Jac. Chasles. Paris, 1725, 3 vol. in-fol.
Code de Louis XV, ou recueil d'édits, déclarations, ordonnances, concernant la justice, police et finances, depuis 1722 jusqu'en 1726 (publié par Coquelet de Chaussepierre). Paris, 1758, 12 vol. in-12.
L'état de la France. Paris, 1749, 6 vol. in-12. (Ouvrage périodique entrepris en 1648 et continué d'année en année par une série d'auteurs : Besongne, Trabouillet, Frère Simplicien et Frère Ange des Augustins déchaussés, etc. L'édition de 1749, *une des dernières*, est

lection des *Almanachs royaux*[1] qui fournissent des indications officielles sur les divers emplois et leurs titulaires.

2° OUVRAGES DIVERS DU TEMPS SUR L'ENSEMBLE DES FINANCES DE L'ANCIEN RÉGIME

Un travail considérable relatif aux impôts fut entrepris vers la même époque que l'Encyclopédie, par le conseiller d'État Moreau de Beaumont, sur l'ordre du Gouvernement. Le tome premier de ce grand ouvrage contient, chose curieuse pour le temps! une enquête diplomatique sur les finances de trente-deux états étrangers. Les trois volumes suivants détaillent les impôts existants en France. Le cinquième volume met l'ouvrage au courant jusqu'en 1789. Cette publication devrait, par son étendue et son caractère officiel, occuper le premier rang parmi celles qui méritent d'être consultées. Mais les recherches y sont peu attrayantes. Les paragraphes s'y succèdent, nombreux et

---

signée par les Religieux bénédictins de la congrégation de Saint-Maur. L'état de la France contient l'exposé des diverses fonctions et dignités nobiliaires, militaires, judiciaires et administratives du royaume avec des notices souvent consultées sur chacune d'elles, et même sur les impôts. Tome IV, consacré aux ministres et conseils du roi; tome V aux juridictions financières.)

Dictionnaire géographique, historique et politique des Gaules et de la France, par M. l'abbé Expilly. Paris, 1762, 6 vol. gr. in-folio. (Renseignements sur les circonscriptions administratives et les règlements des diverses administrations fiscales. Interrompu à la lettre S.)

Dictionnaire universel des sciences morale, économique, politique et diplomatique, ou bibliothèque de l'homme d'État et du citoyen, mis en ordre et publié par M. Robinet, censeur royal. Londres et Paris, 1777-1783, 30 vol. in-4° (avec la collaboration de Castillon, de Sacy, de Pommereul. Nombreux articles, toujours succincts, sur les mots financiers).

Bibliothèque philosophique du législateur, du politique, du jurisconsulte, par Brissot de Warville. Berlin et Paris, 1782-1786, 10 vol. in-8°. (S'occupe plus spécialement de législation pénale.)

---

1. Almanach royal. Année ..., présenté à Sa Majesté pour la première fois en 1699, par Laurent d'Houry, éditeur, mis en ordre et publié par Debure, gendre de feu M. d'Houry. Paris, ... in-8°. (Collection depuis le début du siècle, fournissant des renseignements sur les divers emplois, leurs attributions, leur alternance, leurs titulaires, etc.)

uniformes, noyant les dispositions essentielles au milieu
de faits secondaires[1].

L'ouvrage de Necker sur l'*Administration des finances
de la France* eut un immense retentissement. Son éloquente
introduction excita l'enthousiasme universel. Ses trois volumes contiennent un exposé méthodique des recettes et
des dépenses publiques, des frais de perception, des procédés de recouvrement, de la dette, de la trésorerie, etc.
Toutes les questions de réformes financières à l'ordre du
jour y sont largement traitées. Ce livre, tiré à un très grand
nombre d'exemplaires, figure heureusement dans toutes les
bibliothèques [2]. Nous aurons l'occasion d'en reparler.

Deux auteurs du xviii. siècle ont tenté de développer
l'histoire financière de l'ancien régime, Déon ou d'Éon de
Beaumont, célèbre par des scandales de toute nature[3], et
Arnould, homme de talent[4], que nous citerons encore.
Nonobstant les qualités que présentent ces deux ouvrages,
on risquerait de s'attarder en les lisant.

La *Collection* des principaux rapports des contrôleurs
généraux du xviiie siècle, de 1758 à 1787, publiée par Ma-

---

1. Mémoires concernant les impositions et droits en Europe et en
France par M. Moreau de Beaumont, conseiller d'État. Imprimerie Royale,
1768-1769, 4 vol. in-4º. Tome V contenant des suppléments, publié en
1789. En tout 5 vol. in-4º.

2. De l'administration des finances de la France, par M. Necker. 1784,
3 vol. in-8º. Beaucoup d'autres éditions en divers formats. (Célèbre introduction résumant les devoirs et qualités d'un ministre des finances.
Développement de toutes les contributions supportées par le peuple.
Frais de perception. Économies à réaliser. Discussion du projet de
conversion de tous les tributs en un seul. Statistiques relatives à la population, aux taxes, aux forces contributives de chaque généralité, etc.
Observation sur les mérites des diverses natures d'impôts. Tableau des
dépenses du royaume. Monnaies, balance du commerce, luxe, grains.
Monts de piété, assistance, banques, trésor royal, etc. Sera cité encore
dans la seconde partie.)

3. Mémoires pour servir à l'histoire générale des finances, par M. Déon
de Beaumont. Londres, 1758, 2 vol. in-12.

4. Histoire générale des finances de la France depuis le commence-

thon de la Cour[1], permet très utilement de trouver réunie
en un volume la série de 19 ou 20 comptes-rendus financiers, dont plusieurs seraient demeurés inconnus si l'auteur no les avait collectionnés. Citons parmi les principaux
ceux de Boullongne en 1758, de Silhouette en 1759, de
l'Averdy en 1768, de Terray en 1770, 1772, 1773 et 1774,
de Clugny en 1776, de Necker en 1781, de Joly de Fleury
en 1783 et de Calonne en 1787, avec des éclaircissements
intéressants sur les chiffres mis en avant par Necker et
Calonne dans leurs célèbres discussions.

A consulter une biographie des contrôleurs généraux
par Richer[2], incomplète mais souvent curieuse.

L'introduction historique du *Moniteur universel*, rédigée
en l'an IV par Thuau-Grandville, groupe intelligemment les
principaux faits et écrits qui précédèrent la Révolution[3].

De très nombreuses publications, à la fin de l'ancien régime, s'attachèrent, en outre, à tracer une description

---

ment de la monarchie pour servir d'introduction à la loi annuelle du
budget de l'Empire français, par Arnould (de la Seine), président de la
section des finances au Tribunat. Paris, mars 1806, in-4°.

1. Collection de comptes-rendus, pièces authentiques, états et tableaux
concernant les finances de France, depuis 1758 jusqu'en 1787. Lausanne, 1788, in-4°. Seconde édition, Lausanne et Paris, 1788, in-4°. (Ouvrage indispensable à posséder, XII pages d'avertissements et de notions
générales sur les comptes de finances; 232 pages de texte et de notes.
La seconde édition a été faite sur les mêmes formes que la première.)

2. Vies des surintendants des finances et des contrôleurs généraux,
depuis Enguerrand de Marigny jusqu'à nos jours (par Adrien Richer,
d'après une note manuscrite). Paris, 1790, 3 vol. in-12. (Le troisième
volume, consacré au xviiie siècle, ne contient rien sur Orry, Machault,
Silhouette et quelques autres. Mais les articles sur Noailles, Le Pelletier,
etc., et spécialement celui sur l'abbé Terray sont développés. La vie de
Terray est à lire.)

3. Réimpression de l'ancien Moniteur. Introduction historique contenant un abrégé des anciens États généraux, des assemblées des notables
et des principaux événements qui ont amené la Révolution. Paris, 1863,
in-4° (629 pages contenant des notices historiques et biographiques relatives aux finances, le texte des comptes-rendus de Necker et de Brienne, les procès-verbaux de l'assemblée des notables, le résumé de diverses
brochures financières, etc.).

générale des finances existantes, en vue de les réformer. La nomenclature par ordre chronologique de notre seconde partie se chargera de les mentionner une à une.

Citons exceptionnellement, à titre de spécimens, *l'Administration provinciale et la réforme de l'impôt*, par Le Trosne [1], économiste de l'école des physiocrates, divers articles du même auteur, ainsi qu'un grand nombre de remarquables travaux des économistes ses collègues et ses maîtres : Quesnay, Turgot, Du Pont de Nemours, Mercier de la Rivière, marquis de Mirabeau, abbé Baudeau, etc., insérés dans les *Éphémérides du citoyen*, journal consacré à la propagation des doctrines de l'École [2]. Puis l'ouvrage du baron de Cormeré [3], fonctionnaire du contrôle général dont Du Pont de Nemours vante spécialement la compétence. Cormeré, en effet, expose bien le mécanisme financier de l'époque, mais il y ajoute des développements relatifs à ses propres plans de réforme, aujourd'hui sans intérêt. L'assemblée constituante, cependant, sur la proposition de Harambure, décréta d'en payer l'impression le 7 décembre 1789.

Les conceptions personnelles gâtent également le travail très nourri de renseignements et de tableaux de Heurtault de Lamerville [4].

1. De l'administration provinciale et de la réforme de l'impôt, par Le Trosne (édition posthume). Basle et Paris, 1788, 2 vol. in-8°. (Le premier livre traite de l'impôt en général. Le second aborde les questions de réforme, dans leur principe également. Mais les livres troisième et suivants entrent dans les détails relatifs à chaque taxe et analysent leur état actuel en même temps que les améliorations qu'elles comportent. Beaucoup de renseignements, surtout dans le premier volume.)

2. Éphémérides du citoyen (du 4 novembre 1765 à mars 1772 inclus), 69 vol. in-16. Nouvelles éphémérides économiques (de janvier 1775 à juillet 1776 inclus), 18 vol. in-16. En tout 87 vol. in-16. (Le détail des principaux articles contenus dans cet important recueil sera fourni plus loin dans la seconde partie.)

3. Recherches et considérations nouvelles sur les finances, par le baron de Cormeré. Londres, 1789, 2 vol. in-8°.

4. Plan d'une restauration générale dans les finances, par M. le comte de Lamerville. Strasbourg, 1788, in-4°.

3° MÉMOIRES DES CONTEMPORAINS, NOTICES, CORRESPONDANCES,
JOURNAUX, ETC.

Enfin, d'intéressantes appréciations sur l'ensemble du
système administratif et financier de l'ancien régime
se rencontrent dans les mémoires ou correspondances
laissés par les hommes marquants de l'époque, Mollien[1],
l'abbé Morellet[2], Condorcet[3], Bertrand de Molleville[4],
Lebrun[5], d'Argenson[6] et autres[7], ainsi que dans les

---

1. Mémoires d'un ministre du Trésor public (1780-1815). 1845, 4 vol.
in-8°. (Les célèbres mémoires de Mollien, avant d'aborder l'époque napo-
léonienne à laquelle ils sont consacrés, contiennent de précieux détails sur
les finances de l'ancien régime; renouvellement du bail des fermes de 1786,
refonte des monnaies d'or, appréciation sur divers personnages, etc.)

2. Mémoires de l'abbé Morellet, de l'Académie française, sur le XVIIIᵉ
siècle et sur la Révolution. Paris, 1821, 2 vol. in-8°. (Renseignements
personnels sur les hommes du XVIIIᵉ siècle, spécialement sur Necker,
Turgot, de Brienne, Malesherbes, etc., que Morellet fréquentait.)

3. Mémoires de Condorcet sur la Révolution française (composés par le
marquis de la Rochefoucauld-Liancourt). Paris, 1824, 2 vol. in-8°. (Nombreux portraits des hommes de la fin de l'ancien régime et de la Révolution.)

4. Mémoires secrets pour servir à la dernière année du règne de
Louis XVI, par Bertrand de Molleville, ministre d'État à cette époque.
Londres, 1797, 2 vol. in-8°.

5. Opinions, rapports et choix d'écrits politiques, de Charles-François
Lebrun, duc de Plaisance, recueillis et mis en ordre par son fils aîné, et
précédés d'une notice biographique. Paris, 1829, in-8°. (La notice biographique de 168 pages contient des renseignements sur l'ancien régime et
sur la Révolution. Il en sera parlé plus loin.)

6. Journal et mémoires du marquis d'Argenson, publiés pour la première fois d'après les manuscrits autographes de la Bibliothèque du
Louvre, pour la société de l'histoire de France, par E.-J.-B. Rathery.
Paris, 1859-1867, 9 vol. gr. in-8°. (Cette édition, avec tables à la fin du
6ᵉ volume, remplace les mémoires incomplets précédemment publiés par
un arrière-petit fils de l'auteur. On y trouve, avec d'intéressants renseignements, des appréciations qui ont presque toujours le mérite de
n'être pas banales sur la marche des finances et sur les hommes chargés
de les diriger, depuis le second quart du siècle environ, — car dans les
premières années l'auteur parle de toute autre chose que de finances —
jusqu'en 1757. La lecture de ces mémoires permet de souligner la plupart des événements d'une note juste. Voir plus loin les *Considérations
sur le gouvernement*.)

7. Mémoires du maréchal de Villars, publiés d'après le manuscrit

écrits analogues à des mémoires émanant de Sénac de

---

original pour la société de l'histoire de France..., par M. le marquis de Vogüé, membre de l'Institut. Paris, 1884-1892, 5 vol. in-8º. (De 1670 à 1733. Villars, entré au Conseil de Régence après la mort de Louis XIV, donne sur Law, sur son système et ses conséquences des détails auxquels les historiens recourent fréquemment. C'est du reste à partir de cette époque que ses mémoires se transforment en journal : tome IV. Quelques renseignements financiers figurent aussi dans le tome V.)

Journal et mémoires sur la régence et le règne de Louis XV, par Marais (Mathieu), publié par M. de Lescure. Paris, 1863-1868, 4 vol. in-8º.

Journal historique et anecdotique du règne de Louis XV, par E.-J.-F. Barbier, avocat au Parlement de Paris. Paris, 1847, in-8º.

Correspondance particulière et historique du maréchal duc de Richelieu en 1746, 1757 et 1758, avec M. Pâris-Duverney, conseiller d'Etat. Paris, 1789, 2 vol. in-8º.

Correspondance du cardinal de Bernis avec M. Pâris-Duverney, depuis 1752 jusqu'en 1769. Londres et Paris, 1790, 2 vol. in-8º.

Correspondance complète de la marquise du Deffand, avec ses amis le président Hénault, Montesquieu, d'Alembert, Voltaire, Horace Walpole, publiée par M. de Lescure. Paris, 1865, 2 vol. in-8º.

Mémoires de M. le duc de Choiseul..., écrits par lui-même en 1778. Chanteloup et Paris, 1790, 2 vol. in-8º.

Souvenirs et portraits, 1780-1789, par M. le duc de Lévis. Nouvelle édition. Paris, 1815, in-8º. (Articles sur Calonne, Necker, de Loménie, Mirabeau, etc.)

Mémoires du maréchal duc de Richelieu... (publiés par Soulavie). Paris, 1790, 9 vol. in-8º.

Mémoires de M. le baron de Besenval. Paris, an XIII, 3 vol. in-8º. (Anecdotes et jugements sur Necker et autres personnages de l'ancien régime. Nombreuses éditions postérieures.)

Mémoires de Malouet, publiés par son petit-fils le baron Malouet. Paris, 1868, 2 vol. in-8º. (Peu de choses sur les finances de l'ancien régime. Voyages de l'auteur aux colonies. Notes sur Forbonnais, le contrôleur de Moras, les successeurs de Turgot.)

Mémoires, souvenirs, opinions et écrits du duc de Gaëte (Martin-Michel-Charles Gaudin), ancien ministre des finances. Paris, 1826, 2 vol. in-8º, avec un troisième volume de supplément, 1834, in-8º. (Presque rien sur l'ancien régime, sauf dans des passages incidents.)

Mémoires du comte Beugnot, ancien ministre (1783-1815). Paris, 1866, 2 vol. in-8º.

Œuvres posthumes de Marmontel, historiographe de France. Mémoires. Paris, an XIII, 1804, 4 vol. in-12.

Mémoires historiques et politiques du règne de Louis XVI, depuis son mariage jusqu'à sa mort, par Jean-Louis Soulavie. Paris, an X (1801). 6 vol. in-8º.

Mémoires pour servir à l'histoire des événements de la fin du XVIIIe siècle, depuis 1760 jusqu'en 1810, par un contemporain impartial,

Meilhan [1], Boissy d'Anglas [2], Arthur Young [3], Grimm et Diderot [4], Laharpe [5], Linguet [6], Sallier [7], etc.

Les *Particularités sur les ministres des finances* de

feu M. l'abbé Georgel, publiés par M. Georgel, ancien avocat au Parlement de Nancy, etc. Paris, 1820, 6 vol. in-8°.

Mémoires secrets de 1770 à 1830, par M. le comte d'Allonville. Paris, 1838, 6 vol. in-8°.

Extraits des mémoires relatifs à l'histoire de France, depuis l'année 1757 jusqu'à la Révolution, par Aignan et de Norvins. Paris, 1824, 2 vol. in-8°.

Mémoires du prince de Talleyrand, publiés avec une préface et des notes, par le duc de Broglie, de l'Académie française. Paris, 1891-92, 5 vol. in-8°. (Le premier volume contient quelques renseignements sur l'administration de l'ancien régime, notamment sur le traité de 1786, les économistes et les opérations du clergé, sur Panchaud, du Pont, de Calonne, Necker. Presque rien sur les finances de la Révolution.)

1. Le gouvernement, les mœurs et les conditions en France avant la Révolution, par Sénac de Meilhan, ancien intendant. Hambourg, 1795. in-8°. Réédité en 1814, plus récemment encore par M. de Lescure, (Chapitres sur les privilèges, les dettes, les impôts, etc. Notices sur Machault, Terray, Turgot, Necker, Pesay, etc. Ouvrage fréquemment compulsé.)

2. Essai sur la vie, les écrits et les opinions de M. de Malesherbes, adressé à mes enfants, par le comte de Boissy d'Anglas. Paris, 1819, 2 vol. in-8°. (Cour des aides, fermiers généraux, détail des impôts sous l'ancien régime, remontrances de Malesherbes, parallèle entre Turgot et Necker, portraits de Calonne, de du Pont de Nemours, etc.)

3. Voyage en France pendant les années 1787, 1788, 1789, par Arthur Young. Traduction Lesage. 2ᵉ édition. Paris, 2 vol. in-8°, 1883. (L'autorité d'Arthur Young s'étend sur les questions financières qu'il traite avec développements à propos de l'agriculture.)

4. Grimm et Diderot. Correspondance littéraire, philosophique et critique, de 1753 à 1790. Nouvelle édition. Paris, 1829, 15 vol. in-8°.

5. Correspondance littéraire adressée à Son Altesse Impériale Mgr le Grand-Duc, aujourd'hui empereur de Russie, et à M. le comte André Schowalow, depuis 1774 jusqu'à 1789, par Jean-François Laharpe. Seconde édition. Paris, an XII, 1804 à 1807, 6 vol. in-8°. (Table alphabétique des auteurs et des matières à la fin du 6ᵉ volume.)

6. Annales politiques, civiles et littéraires du xviiiᵉ siècle, ouvrage périodique, par Linguet. Londres, 1777-1791, 179 numéros en 19 vol. in-8°.

7. Annales françaises, depuis le commencement du règne de Louis XVI jusqu'aux États généraux, 1774 à 1789, par Guy-Marie Sallier, ancien conseiller au Parlement de Paris. Paris, 1813, in-8°. (Un grand nombre de faits, dit l'auteur, s'est passé sous mes yeux : j'ai suivi les événements de chaque jour; je les ai saisis pour les conserver à la postérité. 324 pages.)

Montyon[1] peuvent, à la rigueur, figurer encore dans la classe des mémoires, parce que l'auteur a vécu personnellement au milieu d'une partie des choses et des hommes qu'il décrit. Cependant l'ouvrage constitue plutôt un traité de finances agréablement présenté sous forme biographique. Il est, à juste titre, universellement consulté.

Certains périodiques[2], où se rencontrent de multiples renseignements, terminent la nomenclature.

Annales françaises. Mai 1789-mai 1790, par Guy-Marie Sallier. Paris, 1832, 2 vol. in-8°.

1. Particularités et observations sur les ministres des finances de France les plus célèbres, depuis 1660 jusqu'en 1791. Paris, 1812, in-8°. (L'ouvrage de Montyon, sans cesse consulté et cité, résume tout ce qui peut être dit d'essentiel sur Desmaretz, Machault, Silhouette, Terray, Turgot, Necker et Calonne. Beaucoup de réflexions judicieuses sur la conduite des finances, entremêlées d'anecdotes.)

2. Mémoires secrets pour servir à l'histoire de la république des lettres en France, depuis 1762 jusqu'à nos jours. Londres, 1777-1789, 36 vol. in-12, par Bachaumont, Moufle d'Angerville, etc. (Ouvrage très fréquemment et très utilement consulté en raison de l'abondance des renseignements littéraires et biographiques qu'il contient.)
Table alphabétique des auteurs et des personnes cités dans les mémoires secrets pour servir à l'histoire de la république des lettres en France, rédigés par Bachaumont, etc. Bruxelles et Paris, 1866, in-12. (Petit volume qui donne la clef des mémoires de Bachaumont et sans lequel on ne peut guère les utiliser.)
L'Observateur anglais, ou correspondance secrète entre milord All'eye et milord All'ear (par Pisaudat de Mairobert et autres). Les six derniers volumes ont pour titre : l'Espion anglais. Londres, 1777-1784, 10 vol. in-12. (Ce recueil, comme le précédent et plusieurs autres du xviii° siècle, contient des articles obscènes, au milieu d'articles sérieux.)
Mercure de France, 1721-1791, 977 vol. (d'après Hatin).
Journal de Regnault, 3 vol. in-4°, et journal de Hardy, 8 vol. in-folio, le premier relatif à la fin du règne de Louis XV, le second embrassant les 25 années de 1764 à 1789, l'un et l'autre conservés aux manuscrits de la Bibliothèque Nationale. (Ces deux recueils, compulsés et cités par M. Félix Rocquain, dans son ouvrage déjà signalé, paraissent ne pas trop négliger les incidents financiers.)
Correspondance secrète, politique et littéraire, ou mémoires pour servir à l'histoire des cours, des sociétés et de la littérature en France, depuis la mort de Louis XV. Londres, 1774-1793, 19 vol. in-8°, par Métra, J. Imbert et autres.

1º PROCÈS-VERBAUX DES ASSEMBLÉES PROVINCIALES, DE L'ASSEMBLÉE DES
NOTABLES, CAHIERS DES ÉLECTIONS AUX ÉTATS-GÉNÉRAUX

Aux approches de 1789, les procès-verbaux de diverses grandes enquêtes contiennent, sous une forme à la fois simple et passionnée, l'expression des griefs et des idées de réforme que l'organisation existante suscite de tous côtés.

Ce sont d'abord les rapports et discours conservés dans la collection des *Comptes-rendus des assemblées provinciales*[1], puis les volumes consacrés à l'*Assemblée des notables* de 1787[2]. Le détail des uns et des autres figurera à son ordre chronologique[3].

Les *Cahiers des élections aux États généraux*, découvrent, en dernier lieu, dans leur immense répertoire, le panorama le plus complet et le plus instructif de la situation financière. Les recherches, du reste, y sont singulièrement facilitées depuis que les auteurs des *Archives parlementaires*[4] ont réimprimé et classé en six volumes, suivis d'un volume de tables, les procès-verbaux de tous les bailliages, sénéchaussées, paroisses, villes, corporations, chapitres, etc.

Pour abréger, on peut aller droit aux remontrances du tiers état du bailliage de Nemours[5], qui contiennent dix-sept grands chapitres à peu près exclusivement financiers,

---

1. Procès-verbaux des assemblées provinciales classés à la Bibliothèque nationale sous les numéros 1 à 53, Lk⁰.

2. Procès-verbaux de l'assemblée des notables de 1787. Rapports, documents, etc., classés à la Bibliothèque nationale sous les numéros 1 à 19, Le ".

3. Voir les détails relatifs à ces assemblées dans la partie chronologique, à leur date.

4. Archives parlementaires, publiées sous la direction de MM. Mavidal et Laurent. 1ʳᵉ série, 7 premiers volumes consacrés aux États généraux. 1867-1875, in-4º.

5. Remontrances de l'ordre du tiers état du bailliage de Nemours. 6 mars 1789. Arch. parlém., tome IV.

renforcées par les instructions de la paroisse de Saint-
Sulpice de Chevannes[1].

Nous aurons l'occasion d'en reparler.

5° TRAVAUX SOUMIS A L'ASSEMBLÉE CONSTITUANTE

Maintenant, si l'on ne craignait d'empiéter sur le détail
des séances de l'assemblée constituante, on citerait les
nombreux travaux de ses membres qui récapitulèrent ré-
trospectivement la situation des finances de l'ancien régime, d'une manière souvent très développée, et très instructive, bien que partiale. Nous les retrouverons à leur
place chronologique. Signalons seulement, par avance, à
titre d'exemple, deux importants discours et rapport de
Du Pont de Nemours[2] et Montesquiou[3].

6° CODES, RÈGLEMENTS, MANUELS FISCAUX, TRAITÉS TECHNIQUES, ETC.

A ces documents généraux susceptibles de composer le
tableau d'ensemble de la situation financière de l'ancien
régime, ajoutons, dans un ordre d'idées plus technique, la
collection des principaux codes de règlements, manuels
fiscaux, recueils à l'usage des employés ou du public.

A. — Tailles et.vingtièmes.

Parmi ceux qui sont relatifs à la taille et aux vingtièmes[4],

---

1. Instructions des propriétaires et habitants de la paroisse de Saint-
Sulpice de Chevannes. Arch. parlem., tome IV.(Programme complet des
réformes nécessaires rédigé par Du Pont de Nemours.)

2. Discours prononcé à l'assemblée nationale, par M. Du Pont de Nemours, sur l'état et les ressources de la France. Versailles, 1789, in-8°.

3. Assemblée constituante. Mémoires sur les finances du royaume, au
nom du comité des finances, avec des pièces justificatives, par M. de
Montesquiou, 9 septembre 1791, in-4°. Cité plus loin.

---

4. Traité des taillables ou mainmortables par monsieur *** (Bailly,
avocat au Sénat de Savoie). Dijon, 1712, in-4°.

on peut distinguer comme particulièrement maniables le *Nouveau code des tailles* de 1761, le *Dictionnaire du droit des tailles* de Loisel de Boismare, les *Époques de l'établissement des dixièmes, cinquantièmes et vingtièmes* de 1761, le *Code rural* de Boucher d'Argis, etc.

B. — Dîmes.

Pour les dîmes[1], le *Traité des dîmes* de Jacques Le

Maximes générales sur les tailles, aydes et gabelles de France, tirées des ordonnances, édits, déclarations, arrêts et règlements. Paris, 1715, in-12.

Mémorial alphabétique des choses concernant la justice, la police et les finances de France sur le fait des tailles... Paris, 1742, in-4° (privilèges des nobles, ecclésiastiques, officiers, etc.; devoir des collecteurs, etc.).

Nouveau code des tailles, ou recueil par ordre chronologique et complet, des ordonnances, édits, déclarations, règlements et arrêts rendus. Quatrième édition revue, corrigée et augmentée jusqu'à présent. Paris, 1761, 6 vol. en 3 tomes in-12. (Le premier volume est entièrement consacré à une table méthodique très commode. Ouvrage très répandu autrefois et qui semble aujourd'hui le plus utile à consulter.)

Époques de l'établissement des dixièmes, cinquantièmes, vingtièmes et deux sols pour livre d'iceux... Mois de janvier 1761. Paris, 1761, in-8°. (Petite brochure de 16 pages très pratique qui donne le tarif exact des trois vingtièmes, avec les sols additionnels, lesquels montaient alors à 16 1/2 p. 100 en total.)

Code rural, ou maximes et règlements concernant les biens de la campagne, notamment les fiefs, francs-alleus, censives, etc..., par M. Boucher d'Argis. Edition augmentée. Paris, 1774, 3 vol. in-12.

Méthode de terriers, ou traité des préparatifs de la confection des terriers..., par Jolivet frères, commissaires aux droits seigneuriaux. Paris, 1775, in-8°.

Dictionnaire du droit des tailles, ou conférence raisonnée des édits, déclarations du roi, arrêts et règlements de la Cour des comptes, aides et finances, par M. Loisel de Boismare, avocat à Lisieux. Caen, 1787, 2 vol. in-18.

Traité sur les tailles et sur les tribunaux qui connaissent de cette imposition, par M. Auger. Paris, 1788, 3 vol. in-4°.

Rapport sur un projet pour la réformation du cadastre de la Haute-Guyenne présenté à l'assemblée de cette province, par MM. Tillet, l'abbé Bossut du Séjour, et de Condorcet, rapporteur. Œuvres de Condorcet. Paris, 1847, tome cinquième. (Dans ce travail, Condorcet expose avec lucidité le programme qui a guidé plus tard l'assemblée nationale.)

---

1. Traité des dixmes en général, suivant la jurisprudence ancienne et nouvelle, par M. L. M. (Jacques Le Maire, avocat). Paris, 1731, 2 vol. in-12.

Maire, le *Recueil des principales décisions* de Brunet, et la célèbre *Topographie historique de la ville et du diocèse de Troyes*, par l'abbé Courtalon.

C. — Corvées.

Pour les corvées[1], les ouvrages de du Pont, du Mis de

Recueil des principales décisions sur les dîmes, les portions congrues, les droits et charges des curés primitifs, édit. augmentée d'un traité du Champart, par M. Brunet. Paris, 1711, 2 vol. in-12.

Traité historique de l'origine et nature des dixmes, par E.D.L.P.D.F. (de La Poix de Fréminville). Paris, 1752, in-12.

Principes et usages concernant les dîmes, par feu M. L. Fr. de Jouy ; édit. augmentée. Paris, 1775, in-12.

Topographie historique de la ville et du diocèse de Troyes, par M. Courtalon-Delaistre (curé de Sainte-Savine). Troyes, 1783-1784, 3 vol. in-8º (avec la collaboration de E.-T. Simon).

Recueil d'autorités et réflexions sommaires sur les faux et vrais principes de jurisprudence en matière de dîmes et sur leurs conséquences, par feu M. Gabriel. Douillon, 1786, in-12.

Observations intéressantes d'un laboureur contre les abus de la dîme en nature. Paris, 1789, in-8º.

---

1. Essai sur les ponts et chaussées, la voirie et les corvées, et Réponse à la voirie. (Tome VII de l'Ami des hommes, par le Mis de Mirabeau, 1760, in-12. Cité plus loin à sa date.)

De l'administration des chemins par Du Pont de Nemours, 1767, in-8º. Cité plus loin à sa date.

Des chemins et des moyens les moins onéreux de les construire en France, par de Pommereul, 1781, in-8º. Cité plus loin à sa date.

Mémoire sur l'administration des corvées dans la généralité de Guyenne, par l'intendant Dupré de Saint-Maur, 1784, in-4º. Cité plus loin à sa date.

Mémoire sur les corvées, par de La Galezière et réponses à ce mémoire, 1785 à 1786. Cités plus loin à leur date.

Articles *Chemin* et *Corvée* de l'Encyclopédie méthodique, Économie politique et diplomatique, signés le premier par M. de Pommereul, capitaine au corps-royal d'artillerie, le second par M. Grivel. Paris et Liège, 1784-1788, 4 vol. in-4º. (Ces deux articles, qui diffèrent dans leurs conclusions, fournissent l'exposé complet de la matière).

Corvées. Œuvres mêlées..., par feu Boulanger. En Suisse, 1791, 10 vol. in-18. (L'article corvée inséré au tome IX a été reproduit dans l'Encyclopédie méthodique, partie finances.)

Articles publiés dans les Éphémérides du citoyen, ouvrages de l'abbé Baudeau et autres, procès-verbaux des assemblées provinciales et de l'assemblée des notables, etc. Cités plus loin à leur date.

Mirabeau, de Pommereul, de Dupré do St-Maur, les articles très intéressants de l'Encyclopédie, partie économique, et partie finances, les diverses productions insérées dans les *Ephémérides*, etc., et enfin les préambule et texte du fameux édit de Turgot de février 1776, révoqué après sa chute au mois d'août, les procès-verbaux des assemblées provinciales, de l'assemblée des notables, et l'édit définitif du 27 juin 1787.

D. — *Aides et gabelles.*

Les aides et gabelles[1] peuvent surtout être étudiées dans

---

1. Le livre des aides, domaine et finances, dédié à mons. Berrier, par Barrème, aritméticien (sic). Paris, 1685, in-12. (Comptes-faits pour les différents droits suivant les quantités, tarifs, pourcentages, etc.)

Conférences de l'ordonnance de Louis XIV, sur le fait des entrées, aydes et autres droits, par Jacques Jacquin, intéressé dans les fermes du roi. Paris, 1703, in-4°. (Autre édition en 1727. L'ouvrage de Jacquin accompagne d'explications claires et suffisamment développées chaque article des règlements sur le vin, le cidre, l'eau-de-vie, les fers, le papier, le bétail, etc. Table alphabétique. Ce serait le meilleur recueil à consulter si sa date se rapprochait davantage de 1789. 420 pages.)

Les aides de France et leur régie suivant les ordonnances des mois de juin 1680 et de juillet 1681, par le sieur de Roquemont. Paris, 1704, in-12, et 1728, in-12.

Régie des droits des aydes et instructions pour les receveurs, commis et gardes d'icelles, par Guillaume-Jean Poulain. Rouen, 1711, in-12.

Commentaire sur le fait des aydes, par J.-Henri Dubois. Paris, 1712, in-12.

Mémoire sur les fonctions des commis généraux aux descentes des sels. Paris, 1716, in-4°.

Recueil des édits, déclarations, arrêts et règlements de Sa Majesté et de la Cour des comptes, aides et finances de Normandie, compilés avec l'ordonnance de 1680, sur le fait des gabelles. Rouen, 1727, in-12.

Recueil des ordonnances, édits, déclarations et arrests de Sa Majesté sur le fait des aides de Normandie, registrés en la cour des comptes, aides et finances de cette province, 3e édition encore augmentée. Rouen, 1733, 2 vol. in-12. (Recueil de règlements suivi de deux tables l'une chronologique, l'autre par matières.)

Dictionnaire des aydes, par le S. P. Brunet de Grandmaison. Paris, 1730, 2 vol. in-8°, et 1750, in-12.

Commentaires sur le fait des aydes de France en général ; par MM. H. Dubois, de Roquemont et Asse. Paris, 1748, 3 vol. in-12.

les *Conférences* de Jacquin, dans les diverses éditions du *Dictionnaire* de Brunet de Grandmaison, dans le *Traité général* de Le Febvre de la Bellande, dans le *Dictionnaire* de Buterne, etc.

E. — Tabacs.

Tout ce qui concerne les tabacs [1] se trouve résumé dans le recueil des instructions de la ferme.

F. — Traites et douanes.

Les traites, ou droits de douanes intérieures et à la frontière [2], voient l'*Histoire* de Du Fresne de Franche-

---

. Traité général des droits d'aides (par M. Le Febvre de la Bellande, employé aux fermes générales). S. l., 1760, in-4°.

. Dictionnaire de législation, de jurisprudence et de finances, sur les gabelles de France (par Buterne). Avignon, 1764, in-4°. (Ouvrage utilisé par l'Encyclopédie méthodique.)

Feuilles de dépouillement de l'universalité des droits perçus par la régie générale des aides. Paris, 1788-1790, 2 vol. in-folio.

Les catalogues des libraires spéciaux de l'époque mentionnent encore beaucoup d'autres manuels relatifs aux aides tels que :

. Exercice des aides pour les commis ou employés auxdites aides, in-24.

Nouveau tarif des droits de quatrième, in-12.

Recueil des aydes, 20 vol. in-4°.

Petit recueil, 3 vol. in-12.

Tables et règlements des aydes, in-4°.

. Traité des aides par maître Pierre Asse, 1704, in-8°, etc.

On peut encore consulter les nombreux recueils des baux des fermes et les pièces publiées en vue de leur adjudication.

---

1. Instruction et ordre de travail aux contrôleurs généraux des fermes, pour ce qui concerne la partie du tabac. Du neuvième mars 1731. Paris, 1731, in-18. (Détails de services instructifs, avec table.)

---

2. Histoire générale et particulière des finances, par Du Fresne de Francheville. S. l., 1738-1740, 3 vol. in-4°. (L'ouvrage devait former 40 volumes. Les 3 premiers seuls ont paru : 1re partie. Histoire du tarif de 1664, 2 vol. 2e partie. Histoire de la compagnie des Indes, 1 vol.)

Recueil des édits, déclarations, arrêts et règlements postérieurs au tarif de 1664, rendus sur les droits d'entrée et de sortie des cinq grosses fermes et sur les obligations des employés. Nouvelle édition. Rouen, 1758, 2 vol. in-8°.

Recueil alphabétique des droits de traites uniformes, de ceux d'entrée

ville exposer leurs origines. Leurs règlements sont détaillés dans le recueil publié à Rouen en 1758 et surtout, de la manière la plus usuelle, dans le *Recueil alphabétique* de 1786. C'est l'ouvrage qu'on consulte habituellement. Le *Mémoire* de Tolosan en 1789 fait toujours autorité en ce qui concerne les statistiques.

G. — Droits domaniaux.

Les droits domaniaux [1], c'est-à-dire les droits de timbre,

---

et de sortie des cinq grosses fermes... S. l., 1786, 3 vol. in-8o. (128 pages d'observations préliminaires et didactiques. L'ouvrage se poursuit ensuite sous forme de dictionnaire. On ne saurait trouver de recueil plus complet et plus satisfaisant de toutes manières. Autre édition en format in-4o.)

Remarques historiques et politiques sur le tarif. Londres et Paris, 1788, in-8o.

Mémoire sur le commerce de la France et de ses colonies, par de Tolosan, intendant du commerce. Paris, 1789, in-4o. (Ouvrage de statistique commerciale et douanière sans cesse consulté et cité.)

---

1. Recueil des règlements faits pour l'usage du papier et parchemin timbrés, par M. Denizet. Paris, 1715, in-12.

Instructions générales aux commis préposés pour la perception des droits de contrôle des actes. S. l., 1737, in-8o. (Cet ouvrage, qui contenait des erreurs, a été supprimé par un arrêt du conseil du 17 mars 1738.)

Dissertation sur l'origine du papier et du parchemin timbrés, par Boucher d'Argis. Paris, 1737, in-4o.

Nouvelles instructions générales pour la perception des droits des domaines. Paris, 1738, in-8o.

Plan général de régie, ferme des domaines et droits y joints et instructions sur les droits de contrôle, des exploits, greffes et droits réservés (par Poujaud). Paris, avril 1751, in-8o.

Maximes générales sur les droits domaniaux et seigneuriaux, par M. Cabannes. Paris, 1755, in-12.

Commentaire sur les tarifs du contrôle des actes et de l'insinuation du 29 septembre 1722 et sur les droits du centième denier. Paris, 1766, in-12 (par Basin). (Première édition. Avignon, 1757, in-8o.)

Science parfaite des notaires ou le parfait notaire. Nouvelle édition, par Ferrière. Paris, 1771, 2 vol. in-4o.

Traité des droits de quint, lods et ventes, requint, reventes, mi-lods, etc., par B.-L. Molières Fontmaur. Carcassonne, 1778, 2 vol. in-4o.

Dictionnaire raisonné des domaines et droits domaniaux, par Bosquet. Rouen, 1762, 3 vol, in-4o. — Autre édition corrigée et augmentée, par

d'insinuation, de contrôle, de centième denier, sont commentés par un grand nombre d'auteurs, parmi lesquels
Boucher d'Argis, Basin, Ferrière, de Contramont, Dupin,
se font spécialement remarquer. Pour les recherches habi-
tuelles, on a recours au *Dictionnaire* de Denisart en ce
qui concerne la jurisprudence, et au *Dictionnaire raisonné*
de Bosquet en ce qui concerne le point de vue fiscal. Le
Dictionnaire de Bosquet fait autorité.

———————————

Bosquet et Hébert. Rennes, 1782, 4 vol. in-4º. (Le dictionnaire de Bosquet est l'ouvrage classique par excellence pour les anciens droits de
contrôle.)

Répertoire universel et raisonné de jurisprudence, mis en ordre et
publié par M. Guyot, écuyer, ancien magistrat. Nouvelle édition, corrigée et augmentée. Paris, 1784-1785, 17 vol. in-4º. (Éditions postérieures,
par Merlin.)

Explication des tarifs du contrôle des actes et de l'insinuation suivant
la jurisprudence actuelle du Conseil, par M. de Contramont, avocat.
Lyon et Paris, 1786, 2 vol. in-8º. (Édition antérieure de 1783.)

Nouvelles observations de l'édit portant création des conservateurs des
hypothèques... du mois de juin, par Dumont. Paris, 1786, in-12.

Instructions sur diverses questions relatives aux droits de contrôle,
d'insinuation et de centième denier et autres, par M. Dupin, avocat au
Parlement (employé aux domaines, plus tard conseiller à la Cour de
cassation). Montpellier, 1780 et 1788, in-4º.

Collection de décisions nouvelles relatives à la jurisprudence, par
Denisart. Paris, édition 1771, 4 vol. in-4º, édition 1783-90, 9 vol. in-4º.
(Première édition 1754 à 1756, 6 vol. in-12.)

Réflexions d'un citoyen de la ville d'Orléans sur les droits de contrôle
des actes d'insinuation, de centième denier, de timbre et de franc-fief.
S. l. n. d., in-4º.

On trouve encore, pour cette partie, chez les libraires spéciaux de
l'époque, l'indication de diverses publications techniques, telles que :

Recueil d'édits et règlements concernant l'administration du contrôle
des actes, 6 volumes.

Recueil concernant le contrôle des exploits, 1 vol. in-12.

Recueil concernant les domaines, 10 vol. in-4º.

Recueil concernant les droits réservés. 2 vol. in-4º.

Traité de la connaissance des droits et domaines du Roi (par Berthe-
lot). Paris, 1719, in-4º. Etc.

Les ouvrages modernes de Championnière et Rigaud, de Fessard, de
Garnier, de Demante, le Répertoire de Merlin, vº Enregistrement, etc.,
contiennent l'exposé des droits de contrôle, insinuation, centième denier,
etc., antérieurs à 1789.

H. — Cartes à jouer.

Quelques traités s'occupent spécialement des cartes à jouer [1].

I. — Impôts en général.

D'autres, en petit nombre, embrassent l'ensemble des matières fiscales [2].

J. — Rentes.

Beaucoup d'écrits sur le payement des rentes [3], précisé-

---

1. Mémoire historique sur l'origine du droit, sur les cartes et sur les différentes révolutions arrivées dans la perception. Paris, 1770, in-4º.

Mémoire sur le débit des cartes à jouer dans Paris et autres villes. Paris, 1771. in-4º.

2. Nouveau traité des Élections, contenant l'origine de la taille, aides, gabelles, octrois et autres impositions, par M. P. Vieuville. Paris, 1739, in-8º.

Mémorial alphabétique des choses concernant la justice, la police et les finances de France, avec une instruction pour tous les officiers qui se font recevoir à la Cour des aides. 5e édition, avec tables, par Mich. du Chemin. Paris, 1742, in-4º.

3. Mémoire concernant le contrôle des rentes de l'hôtel de ville, par Pierre Le Roy jeune. Paris, 1717, in-12.

Mémoire instructif pour servir au payement des arrérages des anciennes rentes de l'hôtel de ville de Paris. Paris, 1724, in-fol.

Liste des rentiers à vie sur l'hôtel du ville de Paris. Paris, s. d.,in-4º. (Recueil factice.)

Liste des rentes viagères dites tontines (années 1738-1769). Paris, s. d., 40 vol. in-fol.

Manuel des rentes, ou tableau général de la distribution actuelle des rentes de l'hôtel de ville de Paris et autres, par M. de Massac, receveur des rentes. Paris, 1777, in-8º.

Traité des annuités, accompagné de plusieurs tables très utiles, par M. de Parcieux (neveu). Paris, 1781, in-4º.

Recouvrement des pensions militaires. Avis à MM. les pensionnaires. Paris, 1784, in-4º.

Jurisprudence des rentes ou code des rentiers, par de Beaumont. Paris, 1784, in-12.

Nouvelle distribution des rentes à l'hôtel de ville, par M. Debeaumont (années 1786-1787). Paris, s. d., 2 vol. in-8º.

ment, sans doute, en raison des incertitudes et des retards de ce payement. Aujourd'hui, que le public touche ses coupons régulièrement, les manuels deviennent moins utiles. La *Jurisprudence* de Debeaumont est à signaler, ainsi que le *Traité des annuités* de Deparcieux.

K. — *Monnaies.*

On disserta beaucoup sur les monnaies au xviiie siècle [1].

Tableau des rentes viagères sur l'hôtel de ville de Paris, contenant les dates des édits de création, etc., au 1er janvier 1789. S. l. n. d., in-4o.

[1]. Traité historique des monnaies de France, avec leurs figures, depuis le commencement de la monarchie jusqu'à présent, par M. Le Blanc. Amsterdam, 1692, in-4o.

Histoire des divers changements et mutations des monnaies de France. Paris, 1705, in-18.

Traités des monnaies, pour un conseiller d'Etat, par Henry Poullain. Paris, 1709, in-12. (1re édition, 18 octobre 1621. On s'étonne qu'en 1709 le ministre ait autorisé la réimpression de cet ouvrage, qui dénonçait les pernicieux effets de l'augmentation des monnaies.)

Traité des monnaies, de leurs circonstances et dépendances, par Jean Boizard, conseiller en la Cour des monnaies. Paris, 1692, in-12, autres éditions en 1711 et 1714, 2 vol. in-12.

Traité des monnoyes, par J. Boizard, avec les traités d'alliage (par Hindret de Beaulieu, inspecteur général des monnaies de France). Paris, 1711, 1714, 2 vol. in-12.

Essai sur les monnaies, ou réflexions sur le rapport entre l'argent et les denrées, par Dupré de Saint-Maur (maître des comptes). Paris, 1746, in-4o.

Recherches sur la valeur des monnaies et sur le prix des grains avant et après le concile de Francfort, par le même. Paris, 1762, in-12.

Lettre de M. Graumain, concernant les monnaies. Berlin, 1752, in-12.

Traité des monnaies, contenant les instructions pour la partie des monnaies, par M. de Bettange. Avignon, 1760, 2 vol. in-12.

Essai sur la qualité des monnaies étrangères, et sur leurs différents rapports avec les monnaies de France, par Macé de Richebourg. Paris, 1764, in-fol.

Traité des monnaies et de la juridiction de la Cour des monnaies, en forme de dictionnaire, par M. Abot de Bazinghen. Paris, 1764, 2 vol. in-4o.

Table des monnaies courantes, par Abot de Bazinghen. Paris, 1767.

Recueil des monnaies, tant anciennes que modernes, par M. de Salzade. Bruxelles, 1767, in-4o.

Traité de la circulation et du crédit, par Pinto. Amsterdam, 1771, in-8o.

Les principaux traités de l'époque, car nous n'avons pas la prétention de les citer tous, sont ceux de Le Blanc, Boizard, Poullain, Dupré de Saint-Maur, de Bettange, Bazinghen, Des Rotours. Le mémoire célèbre de Natalis de Wailly couronne trop bien cette série des travaux monétaires du siècle passé pour n'être pas cité à leur suite, malgré sa date contemporaine [1]. A remarquer également une savante étude de M. de Vienne.

7° PAYS D'ÉTATS

Les affaires des pays d'États s'étudient dans les procès-verbaux des délibérations de ces assemblées, que conservent les grandes bibliothèques [2], et dans quelques écrits spéciaux du temps [3].

Évaluation et tarif du prix que doivent être payées, aux hôtels des monnaies et bureaux de change, les espèces et matières d'or et d'argent, conformément aux arrêts du Conseil des 15 septembre et 26 décembre 1771. Metz, 1774, in-12.

Clef de la circulation, par Carpentier de Beauvais. Paris, 1777, in-12.

Observations sur la déclaration du 30 octobre 1785 et l'augmentation progressive du prix des matières d'or et d'argent depuis le premier janvier 1726. S. l., février 1787, in-8° (par Des Rotours).

1. Mémoire sur les variations de la livre tournois depuis le règne de Saint Louis jusqu'à l'établissement de la monnaie décimale, par M. Natalis de Wailly. Paris, 1857, in-4°. (Ce mémoire a été analysé et résumé très heureusement, avec diagrammes, par M. de Foville, dans le Bulletin de statistique et de législation comparée du ministère des finances, n° de janvier 1888, tome XXIII.)

Des malentendus habituels au sujet des anciens procédés monétaires, par M. de Vienne. Nancy, 1890, in-8°. (Extrait des mémoires de l'académie de Stanislas. Etude intéressante sur les augmentations et diminutions de monnaie au début du xviiiᵉ siècle, 79 p.)

---

2. Procès-verbaux des assemblées des pays d'États. (A la Bibliothèque nationale, sous la rubrique : Etats provinciaux, LK 14, figurent divers numéros contenant le recueil de ces procès-verbaux.)

3. Les Etats de Champagne, par Buirette de Verrières. Châlons, 1788, in-8°.

Compte-rendu des impositions et des dépenses générales de la province de Languedoc... Montpellier, 1789, in-4°.

Divers traités concernant les Chambres des comptes, Cours des aides et Parlements, parurent dans le courant du siècle [1]. En plus, on peut utilement consulter les écrits publiés à leur sujet après le mois de mai 1789 par le premier président de Nicolay, par Lacretelle, par Dionis, par Auger, lesquels seront cités de nouveau dans la seconde partie de cette bibliographie.

---

[1]. Requête présentée au roi par les correcteurs et auditeurs de la chambre des comptes de Paris, contre les Maîtres des comptes, par Louis de Sacy, avocat au Parlement et aux conseils du roi, de l'Académie française. Paris, 1701, in-folio.

Traité de la Chambre des comptes, de ses officiers et des matières dont elle connaît (par Leufroy). Paris, 1702, in-12.

Dissertation historique et critique sur la Chambre des comptes en général et sur l'origine, l'état et les fonctions de ses différents officiers (par Michel Lechanteur). Paris, 1765, in-4°.

Histoire du Parlement de Paris, par M. l'abbé Big... (Voltaire). Amsterdam, 1769, 2 vol. in-8°.

Mémoires pour servir à l'histoire du droit public en France, ou recueil de ce qui s'est passé à la Cour des aides, par Auger, 1779, in-4°. Cité plus loin dans la seconde partie.

Juridiction et jurisprudence de la Chambre des comptes. Paris, 1787, in-4°.

Observations sur la comptabilité et sur la juridiction de la Chambre des comptes, suivies de l'extrait, par ordre chronologique, des arrêts d'enregistrement de cette cour sur diverses lois de comptabilité et discours prononcés par M. de Nicolay, premier président... Paris, 1789, in-4°.

Mémoire sur l'institution des bureaux de finances et l'utilité de leurs fonctions. S. l., 1789, in-8°. (Signé par les officiers des différents bureaux de finances en France. Rédigé par Lacretelle aîné.)

Mémoire pour servir à l'histoire de la Cour des aides, depuis son origine jusqu'à sa suppression. Paris, 1792, in-4° (par Dionis).

CHAPITRE IV

FINANCES DE LA RÉVOLUTION DANS LEUR ENSEMBLE

§ 1. — Histoires générales.
§ 2. — Jugements sur la Révolution.
§ 3. — Mémoires des contemporains.
§ 4. — Ouvrages du temps: Moniteur universel, papiers parlementaires, ournaux et recueils périodiques, brochures, livres, publications diverses.

Nous continuons à grouper les publications d'ordre général, en ce qui concerne maintenant la Révolution, en étudiant d'abord les écrits modernes, puis les écrits du temps.

§ 1. — *Histoires générales des finances de la Révolution.*

Bien que, de 1789 à 1800, l'exposition chronologique des événements financiers ne semblât pas de nature à tenter l'historien, cependant Thiers, avons-nous dit, en a surmonté les difficultés au cours de son grand ouvrage politique [1].

Paul Boiteau résume également année par année les actes financiers de la Révolution dans deux chapitres de son livre sur la *Fortune publique* [2]. Il avait entrepris de développer le sujet, sous la même forme, dans l'article

---

1. Histoire de la Révolution, par Thiers, déjà citée.
2. Fortune publique et finances de la France, par Paul Boiteau. Paris, 1866, 2 vol. in-8°. (Chapitres III et IV du second volume. L'assemblée constituante. La Révolution et la liquidation de l'ancien régime. Pages 16 à 84.)

Budget du *Dictionnaire des finances* [1], lorsque la mort
l'a surpris.

Un grand discours prononcé par Defermon au conseil
des Cinq-Cents [2], en l'an V, récapitule encore chronologiquement, avec détails et méthode, la succession des
budgets depuis 1789.

Il nous a semblé préférable, au sein d'une époque confuse et mobile, de dégager les faits du chaos chronologique et d'attribuer à chaque sujet un chapitre distinct,
dans le second volume des *Finances de l'Ancien Régime
et de la Révolution*, entièrement consacré aux actes
financiers de la Constituante, de la Convention et du Directoire.

Du reste, les histoires des finances de la Révolution,
quelle que soit leur forme, restent jusqu'ici très rares.

En 1859-1860, M. E. Levasseur lit à l'Académie des
sciences morales et politiques (dont il ne faisait point encore partie) un travail sur les finances pendant la Révolution [3]. A la suite de sa communication intervient un
débat entre Moreau de Jonnès et Wolowski sur les mérites de la gestion financière de la Convention.

L'introduction de *l'Économie rurale de la France*, par
Léonce de Lavergne [4], trace le tableau de la marche financière et économique de la Révolution.

---

1. Dictionnaire des finances, publié sous la direction de M. Léon Say,
membre de l'Institut, ancien ministre des finances, par MM. Louis Foyot,
chef de bureau, et Lanjalley, ancien directeur général. Paris, 1881-
1894, 2 vol. gr. in-8°. Déjà cité.

2. Conseil des Cinq-Cents. Opinion de Defermon sur les rapports faits
par la Commission des finances. 8 germinal an V, in-4°. Autre édition
in-8°.

3. Les finances de la France pendant la Révolution, lecture de M. E.
Levasseur. Séances et travaux de l'Académie des sciences morales et
politiques, 4e série, tomes 50 et 51.

4. Économie rurale de la France depuis 1789, par M. L. de Lavergne
membre de l'Institut. 2e édit., Paris, 1861, in-12.

L'*Histoire de l'économie politique,* par Blanqui aîné [1], traite le même sujet dans plusieurs chapitres. Henri Baudrillart, étudiant la question du luxe sous la Révolution française [2], expose les principes financiers de Robespierre, de Saint-Just, de Rabaut-Saint-Étienne, etc. La plupart des ouvrages de ce savant économiste contiennent des appréciations élevées sur la Révolution et la gestion de ses finances.

Michel Chevalier [3], ouvrant son cours au Collège de France en 1871, prend texte des événements récents pour montrer *comment une nation rétablit sa prospérité.* Un des principaux exemples d'erreurs à éviter cités par l'éminent professeur est celui des procédés financiers de la première Révolution.

Capefigue a écrit sur les acquéreurs de biens nationaux, les fournisseurs et banquiers de la Révolution, un curieux volume, bien que souvent superficiel [4].

§ 2. — *Jugements modernes sur les finances de la Révolution.*

De nombreux auteurs ou orateurs, depuis le début de ce siècle, ont formulé des jugements sur les finances de la Révolution, dans des passages qu'il ne faut pas même

1. Histoire de l'économie politique depuis les temps anciens jusqu'à nos jours, par M. Blanqui aîné, de l'Institut. Paris, 1837, in-8º. Plusieurs éditions postérieures, en 2 vol. in-12 (suivies d'une bibliographie raisonnée des principaux ouvrages d'économie politique).

2. Journal des Économistes, mars 1871, article de M. Baudrillart. La question du luxe pendant la Révolution.

3. Comment une nation rétablit sa prospérité. Erreurs qu'elle doit éviter. Discours prononcé le 14 juin 1871 par Michel Chevalier, à l'ouverture de son cours au Collège de France, brochure in-8º.

4. Banquiers, fournisseurs, acquéreurs de biens nationaux, emprunts, système financier de Pitt et Castelreagh, par Capefigue. Paris, 1856, in-8º. (Ouvrage collectionnant des renseignements qu'il est souvent difficile de retrouver ailleurs.)

essayer de cataloguer. Par exemple, dernièrement encore,
au cours des débats parlementaires consacrés à la réforme des contributions directes de 1895, des discours de
MM. Jaurès, Godefroy-Cavaignac, Jules Roche, etc., ont
abordé la matière à des points de vue très actuels [1] : il
s'agissait de déterminer le véritable caractère que les législateurs de la Révolution entendirent assigner à leurs
créations financières. Nous-même avons pris part au débat
dans un article de *l'Économiste français* [2]. Puis M. Léon
Say est intervenu avec un magistral article de la *Revue
des Deux Mondes* [3]. Lire également ce qu'il dit à cet égard
dans sa préface du *Dictionnaire des finances* [4], paruo vers
la même époque.

Mais on ne saurait trouver là les matériaux d'une histoire.

§ 3. — *Mémoires des contemporains.*

Il faut en dire autant des mémoires laissés par les hommes marquants de la fin du xviiie siècle, mémoires où se
rencontre, sans doute, formulée en quelques mots, l'expression caractéristique d'idées personnelles qu'on ne saurait négliger, mais beaucoup trop dépourvus de détails,
surtout en matière de finances.

Ainsi en est-il, pour la partie qui concerne la Révolution,

---

1. Discours prononcés dans la discussion générale du projet de loi
portant fixation du budget général de 1895 (contributions directes et
taxes assimilées), par MM. Godefroy-Cavaignac, Jules Roche et Jaurès,
séances de la Chambre des députés des 9 et 10 juillet 1894. Journal officiel des 10 et 11 juillet 1894.

2. L'économiste français du 4 août 1894. Définition des principes
financiers de la Révolution française.

3. Revue des deux mondes, du 1er octobre 1894. Libéraux et socia-
listes, par M. Léon Say.

4. Dernier fascicule du Dictionnaire des finances déjà cité. Préface
de M. Léon Say (19 pages grand in-8°).

des souvenirs du comte Beugnot [1], de Malouet [2], de Lebrun [3], de Tronson du Coudray [4], de Gouverneur Morris [5], de Thibaudeau [6], etc.

A peine Gaudin [7] rend-il compte de ses fonctions de commissaire de la Trésorerie jusqu'en 1793. Mollien [8] ne parle guère que de la détention et de la mort des 32 anciens fermiers généraux, parmi lesquels se trouvait Lavoisier.

1. Mémoires du comte Beugnot, ancien ministre (1783-1815). Paris, 1866, 2 vol. in-8o. Déjà cité.

2. Mémoires de Malouet, déjà cités. (Détails sur les hommes de la Révolution.)

3. Œuvres de Lebrun, déjà citées. (Recueil des principaux travaux financiers de l'auteur à la Constituante et aux Anciens : rapports sur les dépenses publiques, 1790 ; sur la dette et les projets de liquidation, 1790 ; sur la comptabilité et la trésorerie, 1796 ; sur l'emprunt, 1798. 463 pages.)
Mémoires sur le prince Le Brun, duc de Plaisance, par M. Marie du Mesnil. Paris, 1828, in-8o.
Dénonciation de M. Le Brun, rapporteur du comité des finances de l'assemblée. Paris, l'an deuxième de la liberté, 1791, in-8o. (Accusation remontant à l'époque où Le Brun était secrétaire de Maupeou.)

4. Œuvres choisies de Tronson du Coudray. Paris, 1829, 2 vol. in-8o. (Discours et rapports de Tronson du Coudray aux Anciens sur la contribution foncière, les biens des émigrés, les assignats, le dixième du prix d'entrée des spectacles, etc.)

5. Mémorial de Gouverneur Morris, ministre plénipotentiaire des États-Unis en France de 1792 à 1794, par Sparks, traduit de l'anglais avec annotations. Paris, 1841, 2 vol. in-8o.

6. Mémoires sur la Convention et le Directoire, par A.-C. Thibaudeau. Collection des mémoires relatifs à la Révolution française. Paris, 1824, 2 vol. in-8o. (« Peu familier avec les affaires de finances qui n'avaient « aucun attrait pour moi », dit l'auteur, dont les mémoires, en effet, contiennent seulement quelques renseignements sur les assignats et les épurations de fonctionnaires.)

7. Mémoires de Mollien, déjà cités.

8. Mémoires, souvenirs, opinions et écrits du duc de Gaëte (Martin-Michel-Charles Gaudin), ancien ministre des finances. Paris, 1826, 2 vol. in-8o. Supplément aux mémoires de Gaudin, 1834, in-8o. En tout, 3 vol. in-8o. (L'auteur fait précéder sa notice historique sur les finances de 1800 à 1815 de considérations et de souvenirs sur les finances de la Révolution. Compte rendu à la Convention par les commissaires de la Trésorerie depuis le 1er juillet 1791. Mémoire sur les opérations relatives au numéraire en 1791 et 1792, sur les assignats, sur l'impôt progressif, etc.)

Cependant le livre de Ramel, ancien ministre des finances, composé en l'an IX [1], sorte de *Mémoire*, comme il le nomme lui-même, récapitule les actes financiers de la période directoriale et les commente avec des éclaircissements qu'on ne trouve pas ailleurs.

§ 1. — *Ouvrages du temps sur les finances de la Révolution.*

C'est aux sources du temps qu'il convient, en dernier lieu, de recourir : l'esprit d'investigation et l'amour de la vérité y ramènent toujours. Déjà, d'ailleurs, les mémoires précédents et le volume de Ramel sont presque contemporains des événements.

Comme nous continuons à ne citer ici que les ouvrages d'un caractère général embrassant l'ensemble de la période, leur nombre demeurera restreint.

1° MONITEUR UNIVERSEL.

Le *Moniteur universel* de la Révolution [2] constitue, sans doute, un vaste recueil qu'on ne saurait se passer de consulter. Mais beaucoup de documents essentiels, rapports, tableaux, états de chiffres, y sont omis. En outre, les discussions financières ne s'y trouvent qu'assez rare-

---

1. Des finances de la république française en l'an IX, par D. V. Ramel. Paris, an IX, in-8°. (Ouvrage où sont groupés des renseignements que l'on ne trouve guère ailleurs sur les finances des dernières années de la Révolution. Recueil indispensable à posséder de statistiques relatives aux domaines nationaux, aux assignats, aux ventes de mobilier, d'argenterie, à la liquidation de la dette, etc.. 224 pages et 5 tableaux.)

2. Gazette nationale, ou le Moniteur Universel, commencé le 5 mai 1789. Précédé d'une introduction historique, 5 mai 1789-31 décembre 1810. Paris, 42 vol. in-folio. (Journal quotidien.)

ment reproduites avec fidélité et *in extenso*. Souvent, au contraire, elles y deviennent tout à coup tellement écourtées que leur sens se devine à peine.

La *réimpression*[1], plus maniable que l'original, possède de précieuses tables. Mais, arrivés à la période du Directoire, les comptes rendus des débats législatifs se réduisent à un simple sommaire de quelques lignes, dont la lecture perd tout intérêt[2].

2° ARCHIVES PARLEMENTAIRES

Pour satisfaire au trop légitime désir de posséder des textes précis et authentiques, le lecteur devra recourir alors aux *Papiers parlementaires*.

Les Papiers parlementaires comprennent d'abord les procès-verbaux officiels des séances des assemblées[3], puis

---

1. Réimpression de l'ancien Moniteur, seule histoire authentique et inaltérée de la Révolution française. Paris, Plon, 1863, 32 vol. in-4° (dont un volume d'introduction historique et deux volumes de tables).

2. Table rédigée et collationnée par M. A. Ray, 2 vol. in-4°, de 595 et 591 pages in-4° en deux colonnes. Vol. 30 et 31 de la Réimpression de l'ancien Moniteur.

---

3. Procès-verbal de l'assemblée nationale, imprimé par son ordre, 782 numéros. Paris, Baudoin, 75 vol. in-8°.

Table générale des matières des procès-verbaux de l'assemblée constituante, imprimée par ordre de l'Assemblée nationale. Paris, Imprimerie nationale, 1792, in-8°.

Procès-verbaux de l'assemblée nationale législative, imprimés par son ordre. Paris, Imprimerie nationale, 1791-1792, 16 vol. in-8°.

Table des matières, des noms de lieux et des noms de personnes contenus aux procès-verbaux des séances de l'assemblée nationale, depuis le 1er octobre 1792 jusqu'au 21 septembre 1793. Paris, Imprimerie nationale, frimaire an X, in-folio.

Procès-verbal de la Convention nationale, imprimé par son ordre. Paris, Imprimerie nationale, 1792-an IV, 74 vol. in-8°.

Procès-verbal des séances du Conseil des Cinq-Cents, imprimé en vertu de l'acte constitutionnel. Paris, Imprimerie nationale, 50 vol. in-8°.

Procès-verbal des séances du Conseil des Anciens, imprimé en vertu de l'acte constitutionnel. Paris, Imprimerie nationale, 49 vol. in-8°.

Table des matières, des noms de lieux et des noms de personnes con-

spécialement — et c'est là la source la plus précieuse
d'informations — la collection des opinions, discours, exposés et rapports dont l'impression a été ordonnée. Dans
ce recueil considérable, que peu de bibliothèques possèdent [1], on peut lire *in extenso*, revisés par leurs auteurs,
augmentés de notes et enrichis de tableaux, la série des
documents successivement soumis aux débats de la Constituante, de la Législative, de la Convention et des deux
Conseils du Directoire.

L'*Histoire parlementaire* de Buchez et Roux [2], où la
plupart des publicistes autrefois puisaient exclusivement,
ne fait que résumer et citer par extraits ces travaux.

Divers autres recueils plus ou moins complets des débats législatifs de la Révolution existent encore [3]. Mais la

---

tenus aux procès-verbaux des séances des deux Conseils formant le
Corps législatif. Paris, Imprimerie nationale, an VII-1813, 9 vol. in-8o.

1. Les Papiers parlementaires sont conservés à la Bibliothèque na-
tionale sous le classement suivant :
Détails de l'Assemblée nationale, Le [29], nos 1 à 1861.
Détails des séances de l'Assemblée législative, Le [31], nos 1 à 144.
Détails des séances de la Convention, Le [33], nos 1 à 1746.
Détails des séances du Conseil des Cinq-Cents, Le [43], nos 1 à 3817.
Détails des séances du Conseil des Anciens, Le [45] nos 1 à 2068.

2. Histoire parlementaire de la Révolution française, ou Journal des
Assemblées nationales depuis 1789 jusqu'en 1819, par Buchez et Roux.
Paris, 1833-1838, 40 vol. in-8o.

3. Choix de rapports, opinions et discours prononcés à la tribune nationale depuis 1789 jusqu'à ce jour..., par Guillaume Lallement.
1818-1825, 23 vol. in-8o.

Assemblée nationale de la France de 1789, ou Collection complète de
tous les discours, mémoires, motions, projets... Paris, 1789-90, 9 vol.
in-8o.

École de politique, ou Collection, par ordre de matières, des discours,
opinions, déclarations... 12 vol. in-8o.

Politicon, ou Choix des meilleurs discours, par Balestrier-Canilhac.
1792, 6 vol. in-8o.

La Tribune française. Choix de discours, par Amic et Mouttet, 1840,
2 vol. grand in-8o.

Nouvelle législation ou collection de tous les décrets, avec les principaux discours..., le tout vérifié d'après les archives nationales, 4e partie. Code de l'ordinaire des finances. Paris, 1792, 2 vol. in-8o.

partie financière s'y trouve souvent négligée. D'ailleurs, en matière de finances, rien ne saurait remplacer les textes originaux, accompagnés de leurs annexes, c'est-à-dire de chiffres alignés *in extenso*.

Voilà ce que fournissent maintenant les *Archives parlementaires* [1], éditées par ordre de la Chambre, collationnées sur les meilleures sources, sans lacunes ni coupures. Cette publication met à la portée de tous les papiers parlementaires dont nous parlions plus haut, avec tables alphabétiques et chronologiques par volume et par période. Chacun y recourt à peu près exclusivement aujourd'hui.

3° JOURNAUX ET RECUEILS PÉRIODIQUES

Enfin, à ce fonds déjà considérable, nous ajouterons les journaux et recueils périodiques qui commentèrent les actes de la Révolution au fur et à mesure qu'ils se produisaient. Divers ouvrages en ont dressé la patiente récapitulation [2]. Mentionnons seulement, au milieu de

---

Des recueils spéciaux contiennent les œuvres oratoires et parlementaires de Mirabeau, de Lebrun, de Tronson du Coudray, de Malouet, etc. Nous en avons cité plusieurs.

1. Archives parlementaires. Recueil complet des débats des Chambres françaises de 1787 à 1860, imprimé par ordre du Sénat et de la Chambre des députés, sous la direction de MM. Mavidal et Laurent. Première série (de 1787 à 1799). Paris, Paul Dupont, grand in-8°. Sept volumes contiennent les cahiers des États généraux. Volumes 8 à 33 inclus consacrés aux États généraux et à l'assemblée constituante (du 5 mai 1789 au 30 septembre 1791), avec tables par volume et tables récapitulatives, alphabétique et chronologique, pour la période complète. La publication se poursuit dans les mêmes conditions en ce qui concerne l'assemblée législative, la Convention et le Directoire.

2. Histoire des journaux et des journalistes de la Révolution française (1789-1796), par Léonard Gallois. Paris, 1845. 2 vol. grand in-8°.
Bibliographie historique et critique de la presse périodique française, par Hatin. Paris, 1866, gr. in-8°.
Histoire du journal en France, par Hatin. 2e édition, 1853, in-16.
Un chapitre de la Révolution française. Histoire des journaux en France, de 1789 à 1799, par de Monseignat. Paris, 1853, in-12.

cette foule comprenant, d'après Hatin, près de mille
titres divers, les plus importants et surtout ceux qui, de
près ou de loin, ont suivi les faits financiers [1].

Collection de matériaux pour l'histoire de la Révolution de France,
depuis 1787 jusqu'à ce jour. Bibliographie des journaux, par M. D... S,
avocat à la Cour royale de Paris (Deschiens). Paris, 1829, in-8º. Nomenclature des journaux par ordre alphabétique, avec indications bibliographiques et citations d'extraits d'articles.)

1. Courrier de Provence, pour servir de suite aux « Lettres du comte
« de Mirabeau à ses commettants ». Versailles, 1789-1791, 16 vol. in-8º,
paraissant trois fois par semaine.

Mémoires de législation, de politique et de littérature, pour servir de
suite au « Courrier de Provence ». Paris, 1792, en 2 parties : Législation ; Politique et littérature.

Journal des débats et décrets, ou récit de ce qui s'est passé aux séances de l'assemblée nationale depuis le 17 juin 1789 (juin 1789-floréal
an V). Paris, 93 vol. in-8º. Quotidien.

Journal des débats et lois du Corps législatif (prairial an V-nivôse
an VIII). Paris, 33 vol. in-8º. (Suite du précédent.)

La Feuille villageoise, par Cerutti, Rabaut-Saint-Étienne, Guinguené,
etc., 1790 au 15 messidor an III.

Journal de la Société de 1789, par Condorcet, Dupont de Nemours,
Pastoret, Grouvelle, etc., du 5 février au 15 septembre 1790. 15 numéros.

La Chronique de Paris, par Condorcet, Rabaut-Saint-Étienne, etc., du
24 août 1789 au 25 août 1793.

L'Ami du peuple, par Marat, 1789 à 1792.

Le Père Duchêne, par Hébert, 1790-1794.

Journal général de France (1785-1792, par l'abbé de Fontenai, jusqu'en 1791).

Journal général de l'Europe, politique, commerce, agriculture, par Le
Brun et Smitz. De 1789 au 30 juin 1792.

La Bouche de fer, hebdomadaire, par l'abbé Fauchet et Bonneville. De
janvier 1790 à juillet 1791.

Les Actes des apôtres (par Pelletier, Champcenetz, Rivarol, Béville,
Bergasse, etc.). De 1789 à octobre 1791.

Le Logographe, journal national rédigé par Le Hodey, d'après le travail des membres de la société logographique. Paris, 1791-1792, 3 vol.
in-folio.

Révolutions de France et de Brabant, par Camille Desmoulins, de la
société de la Révolution. Paris, 8 vol. in-8º, 28 novembre 1789 à décembre 1791.

La Chronique du mois ou Cahiers patriotiques, de Clavière, Condorcet, Mercier, Brissot, Lanthenas, Collot d'Herbois, etc., de novembre
1791 à avril 1793. (Contient beaucoup d'articles financiers intéressants.)

On peut s'instruire beaucoup en les lisant ; mais leur
étendue permet seulement, en général, de les parcourir.
Cela suffit pour que les événements, tantôt prônés de parti
pris avec enthousiasme, tantôt, au contraire, passionnément dénigrés au delà de toute mesure, finissent par s'é-
clairer d'un jour impartial aux yeux de l'historien de
bonne foi.

4° BROCHURES, PAMPHLETS, LIVRES

Quant aux brochures, pamphlets et écrits de toute nature,
dont la Révolution fut si prodigue, nous les retrouverons,
rangés par ordre chronologique, dans la seconde partie de
cette bibliographie.

Correspondance patriotique entre les citoyens qui ont été membres de
l'assemblée constituante (par Dupont de Nemours et autres). Du 9 novembre 1791 au 30 août 1792.

Journal de la vente des biens nationaux, du 13 octobre 1790 au 28
septembre 1791, 101 numéros.

Le Parisien, journal général du commerce, des manufactures, des
arts et de l'agriculture, du 21 ventôse an V au 3 pluviôse an VIII. 1044
numéros (suite de la Chronique de Paris).

L'Historien, par Du Pont de Nemours, an IV à l'an VI, 654 numéros,
17 vol. (Journal recherché, dit Deschiens, pour les excellents articles
qu'il contient sur les finances.)

L'Ami des lois, ou Mémorial politique et littéraire, par Poultier, an
III à an VIII.

Mercure britannique, par Mallet du Pan, d'août 1798 à mars 1800.
36 numéros.

Journal d'économie publique, de morale et de politique, rédigé par
Rœderer, de l'Institut national de France (avec la collaboration de Saint-
Aubin, Desrotours, etc., pour la partie des finances, du 10 fructidor
an IV au 30 vendémiaire an VI, 5 vol. in-8°. Contient des articles sur
les finances et les monnaies, des analyses d'ouvrages financiers, un
résumé périodique des actes des pouvoirs publics ; recueil décadaire
très utile à lire.)

SECONDE PARTIE

DÉTAIL PAR ORDRE CHRONOLOGIQUE
DE L'HISTOIRE DES FINANCES DE LA FRANCE,
DEPUIS LE DÉBUT JUSQU'A LA FIN DU XVIIIe SIÈCLE.

CHAPITRE V

FINANCES DE LA FIN DU RÈGNE DE LOUIS XIV, 1700 à 1715

§ 1. — Exposés officiels.
§ 2. — Ouvrages divers parus de 1700 à 1716.
§ 3. — Ouvrages modernes relatifs à cette période.

§ 1er. — *Exposés officiels.*

Pendant les premières années du dix-huitième siècle, sous le ministère de Chamillart, les exposés gouvernementaux ne sont ni nombreux, ni faciles à découvrir, ni suffisamment démonstratifs[1].

---

1. État auquel M. de Chamillart a trouvé les finances du roi, le 6 septembre 1699, que S. M. l'a nommé contrôleur des finances. — Récapitulation des fonds de l'année 1700, 1701, 1702, 1703. — États par prévision des revenus et des dépenses du roi pour les années 1705, 1706, 1707. — Récapitulation du produit des affaires extraordinaires de 1700 à 1707. Documents insérés en appendice à la correspondance des contrôleurs généraux publiée par M. de Boislisle, in-4o cité plus loin.

Mémoire de M. Chamillart au roi sur l'état des finances, 16 octobre 1706. Appendice du 2e volume, page 478, de la Correspondance des contrôleurs généraux des finances, publiée par M. A.-M. de Boislisle, 1699 à 1708, in-4o, 1883, cité plus loin. (« Il est pardonnable à celui « qui se trouve chargé de ce service de paraître accablé et de manquer « de courage et de force, quand *tout lui manque*. » En effet, pour 1707, en face de 214.275.324 livres de dépenses, Chamillart ne trouve que 51 millions de revenus ordinaires et 118 millions d'emprunts et d'affaires extraordinaires possibles.)

C'est seulement à partir du ministère de Desmaretz[1],
en 1708, que les chiffres officiels commencent à s'éclaircir un peu, grâce au rapport assez développé, en 29 pages
in-4°, que ce contrôleur général adressa au régent à la
fin de sa gestion[2].

On y voit, par exemple, que la dépense annuelle s'éle-
vait à 219 millions de livres, tandis que les revenus ordinaires joints au dixième et à la capitation ne produisaient
que 75 millions. D'où une insuffisance annuelle de 144
millions à combler par des affaires extraordinaires, telles
que anticipations, refonte des monnaies, rachats de capitation et de dixième, aliénations, constitutions de rentes,
ventes d'offices, émissions de billets, etc.; le tout est décrit au cours du rapport.

Le mémoire de Desmaretz, en raison des détails ex-
ceptionnels qu'il contient, a toujours été universellement
consulté ; les historiens s'y réfèrent, avec citations textuelles, même Forbonnais[3] et l'abbé de Saint-Pierre[4], lesquels
cependant ne reculent pas, en général, devant les investi-
gations personnelles. « Personne ne peut nous instruire
« mieux que M. Desmarets lui-même de la situation des
« affaires, » dit le célèbre auteur de *Recherches et consi-*
dérations sur les finances. C'est ainsi que, pour avoir

---

1. Nous écrivons Desmaretz avec un *z*, bien que très souvent son
nom figure avec un *s*, même en tête de ses mémoires au régent. Cependant *Desmaretz* est l'orthographe adoptée par M. de Boislisle dans la
Correspondance des contrôleurs généraux.

2. Mémoire de M. Desmarets sur l'administration des finances, depuis
le vingt février de l'année 1708 jusqu'au premier septembre 1715. S. l.
n. d., in-4°. (Autre édition in-8°. Le mémoire est adressé à Son Altesse
royale monseigneur le duc d'Orléans, régent du royaume, après la sortie
de l'auteur du ministère. Il débute par un exposé de la situation en
1708, puis il poursuit, année par année, le compte rendu de ses opérations jusqu'en 1715, avec une récapitulation finale.)

3. Recherches et considérations sur les finances de la France, par
Forbonnais, 1758. Cité plus loin.

4. Annales politiques de l'abbé de Saint-Pierre, 1758. Cité plus loin.

publié avec sincérité, presque avec repentir, le résumé de sa propre gestion, cet ancien ministre, qui commit cependant bien des fautes, se trouve, sauf de rares exceptions[1], excusé par la postérité.

Forbonnais cite encore un autre rapport adressé au roi par Desmaretz en 1714, lequel remet en lumière, à titre d'exemple, les opérations effectuées par Colbert au temps de la prospérité du royaume, et formule des vues d'avenir pour 1716 et 1717[2].

Desmaretz ne s'est occupé que des années 1708 à 1715, de son propre ministère. Forbonnais et l'abbé de Saint-Pierre remontent au début du siècle et même au delà.

Un premier commis de Desmaretz, Mallet[3], a complété les précédents renseignements par des notes et tableaux très souvent cités sur la marche des finances depuis Henri IV et spécialement sur les affaires extraordinaires du règne de Louis XIV.

La correspondance des contrôleurs généraux, dont M. de Boislisle[4] poursuit la publication avec une si intelligente érudition, et la collection Depping[5] présentent, sous leur aspect administratif, les événements financiers de cette époque.

1. Réponses et réflexions sur le compte que M. Desmarets a présenté à monseigneur le duc d'Orléans, régent du royaume. S. l., 1717, in-8°.

2. Recherches et considérations sur les finances. Tome V de l'édition in-12, pages 65 à 85.

3. Compte rendu de l'administration du royaume de France sous Henri IV, Louis XIII et Louis XIV, avec des recherches sur l'origine des impôts..., ouvrage posthume de M. Mallet, premier commis de M. Desmaretz... Londres, 1789, in-4°.

4. Correspondance des contrôleurs généraux des finances avec les intendants de province..., publiée par M. de Boislisle. Tome II, 1699 à 1708. Paris, Impr. nat., 1883, in-4°. (Il est impossible de découvrir une source de renseignements plus authentiques et plus intéressants. Des extraits en ont été déjà cités.)

5. Correspondance administrative sous le règne de Louis XIV... recueillie et mise en ordre par G.-B. Depping. Paris, 1850-1855, 4 vol. gr. in-8° (3e volume (1852), consacré aux affaires de finances, de 1661 à 1709. Introduction relative aux opérations fiscales de Colbert.)

Voilà à peu près tout ce qui se trouve imprimé sous
forme d'exposés chronologiques plus ou moins officiels au
sujet des dernières années du règne de Louis XIV.

§ 2. — *Ouvrages divers de 1700 à 1715.*

Il faut reparler maintenant des *Recherches et considérations sur les finances de la France* de Forbonnais[1], ouvrage classique par excellence, sur lequel chacun s'appuie
à juste titre. Beaucoup de tableaux et de chiffres y figurent et de judicieuses réflexions accompagnent les documents compilés. Nous retrouverons sous la Régence la
suite de cet exposé chronologique. Les *Annales politiques* de l'abbé de Saint-Pierre, moins complètes, ne
manquent pas d'intérêt[2].

---

1. Recherches et considérations sur les finances de la France depuis
l'année 1595 jusqu'à l'année 1721. Bâle, 1758, 2 vol. in-4o. Autre édition, Liège, 1758, 6 vol. in-12. (Forbonnais poursuit, année par année,
l'exposé de la situation financière jusqu'en 1721, en produisant de nombreux tableaux, extraits, préambules d'édits, rapports, etc. L'année
1700 commence au milieu du tome IV de l'édition in-12. Table alphabétique par volume. On trouve insérés au cours de l'ouvrage : les rapports
de Desmaretz, le mémoire de Davenant sur les finances de l'Angleterre
et de la Hollande, une partie du rapport financier lu au Conseil du roi le
le 17 juin 1717, un autre mémoire de la même année sur la réduction
de la dette, le mémoire de Law sur les monnaies, etc.)
Vie littéraire de Forbonnais, par J. de l'Isle de Sales, membre de
l'Institut. Paris, 1801, an IX, in-8o. (Enumération des œuvres impri-
mées et manuscrites de Forbonnais.)
2. Annales politiques de feu M. Charles-Irénée Castel, abbé de Saint-
Pierre, de l'Académie française. Londres, 1758, 2 vol. in-12. Autres
éditions in-18, 1757; et in-8o, 1767, toujours en 2 volumes. (M. de Molinari, dans l'ouvrage cité plus loin, dit : « Les Annales politiques sont
« regardées comme le meilleur ouvrage de l'abbé de Saint-Pierre. Il y
« range, par ordre chronologique depuis 1658, année de sa naissance,
« jusqu'en 1739, ses observations sur les événements de cette longue
« période si féconde en événements. Il revient *con amore* sur son projet
« de paix perpétuelle, sur les moyens de rendre utiles à l'Etat les ducs
« et les pairs, les sermons, les académies, etc. Il s'exprime avec une

Au début du siècle parurent les célèbres pamphlets de Pierre Le Pesant de Boisguillebert, intitulés *le Détail de la France*[1], dont les descriptions, outrées peut-être, de la misère publique et des maux causés par les tailles, les aides et autres charges vexatoires, n'en constituent pas moins de précieuses et peut-être de trop véridiques dépositions, auxquelles chaque écrivain depuis recourt à l'envi ; et le *Factum de la France*[2], suite du précédent, consti-

---

« liberté entière sur Louis XIV, auquel il persiste à refuser le nom de « grand, etc. »)

L'abbé de Saint-Pierre..., sa vie, ses œuvres..., par M. G. de Molinari. Paris, 1857, in-12. (Bibliothèque des sciences morales et politiques.)

Étude sur la vie et les écrits de l'abbé de Saint-Pierre, par Édouard Goumy. Paris, 1859, in-8°. (Intéressant ouvrage qui étudie spécialement les idées politiques et philosophiques de l'abbé. 332 pages.)

1. Le détail de la France, ou Traité de la cause de la diminution de ses biens et des moyens d'y remédier ; par M. de S... Rouen, 1695, in-12. (Première édition de l'œuvre de Boisguillebert. Ce titre est celui qui figure dans la Bibliothèque de Jacques Lelong, sous le n° 28.069.)

La France ruinée sous le règne de Louis XIV, par qui et comment : avec les moyens de la rétablir en peu de temps. Cologne, 1696, in-12.

Testament politique de M. de Vauban... S. l., 1707, 2 vol. in-12. (Éditions successives du Détail de la France.)

Le détail de la France sous le règne présent, augmenté en cette nouvelle édition de plusieurs mémoires et traitez sur la même matière. S. l., année 1707, in-18. (Comme sous-titre, le Détail de la France porte : « La cause de la diminution de ses biens et la facilité du remède, en « fournissant en un mois tout l'argent dont le roi a besoin et enrichis- « sant tout le monde. » Ce sous-titre révèle suffisamment les tendances de l'auteur à l'exagération. Les conclusions de Boisguillebert consistent à supprimer les taxes arbitraires qui ruinent les paysans et à les rempla- cer par une dîme exempte de privilèges et proportionnelle aux biens ; en outre, à ouvrir les barrières de douane, causes principales de la disette. 163 pages. Deux autres opuscules sur les traitants et sur les blés mènent le livre jusqu'à 294 pages.)

2. Factum de la France... S. l., année 1707, in-18. (Le sous-titre est encore ici significatif ; il débute ainsi : « Moyens très faciles de faire re- « cevoir au Roy quatre-vingts millions par-dessus la capitation, prati- « cables par deux heures de travail de messieurs les ministres et un « mois d'exécution de la part des peuples... », pour continuer sur ce ton dithyrambique pendant plus d'une page. Les douze chapitres forment 178 pages. Le surplus du volume, de 302 pages, est composé de mé- moires sur les blés, sur la rareté de l'argent et d'une *dissertation de la nature des richesses, de l'argent et des tributs*.)

tuant sa seconde partie à dix ans de distance. Divers autres écrits de Boisguillebert[1] et sur Boisguillebert[2] font connaître, d'ailleurs, le personnage.

Les très notoires ouvrages de Melon[3], de Dutot[4] et de Boulainvilliers[5] sont ici simplement mentionnés, pour être commentés ultérieurement.

Toutes ces publications, y compris celles dont nous ne faisons que désigner les titres, [6] comme le *Mémoire* de

---

1. Correspondance de P. Le Pesant de Boisguilbert avec le contrôleur général et avec M. Desmaretz, insérée en appendice de la Correspondance des contrôleurs généraux par M. de Boislisle, 2e volume, 1883, in-4o, déjà cité. (Série de lettres de 1700 à 1707, dans lesquelles l'auteur prodigue les plus excellents conseils au contrôleur général. Notes curieuses écrites par celui-ci en marge des lettres de Boisguillebert. « Nombreuses « longueurs et redites, mais campagne menée avec persistance et cou- « rage par l'économiste rouennais », dit M. de Boislisle.)

2. Notice historique sur la vie et les travaux de Boisguillebert. Economistes français du xviiie siècle..., par Eugène Daire. Paris, 1843, gr. in-8o.

L'économie politique avant les physiocrates, par J.-E. Horn. Ouvrage couronné par l'académie des sciences morales et politiques. Paris, 1867, in-8o. (Vigoureux tableau des désordres financiers de la fin du règne de Louis XIV, justifiant les violences de langage de Boisguillebert. Analyse détaillée des écrits et opinions de Boisguillebert. Ses projets de réforme des tailles et de capitation graduée d'après le revenu. 400 pages très instructives.)

Pierre de Boisguilbert, précurseur des économistes, 1616-1714, sa vie, ses travaux, son influence, par Félix Cadet. Ouvrage couronné par l'Institut. Paris, 1870, in-8o. (Eloges mérités adressés à cet ouvrage par Wolowski, rapporteur de l'Académie. Il faut écrire, dit l'auteur, Bois- guilbert, et non pas Boisguillebert. 442 pages.)

3. Essai politique sur le commerce. Nouvelle édition. S. l., 1736, in-12 (la première édition est de 1734), par Melon. (Voir plus loin.)

4. Réflexions politiques sur les finances et le commerce. La Haye, 1738, 2 vol. in-18 (par Dutot. Voir plus loin).

5. Etat de la France... par le comte de Boulainvilliers. Londres, 1727-28, 3 vol. in-fol. (Cité plus loin.)

6. Nouvelle école publique de finances, ou l'art de voler sans ailes par toutes les régions du monde, en 2 parties. Paris, 1707, in-18. (274 pages, sans intérêt financier.) Autre édition, 1708, in-12.

Les partisans démasqués. Cologne, 1707, in-12. (Recueil de person- nalités et d'histoires galantes sans aucun intérêt.)

Pluton maltôtier. Cologne, 1708, in-12.

M. Fougerolle, confirment la triste impression causée
par le misérable aspect du pays au début du xviii° siècle,
alors que le grand règne finissait, et que les généreux
projets de la *Dime royale*[1] de Vauban provoquaient sa
disgrâce et sa mort[2]. Les contemporains ne comprirent
guère la grandeur d'une telle œuvre[3]. Mais la postérité

L'art de plumer la poule sans crier. Cologne, 1710, in-12. (Histoires
plus grivoises que financières imputées à divers traitants.)

Les tours industrieux, subtils et gaillards de la maltôte. Londres,
1710, in-12.

Extrait d'un mémoire de M. de Fougerolle en 1711, intitulé : Projet
qui peut aider à un règlement général pour assurer les revenus du roi,
en répartir l'imposition avec plus d'égalité, publié à la fin des Mémoires
du comte de Boulainvilliers. 2 vol., 1727, cités plus bas.

1. Projet d'une dixme royale : qui, supprimant la taille, les aydes, les
douanes d'une province à l'autre, les décimes du clergé, les affaires
extraordinaires et tous autres impôts onéreux et non volontaires : et
diminuant le prix du sel de moitié et plus, produirait au roi un revenu
certain et suffisant, sans frais, et sans être à charge à l'un de ses sujets
plus qu'à l'autre, qui s'augmenterait considérablement par la meilleure
culture des terres. S. l., 1707, in-4° (par le maréchal de Vauban).

Projet d'une dîme royale, précédé d'une notice historique sur le maréchal de Vauban, par Eugène Daire. Collection des Économistes. Paris,
Guillaumin, 1843, grand in-8°.

2. La proscription du projet de dîme royale et la mort de Vauban, par
A.-M. de Boislisle. Paris, 1875, in-8°. (Mémoire lu à l'Académie des
sciences morales et politiques. 48 pages.)

3. Observations sur la dixme royale de M. de Vauban. S. l. n. d.,
in-4°.

Nouveau projet d'une taille réelle pour l'intérêt de l'État et le soulagement des peuples, sur tous les biens-fonds ; où l'on fait voir, par des
réflexions solides, les erreurs du livre de la dixme royale. S. l. u. d.,
in-12. (Doit être le même que le suivant.)

Nouveau traité sur la dixme royale où l'on fait voir, par des réflexions
solides, les erreurs et omissions qui se sont trouvées dans le livre de
feu M. le maréchal de Vauban qui a pour titre : Projet d'une dixme
royale, par Gueuvin de Rademont, conseiller du roy, receveur de ses
fermes. Liège, 1715, in-12. (L'auteur, refaisant les calculs et les statistiques de Vauban, arrive à estimer le revenu annuel de tous les édifices
et héritages du royaume à 2.494.939.494 livres, ce qui fournirait une
dîme de 249 millions annuels ; le tout au minimum, car le revenu réel
doit être, dit l'auteur, 5 à 6 fois plus fort qu'on ne le met ici. 152 pages,
avec tableaux.)

Réflexions sur le traité de la dîme royale de M. le mareschal de Vauban. Divisées en deux parties. S. l., 1716, in-12 (par Pottier de La

sut rendre justice à l'illustre précurseur que la vue de
tant de maux et d'injustices avait fini par transformer
en financier philanthrope [1].

§ 3. — *Ouvrages modernes relatifs aux finances pour
les dernières années de Louis XIV.*

Le plus important à citer parmi les ouvrages modernes
consacrés aux finances des dernières années de Louis XIV

Hestroye. Vives critiques du travail de Vauban. La dîme ne ferait
qu'augmenter les charges du peuple. D'ailleurs, l'idée en est empruntée
à Boisguillebert, et c'est Boisguillebert seul qu'il faut accuser des
erreurs et des idées chimériques de l'ouvrage. L'auteur finit par
exposer son propre plan. Mémoire sur le commerce d'Afrique et des
colonies pour terminer. 160-100 pages.)

1. Notice historique sur la vie et les travaux du maréchal de Vauban.
Économistes financiers du xviiie siècle..., par M. Eugène Daire. Paris,
1843, gr. in-8º.

Notice sur les travaux économiques de Vauban, par M. Baude. Mémoires de l'Académie des sciences morales et politiques, 3e trimestre
1858, tome XLV.

Le maréchal de Vauban. L'impôt. Conférence de H. Baudrillart, de
l'Institut, insérée dans son ouvrage: Économie politique populaire. Paris,
1869, in-12. (Excellent et clair résumé de la dîme royale en 33 pages.)

Histoire de Vauban par Georges Michel, lauréat de l'Institut. Paris,
1879, in-8º. (Ouvrage couronné par l'Académie française; le livre de
M. Georges Michel est, à juste titre, un des plus habituellement consultés
sur l'illustre homme de guerre et économiste. 473 pages.)

Vauban : l'homme de guerre, l'homme d'État, l'homme privé, par
Adrien Mellion. Paris, 1886, in-8º (143 pages avec dessins et planches.)

Histoire du dixième et du cinquantième, par M. Maurice Houques-
Fourcade, 1889, in-8º, déjà cité. (Chapitre de 29 pages très nourri consacré à Vauban.)

Petite bibliothèque économique française et étrangère. Vauban. Dîme
royale. Paris, s. d., in-18. (Introduction par M. Georges Michel. Appendice contenant la liste des ouvrages à consulter sur la vie de Vauban.)

Vauban économiste, par Georges Michel et André Liesse. Paris, 1891,
in-8º. (120 pages.)

Vauban économiste. Rapport sur le concours pour le prix Léon
Faucher à décerner en 1891, par M. Léon Say, de l'Institut. Paris, 1891,
in-8º. (Académie des sciences morales et politiques. 28 pages.)

est celui qu'Adolphe Vuitry écrivit vers la fin de sa vie[1] :
Le Désordre des finances, divisé en deux parties ; la première traite le sujet même qui nous occupe, la seconde
le système de Law, que nous retrouverons plus loin. Sa
clarté et sa consciencieuse érudition offrent un réel attrait ;
chacun, du reste, y recourt aussitôt qu'il s'agit des finances
du début du xviiie siècle.

Sans reparler des ouvrages généraux précédemment
désignés, différents écrits soit modernes, soit postérieurs
à Louis XIV, étudient l'ensemble du règne[2], ou des points
spéciaux de ses finances[3].

1. Le désordre des finances et les excès de la spéculation à la fin du
règne de Louis XIV et au commencement du règne de Louis XV, par
Ad. Vuitry, de l'Institut. Paris, 1885, in-12. (État général des finances
de 1683 à 1715. Emprunts. Ventes d'offices. Affaires extraordinaires.
Capitation et dixième. Refonte et variations de monnaies. Dette de l'État
à la mort de Louis XIV. Seconde partie consacrée au système de Law
et aux opérations effectuées de 1715 à 1722. 462 pages.)
2. Siècle de Louis XIV, par Voltaire. Tome IV des Œuvres complètes
de Voltaire. Paris, Firmin-Didot, 1862, 23 vol. in-4o.
Histoire de l'administration en France... jusqu'à la mort de Louis XIV,
par M. C. Dareste de la Chavanne. Paris, 1848, 2 vol. in-8o. (Chapitres
X à XIII.)
L'économie politique avant les physiocrates, par J.-E. Horn. Déjà
cité.
Essai historique sur les différentes situations de la France, par rapport aux finances, sous le règne de Louis XIV et la régence du duc
d'Orléans, par M. Déon de Beaumont. Amsterdam, 1753, in-18. (Même
édition datée de 1754. Court résumé, avec portrait des ministres des
finances. 186 pages.)
Louis XIV, sa cour et le régent, par M. Anquetil, chanoine régulier
de la congrégation de France, correspondant de l'Académie royale des
inscriptions et belles-lettres, etc. Paris, 1789, 4 vol. in-18.
3. Documents authentiques et détails curieux sur les dépenses de
Louis XIV en bâtiments royaux,... en gratifications et pensions accordées aux savants, gens de lettres et artistes, depuis 1663,... par Gabriel
Peignot. Paris, 1827, in-8o.
États au vrai de toutes les sommes employées par Louis XIV : 1o aux
créations de Versailles, Marly et de leurs dépendances ; 2o aux augmentations du Louvre, des Tuileries,... et pensions ou gratifications aux
gens de lettres,... par M. Eckard. Versailles, 1836, in-8o.

En dernier lieu, les mémoires des contemporains, déjà
cités pour la plupart[1].

Dépenses effectives de Louis XIV en bâtiments,... d'après des documents authentiques,... par Eckard. Versailles, 1838, in-8º.

· Michel Chamillart, contrôleur général des finances et secrétaire d'État
de la guerrre, 1699 à 1709. Correspondance et papiers inédits recueillis
et publiés par l'abbé Esnault. Paris, 1885, 2 vol. in-8º. (Il y est peu
question de finances.)

· Essai sur l'histoire administrative du Languedoc pendant l'intendance
de Basville (1685-1719), par M. H. Monin. Paris, 1885, in-8º.

Comptes des bâtiments du Roi sous le règne de Louis XIV, publiés
par M. Jules Guiffrey. Paris, Impr. nat., 3 vol., 1664 à 1695, 1881-1891,
in-4º.

1. Mémoires du duc de Saint-Simon, publiés par MM. Chéruel et Ad.
Regnier fils. Paris, 1873-1886, 21 volumes in-12 avec tables. — Nouvelle édition des Mémoires de Saint-Simon, publiée par M. de Boislisle,
membre de l'Institut. Paris, 1879-1895, onze vol. parus.

Mémoires secrets sur les règnes de Louis XIV, la Régence et le règne
de Louis XV, par feu M. Duclos, de l'Académie française. Paris,
1790-1791, 2 vol. in-8º.

Journal de la cour de Louis XIV, depuis 1684 jusqu'à 1715 (par Dan-
geau). Londres, 1770, in-8º.

Mémoires du maréchal de Villars (de 1672 à 1734). Collection Petitot
et Monmerqué. Tomes XVIII à XX. Paris, 1828, in-8º. (Nouvelle édition,
entreprise en 1884, par M. de Vogué. Publication de la Société de l'Histoire de France. Déjà citée à la première partie.)

· Mémoires des intendants sur l'état des généralités... publiés par A.-M.
de Boislile. Paris, 1881, in-4º. (Appendice contenant plusieurs mémoires
intéressants sur les fermes, la capitation, les gabelles, la taille, etc.,
au dix-huitième siècle.)

Autres mémoires déjà cités.

CHAPITRE VI

§ Ier.—*Finances de la Régence dans leur ensemble.*

La plupart des auteurs qui viennent d'être cités, Forbonnais [1], Vuitry [2], etc. [3], poursuivent leur récit à travers les événements de la Régence; il suffit de les rappeler.

D'autres s'offrent à nous pour la première fois.

Dans l'ordre à la fois politique et financier, ce sont d'abord les rédacteurs de mémoires, tels que Buval [4], et de Piossens [5], dont les petits volumes, au milieu de nombreuses anecdotes, contiennent beaucoup de textes financiers utiles à posséder.

---

1. Recherches et considérations sur les finances de la France, par Forbonnais, déjà cité. (Années 1715 à 1721.)

2. Le désordre des finances, par A. Vuitry, déjà cité.

3. Histoire de l'impôt, par M. Clamageran, déjà cité.

4. Journal de la régence, 1715 à 1723, par Jean Buval, publié pour la première fois par Emile Campardon. Paris, 1865, 2 vol. in-8°. (Très souvent utilisé par les chroniqueurs, et même par les romanciers.)

5. Mémoires de la régence. Nouvelle édition considérablement augmentée. Amsterdam, 1749, 5 vol. in-18 (par le chevalier de Piossens. Première édition en 1729, 3 vol. in-12. Recueil chronologique, de 1715 à 1723, de tous les faits politiques et financiers. Nombreuses citations textuelles d'édits, de décisions, d'exposés, intéressant les finances. A la fin du 5e volume : histoire abrégée du système des finances.)

Différentes histoires particulières à l'époque [1] complètent celles déjà nommées de Déon de Beaumont, Anquetil, etc.

L'*Histoire du luxe* de Baudrillart[2] devait nécessairement consacrer au gouvernement du duc d'Orléans ses chapitres les plus nourris. De même Oscar de Vallée [3] s'arrête sur un temps si bien fait pour inspirer son éloquente indignation contre les *manieurs d'argent*.

En y regardant de plus près, on distingue dans les finances de la Régence deux principales séries de faits : la liquidation qui suivit la mort du grand roi et les péripéties du système de Law.

§ 2. — *Ecrits relatifs aux opérations qui suivirent la mort de Louis XIV.*

Louis XIV laissait une dette de 3 milliards et demi environ, avec un trésor vide et « une épouvantable confusion « dans les comptes ».

L'administration du duc de Noailles, placé à la tête du Conseil des finances, entreprit de liquider la situation, malgré ses difficultés presque insurmontables, en décla-

---

1. Histoire de la régence et de la minorité de Louis XV jusqu'au ministère du cardinal de Fleury, par P.-E. Lemontey. Paris, 1832, 2 vol. in-18.

La vie de Philippe d'Orléans, par M. L. M. D. M. Londres, 1736, 2 vol. in-12 (par La Mothe, dit La Hode, ancien jésuite), 2e édition, avec gravures, en 1737. (Voudrait réhabiliter le régent et Dubois.)

Eloge de Philippe d'Orléans, par M. l'abbé Talbert. Besançon, s. d. (1777), in-8o.

Vie privée de Louis XV, citée plus loin.

2. Histoire du luxe privé et public, depuis l'antiquité jusqu'à nos jours, par H. Baudrillart, membre de l'Institut. Paris, 1878, 4 vol. in-8o. (Tome IV, livre II : Le luxe au xviiie siècle. L'agiotage et les folles dépenses.)

3. Les manieurs d'argent. Etudes historiques et morales, 1720-1857, par Oscar de Vallée, avocat général à la cour impériale de Paris. Paris, 1857, in-12.

rant noblement, à l'encontre de certaines propositions, que les engagements de l'État seraient respectés.

Cependant, par le Visa et la Chambre de justice, il voulut faire rendre gorge aux traitants, maltôtiers, etc., que l'indignation publique signalait, dans les pamphlets du temps[1], comme la cause des maux de la nation. Malheureusement le remède demeura impuissant contre cette plaie dévorante.

La *Liste des gens taxés*[2] énumère le montant de chacune des 4.500 taxes environ prononcées par la *Chambre de justice* de 1716[3], dont plusieurs s'élevèrent à un, deux, trois et quatre millions et demi de livres, et formèrent un total de 212 millions. On sait comment le recouvrement s'en fit. La *Vie privée de Louis XV*[4], qui contient beau-

---

1. Le renard pris au trébuchet. Dialogue entre la Capitation et Gruet. Paris, 1716, in-8°. (Un huissier exacteur est soi-disant conduit à la Chambre de justice. 32 pages.)

Conférences secrètes du diable et des maltôtiers. S. l., 1716, in-12.

Le pressoir des esponges du Roy, ou la recherche faite par la Chambre de justice establie en 1716 contre les abus, malversations et péculats commis dans les finances de Sa Majesté. S. l. n. d., in-4°. (C'est une simple estampe.)

Liste de la Chambre de justice. S. l. n. d., in-4°.

Etat des subdélégués et substituts de la Chambre de justice. Paris, 1716, in-4°.

Mémoire pour les intéressés dans les affaires du roi. Paris, 1716, in-folio.

Le beau et joli branle nouveau des concussionnaires dans les fermes du roi. S. l., 1716, in-4°.

Les neuf lamentations de la Société. S. l., 1717, in-8°.

Le *De Profundis* des maltôtiers. S. l. n. d., in-4°.

La mauvaise entreprise des maltôtiers et le repentir qu'ils ont marqué par leur *Salve regina*... S. l. n. d., in-4°.

2. Liste des gens d'affaires qui ont été taxés, 18 rolles en un volume. S. l., 1717, in-8°.

3. Recueil d'édits, arrêts, déclarations et mémoires pour la Chambre de justice établie au mois de mars 1716. Paris, s. d., in-4°.

Détail de la France. S. l., 1716, in-12 (par M. de Soissons, gentilhomme du pays du Maine, d'après Lelong, qui parle de l'ouvrage avec éloges).

4. Vie privée de Louis XV, ou principaux événements, particularités

coup d'autres documents, reproduit partiellement celui-ci.

L'histoire des Chambres de justice a fait l'objet d'une communication récente à la Cour des comptes [1], et les détails des différentes opérations de visa figurent, avec pièces à l'appui, dans le livre d'un contemporain, du Hautchamp [2].

Les manuscrits du duc de Noailles, incomplètement reproduits dans les mémoires de l'abbé Millot [3], ont été étudiés à fond par M. E. Levasseur [4], au cours d'un livre dont nous allons reparler. Forbonnais a cité, d'ailleurs, in extenso le texte d'un des célèbres rapports adressés par le duc au régent le 17 juin 1717, sur les aliénations, emprunts et affaires extraordinaires [5].

Une publication officielle, quelques années plus tard, récapitule, à l'honneur de la Régence, d'une manière chronologique et détaillée, toutes les réductions de dettes et dégrèvements d'impôts opérés depuis 1715 [6].

---

et anecdotes de son règne. Londres, 1788, 4 vol. in-18 (par Moufle d'Angerville. Malgré l'apparence de son titre, ce livre contient divers documents administratifs utiles à trouver réunis : liste des gens taxés, biographie des fermiers généraux jusqu'en 1751, mémoires divers, etc.)

1. *Journal officiel* du 4 novembre 1876. Discours prononcé le 3 novembre 1876, par M. le procureur général Petitjean, dans l'audience solennelle de rentrée de la Cour des comptes.

2. Histoire générale et particulière du visa, par du Hautchamp. Cité plus loin. La première partie est consacrée au visa exécuté après la mort du feu roi.

3. Mémoires politiques et militaires, pour servir à l'histoire de Louis XIV et Louis XV, composés sur les pièces originales recueillies par Adrien-Maurice duc de Noailles, par l'abbé Millot. Nouvelle édition. Paris, 1777, 6 vol. in-8°. Collection Petitot et Monmerqué. Paris, 1828, in-8°. Tomes 71 à 74.

4. Recherches historiques sur le système de Law, par E. Levasseur. Paris, 1854, in-8°. Cité plus loin. (Appendices C et F, sur l'administration du duc de Noailles, et nombreuses citations dans le cours de l'ouvrage.)

5. Recherches et considérations sur les finances, par Forbonnais, déjà cité. Tome VI.

6. Etat général des dettes de l'Etat à la mort du feu roi Louis XIV, leur réduction et payement, avec la suppression et extinction d'un grand nombre d'offices et droits, à la décharge des peuples. Paris, 1720, in-4°.

Malgré les efforts réalisés dans le sens d'une meilleure administration, le milieu n'en prête pas moins singulièrement aux critiques des historiens et aux élucubrations réformatrices des faiseurs de projets.

L'abbé de Saint-Pierre, par exemple, émit, sous le titre de taille proportionnelle [1], des idées de réforme que les assemblées provinciales reprendront à la fin du siècle.

Le système d'un nouveau gouvernement de La Jonchère [2] eut quelque retentissement passager. Au milieu d'autres plus inconnus [3], les plus dignes de survivre parmi ces plans réformateurs sont les mémoires rédigés par le comte de Boulainvilliers [4], soit au début de la Régence,

---

1. Mémoire pour l'établissement de la taille proportionnelle (par l'abbé de Saint-Pierre). S. l., 1717, in-4°. (Signé : au palais royal, 27 mai 1717. Exposé des injustices de la taille en Normandie. Malheur et ruine des taillables. Projet pour rendre la taille proportionnelle au moyen d'une estimation contrôlée des revenus des biens de chacun. Réponse aux objections. 115 pages.)

2. Système d'un nouveau gouvernement en France, par M. de La Jonchère. Amsterdam, 1720, 4 vol. in-12. (L'auteur passe en revue les systèmes de Boisguillebert, de Vauban, etc. Il propose de confier à une compagnie montée par actions la perception d'un impôt unique sous forme de dîme, en remplacement de tous les droits actuels. La compagnie serait chargée de pourvoir à toutes les dépenses avec une largesse inconnue jusque-là. La Jonchère s'est occupé, dans le cours de sa vie, d'hydraulique, de fortifications et d'astronomie ; il n'aurait pas dû aborder les finances.)

3. Essais de finance adressés en forme de lettres à monseigneur Law. (Signé : Le Maingre de Bouciquault.) Mars 1720. S. l., 1720, in-4°.
Mémoire concernant les tailles et les moyens de faire cesser les abus qui se commettent dans son imposition, par M. Auber. Paris, 1721, in-4°.

4. Mémoires présentés à monseigneur le duc d'Orléans, régent de France, contenant les moyens de rendre ce royaume très puissant et d'augmenter considérablement les revenus du roi et du peuple, par le comte de Boulainvilliers. La Haye et Amsterdam, 1727, 2 vol. in-12. (Le recueil contient six mémoires parmi lesquels sont à signaler, au point de vue financier, le II pour rendre l'État puissant et invincible et tous les sujets de ce même État heureux et riches ; le III touchant la taille réelle et proportionnelle ; le V concernant la gabelle et les aides, dont traite spécialement l'écrit ci-dessous ; le VI au sujet des domaines du roi. A la

soit même antérieurement [1]. Ce membre de la noblesse ne
craignit pas de réclamer ouvertement la convocation des
États généraux, « seuls capables d'autoriser une juste dis-
« tribution des impôts, et d'anéantir la malheureuse régie
« qui coûte à la France le double et le triple de ce qu'en
« tire le roi ». Ses mémoires relatifs à la taille proportionnelle, aux aides, aux gabelles, etc., sont souvent rap-
pelés à juste titre.

Il y eut un visa en 1716 et un autre en 1721, après la
chute du système. Le livre de du Hautchamp, cité plus
haut [2], portant sur les deux époques, s'occupe de l'un et de
l'autre visa et nous amène ainsi à la seconde partie de la
période financière de la Régence, celle du système de Law.

§ 3. — *Écrits relatifs au système de Law.*

Du Hautchamp est encore le principal historien contem-

---

lin est inséré le mémoire de M. de Fougerolle en 1711, cité précédemment. 158-228 pages.)

1. Le mémoire de Boulainvilliers sur le droit d'amortissement des
gabelles et la conversion du revenu des aides, antérieur, au détail de
Boisguillebert et à la dîme royale de Vauban, par M. Th. Ducrocq. Poitiers, 1884, in-8°. (Ce curieux travail de M. Th. Ducrocq est reproduit
dans les *Études d'histoire financière et monétaire* qu'il a publiées en
1887, Paris, in-8°. L'érudit auteur établit que le mémoire n° V de Boulainvilliers, bien que présenté par les éditeurs comme écrit en 1716, doit
remonter à 1695. Une des raisons principales de cette antériorité c'est
que Boulainvilliers n'aurait pas pu proposer l'établissement d'une capitation à titre de nouveauté après la création officielle de la capitation par
Pontchartrain. Au contraire, l'écrivain a dû précéder et inspirer le ministre. 30 pages.)

2. Histoire générale et particulière du visa fait en France pour la réduction et l'extinction de tous les papiers royaux et des actions de la
compagnie des Indes, que le système des finances avait enfantés. On y a
joint un état des actionnaires et des mississipiens compris au rôle des
taxes du 15 septembre 1722 ; avec des remarques sur leurs fortunes présentes. (1715-juin 1725). La Haye, 1743, 4 vol. in-12 reliés en 2
(par Du Hautchamp. Autre sous-titre des tomes III et IV : « contenant
« les édits, déclarations, arrêts et autres actes qui doivent servir de
« preuves à cette histoire »).

porain des opérations de Law. Son *Histoire du système
des finances sous la minorité de Louis XV* [1] constitue,
avec la notice insérée à la fin de l'ouvrage de Forbonnais [2],
les livres de Melon et Dutot [3], le panégyrique de la gestion
des frères Paris [4], etc., [5] les sources les plus habituellement consultées au sujet de ces opérations.

Les œuvres personnelles de Law [6] et celles de Paris-
Duverney [7] ne sauraient d'ailleurs être oubliées, non plus

---

1. Histoire du système des finances sous la minorité de Louis XV, pendant les années 1719 et 1720, précédée d'un abrégé de la vie du duc
régent et du sieur Law (par du Hautchamp). La Haye, 1739, 6 vol.
in-12. (Les tomes V et VI contiennent la collection textuelle des mémoires, lettres patentes, arrêts du Conseil d'État, etc., relatifs aux
années 1715 à 1721. C'est la source la plus précieuse que nous possé-
dions, dit M. Levasseur, bien que l'auteur qui admire Law ne sache pas
faire sentir la grandeur de son œuvre et se perde en longues digressions.
Ce jugement s'applique aussi à l'histoire du visa.)

2. Recherches et considérations sur les finances, par Forbonnais, déjà
cité. Tome VI : Vue générale du système de M. Law. (Travail le plus
complet que nous ayons sur les diverses phases économiques de la question, dit M. Levasseur.)

3. Essai politique sur le commerce, par Melon. Déjà cité.
Réflexions politiques sur les finances et le commerce, par Dutot, déjà
cité. Chapitre I, article X, et chapitre III, article VII.

4. Histoire de Messieurs Paris, ouvrage dans lequel on montre comment un royaume peut passer, dans l'espace de cinq ans, de l'état le plus
déplorable à l'état le plus florissant, par M. de L...., ancien officier de
cavalerie. S. l., 1776, in-12. (De Luchet.)

5. Mémoires de Buvat. Déjà cités.
Mémoires de la Régence, avec appendice spécial sur le système. Déjà
cités.
Mémoires de Villars, déjà cités. (L'auteur, ennemi de Law, donne
beaucoup de détails sur son désastre.)
Autres mémoires et ouvrages sur la régence, déjà cités.

6. Œuvres de Jean Law, contrôleur général des finances sous le régent. Paris, 1790, in-8o. (Considérations sur le numéraire. Lettres sur
les banques. Lettres à monseigneur le duc de Bourbon. Mémoires justi-
ficatifs. Édition attribuée à Senovert.)
Collection des principaux économistes. Tome I. Économistes financiers du xviiie siècle. J. Law, Œuvres complètes. Paris, 1843, grand
in-8o.

7. Examen du livre intitulé : Réflexions politiques sur les finances et
le commerce, par du Tot (par Paris-Duverney). La Haye, 1740, 2 vol.
in-12. (Paris-Duverney, auteur du visa, se défend contre les attaques de
du Tot.)

que les brochures, gravures de tout genre, placards, etc.,
qui, dans ces moments d'effervescence, reflètent curieuse-
ment les impressions de l'opinion publique [1].

Enfin, divers auteurs modernes ont consacré des monographies spéciales à Jean Law et à son système. Nous
avons déjà nommé une des plus savantes, celle de M. Levasseur [2], sans vouloir diminuer le mérite et l'intérêt des

1. Le secret du système de M. Law dévoilé, en deux lettres écrites
par un duc et pair de France à un mylord anglais. La Haye, 1721,
in-12.

Hôtel de Soissons établi pour le commerce des papiers en 1720. Paris
s, d., in-folio. (Planche gravée avec légende.)

Rue Quinquempoix en l'année 1720. Paris, s. d., in-folio. (Planche
gravée.)

Almanach de la fortune, ou agenda de la rue Quinquempoix. S. l.,
1720, in-folio. (Planche gravée.)

Véritable portrait du très fameux seigneur, messire Quinquempoix.
S. l. n. d., in-folio (planche gravée avec légende. La vie privée de
Louis XV, 1er volume, reproduit la légende.)

Lettre d'un ami à un ami, où l'on examine si le commerce des billets
de l'Etat, des actions, souscriptions et autres effets royaux est permis
et si le gain en est licite. S. l. n. d., in-12.

Première lettre écrite à M *** sur le nouveau système des finances
(21 février). S. l. n. d., in-4o (par l'abbé Terrasson).

Lettres sur le nouveau système des finances. S. l., 1720, in-4o.

Réponse aux deux « lettres sur le nouveau système des finances ». S.
l., 1720, in-4o.

Troisième lettre où l'on traite encore des constitutions et du crédit et
où l'on explique l'usage des monnaies en général et les avantages de la
monnaie de banque en particulier (18 mai). S. l. n. d., in-4o (par l'abbé
Terrasson). Les trois lettres de l'abbé ont été réimprimées, avec des
notes, dans les Nouvelles littéraires par Du Sauzet.)

Mémoire pour servir à justifier la Compagnie des Indes contre les
casuistes qui la condamnent. S. l., 1720, in-4o.

Essais de finances adressés en forme de lettres à monseigneur Law
(signé : Le Maingre de Bouciquault) S. l., 1720, in-4o. Déjà cité.

Lettre de M. l'Évêque de Senés, du 18 mai 1720, à M. Law. S. l. n.
d., in-4o.

Sur la banque de Law et le crédit public. S. l. n. d., in-4o.

Grand hôtel et maison à Paris, à vendre, affaire concernant le sieur
Jean Law. S. l.. 1723, in-folio.

2. Recherches historiques sur le système de Law, par E. Levasseur.
Déjà cité. (Etat des finances à la mort de Louis XIV. Etablissement de
la Banque. Compagnie des Indes. Remboursement des rentes. Puissance

travaux de Thiers [1], Montyon [2], Pierre Clément [3], Cochut [4], Horn [5], Courtois [6], Daire [7], Sénovert [8], etc. [9]

de Law. Violences et chute du système. Liquidations. Appendice sur Desmarelz, sur le duc de Noailles, sur la fixation du cours des monnaies, sur les compagnies coloniales, etc. 408 pages.)

1. Histoire de Law, par A. Thiers. Paris, 1858, in-12. (184 pages.)

2. Particularités et observations sur les ministres des finances de France les plus célèbres, de 1660 jusqu'en 1791 (par Montyon). Paris, 1812, in-8º. Déjà cité. (Notice sur M. Law.)

3. Portraits historiques, par Pierre Clément. Paris, 1855, in-12. (Jean Law, les frères Paris.)

4. Law, son système et son époque, par P.-A. Cochut, 1716-1729. Paris, Bibliothèque des chemins de fer, 1853, in-12 (210 pages).

5. Jean Law, étude d'histoire financière, par J.-E. Horn. Leipzig, 1858, grand in-8º.

6. Histoire des banques en France, par Alph. Courtois fils, 2e édition, avec portrait de Law, d'après Rigaud. Paris, 1886, in-8º.

7. Notice historique sur Jean Law, ses écrits et les opérations du système, par Eugène Daire (placée en tête des œuvres de Law). Collection des principaux économistes. Déjà cité.

8. Œuvres de Jean Law. Déjà cité. Discours préliminaire, par Sénovert.

9. Dissertation sur le système de Law. Son identité avec le système actuel de l'Angleterre et celui que veut faire adopter le ministère français. Paris, 1825, in-8º.

Histoire générale et particulière des finances, par M. du Frêne de Francheville. Paris, 1738, 3e volume : Histoire de la Compagnie des Indes, avec les titres de ses concessions et privilèges, in-4º. Déjà cité.

Du commerce de la Compagnie des Indes, 2e édition, augmentée de l'histoire du système de Law, par Du Pont de Nemours. Paris, 1770, in-8º.

Mémoire sur la Compagnie des Indes, dans lequel on établit les droits des actionnaires en réponse aux compilations de |M. l'abbé Morellet. S. l., 1770, in-8º (par le comte de Lauraguais, plus tard duc de Brancas. 2e partie : abrégé du système, cité avec éloges par Blanqui.)

Histoire philosophique et politique des établissements et du commerce des Européens dans les Deux-Indes, par G.-T. Raynal. Nouvelle édition. Paris, 1820, 12 vol. in-8º et un atlas in-4º. (Le vol. II contient l'histoire de la Compagnie des Indes.)

CHAPITRE VII

FINANCES DU RÈGNE DE LOUIS XV, 1723-1774.

§ 1. — *Documents généraux, recueils d'édits et déclarations, états au vrai, livres et écrits divers relatifs à l'ensemble du règne de Louis XV.*

Les finances du règne de Louis XV n'ayant pas d'histoire qui leur soit propre, nous continuerons à trouver dans les ouvrages d'ensemble cités précédemment le résumé de la marche générale des affaires de 1723 à 1774 [1].

On peut, d'ailleurs, toujours compulser les collections d'édits, déclarations et arrêts, déjà nécessairement utilisées pour les précédentes périodes, comme elles le seront pour les suivantes. Seuls ces textes officiels, leurs préambules surtout, permettent de connaître, d'une manière précise, les actes et les intentions, apparentes au moins, du gouvernement, ainsi que les détails du contentieux

---

1. Histoire financière de Bailly. — Histoire de l'impôt en France, par M. Clamageran. — Mémoires concernant les impositions, par Moreau de Beaumont, etc. Déjà cités.

administratif. Si nous signalons leur importance spécialement ici, c'est en raison de l'indigence des autres renseignements d'ordre général.

Le recueil d'Isambert [1] ne saurait servir qu'à des recherches sommaires. Pour des recherches plus profondes, il faut recourir aux recueils authentiques que conservent les grandes bibliothèques, notamment la Bibliothèque nationale [2]. Lire du reste, au sujet des collections de lois antérieures à 1789, le rapport érudit de M. Léon Aucoc [3].

En plus, les états de finances et comptes imprimés des contrôleurs généraux [4], dont les recherches de M. Clamageran ont constaté la conformité avec les originaux, mettent en main d'intéressants tableaux budgétaires relativement à l'administration de Boullongne, Silhouette, L'Averdy, Terray, avec le texte des rapports adressés au roi par ces ministres en 1758, 1770, 1772 et 1774. Nous en avons déjà parlé dans la première partie.

Mais ces différents documents officiels, empreints de la concision intentionnelle du temps, demeurent trop peu démonstratifs, surtout depuis que leurs commentateurs contemporains ne sont plus là pour les interpréter : Forbonnais a cessé en 1721 ses compilations annuelles, et l'abbé de Saint-Pierre, très âgé, écourte ses annales terminées en 1739.

---

1. Recueil général des anciennes lois françaises, par MM. Jourdan, Decrusy, Isambert. Paris, 1822 à 1827, 29 vol. in-8º, avec la table.

2. Édits, déclarations et arrêts, recueil factice par année, in-4º, classé sous la lettre F à la Bibliothèque nationale.

3. Mémoire sur les collections de la législation antérieure à 1789 et leurs lacunes pour les actes des xviᵉ, xviiᵉ et xviiiᵉ siècles, par M. Léon Aucoc. Paris, 1888, in-4º. (Lu dans la séance de l'Institut du 11 mars 1883. 28 pages.)

4. Collection de comptes-rendus, pièces authentiques, états et tableaux concernant les finances de France depuis 1738 jusqu'en 1787. Lausanne, 1788, in-4º (par Mathon de La Cour). Déjà cité.

Aussi les auteurs modernes, Bailly d'abord et M. Clamageran surtout, déjà cités, ont-ils dû recourir aux manuscrits des archives (états au vrai, mémoires autographes, papiers du contrôle général) pour y puiser les éléments qui leur faisaient défaut ailleurs.

Comme l'ambition d'un simple bibliographe doit se
borner aux ouvrages imprimés, nous tenterons de découvrir encore parmi eux un nombre suffisant de renseignements, en pénétrant dans leur détail. Divisons-les, à
cet effet, par catégories.

Trois groupes d'exceptionnelle éclosion de publicité
financière se font remarquer pendant la période de 1723
à 1774.

Dans le premier groupe, nous rangerons les manifesta-
tions suscitées par les projets de réformes des principaux
contrôleurs généraux, Machault, Silhouette et l'abbé
Terray.

Dans le deuxième, les nombreuses et vives remontrances des Cours et Parlements lors des enregistrements
d'édits bursaux.

Le troisième enfin comprendra les productions de l'é-
cole physiocratique et celles que provoqua sa campagne
libérale de la part du public dans les dernières années
du règne.

§ 2. — *Principaux contrôleurs généraux : Machault,
Silhouette, Terray.*

1° MINISTÈRE DE MACHAULT

Les opérations du ministre Machault ont été spécialement exposées dans l'ouvrage de M. Marion [1], où les

---

1. Machault d'Arnouville, étude sur l'histoire du contrôle général des
finances de 1749 à 1754, par M. Marion, professeur agrégé d'histoire,

finances prennent la place d'honneur puisqu'il s'agit d'un contrôleur général. L'impôt des vingtièmes notamment y fait l'objet de détails très approfondis. Cependant les questions religieuses occupent aussi leur rang dans ce livre, qui trace plutôt le tableau de l'époque que le portrait de l'homme.

Des biographies de Machault figurent encore parmi les *Portraits historiques* de Pierre Clément [1] et les *Particularités sur les ministres des finances* de Montyon [2], l'un et l'autre déjà cités.

Les libelles provoqués par les édits du ministre Machault sont particulièrement instructifs. Dans cette lutte contre le clergé récalcitrant au nouveau vingtième, Voltaire tient la tête [3]. A sa suite, des *Voix* de toute nature

---

docteur ès-lettres. Paris, 1891, in-8º. (Ouvrage couronné par l'Académie française. Le livre I, consacré au vingtième, étudie ses précédents, son édit de création, les difficultés de son enregistrement, les difficultés plus grandes encore de son application dans les pays d'élections, dans les pays d'État surtout, spécialement dans le Languedoc et la Bretagne, où l'esprit local avait conservé quelque virilité. L'histoire de ces luttes fait pénétrer dans les détails de l'administration financière au xviiie siècle. Le surplus du livre s'occupe des résistances du clergé. Le livre II traite des réformes diverses, amortissement, gestion des finances de 1749 à 1754. Ouvrage rempli de renseignements puisés aux sources, avec introduction sur Machault et bibliographie. 462 pages compactes.)

1. Portraits historiques, par M. Pierre Clément. Déjà cité. Machault d'Arnouville, 1701-1794.

2. Particularités et observations sur les ministres des finances de France, par Montyon. Déjà cité. (M. de Machault.)

3. Lettre de Voltaire à M. de Machaut, contrôleur général, à l'occasion de l'impôt du vingtième (16 mai 1749). Paris, 1829, in-8º.
La voix du sage et du peuple (par Voltaire). Amsterdam, 1750, in-12. (Plusieurs autres éditions. Courte brochure de 16 pages discutant au début le sujet lui-même et finissant par combattre d'une manière générale les couvents et exalter les philosophes.)
Réfutation d'un libelle intitulé la Voix du sage et du peuple (par l'abbé Gaultier, d'après Barbier). S. l., 1751, in-8º (35 pages. Daté du 1er août 1750 à la fin).
Réponse critique à la Voix du sage, ou le prétendu sage convaincu de folie. Amsterdam, 1751, in-8º. (Réfute Voltaire paragraphe par paragraphe, 88 p.)

se firent entendre [1]. Les lettres *Ne repugnate* [2] méritent
une mention spéciale, d'abord en raison « du bruit éton-
nant » qu'elles firent, disent les contemporains, puis surtout à cause de la hauteur de vues qui les inspire. L'égalité devant l'impôt s'y trouve proclamée en termes remarquables.

Ces lettres devinrent le principal point de départ des
discussions [3] pour et contre l'imposition des biens ecclésias-

---

1. La voix du prêtre (par l'abbé Constantin). Utrech, 1750, in-12.
Autres éditions. (Attaque le haut clergé et réclame l'égalité fiscale au
nom du petit clergé. Bien rédigé. 69 pages.)

Le B (baillon). S. l., 1750, in-8⁰ (par l'abbé Constantin).

La voix du poète et celle du lévite. Genimanie en Parisis, 1750,
in-12.

La voix du fou et des femmes. Londres, 1750, in-12 (par M. Oli-
vier).

La voix du chrétien et de l'évesque. S. l. n. d., in-12.

Mémoire pour servir à l'histoire des immunités de l'Eglise, ou conférences ecclésiastiques de madame de ***, ou si l'on veut encore la
Voix de la femme. S. l., 1750, in-12.

Suite du mémoire........ S. l., 1751, in-12. (Ces deux brochures ne
contiennent que des pauvretés, en style soi-disant humoristique, ou plutôt trivial).

La voix du riche. S. l. n. d., in-12.

Les voix intervenantes. La voix du pauvre. La Haye, 1751, in-12.

Vox clamantis in deserto. S. l. n. d.

La voix du cap.... (capucin). S. l. n. d., in-8⁰.

La voix du Pape, ou Bref de N. S. P. le pape Benoist XIV portant
condamnation des lettres *Ne repugnate* et du libelle intitulé : la Voix
du sage et du peuple. En latin-français. Rome, 1751, in-12.

Recueil des voix pour et contre les immunités ecclésiastiques. Londres,
1750, in-12.

2. Lettres *Ne repugnate vestro bono*.......... Londres, 1750, in-12.
Plusieurs éditions. (Célèbre ouvrage de 427 pages, divisé en quatre
lettres, ou la question de l'imposition est discutée juridiquement et historiquement ; composé, dit-on, sur la demande du ministre Machault,
par Daniel Bargeton, avocat, mort avant la publication, qui aurait reçu
15.000 livres pour ce travail. Attribué aussi à Silhouette, à Joly de
Fleury, à La Bédoyère, à Chauvelin intendant.)

3. Réponse aux lettres contre l'immunité des biens ecclésiastiques. S.
l., 1750, in-12, par Duranthon, docteur en Sorbonne. (Trois lettres formant 199 pages, dans lesquelles l'auteur s'attache à réfuter successivement chacune des allégations de Daniel Bargeton.)

Les Commentaires des lettres *Ne repugnate* ..., par Æritrœus. Pékin, 1750, 2 vol. in-12.

Lettre *De honore et cultu Dei*. S. l., 1752, 3 vol. in-4o.(Réponse aux lettres *Ne repugnate* par Jean de Caulet, évêque de Grenoble.)

Grand nombre de mandements épiscopaux sur le même sujet.

Observations sur la nature des biens ecclésiastiques, par A. P. Damiens de Gomicourt. Londres, 1751, in-12.

Essai sur l'imposition des rentes foncières (par Toussaint). Londres, 1751, in-12 (51 pages).

Lettre de Monseigneur l'archevêque d'Auch à S. E. Monseigneur l'archevêque le cardinal de Tencin. S. l., 1751, in-8o.

Lettre d'un saint évêque à un archevêque bien intentionné. S. l. n. d., in-8o.

Lettre de Monseigneur l'archevêque de *** à un conseiller d'Etat. S. l. n. d., in-8o.

Mémoire sur l'exemption des subsides et impositions....... prétendue par le clergé de France. Berlin, 1751, in-12 (35 pages).

Avis d'un docteur de Sorbonne au sujet de la déclaration du Roy du 19 août 1750 et de la réponse du clergé de France (par l'abbé Guéret). Berlin, 1751, in-12. (Exactement le même que le précédent. Même texte, même nombre de pages ; en faveur de l'imposition du clergé.)

Seconde lettre de M. l'archevêque de *** à un conseiller d'Etat. S. l. n. d.

Examen impartial des immunités ecclésiastiques par l'abbé Chauvelin. Londres, 1751, in-12.

Necesse est ut veniant scandala. S. l., 1750, in-12.

Traité des droits de l'Etat et du prince sur les biens possédés par le clergé, par l'abbé Mignot. Amsterdam, 1757, 6 vol. in-8o. (Histoire complète, avec tables, de tout ce qui a été dit dans les conciles, canons, livres saints, assemblées du clergé, etc., depuis l'origine de la monarchie, jusqu'en 1750 au sujet de l'imposition des biens ecclésiastiques. Conclut en faveur de l'imposition.)

La plupart de ces publications et un grand nombre d'autres sont collectionnées en double, avec divers manuscrits, dans les seize volumes du recueil factice de Fontanieu conservé à la réserve de la Bibliothèque nationale sous ce titre : Recueil de pièces concernant les affaires du clergé au sujet du xxe et autres impositions (par Fontanieu). Titres et paginations manuscrits. 16 volumes in-8o.

Mémoire concernant le clergé et la déclaration du roi du mois d'août 1750. S. l., 1753, in-12. (Vive attaque contre les prétentions du clergé, 256 pages.)

Rapport de l'agence contenant les principales affaires du clergé qui se sont passées depuis l'année 1745 jusqu'en l'année 1750. Fait par M. l'abbé de Nicolay et par M. l'abbé de Breteuil. Paris, 1750, in-fol.

Rapport de l'agence............ depuis l'année 1755 jusqu'en l'année 1760, fait par M. l'abbé de Jumilhac de Cubjac et par M. l'abbé de Crillon. Paris, 1767, in-fol.

Rapport de l'agence............depuis 1780 jusqu'en 1785, par M. l'abbé

tiques. Un seul arrêt du Parlement en supprima près de quarante [1].

La quantité seule de ces écrits révèle la passion des combattants, et montre par quelle violente résistance les privilégiés accueillirent le projet tendant à les ramener sous la loi commune de l'impôt. C'est ce que fait ressortir avec un grand intérêt et beaucoup d'érudition le livre de M. Marion cité en tête.

2° MINISTÈRE DE SILHOUETTE

Dix ans plus tard, le court passage de Silhouette aux affaires (du 4 mars au 21 novembre 1759) provoqua une émotion non moins vive.

La seule biographie un peu complète de ce ministre émane de Pierre Clément [2]; quelques autres figurent dans les recueils déjà cités [3].

Les projets de Silhouette auraient mérité cependant de tenter plus largement la plume des historiens; sans doute, le personnage, par lui-même, semble peu intéressant, et son ministère, comme on l'a vu, ne dura que 8 mois et demi. Mais ses combinaisons, concertées, d'ailleurs, avec Forbonnais, ne manquaient pas d'originalité : subvention universelle sans privilèges ni exemptions, émission d'actions gagées sur l'entreprise des fermes, suppression

---

de Périgord et M. l'abbé de Boisgelin, anciens agents généraux du clergé. Paris, 1788, in-fol.

Précis des rapports de l'agence du clergé de France...; depuis l'année 1660 jusqu'en l'année 1780..... Paris, 1786, in-fol.

1. Arrest du conseil d'Etat du Roy qui supprime différents écrits imprimés sans privilège ni permission. Du 21 mai 1751. (Contient la liste de 37 brochures supprimées.)

2 M. de Silhouette, Bouret, les derniers fermiers généraux, par Pierre Clément, Alfred Lemoine. Paris, 1872, in-12. (148 pages consacrées à Silhouette. Analyse intéressante et documentée de ses opérations.)

3. Ouvrages de Montyon, de Hennet, etc., déjà cités. En plus, les diverses biographies générales.

des pensions abusives, taxe graduée sur les laquais, imposition des carrosses, chevaux, marchandises de luxe, des célibataires, etc. Surtout, le milieu social auquel de telles innovations étaient destinées, et l'opposition acharnée que leur firent les intéressés sont curieux à étudier.

Par intéressés il ne faut pas entendre ici l'ensemble des contribuables; au contraire, le menu peuple devant se trouver soulagé, les brochures qui s'adressent à lui approuvent les projets du ministre. On remarque spécialement en faveur de Silhouette les lettres d'un banquier par Forbonnais [1], très utiles à lire à cause de l'auteur, ainsi que les écrits du marquis de Mirabeau [2] et autres [3] qui en

---

1. Lettre d'un banquier à son correspondant de province. S. l., 30 avril 1759, in-4°. (Autre édition in-8°, par Véron de Forbonnais. Analyse élogieuse des opérations de Silhouette : 1° réforme des pensions ; 2° suspension de certaines exemptions abusives des tailles ; 3° mise en actions du produit de la moitié du bénéfice net des fermes ; 4° économies dans les dépenses de la maison royale. 26 pages. Utile à lire surtout en raison de la position de l'auteur.)

2. Réponse du correspondant à son banquier. S. l., 1759, in-8° (par le marquis de Mirabeau. Le style de l'auteur se reconnaît à la vigueur des images et à l'obscurité confuse des déductions. Commente les détails donnés par Forbonnais, en les approuvant. 48 pages).

3. Lettre d'un croupier, pour servir de réponse à la lettre d'un banquier. S. l., 1759, in-4°. (Critique simulée de la lettre d'un banquier par un soi-disant pensionnaire, commensal et croupier. « S'il était moins « lésé, peut-être applaudirait-il, comme tous les bons patriotes, aux « projets du ministre ».)

Ah ! les grands sots ! ou réflexions de F. M. A. D. V., décrotteur, sur les affaires du temps. S. l. n. d., in-8°.

Idée générale sur les finances, par Ch.-E. Pesselier. Paris, 1759, in-8°.

Lettre d'un Hollandais à un membre du Parlement d'Angleterre, au sujet du nouveau ministre des finances en France. S. l., 1759, in-8°. (Éloge pompeux de Silhouette. « Jamais ministre n'eut plus de droiture, « d'équité, etc. » 15 pages.)

Lettre du R. P. Neuville, sur la réformation des mœurs. S. l., 1759, in-8°. (Éloge outré des plans du ministre. 17 pages.)

Observations sur les effets du port de la vaisselle à la Monnaie. S. l. (1761), in-12.

Passages concernant Silhouette dans les écrits suivants :

formont la suite. Plus tard, le testament apocryphe de
Silhouette [1], etc.

Les protestations émanèrent exclusivement, avec une
violence inouïe, des Parlements, Chambres des comptes,
Cours des aides et autres corps privilégiés atteints dans
leurs soi-disants droits et dans leurs intérêts (les premiers couvrant les seconds). Ils se levèrent d'une manière
unanime pour les défendre [2], de même que, sous Ma-

Œuvres complètes de J.-J. Rousseau : Lettres écrites de la montagne.
Confessions.

Œuvres complètes de Voltaire : Correspondance.

1. Testament politique de M. de Silhouette, S. l., 1772, in-12 (attribué à Lescure, premier commis de M. Bertin. Ouvrage composé, dit-on,
avec des fragments de notes laissées par Silhouette. Les 156 pages de
ses 16 chapitres, que ne récapitule aucune table, contiennent quelques
renseignements vagues sur les opérations effectuées en 1759 et de plus
longs détails assez clairvoyants sur ce qui restait à faire.)

Réponse de M. le contrôleur général (de Silhouette) à M. le Président
de la Chambre des comptes, lorsqu'il y est venu prêter serment. 2 pages
in-4°.

Copie de la lettre écrite par M. le contrôleur général à M. Doucot, le
8 juin 1759. S. l. n. d., in-4°. (Admission de certains effets dans l'emprunt. Signé : Silhouette. Une page et demie.)

---

2. Objet des remontrances du Parlement au sujet des sept édits qui
lui ont été envoyés pour être enregistrés. Arrêté le 3 septembre 1759.

Réponse du roi aux remontrances du 4 septembre 1759.

Objets de remontrances arrêtés par le Parlement le 15 septembre
1759, au sujet de différents édits.

Recueil d'arrêtés, articles et remontrances des différentes classes du
Parlement. S. l., 1759, in-12.

Procès-verbal de ce qui s'est passé au lit de justice tenu par le roi au
château de Versailles, le jeudi 20 septembre 1759. Paris, 1759, in-4°.

Remontrances du Parlement de Provence au Roi, sur l'édit du mois
d'août 1759, portant établissement d'un droit unique sur les cuirs tannés
et apprêtés (14 janvier). S. l. n. d. (1760), in-8°.

Objets de remontrances arrêtées par le Parlement de Toulouse, toutes
les chambres assemblées, le 29 janvier 1760, au sujet de l'édit du mois
de septembre 1759, portant établissement d'une subvention générale. S.
l. n. d. (1760), in-12.

Remontrances du Parlement de Provence au Roi, au sujet de l'édit
du mois de septembre 1759, portant établissement d'une subvention générale. S. l. n. d. (1760), in-8°.

Remontrances de la Cour des Comptes, Aides et Finances de Provence

chault, le clergé s'était levé contre le vingtième. Nous
abrégeons autant que possible ces citations de remontrances, sur lesquelles nous reviendrons tout à l'heure.

3° MINISTÈRE DE TERRAY

Arrivons enfin au dernier contrôleur général du règne,
l'abbé Terray. Son ministère, si fécond en faillites, l'est
beaucoup moins en publications. Peut-être les fonds man-
quaient-ils aux créanciers dépouillés pour éditer leurs doléances [1].

Les opérations financières effectuées par Terray, de
1770 à 1774, se trouvent exposées dans le pamphlet de l'a-
vocat Coquereau, intitulé *Mémoires de l'abbé Terray* [2].

au Roi, au sujet de l'édit du mois de septembre 1759, portant établissement d'une subvention générale (23 février 1760). S. l. n. d., in-8°.

Arrêtés et objets de remontrances du Parlement de Toulouse; du
mardi 13 novembre 1759. S. l. n. d., in-12.

Objet des remontrances du Parlement de Normandie. Du samedi 15
décembre 1759. S. l. n. d., in-8°.

Récit de ce qui s'est passé à la Cour des Aides de Paris, 21 septem-
bre-16 février 1760. S. l., 1760, in-12.

Remontrances faites au Roi par le Parlement de Metz, à l'occasion
de l'édit de Sa Majesté, portant établissement d'une subvention générale
dans le royaume... 15 décembre 1759. S. l. n. d., in-8°.

On pourrait encore citer une longue liste de remontrances analogues
émanant des Cours d'Aix, de Rennes, du Dauphiné, de Dijon, etc.

1. Dépêche extraordinaire apportée de l'empire des morts par un
courrier du cabinet de Pluton. Stamboul, 1778, in-8°. (Satire contre
l'abbé Terray, à l'occasion de sa mort.)

2. Mémoires de l'abbé Terrai, contrôleur général, contenant sa vie,
son administration, ses intrigues et sa chute. Nouvelle édition. S. l.,
1776, in-12.

Une précédente édition porte : Mémoires concernant l'administration
des finances sous le ministère de M. l'abbé Terrai. Londres, 1776, in-12.
(Écrit en forme de pamphlet par Coquereau, avocat, qui débute ainsi :
« Le ministre dont on dévoile ici l'ineptie, les turpitudes et les atro-
« cités... » A la fin, est insérée une liste des croupes et pensions assi-
gnées sur le nouveau bail des fermes générales, dont la révélation fit
grand bruit. 320 pages.)

Tous les biographes de Terray recourent à ces mémoires, quelques-uns,
comme Pierre Clément, en les contrôlant et les rectifiant. La nouvelle

Malgré son peu de mérite, c'est le livre le plus consulté.
En dehors de là, on recourt aux mémoires officiels, déjà
cités, adressés par le contrôleur général au roi [1], dont la
sincérité brutale est particulièrement instructive.

Parmi les biographies, continuons à recommander celles
de Montyon [2], Richer [3], Linguet [4], Sénac de Meilhan [5],
Hennet [6], Capefigue [7], Chazal [8] et surtout Pierre Clément [9].
Ce dernier s'appuie souvent sur les mémoires de Lebrun [10],
où cependant ne figurent que quelques lignes abrégées
concernant Terray, preuve de l'insuffisance de documents
déjà signalée.

§ 3. — *Remontrances des Cours et parlements.*
Publications diverses de 1722 à 1760.

Une seconde source importante de renseignements im-

édition, dans un second volume, renferme la relation de l'émeute arrivée
à Paris en 1775, plusieurs lettres d'un actionnaire de la compagnie des
Indes, etc. 266 pages.)

1. Collection de comptes rendus, par Mathon de La Cour. Déjà cité.

2. Particularités sur les ministres des finances, par Montyon, déjà
cité.

3. Vie des surintendants par Richer, déjà cité. (Article sur Terray spécialement signalé.)

4. Annales politiques, civiles et littéraires du xviiie siècle, par Linguet. Tome VII, décembre 1779.

5. Considérations sur les richesses et le luxe, par Sénac de Meilhan.
Amsterdam, 1787, in-8o. Cité plus loin. (Chapitre 38 intitulé : Dialogue
entre M. de Semblançay et l'abbé Terray, contrôleur général.)

Le gouvernement, les mœurs et les conditions en France, avant la
Révolution, par Sénac de Meilhan. Déjà cité. (Un article de deux pages
consacré à Terray.)

6. Théorie du crédit public, par Hennet. Déjà cité,

7. Les fermiers généraux, par Capefigue. Déjà cité. (Appréciations
sur Terray exceptionnellement favorables.)

8. L'abbé Terray, contrôleur général des finances, par L. Chazal.
(Extrait du journal des économistes de juillet 1847.)

9. Portraits historiques, par Pierre Clément. Déjà cité.

10. Opinions, rapports et choix d'écrits, de Ch.-Fr. Lebrun, duc de
Plaisance. Déjà cité.

primés sur les opérations financières du règne de Louis XV
abonde, avons-nous dit, dans les remontrances formulées
contre les édits bursaux, par les Cours et parlements,
dont un cas significatif vient d'être déjà signalé à propos
des réformes de Silhouette.

Le système d'opposition des Cours et parlements remonte
aux débuts mêmes du règne, alors que l'enregistrement
des édits, après 70 ans de silence, leur fut rendu. Dès
1725, la levée du cinquantième dut être ordonnée par un
lit de justice [1]. Le rétablissement du dixième, prescrit
par la déclaration du 17 novembre 1733, ne semble cependant pas avoir donné lieu à difficultés : le cardinal de
Fleuri gouvernait alors la France avec autorité et la
guerre de succession de Pologne pouvait justifier l'imposition.

Mais lorsqu'en 1741 la guerre de succession d'Au-
triche força de recréer l'impôt du dixième, la déclaration
du 29 août souleva de la part du parlement de Paris les
plus vives critiques et le roi dut intervenir. Si les deux
sols pour livre ajoutés par la déclaration de décembre
1746 passèrent ensuite inaperçus, le vingtième organisé
par Machault, comme il est dit plus haut, suscita de nouvelles remontrances et l'édit de mai 1749 eut besoin du
« très exprès commandement du roi », signifié en lit de
justice, pour obtenir son enregistrement. L'attitude du
clergé a été relatée à cette occasion d'une manière spéciale.

---

1. Procès-verbal de ce qui s'est passé au lit de justice tenu par le roi
au Parlement, le vendredi 8e jour de juin 1725. Paris, 1725, in-4°. (Au
sujet de la levée du cinquantième. L'édit du cinquantième avait été porté
d'office en lit de justice au Parlement de Paris. Les Parlements de Bretagne, Bourgogne, Guyenne, etc., n'en formulèrent pas moins des remontrances. Il fallut les lettres de jussion du 26 juillet 1725 pour forcer
la Cour des aides de Bordeaux à enregistrer. Nous nous abstenons de
mentionner les publications subséquentes auxquelles donnèrent lieu ces
incidents.)

Quant aux réformes de Silhouette, elles furent accueil-
lies par l'explosion de protestations dont nous avons
donné la liste et sur laquelle nous ne reviendrons pas.

Depuis lors, successivement, à propos de chaque édit
bursal, ces levées de boucliers se reproduiront, jusqu'à
la suppression des parlements en 1771 [1]; puis, quand

---

1. Très humbles et très respectueuses remontrances que présentent au
Roi, notre très honoré et souverain seigneur, les gens tenant sa Chambre
des Comptes de Paris, du 19 décembre 1759. — Sur la multiplicité des
impôts et la misère des peuples. S. l., in-12. (Le nouveau vingtième
achève d'ôter aux citoyens le produit le plus clair de leur patrimoine, il
porte le dernier coup à l'agriculture et va couvrir la France de ruines...
Cependant la magnificence royale, le luxe effréné de la Cour, dissipent
les deniers du Trésor, que l'amour du bien public aurait dû réserver
pour les nécessités de l'État... Les peuples tombent dans le décourage-
ment et le désespoir..., etc.)

Remontrances du Parlement de Provence au Roi, sur l'édit portant
que les villes et bourgs de la province y dénommés payeront un don
gratuit pendant six années et autres chefs contenus dans l'arrêté du
10 mars 1760. S. l., 28 mars 1760, in-12.

Très humbles et très respectueuses remontrances que présentent au
roi les gens tenant la Cour des aides à Bordeaux. S. l..., mars 1760,
in-12.

Remontrances du parlement de Rouen... S. l., 10 mai 1760, in-12.

Très humbles et très respectueuses remontrances que présentent au
Roi les gens tenant sa Cour des Comptes, Aides et Finances de Normandie. S. l., 1760, in-8º.

Très humbles, très respectueuses et itératives remontrances que présentent au Roi les gens tenant sa Cour de Parlement de Bretagne, sur
l'édit du mois de septembre 1760, portant établissement d'un nouveau
vingtième. S. l., 18 juillet 1760, in-12.

Itératives remontrances du Parlement de Normandie au Roi... S. l.,
26 juillet 1760, in-12.

Arrêtés et itératives remontrances de la Cour des Comptes, Aides et
Finances de Normandie. S. l., 21 juin et 26 juillet 1760, in-12.

Nouvelles remontrances du Parlement de Normandie au Roi. S. l.,
22 août 1760, in-12.

Très humbles, très respectueuses et itératives remontrances..., les gens
tenant sa Cour et Parlement séant à Grenoble,... S. l., 15 octobre 1760,
in-12.

Arrêté du Parlement de Dijon au sujet des édits et déclarations du
mois d'avril 1763. S. l., 12-13 août 1763, in-12.

Remontrances du Parlement de Pau au sujet de l'édit et déclaration
du mois d'avril 1763... S. l., 17 août 1763, in-12.

Objet de très humbles et très respectueuses remontrances arrêtées au

Louis XVI eut rétabli les parlements, jusqu'en 1789.

Conseil souverain de Roussillon au sujet de l'édit du Roi du mois d'avril dernier... S. l., 10 août 1763, in-8°.

Objet de remontrances du Parlement de Franche-Comté sur les édits et déclarations du mois d'avril 1763. S. l., 8 juillet 1763, in-12.

Journal de ce qui s'est passé au Parlement de Toulouse au sujet de la transcription des édits et déclarations du mois d'avril 1763. S. l., 31 août-5 octobre 1763, in-12.

Suite du journal de ce qui s'est passé au Parlement de Toulouse. S. l., 28 octobre-30 novembre 1763, in-12.

Remontrances de la Cour des aides de Clermont-Ferrand au sujet des édits et déclarations du mois d'avril 1763. S. l., 13 septembre 1763, in-8°.

Seconde suite du journal de ce qui s'est passé à Toulouse. S. l., 9-19 décembre 1763, in-12.

Remontrances de la Cour des Comptes, Aides et Finances de Normandie. S. l., 18 avril 1763, in-8°.

Arrêté du Parlement séant à Rouen portant fixation d'objets de remontrances au Roi, au sujet des édits du mois d'avril 1763, et déclaration du 24 du même mois, portant continuation d'anciens impôts créés pendant la guerre et établissement de nouveaux. Du samedi 16 juillet 1763, in-12.

Très humbles et très respectueuses remontrances de la Cour des Comptes, Aides et Finances de Montpellier, sur l'édit du mois d'avril 1763, qui ordonne le dénombrement des biens-fonds du royaume, et sur la déclaration du 21 avril 1763, qui rétablit le centième denier sur les immeubles fictifs. Toulouse, 1763, in-12.

Très humbles et très respectueuses remontrances du Parlement séant à Dijon, au Roi, au sujet de sa déclaration du 28 mars 1765, portant défense d'imprimer ou débiter aucuns écrits ou projets concernant la réforme ou administration des finances. S. l. n. d., in-8°.

Réflexions sur les avantages de la liberté d'écrire et d'imprimer les matières administratives... écrites à l'occasion de la déclaration du Roi... par M. l'A. M. (abbé Morellet). Londres et Paris, 1775, in-8°.

Très humble et très respectueuse remontrance de la Chambre des Comptes au Roi, sur l'édit de décembre 1764, concernant la libération des dettes de l'État. S. l., 5 mars 1765, in-12.

Très humbles, très *respectives* (respectueuses) et itératives remontrances que présentent au Ro.i. les tenants la Cour des Comptes, Aides et Finances de Normandie. 1er mars 1766. Contre le privilège de commerce exclusif de l'eau-de-vie accordé au fermier des droits. Renseignements détaillés et tableaux au sujet de l'impôt des boissons. 3 pages et 4 tableaux.

Très humbles et très respectueuses remontrances que présentent au Roi... les gens tenant la Cour des Comptes, Aides et Finances de Normandie. 12 juin 1766. (Au sujet de la perception de certaines taxes sans autorisation du Parlement. 43 pages.)

Très humbles et très respectueuses remontrances que présentent au

De telles attaques contre l'ordre de choses existant [1], partant de si haut, contiennent, dès ce moment, l'indice d'un bouleversement prochain : nul gouvernement n'eût été capable de résister à pareil déchaînement d'ennemis intérieurs, à cette révolte permanente des corps constitués. Mieux vaut certainement la liberté de la presse.

Mais sans apprécier davantage leur côté dangereux, les remontrances fournissent, comme on peut voir, à l'histoire financière un très riche contingent, constamment utilisé, de faits et d'appréciations.

Divers recueils, dont nous avons déjà cité plusieurs dans la première partie, présentent la récapitulation des travaux des Cours et parlements.

Les mémoires rédigés par Auger [2] sur la Cour des Aides exposent et commentent, avec textes à l'appui, de 1756 à 1776, les événements financiers des vingt dernières années du règne : établissement, prorogation et doublement des vingtièmes, projets de subvention géné-

---

Roi... les gens tenant sa Cour du Parlement en Dauphiné... au sujet de l'édit portant prorogation du second vingtième. S. l., 31 août 1769, in-8o.

1. Les violences de langages et l'intransigeance des sentiments se retrouvent dans le texte de presque toutes les remontrances précitées. Lire spécialement, à titre d'exemple, celles du 19 décembre 1759 de la Chambre des comptes de Paris, citées plus haut. Consulter également l'ouvrage suivant :
Histoire du Parlement de Normandie, par A. Floquet, 7 vol. in-8o, 1842. Déjà cité. (Le Parlement de Rouen, en effet, fut un des plus ardents dans les luttes fiscales. Il s'opposa notamment avec véhémence à la subvention générale, au nouveau vingtième, et même au projet d'établissement du cadastre, malgré le caractère de la mesure, évidemment favorable à la proportionnalité. Une partie de ses membres fut exilée pour excès d'opposition.)

2. Mémoires pour servir à l'histoire du droit public de la France en matière d'impôts, ou Recueil de ce qui s'est passé de plus intéressant à la Cour des Aides depuis 1756 jusqu'au mois de juin 1775, avec une table générale des matières. Bruxelles, 1779, in-4o (par Auger, avocat, sous l'inspection du président Choart).

rale, affaire Monnerat, suppression des privilèges des tailles, etc., toutes choses fort instructives, qui rendent la lecture de ce volume particulièrement profitable.

L'ouvrage de Dionis [1] est un résumé plus aride.

Au contraire, Boissy d'Anglas [2], dans ses mémoires déjà cités, intéressants à plus d'un titre, raconte familièrement les actes du premier président Malesherbes, lequel a joué un trop grand rôle à la tête de la Cour des Aides pour que ses biographes [3] ne soient pas consultés.

Le président Nicolay décrit lui-même, en 1789 [4], la juridiction de la Chambre des comptes de Paris et ses vains efforts pour réformer les tendances désordonnées de l'administration royale. Lire aussi le mémoire de Lacretelle en 1789 [5], etc.

---

1. Mémoire pour servir à l'histoire de la Cour des aydes depuis son origine, en 1355, jusqu'à sa suppression, le 22 janvier 1791. Paris, 1792, in-4o (par Dionis, doyen de la Cour des aides). Déjà cité dans la première partie.

2. Essai sur la vie, les écrits et les opinions de M. de Malesherbes, adressé à mes enfants, par le comte de Boissy-d'Anglas. Paris, 1819, 2 vol. in-8o. Déjà cité parmi les Mémoires sur le XVIIIe siècle.

3. Vie ou éloge historique de M. de Malesherbes..., d'après les mémoires du temps et les papiers de famille, par M. Gaillard. Paris, 1805, in-8o.

Procès-verbal de rentrée de la Cour de cassation. Discours de M Dupin, procureur général. Éloge de Lamoignon-Malesherbes. Audience du 8 novembre 1841.

Même éloge prononcé à l'Académie française par M. Dupin, le 4 novembre 1841, in-8o. (Chapitres intéressants sur les abus en matière d'impôts.)

Éloge historique sur la vie et les travaux de Lamoignon de Malesherbes, par J.-B. Dubois (précepteur de son petit-fils), 3e édit. Paris, 1806, in-8o.

Œuvres inédites de Chrétien-Guillaume Lamoignon-Malesherbes..., publiées par N.-L. Pissot. Paris, 1808, in-12. (Texte des Remontrances de la Cour des Aides, rédigées par Malesherbes, spécialement de celles du 6 mai 1775 relatives aux impôts.)

4. Observations sur la comptabilité et la juridiction de la Chambre des comptes..., par M. de Nicolay, 1789, in-4o. Déjà cité dans la première partie.

Mémoire sur l'institution des bureaux de finances, par Lacretelle, 1789, in-8o, déjà cité.

5. Se reporter à la première partie où sont cités les ouvrages relatifs

Les actes des parlements sont contenus ou résumés dans les ouvrages déjà cités [1].

§ 3 *bis.* — *Publications diverses, de 1723 à 1759, non comprises dans les paragraphes précédents.*

Avant de mettre en scène les économistes, nous compléterons les listes précédentes de publications diverses. Ces listes, en effet, exclusivement dressées jusqu'ici à l'occasion de chacune des deux premières divisions, ont laissé de côté les écrits étrangers à leur objet spécial.

Ainsi, il n'a encore été parlé qu'incidemment du grand travail de Boulainvilliers, intitulé *État de la France* [2], publié en 1727-28, dans lequel puisent tous ceux qui veulent étudier les dernières années du règne de Louis XIV.

De même en est-il des ouvrages célèbres de Melon et de Dutôt (ou Du Tot).

Le traité financier de Melon [3], au milieu de sages

aux Cours des Aides et des Comptes parus soit postérieurement au xviiie siècle, soit pendant son cours.

1. Histoires des Parlements, par Voltaire, Dufey, Floquet, etc., déjà cités.

2. État de la France dans lequel on voit tout ce qui regarde le gouvernement ecclésiastique, le militaire, la justice, les finances, le commerce, les manufactures, le nombre des habitants et en général tout ce qui peut faire connaître à fond cette monarchie : Extrait des mémoires dressés par les intendants du royaume, par ordre du roi Louis XIV, à la sollicitation de Monseigneur le duc de Bourgogne, père de Louis XV, à présent régnant. Avec des mémoires de l'ancien gouvernement de cette monarchie jusqu'à Hugues Capet. Par M. le comte de Boulainvilliers. Londres, 1727-28, 3 vol. in-folio. (Autres éditions en 1737, 6 vol. in-12, en 1752, 8 vol. in-12.)

3. Essai politique sur le commerce, par Melon, déjà cité. (Deux éditions in-12, en 1734 et en 1736. Autres éditions plus tard. « L'essai sur « le commerce, dit Voltaire, est l'ouvrage d'un homme d'esprit, d'un « citoyen, d'un philosophe. » 399 pages, sur le commerce, l'industrie, le numéraire, l'agio, le crédit public, et les systèmes des finances. Les erreurs relevées par Du Tot se trouvent spécialement aux pages 173, 174, 196, 198, 224, 238 et 396 de la seconde édition.)

maximes, renferme des conclusions notoirement erronées
concernant les monnaies. L'économiste Du Tot [1] entreprit
de les réfuter : son livre, non seulement rétablit les vrais
principes sur la matière, mais expose les questions de
change, les affaires de la banque de Law et permet de
suivre l'histoire des opérations effectuées jusqu'en 1730.
Divers auteurs contemporains [2] l'ont commenté.

Il faudrait peut-être réserver à *l'Esprit des lois* de
Montesquieu [3] la première place en tête de la liste des
œuvres des économistes que nous citons plus loin. L'apparition de l'immortel *Code du droit des nations*, comme
dit Voltaire, détermina, en effet, à partir de 1748, le grand
courant de publications libérales dans lequel vint se fondre

1. Réflexions politiques sur les finances et le commerce, par Du Tot,
déjà cité. Trois éditions en 1738, 1743 et 1754. (Réfutation de Melon.
Maux causés par les variations arbitraires des valeurs monétaires. Etat
des finances sous Louis XIV. Système de Law. Théorie du change.
Etat des finances sous Louis XV, 444-456 pages.)
Examen du livre intitulé : Réflexions politiques sur le commerce et
les finances, par Paris-Duverney. La Haye, 1748, 2 vol. in-12. (L'auteur défend contre Du Tot les opérations du visa auxquelles il a parti-
cipé.)
2. Observations sur MM. Jean Lass, Melon et Du Tot, sur le commerce, le luxe, les monnaies et les impôts, par Voltaire, 1738. Œuvres
complètes. Lettre à M. Thiriot.

3. De l'esprit des lois et du rapport que les lois doivent avoir avec la
constitution de chaque gouvernement, les mœurs, le climat, la religion,
le commerce, etc., à quoi l'auteur a ajouté des recherches nouvelles sur
les lois romaines touchant les successions, sur les lois françaises et sur
les lois féodales (par Ch. de Secondat de Montesquieu). Genève, s. d.
(1748), 2 vol. in-4º, ou 3 vol. in-12. (Le livre XIII intitulé : Des rapports que la levée des tributs et la grandeur des revenus publics ont
avec la liberté, contient 20 chapitres et 24 pages environ. Il définit les
impôts, démontre que leur grandeur n'est pas bonne en elle-même,
étudie l'impôt sur la terre et l'impôt sur les marchandises, leur relation
avec la forme du gouvernement, et avec la liberté, les peines fiscales,
l'augmentation des troupes, la levée des taxes par voie de régie ou de
ferme et finit en flétrissant les traitants. Le livre XXII est consacré
aux lois dans le rapport qu'elles ont avec l'usage de la monnaie.
L'auteur y examine successivement la nature de la monnaie, le change
les opérations sur les monnaies, les dettes publiques, les prêts à
intérêt, l'usure, etc., en 22 chapitres et 48 pages environ.)

la propagande physiocratique. Du Pont de Nemours a pu
dire : « l'époque de l'ébranlement général qui a déter-
« miné les esprits à s'appliquer à l'étude de l'économie
« politique remonte jusqu'à M. de Montesquieu. » (Èphé-
mérides du citoyen, 1769.)

Mais si les idées de liberté et de justice sont communes aux disciples de Quesnay et à Montesquieu, si
celui-ci remua les esprits et féconda le terrain où devaient
semer à pleines mains les précurseurs de la Révolution,
cependant il se sépare d'eux sur beaucoup de points importants, en matière d'impôts notamment. M. Fernand
Faure a très justement précisés ces points dans son
article du nouveau Dictionnaire d'économie politique.
D'ailleurs, les théories fiscales de *l'Esprit des lois*, tout
entières contenues dans le livre XIII, auraient pu com-
porter plus de développements. Cela est si vrai que les
comptes rendus de la plupart des commentateurs de Montesquieu passent sous silence ses opinions financières.
Vu l'étroitesse de notre horizon, nous n'assignerons, dès
lors, ici au grand philosophe que sa place chronologique,
en désignant les principaux auteurs qui ont apprécié ses
travaux [1].

---

1. Parmi les principaux auteurs qui se sont occupés de Montesquieu,
nous citerons d'abord Voltaire, d'Alembert, Condorcet, Helvétius, Ville-
main, Laboulaye, etc. Puis, les suivants :
Observations sur un livre intitulé : De l'esprit des lois; divisées en trois
parties. S. l. n. d., 3 vol. in-8o. Certains catalogues ajoutent la paren-
thèse suivante : (en ce qui concerne le commerce et les finances), et
mentionnent la date : 1757-1758. Le titre donné ci-dessus est textuellement
celui de l'exemplaire que nous avons eu entre les mains. (Par Claude
Dupin, fermier général. Critiques passionnées contre l'ouvrage de
Montesquieu, spécialement contre sa partie financière. Aucun chapitre,
aucun paragraphe n'est épargné, de sorte que certaines remarques justes
sont noyées dans un parti pris évident de contradictions universelles.
Dupin supprima lui-même ses volumes peu de temps après leur publication : il n'en resterait que trente exemplaires d'après Quérard. M. Albert

De même, il pourrait, à la rigueur, convenir de ratta-
cher aux physiocrates David Hume, dont les discours politiques [1] eurent un grand retentissement et furent traduits
en français presque aussitôt après leur apparition.

Mais David Hume se déclare, à l'encontre des physiocrates, partisan des impôts indirects. « Les meilleures
« taxes, dit-il, sont celles qu'on perçoit sur les objets de
« consommation», et même il combat ouvertement « quel-
« ques écrivains politiques qui prétendent que toutes les
« taxes retombent en fin de compte sur la terre et sou-
« tiennent chaleureusement que, dans ces conditions, il

Sorel, dans son étude sur Montesquieu, dit au sujet du pamphlet de
Dupin : « le titre était d'un sot et le livre vaut le titre. »)
Commentaire sur l'Esprit des lois de Montesquieu, par M. le comte
Destutt de Tracy, pair de France, membre de l'Institut... Paris, juillet
1819, in-8°. (A propos du livre XIII de l'Esprit des lois relatif aux revenus publics, l'auteur dit : « Montesquieu a abordé là un grand et ma-
« gnifique sujet... mais j'ose dire qu'il ne l'a point traité... Ce petit
« nombre de vérités sans développements, entremêlées de quelques
« assertions douteuses ou fausses et de quelques déclamations vagues
« contre les traitants, ne fait pas assez connaître quel doit être l'esprit
« des lois relatives à l'impôt. Cela ne suffit même pas pour remplir le
« titre du livre... » Destutt de Tracy consacre 50 pages à combler les
lacunes qu'il signale.)
Montesquieu, par Edgard Zévort. Paris, 1887, in-8°. (Collection des
classiques populaires, avec portraits et gravures. 238 pages. Ne s'occupe que très peu de la partie financière de l'Esprit des lois.)
Montesquieu, par Albert Sorel. Deuxième édition. Paris, 1889, in-12.
(Collection des grands écrivains de France, avec portrait, 176 pages.
Appréciation des doctrines économiques de Montesquieu.)
Dictionnaire d'économie politique. Déjà cité. Article Montesquieu,
par Fernand Faure.
Revue du droit public et de la science politique. Article de M. Fer-
nand Faure. N° 1. Janvier-février 1894. Paris, 1894, in-8°.

---

1. Discours politiques de M. Hume, traduits de l'anglais. Amsterdam,
1754, 2 vol. in-12. (Traduction de l'abbé Le Blanc. Autre traduction
parue en 1752, peu de temps après la publication en Angleterre, par
Mlle de La Chaux, qui contient, dit-on, beaucoup de contre-sens. Les
principaux discours financiers sont les discours III, IV, V, VII et VIII
sur l'argent, l'intérêt, la balance du commerce, les taxes et le crédit
public. Le traducteur Le Blanc insère à la fin du 1er volume les Réflexions politiques sur l'état présent de l'Angleterre, par Mylord Bolingbroke, traduites en français. Cité plus loin.)

« vaudrait mieux commencer par les imposer sur la terre
« et abolir tous les autres impôts qui portent sur la con-
« sommation. » A ce titre, Hume pourrait donc figurer,
non plus sur la liste des physiocrates, mais sur celle que
nous dressons plus loin des contradicteurs de l'école
physiocratique. D'un autre côté, cependant, ses belles
théories sur la balance du commerce, sur l'intérêt de l'argent, sur le numéraire, ses idées libérales, son amitié
pour Adam Smith, qu'il guida dans la préparation de la
Richesse des nations, le rapprochent singulièrement des
disciples de Quesnay et de Turgot.

M. Léon Say [1] a publié sur David Hume une étude
remplie de renseignements et d'appréciations savantes que
chacun doit lire comme le dernier mot de la critique au
sujet de ce grand penseur « qui a porté l'art de raisonner
« aussi loin que possible ».

Les *Œconomiques* du fermier général Dupin [2], le même
que nous venons de voir entreprendre la critique de
l'Esprit des lois, constituent un ouvrage superbement

---

1. David Hume. Œuvre économique. Traduction nouvelle par M. For-
mentin. Paris, s. d., in-18. (Avec portrait et introduction par M. Léon
Say, 41 pages, où se trouvent exposées la vie et l'œuvre de David Hume.
La traduction nouvelle rétablit le véritable texte défiguré dans les traductions antérieures.)

2. Œconomiques. Carslruhe, 1745, 3 vol. in-4° (par Claude Dupin,
fermier général. Ouvrage rare. Le même exactement que le suivant,
sauf les frontispices et le titre.)
Mémoires sur les domaines, le commerce, droits d'entrée et de sortie
du royaume, droits de péages, la banque de Law et le crédit public, sur
les annuités ou rentes tournantes, sur le tabac, les aydes et gabelles de
France... S. l., 1747, 3 vol. in-4° (par Claude Dupin. Même ouvrage
que le précédent. Paginations manuscrites pour la plupart. Suite de mémoires didactiques. Le 3e volume, consacré tout entier à la taille, contient son histoire détaillée et la nomenclature des projets de réformation
proposés à son sujet dans les premières années du xviiie siècle. Plusieurs
articles de Dupin ont été insérés dans l'Encyclopédie méthodique).
Le recueil de mémoires, dissertations, lettres, etc., recueil factice
connu sous le nom de collection Fontanieu, de la Bibliothèque nationale,
contient plusieurs des mémoires de Dupin, dans son volume 137.

imprimé, très rare aujourd'hui, collectionnant des travaux
divers sur la taille, sur le contrôle, les aides et gabelles,
les traites, le crédit public, etc., travaux intéressants,
sans doute, beaucoup moins cependant que ne le procla-
mait la cour d'amis du riche propriétaire de Chenonceaux.
Il y a mieux à lire que ces longs développements quand on
est pressé de s'instruire.

Le Financier citoyen [1] par Naveau, fermier des devoirs
de Bretagne, fit aussi quelque bruit, puisque Voltaire le
cite et le discute dans son pamphlet de *l'Homme aux
quarante écus*. Le livre, d'ailleurs, justifie sa modeste
renommée par les nombreux renseignements, toujours
utiles à consulter, qu'il contient.

L'opuscule *Considérations sur les finances d'Espagne* [2]
montre comment un grand État parvient rapidement à
sa ruine : la lecture peut en être complétée par celle de la
brochure moderne de Charles Weiss sur le même sujet [3].

Parmi les autres écrits signalés en bloc [4], on remarque

---

1. Le financier citoyen. S. l., 1757, 2 vol. in-12 (par Naveau.
429-314 pages... L'auteur a travaillé 22 ans dans les fermes. Exposé des
doctrines de Sully, Colbert, Desmaretz, Law, Boisguillebert, Vauban,
La Jonchère, Boulainvilliers, Montesquieu, l'abbé de Saint-Pierre,
Melon, Du Tot, etc. A mérité de figurer dans la Bibliothèque de l'homme
public de Condorcet, 1791, in-8°, tome VII).

2. Considérations sur les finances d'Espagne. Dresde, 1753, petit in-
18. (Attribué quelquefois à Montesquieu ; mais Forbonnais, traducteur
d'Ustariz, semble en être le véritable auteur. Causes de la décadence financière de l'Espagne, énormité de sa dette, droit de 14 p. 100 sur les
ventes intérieures, désordres de la perception, etc. 173 pages. Autres
éditions, Dresde et Paris, 1755, 217 pages. Cette dernière édition est
suivie de la brochure suivante :)
Réflexions sur la nécessité de comprendre l'étude du commerce et
des finances dans celle de la politique (79 pages sous la même couverture que l'ouvrage précédent).

3. Des causes de la décadence de l'industrie et du commerce en Espagne, depuis le règne de Philippe II, par Charles Weiss. Strasbourg,
1839, in-8°.

4. Traité de la richesse des princes et de leurs États. Paris, 1722,
3 vol. in-12.
Dictionnaire des finances, ou nouvelle introduction pour apprendre

un petit livre doté prématurément du titre impropre de *Dictionnaire des finances*, le *Testament politique* attribué à Bolingbroke, les *Mémoires* apocryphes de l'intendant de Bordeaux, l'étude sur l'Angleterre de Dangeul, *le Réformateur* attribué Clicquot-Blervache, etc.

---

les finances et la pratique des bureaux. Paris, s. d. (1727), in-12. (Ne contient qu'une courte définition par ordre alphabétique des mots financiers en usage, extraite des dictionnaires de Richelet, de Furetière et de l'Académie française. A été utilisé par l'Encyclopédie méthodique. L'auteur serait Bouthillier de Chavigny.)

Eléments des finances, par Duval. Paris, 1736, in-folio.

Théorie et pratique du commerce et de la marine. Traduction libre sur l'espagnol de Don Geronimo de Uztariz (ou Ustariz). Paris, 1753, in-4°, ou en 2 vol. in-12 (par Véron de Forbonnais. Ouvrage espagnol d'économie politique paru en 1724, dont J.-B. Say parle avec éloges, en rappelant ce qui y est dit des droits d'alcavala et de cientos, cause de la ruine des manufactures royales).

Eléments du commerce, par Forbonnais, 2 vol. in-12. 1754, cités plus loin parmi les contradicteurs des Physiocrates.

Testament politique de milord Bolingbroke..., ou considérations sur l'état présent de la Grande-Bretagne, principalement par rapport aux taxes et aux dettes nationales, leurs causes et leurs conséquences. Londres, 1754, in-12. (Ecrit inséré déjà sous le titre de *Réflexions politiques* parmi les discours de David Hume. Bolingbroke n'a pas mis la dernière main à ce travail, sans quoi le titre de *Testament politique* lui eût paru trop pompeux, pour un opuscule de 103 pages. Il y décrit la situation financière de l'Angleterre sous un jour très sombre, dénonce les dilapidations commises, l'accroissement considérable de la dette, etc.)

Remarques sur les avantages et les désavantages de la France et de la Grande-Bretagne, par rapport au commerce et aux autres sources de la puissance des Etats. Traduction de l'anglais du chevalier John Nickolls, troisième édition augmentée d'un Essai sur la police et le commerce des grains. Dresde, 1754, in-12 (par Plumard Dangeul, maître, en la Chambre des comptes, 478 pages. D'Argenson, dans ses mémoires, admire beaucoup cet ouvrage qu'il place même au-dessus de l'Esprit des lois de Montesquieu. La traduction serait supposée et le seul auteur est Dangeul).

Le réformateur. S. l., 1756, 2 vol. in-12. (Attribué à tort à Clicquot-Blervache, par Barbier. M. Jules de Vroil, dans son Etude sur Clicquot de Blervache, Paris, 1870, in-8°, dit de cet ouvrage : « L'auteur y voit « bien les abus, mais sans pouvoir arriver à les exposer clairement, ni à « en indiquer le remède. C'est un projet assez confus de réforme finan- « cière ».)

§ 4. — *L'école physiocratique; sa propagande et ses adversaires.*

L'avènement de l'école des Économistes, à la fin du règne de Louis XV, rend aux discussions financières un nouvel essor et surtout conduit ces discussions vers un but pratique; car, en somme, les remontrances des Cours et parlements demeurèrent stériles pour le pays.

Au contraire, les écrits de Quesnay [1], de Turgot [2], de

Dissertation sur les biens nobles, avec des observations sur les vingtièmes. S. l., 1758, in-8º.

Almanach des finances pour l'année MDCCLVII. Paris, 1757, in-12. (Cet almanach, qui paraissait déjà depuis plusieurs années, ne présente guère, pour 1757, comme précédemment, que des indications de noms d'adresses, et de jours d'audiences.)

Mémoires de M. de Bordeaux, intendant des finances, par M. G. D. C. Amsterdam, 1758, 4 vol. in-12. (Apocryphe, par Sandras de Courtilz d'après Quérard.)

Essais sur les ponts et chaussées, la voirie et les corvées(par Duclos). Amsterdam, 1759, in-12.

1. Tableau économique. Tiré, à Versailles, de la main du Roi, novembre ou décembre 1758, in-4º. (Dès 1767, d'après une notice insérée dans les Éphémérides de 1767, tome 1er, page 48, il n'était plus possible de se procurer d'exemplaires de cette édition, définitivement perdue aujourd'hui.)

Maximes générales du gouvernement économique d'un royaume agricole. Placard in-folio.

Collection des principaux économistes. Physiocrates. Quesnay..., par M. Eugène Daire. Paris, 1846, gr. in-8º. (F. Quesnay. Le droit naturel. Analyse du tableau économique. Maximes générales du gouvernement économique d'un royaume agricole. Dialogue sur le commerce et les travaux des artisans.)

Œuvres économiques et philosophiques de F. Quesnay, fondateur du système physiocratique..., publiées avec une introduction et des notes par Auguste Oncken, professeur d'économie politique à l'université de Berne. Francfort, Paris, 1888, grand in-8º de 814 pages. (Édition complète des travaux économiques de Quesnay, avec une bibliographie de ses œuvres et différentes pièces biographiques.)

2. Œuvres de M. Turgot, ministre d'État, précédées et accompagnées de mémoires et de notes sur sa Vie, son Administration et ses Ouvrages (par Du Pont de Nemours). Paris, 1809-1811, 9 vol. in-8º. (Réflexions sur la formation et la distribution des richesses. Éloge de M. de Gour-

Mercier de la Rivière [1], de l'abbé Baudeau [2], de Du Pont de Nemours [3], de Le Trosne [4], du marquis de Mirabeau [5],

nay. Comparaison de l'impôt sur le revenu des propriétaires et de l'impôt sur les consommations. Plan d'un mémoire sur les impositions en général. Lettres sur les vingtièmes, sur les tailles, etc.)

Collection des principaux économistes. — Œuvres de Turgot, nouvelle édition classée par ordre de matières..., par M. Eugène Daire. Paris, 1844, 2 vol. in-4º.

1. L'ordre naturel et essentiel des sociétés politiques (par Mercier de la Rivière). Londres et Paris, 1767, 2 vol. in-12. Autre édition de 1767, in-4º.

2. Idées d'un citoyen sur l'administration des finances du roi. (Amsterdam, Paris, 1763, 3 vol. in-8º (par l'abbé Baudeau. Écrit composé en 1760, que l'éclat de la Richesse de l'État, citée plus loin, engagea l'auteur à publier. Principes généraux de la taxation. Revue des finances actuelles. Plans de réformes).

Lettres d'un citoyen sur les vingtièmes et autres impôts. Amsterdam, 1768, in-8º.

3. Physiocratie, ou constitution naturelle du gouvernement le plus avantageux au genre humain. Recueil publié par M. du Pont, des sociétés royales d'agriculture de Soissons et d'Orléans et correspondant de la société d'émulation de Londres. Leyde et Paris, 1767, 2 vol. in-8º de 520 pages.

La liste aussi complète que possible de tous les écrits de Du Pont de Nemours se trouve à la fin de l'ouvrage de M. Schelle, déjà cité. Nous-même indiquons, à leur date, ceux qui possèdent un caractère financier.

4. De l'administration provinciale et de la réforme de l'impôt, par Le Trosne. Bâle, 1779, in-4º de 700 pages. Édition posthume de 1788 en 2 vol. in-8º, déjà citée.

5. L'ami des hommes, ou traité de la population. Avignon, 1756-1758, 4 part. en 5 vol. in-12. Nouvelle édition. S. l., 1759-1760, 8 vol. in-18 (par le marquis de Mirabeau. L'édition de 1759-1760 contient six parties composées des principaux éléments suivants : l'ami des hommes proprement dit formant les trois premiers volumes, avec une série de chapitres sur la richesse, l'agriculture, les subsistances et la population, le commerce, les mœurs, le luxe, l'argent, la marine, les prohibitions, les relations avec l'étranger, etc. Le tome IV est consacré à l'organisation des États provinciaux ; le tome V répond aux objections contre la mémoire sur les États provinciaux ; le tome VI s'occupe de questions agricoles ; le tome VII discute à fond la question de la voirie et des corvées ; le tome VIII enfin analyse et explique le Tableau économique).

Théorie de l'impôt. S. l., 1760, in-4º (par le marquis de Mirabeau). Autre édition, S. l., 1761, in-12. Dix-huit éditions successives environ. (Les 422 pages de l'édition in-12, après un avertissement de quatre pages, contiennent les principaux chapitres suivants, sous le titre d'entretiens : De la contribution en général ; de l'influence du commerce

etc., pénétrèront dans toutes les classes de la société et devinrent le point de départ d'un efficace mouvement d'opinion réformatrice jusqu'à la Révolution. Nous ne citons ici que les principales œuvres des plus éminents économistes, puisque nous devons retrouver les autres à leur place chronologique, lorsqu'elles seront financières.

Il est curieux de constater combien peu les physiocrates, au cours de leur propagande, rencontrèrent d'opposition. D'abord, l'opinion régnante, loin de vouloir les combattre, se déclara, au contraire, chaleureusement pour eux; puis, leur groupe compact, redoutable par la supériorité de son talent, par sa science, sa morgue, son esprit de corps et sa fécondité, n'était guère de nature à encourager les contradicteurs. Si cependant quelques téméraires se risquèrent, nous croyons que la courte liste suivante contient à peu près tous leurs noms.

Ce sont Graslin [1], Mably [2], Forbonnais [3], Voltaire dans

---

et de l'industrie; de la forme de régie intérieure abusive; ventilation des revenus de la nation; excès de l'impôt par rapport aux revenus; plan de répartition de l'impôt. Un résumé de 90 pages reprend chacun de ces neuf entretiens, pour en présenter la substance, résumé auquel il faut recourir tout d'abord pour reconnaître sa route. On découvre alors que beaucoup d'entretiens, au sein de leur confusion apparente et de l'enchevêtrement de leurs déductions, possèdent un réel intérêt et une puissante logique, notamment ceux qui analysent la nature de l'impôt, qui s'indignent contre les fermiers, qui établissent la statistique des revenus nationaux en les comparant au montant des taxes, etc.)

Supplément à la théorie de l'impôt (par le même). La Haye, 1776, in-12.

1. Essai analytique sur la richesse et sur l'impôt, où l'on réfute la nouvelle doctrine économique. Londres, 1767, in-8° (par Louis-Franc. Graslin. Travail primitivement rédigé en vue du concours ouvert à Limoges en 1765, dont le prix fut attribué au mémoire de Saint-Péravy, cité plus loin. Graslin n'obtint à ce concours qu'une mention honorable; il publia alors son mémoire remanié et précédé d'un avertissement. Turgot a consacré une notice spéciale à sa réfutation intitulée: Observations sur le mémoire de M. Graslin. 408 pages.)

Correspondance entre M. Graslin, de l'Académie économique de Saint-Pétersbourg, auteur de l'Essai analytique sur la richesse et sur l'impôt, et M. l'abbé Baudeau, auteur des Ephémérides du citoyen, sur un des prin-

l'Homme aux quarante écus [1], Galiani [2], Béardé de l'Ab
baye [3], Necker dans *l'Éloge de Colbert* et dans son
livre du *Commerce des grains* [4], Tifaut de La Noue [5].

cipes fondamentaux de la doctrine des économistes, Londres et Paris,
1779, in-8º. (L'industrie est productrice, dit Graslin. L'industrie n'est
nullement productrice, réplique l'abbé Baudeau. Série de lettres et réponses sur ce sujet. 62 pages.)

2. Doutes proposés aux philosophes économistes sur l'ordre naturel et
essentiel des sociétés politiques, par M. l'abbé de Mably. La Haye et Paris,
1768, in-12. (Recueil de lettres adressées aux Éphémérides du citoyen,
spécialement au sujet du droit de propriété. 316 pages. Les Éphémérides contiennent un grand nombre de réponses aux doutes de Mably.)

3. Élémens du commerce (par Forbonnais). Leyde et Paris, 1766,
2 vol. in-12. Première édition en 1754. Autres éditions successives.
(L'ouvrage est divisé en deux parties. La première traite du commerce en
général, de l'agriculture, des manufactures, de la navigation. La seconde des colonies, du change, du crédit, du luxe et de la balance du
commerce. L'auteur est ici rangé parmi les adversaires des physiocrates, bien que, dans le présent ouvrage, il ne les prenne pas à partie
directement. Mais les doctrines protectionnistes dont il fait profession,
spécialement aux chapitres concernant le commerce, l'agriculture, la
balance du commerce, le mettent en opposition formelle avec les disciples de Turgot. A part cela, ses deux petits volumes de 392 et
356 pages contiennent beaucoup de sages pensées.)

1. L'homme aux quarante écus (par Voltaire). S. l., 1768, in-8º.
L'homme aux quarante écus et les physiocrates, par M. A. Batbie
(Conférence à la Sorbonne). Paris, 1865, in-8º.

2. Dialogues sur le commerce des blés (par l'abbé Ferdinand Galiani).
Londres, 1770, in-8º. (Revu et corrigé par Grimm et Diderot.)

3. Recherches sur les moyens de supprimer les impôts, précédé de
l'examen de la nouvelle science, par Béardé de l'Abbaye. Amsterdam,
1770, in-8º. (216 pages sur lesquelles 155 sont consacrées à l'examen
de la nouvelle doctrine. Combat spécialement Mercier de la Rivière
et Du Pont. Réponse par l'abbé Baudeau dans les Éphémérides. 1770,
tome VII, cité ci-dessous. Les 60 pages affectées à la recherche des
moyens de supprimer les impôts aboutissent à préconiser la constitution de monopoles, l'extension de la loterie, les prélèvements en nature, la création de taxes sur les célibataires, le luxe, etc.)

4. Éloge de Jean-Baptiste Colbert. Discours qui a remporté le prix de
l'Académie française en 1773 (par Necker). Paris, 1773, in-8º. (135 pages,
y compris 71 pages de notes.)

Examen du ministère de M. Colbert. Paris, 1774, in-8º. (Discussion
de l'éloge rédigé par Necker, par de Bruny, ancien directeur de la compagnie des Indes.)

Sur la législation et le commerce des grains (par Necker). Paris,
1775, in-12. (Beaucoup d'éditions successives.)

5. Réflexions philosophiques sur l'impôt où l'on discute les principes

Linguet [1], Isnard [2], quelques commentateurs de la *Théorie de l'impôt* de Mirabeau [3], André Blonde [4], etc.

---

des économistes et où l'on indique un plan de perception patriotique (par Jérôme Tifaut de La Noue). Londres et Paris, 1775, in-8o. (361 pages dont 182 de notes. Combat les projets des économistes qui veulent imposer exclusivement la terre. S'attache spécialement à réfuter le plan de Richard des Glannières, cité plus bas. Propose d'exempter complètement la terre, et de créer des taxes progressives sur les consommations et les revenus, par voie de capitation. Sans grand mérite.)

1. Journal de politique et de littérature... (par Linguet). Du 5 janvier 1775 au 15 juin 1778. 11 vol. in-8o. (Dans ce recueil, paraissant trois fois par mois, Linguet ne perd pas une occasion de critiquer ou de tourner en ridicule les économistes.)

Annales politiques, civiles et littéraires du xviiie siècle, par Linguet, avec la collaboration de Mallet-Dupan la première année. 1777-1791, 19 vol. in-8o.

Supplément du précédent, par Mallet-Dupan, septembre 1780 à janvier 1783. 5 vol in-8o.

2. Traité des richesses (par Ach.-Nic. Isnard). Londres et Lausanne, 1781, 2 vol. in-8o. (Isnard, ingénieur des ponts et chaussées, devint membre du Tribunat où il s'occupa encore de questions financières. Dans son Traité des Richesses, le second volume, consacré spécialement aux impôts, réfute les théories erronées des économistes sur le produit net de la terre, avec modération. Réflexions intéressantes sur les défauts des diverses taxes et sur leur historique.)

3. Doutes proposés à l'auteur de la théorie de l'impôt (par Ch. Etienne Pesselier). S. l., 1761, in-12. (Attaque, une à une, chacune des propositions du marquis de Mirabeau, non seulement celle qui tend à asseoir l'impôt sur la terre exclusivement, mais aussi celles qui veulent confier aux représentants du pays le consentement des taxes, et aux assemblées locales leur répartition. L'auteur interpelle constamment son adversaire sur un ton passionné. 269 pages.)

L'ami de la paix, ou réponse à la théorie de l'impôt du marquis de Mirabeau (par Rivière). Amsterdam et Paris, 1761, in-12.

Les finances considérées dans le droit naturel et politique des hommes, ou examen critique de la Théorie de l'impôt. Amsterdam, in-12, 1762 (par M. Buchet, d'après Lelong).

Le Consolateur, pour servir de réponse à la théorie de l'impôt et autres écrits de l'œconomie politique. Bruxelles, 1763, in-12 (par M. Sébastien-Alexandre Cossé, baron de Saint-Suplix, d'après Lelong).

4. Lettre d'un profane à M. l'abbé Baudeau, très vénérable de la scientifique et sublime loge de la Franche-Économie. S. l., 1er juillet 1775, in-12. (Par André Blonde, avocat, mis à la Bastille pour cette lettre de dénonciation contre de Vaines, affilié à l'école des Économistes, employé par Turgot, etc. « La lettre d'un profane fait un bruit du diable dans

§ 5. — *Publications diverses de 1760 à la fin du règne
de Louis XV.*

En dehors des écrits particulièrement célèbres des
membres de l'école physiocratique qui viennent d'être
désignés et des critiques de leurs adversaires, la période
comprise entre 1760 et la fin du règne de Louis XV
vit surgir des publications diverses d'ordre financier,
toujours plus ou moins inspirées par le mouvement des
idées économiques. Nous intercalerons dans leur liste,
comme il a été convenu, les ouvrages financiers des disciples mêmes de Quesnay non compris dans les citations
précédentes.

Le célèbre *Anti-financier* [1], écrit vigoureux, dont le

---

la finance, » dit Bachaumont. Turgot, après enquête, tint à donner un
témoignage public d'estime à de Vaines. Celui-ci n'en resta pas moins
très affecté de la diatribe. 30 pages.)

1. L'anti-financier, ou relevé de quelques-unes des malversations dont
se rendent journellement coupables les fermiers généraux, et des vexa-
tions qu'ils commettent dans les provinces, servant de réfutation d'un
écrit intitulé : Lettre servant de réponse aux remontrances du Parlement de Bordeaux, précédée d'une épître au Parlement de France,
accompagnée de notes historiques. A Amsterdam, 1763, in-8°.
(Par Darigrand, avocat au Parlement, moins célèbre que son ouvrage,
lequel fit grand bruit et provoqua l'internement de son auteur à
la Bastille. L'anti-financier fut aussi attribué à un autre avocat, Pierre
Le Ridant. Mais la paternité appartient bien à celui qui la paya personnellement d'une lettre de cachet. D'autant plus que les écrits et la carrière de Le Ridant n'ont rien de financier, tandis que Darigrand fut employé aux gabelles. Son livre préconise l'abolition des fermes et propose
de rétablir l'égalité au moyen d'un impôt unique perçu sans arbitraire,
par les communautés elles-mêmes. Les développements en sont plus
instructifs que les conclusions. Style très vigoureux Voltaire parle souvent de l'anti-financier dans sa correspondance, ainsi que Bachaumont
dans ses mémoires secrets. L'ouvrage est encore cité fréquemment aujourd'hui. 107 pages, plus 60 pages d'épître au Parlement.)
Supplément à l'anti-financier, ou exposé de quelques nouveaux abus
commis par les employés dans la partie des domaines et contrôles. S.
l. n. d., in-8°. (Suite du précédent par un autre auteur. Rectifie et complète certaines assertions de Darigrand. 26 pages.)

grand succès s'affirma par plusieurs éditions ornées de
frontispices emblématiques, réédite les vieux griefs de la
nation contre les traitants. L'auteur, dans une suite
d'exemples, encore aujourd'hui très instructifs, dénonce
l'obscurité intentionnelle des règlements fiscaux et montre comment les fermiers de l'impôt en abusent pour
pratiquer d'arbitraires exactions. Il s'élève contre les
exemptions injustifiées accordées aux commis des gabelles et des aides, exemptions qui rendent ces étranges
privilégiés encore plus insolents pour le pauvre monde.
Comme conclusion, il promet l'impôt unique, s'associant
par là à l'idée récemment émise dans une plaquette de
huit pages intitulée *Richesses de l'État* [1].

La popularité de cet opuscule *Richesses de l'État* fut
extraordinaire. Non seulement son auteur, Roussel de
La Tour, en redoubla immédiatement l'édition [2], suivie de
plusieurs autres; mais la perspective de l'impôt unique
fascinait alors tellement les esprits qu'une surprenante

Réponse à l'auteur de l'anti-financier. La Haye, 1764, in-8°. (24 pages.)
La pure vérité; réponse d'un procureur d'élection de province à un
procureur de la Cour des Aides de... sur un ouvrage qui a pour titre :
« Réponse à l'auteur de l'Anti-financier. » S. l., 1764, in-12. Le contrôleur général imaginaire; suite de la pure vérité. (Ces deux brochures
sont réunies sous la même couverture. *La pure vérité*, avec XVII pages,
sert de préface au *Contrôleur général imaginaire*, qui en contient 50.
Un paysan y raconte qu'il a rêvé que le roi l'appelait au contrôle général et, sous cette fiction, il expose des propositions de réformes, que le
roi accepte dans le rêve, afin d'améliorer le sort des contribuables, rétablir l'égalité et secouer le joug des traitants.)

1. *Richesses de l'État* (par Roussel de La Tour). S. l., 1763, in-4°.
(Plaquette de 8 pages in-4° mal imprimée, sans apparence, ni prétention. Projet de créer une capitation progressive devant produire
698.366.666 livres, destinée à remplacer tous les impôts actuels, sauf les
douanes à la frontière.) Autre édition in-8°, intitulée : La richesse de
l'État.

2. Développement du plan intitulé *Richesse de l'État*, par le même auteur. S. l. n. d., in-8°. (Nouvelle brochure de 22 pages publiée par Roussel de La Tour six semaines après la précédente, pour l'éclaircir et la
renforcer. Plusieurs éditions.)

éclosion do brochuros ¹ s'attacha à commenter et discuter

---

1. Doutes modestes sur la possibilité du système établi par l'écrit intitulé : La richesse de l'Etat. S. l. n. d., in-8° (par Jacob-Nicolas Moreau).

Mes rêveries sur les doutes modestes à l'occasion des richesses de l'Etat, par M. B''', écuyer, maître chirurgien de Paris et de Londres. S. l. n. d., in-8°.

Le boutte-selle, du 9 au 23 de juillet. S. l. n. d., in-8°.

L'orage du 20 juin 1763. S. l., 21 juin 1763, in-8°.

Plan de réformation intitulé Richesse de l'Etat, réformé. S. l. n. d., in-8°.

Entendons-nous, ou le radotage du vieux notaire. Où il vous plaira, 1763, in-12. (Les Français sont fous, mais ils ne sont pas ruinés. Plaidoyer spirituel en faveur du rétablissement de l'ordre financier. 67 pages.)

Réflexions sur l'écrit intitulé : Richesse de l'Etat (par Du Pont de Nemours). Paris, s. d. (1763), in-4°. (28 pages. L'auteur engage le fisc à s'adresser exclusivement aux propriétaires de biens-fonds, qui seuls peuvent payer, avec des frais de perception très réduits.)

Observations du marquis de... sur la Richesse de l'Etat. S. l. n. d., in-8° (8 pages).

Réponse demandée par le marquis de... à celle qu'il a faite aux réflexions sur l'écrit intitulé : « Richesse de l'Etat. » Londres, 1763, in-8° (par Du Pont de Nemours. 26 pages).

Réformation du projet de la Richesse de l'Etat. S. l. n. d., in-8°.

Le Patriote. Nancy, 1763, in-8°.

Le patriotisme au sujet des Richesses de l'Etat. S. l. n. d., in-8°.

Ressource actuelle pour les besoins de l'Etat, ou supplément à la brochure intitulée : Richesse de l'Etat. S. l. n. d., in-8°.

La patrie vengée, ou la juste balance, conclusions des Richesses de l'Etat. S. l. n. d., in-8°.

Suite des richesses de l'Etat, ou observations sur la Richesse de l'Etat. S. l. n. d., in-8°.

Résolution des doutes modestes sur la possibilité du système établi par l'écrit intitulé : la Richesse de l'Etat. S. l. n. d., in-8°.

Tout est dit. S. l. n. d., in-8°. (16 pages.)

Tout n'est pas dit. Réponse de Candide au docteur Pangloss sur son optimisme des finances. S. l. n. d., in-8°.

Songe d'un citoyen pour servir de pendant aux brochures sur la Richesse de l'Etat. S. l. n. d., in-8°.

Essai sur la possibilité d'un droit unique. S. l. n. d., in-8° (par Jean-François Le Vayer).

Lettre à M. S.''' sur un plan de réforme dans les finances. S. l. n. d., in-8°.

La taille réelle. Lettre d'un avocat de Paris à un de ses confrères en province, contenant des réflexions sur l'écrit qui a pour titre : Richesses de l'Etat. (Propose de n'assujettir que les seuls capitalistes aux charges de l'Etat. 38 pages.)

Idées d'un citoyen sur l'administration des finances du roi. Amster-

les *Richesses de l'État*. On n'est jamais sûr de pouvoir donner la liste complète de ces productions de circonstance, parmi lesquelles il faut remarquer, en raison du nom de leurs auteurs, les réflexions de Du Pont de Nemours, le livre de l'abbé Baudeau, et enfin *l'Anti-financier* cité précédemment, qui survécut à peu près seul.

Les *Considérations sur le gouvernement* du marquis d'Argenson [1] circulèrent longtemps en copies manuscrites. Elles ne virent le jour sous forme de livre imprimé que vingt-sept ans après avoir été composées. Tout compte fait, ce retard leur fut très favorable puisqu'il en fit coïncider l'apparition avec l'expansion des idées novatrices auxquelles l'auteur s'était par avance associé. D'Argenson, en effet, fut un précurseur singulièrement clairvoyant. « Nul, dans cet ancien régime auquel il appartenait par le temps et par plusieurs de ses opinions, dit « de lui M. Rathery [2], ne s'est élancé aussi hardiment par

---

dam, 1763, in-8°. (Par l'abbé Baudeau. Le succès de l'ouvrage la *Richesse de l'État* engage l'auteur à publier ce plan de réforme générale qui remplace les impôts actuels par une subvention répartie localement de degrés en degrés. En trois parties de 156 pages. Déjà cité.)

1. Considérations sur le gouvernement ancien et présent de la France, comparé avec celui des autres États, suivies d'un nouveau plan d'administration, par M. le marquis d'Argenson. Amsterdam, 1764, in-8°. (Six éditions de ce célèbre ouvrage dans lequel les finances occupent une grande place. En 1784, édition revue sur les manuscrits de l'auteur. Le marquis d'Argenson, ancien ministre des Affaires étrangères, propose de développer les progrès de la démocratie, sous l'autorité royale bien entendu. Obstacles à son expansion résultant de la vénalité des offices, du système actuel de l'administration et des impôts, etc. Plan d'établissement d'une magistrature populaire chargée de lever le don gratuit, en remplacement des tailles. Droits sur les richesses naissantes, existantes et dépérissantes. Trois quarts au roi, un quart à la communauté. 312 pages. L'ouvrage, composé en novembre 1737, portait le titre de *Traité de politique dans lequel on examine à quel point la démocratie peut être admise sous le gouvernement monarchique en France.* Son manuscrit est conservé aux archives des Affaires étrangères.)

2. Introduction par E.-J.-B. Rathery aux journal et mémoires du marquis d'Argenson, publiés pour la société de l'histoire de France. Déjà cités dans la première partie. 1ᵉʳ volume, 1859, in-8°.

« la pensée dans lo domaine mystérieux de l'avenir. Nul
« n'a plus clairement vu lo mal et plus nettement indiqué
« lo remède. Sa clairvoyance va quelquefois jusqu'à la
« divination. » Il réclame l'avènement de la démocratie,
combat la vénalité des offices, les privilèges de la noblesse
et du clergé, demande que le pays soit consulté pour la
levée des impôts, prône le « laissez faire », déclare que
« pour gouverner mieux, il faut gouverner moins », etc.

Lire au sujet de ce curieux personnage, en plus de la
préface de M. Rathery, une étude de Sainte-Beuve dans
ses *Causeries* [1], et un excellent livre de M. Zévort intitulé
le marquis d'Argenson [2].

Voltaire et Rousseau fournirent aussi leur contingent à
la littérature financière de l'époque. Le premier [3], comme
nous l'avons vu, prit part aux luttes contre le clergé à
propos des réformes de Machault, intervint dans les discussions monétaires entre Melon, Dutot et Jean Law,
railla les économistes dans *l'Homme aux quarante écus*,
etc. Sa correspondance et ses œuvres diverses contien-

---

1. Causeries du Lundi par Sainte-Beuve, de l'Académie française. Le
marquis d'Argenson d'après ses manuscrits. 3 articles. Tome XII. (Lire
aussi dans les Premiers lundis, tome I, un article sur les mémoires publiés par René d'Argenson et dans les Causeries du Lundi, tome XIV, un
dernier article sur le journal et mémoires publiés par M. Rathery.)
2. Le marquis d'Argenson, par M. Edgar Zévort. Paris, 1880, in-8°.

3. Œuvres complètes de Voltaire. Nouvelle édition, avec notices, pré-
faces, variantes, table analytique... Paris, 1883-1885, 52 vol. in-8°
(dont deux volumes de table générale et analytique).
Œuvres complètes de Voltaire, déjà cité. (Les finances, conte en vers,
1772, vol. II. — Observations sur MM. Jean Lass, Melon et Dutot, sur
le commerce, le luxe, les monnaies et les impôts, 1738, vol. V. — Diatribe à l'auteur des Éphémérides, 1775, vol. V. — Dialogues et entretiens philosophiques : Un philosophe et un contrôleur général, vol. VI.
— Dictionnaire philosophique, v° Impôt, 1765, vol. VII. — L'homme
aux quarante écus, 1768, vol. VIII. — Correspondance avec le roi de
Prusse. Correspondance générale, vol. X à XIII.)
Politique et législation. (Extrait des œuvres complètes de Voltaire.)
Paris, 1821, 2 vol. in-8°.

nont de brillants paradoxes, de spirituelles boutades, toujours utiles à recueillir.

Le second [1], dans son *Discours sur l'économie politique* et surtout dans ses *Considérations sur le gouvernement de la Pologne*, professe des théories fiscales, ou plutôt anti-fiscales, qui méritent encore d'être réfutées aujourd'hui parce qu'elles n'ont malheureusement pas perdu leur actualité.

Le surplus des publications de 1760 à 1773 inclus sera simplement rangé en bloc par ordre chronologique [2], bien

---

1. Œuvres politiques de Jean-Jacques Rousseau. (Discours sur l'économie politique. — Contrat social. — Considérations sur le gouvernement de la Pologne, etc.)

---

2. Mémoire pour la libération des finances. A Amsterdam, 1761, in-12. (Propose l'unification, l'amortissement et la conversion de la dette publique. Il est curieux de voir cette opération de conversion, alors courante en Angleterre, figurer ici comme une découverte. Deux parties : la première consacrée à l'exposé du système de l'auteur ; la seconde à réfuter les objections. Plus une récapitulation sommaire. 200 pages.)

Testament politique du maréchal duc de Belle-Isle. Amsterdam, 1761, in-12. (Apocryphe, par Chevrier, d'après Quérard. Chapitres VII et VIII contre les financiers et sur les impôts. Dans ce dernier chapitre les budgets des différents pays sont passés en revue et un plan d'imposition, portant exclusivement sur les objets de luxe, ou d'une utilité secondaire, sur les chevaux, les laquais et les moines, est proposé. 220 pages.)

Les finances considérées dans le droit naturel et politique des hommes (par Buchet du Pavillon). Amsterdam, 1762, in-12.

La pratique de l'impôt, ou vues d'un patriote, seconde édition, par M. Louis-Joseph Belle-Pierre de Neuve-Eglise, garde du corps du roi. Avignon, 1762, in-12. (La première édition est de 1761.)

Mémoire sur les tarifs des droits de traites en général et en particulier sur le nouveau projet de tarif unique et uniforme (par de Montaran). Paris, 1762, in-8º.

Réflexions sur la corvée des chemins, ou supplément à l'Essai sur la voirie, pour servir de réponse à la critique de l'«Ami des hommes». La Haye et Paris, 1762, in-12 (par Duclos).

Extraits des travaux du sieur Brunet faits par ordre de M. Bertin, contrôleur général, sur les abus introduits dans l'administration des finances, 1763. Manuscrit en forme de livre conservé à la bibliothèque de la Chambre de commerce de Paris. (E. B. 24.) (Mémoires sur les recettes générales des finances. Abus considérables signalés. Traités non observés, Fonds laissés indûment à la disposition des comptables,

qu'il existe dans leur sein beaucoup d'œuvres dignes de

---

etc. Mémoires de même nature sur les fermes générales, les receveurs généraux des domaines, etc. Nombreux tableaux de chiffres. 191 pages.)

Système d'imposition et de liquidation des dettes de l'État établi par la raison, par M. le chevalier de F... (Forbin). S. l., 1763, in-12.

L'économie politique, projet pour enrichir et perfectionner l'espèce humaine. Paris, 1763, in-12 (par Faiguet de Villeneuve).

L'anthropophagie ou les anthropophages. Amsterdam, 1764, in-8°. (Contre les fermiers généraux.)

La dixme royale, avec de courtes réflexions sur ce qu'on appelle la contrebande, et l'usage de regarder comme inaliénable le domaine de nos rois. La Haye, 1764, in-8° (par Linguet. L'auteur déclare, au début, qu'il ne s'attendait pas à jamais être dans le cas d'écrire sur les finances. 78 pages. Réimprimé en 1787, sous le titre de l'Impôt territorial, cité plus loin.)

Mémoires et considérations sur le commerce et les finances d'Espagne. Amsterdam, 1764, 2 vol. in-12.

Essai sur la valeur intrinsèque des fonds, par F. Massabiau. Londres, 1764, in-12.

Equation des tributs, par M. Durival le jeune. S. l., 1764, in-8°.

Introduction générale à l'étude de la politique, des finances et du commerce, par M. de Beausobre, nouvelle édition. Amsterdam, 1765, 2 vol. in-12. (526 pages. Beaucoup de géographie commerciale. Peu de finances. L'auteur, dit Lelong, connaît bien la France dont il est originaire : il demeure à Berlin.)

De l'impôt du vingtième sur les successions et de l'impôt sur les marchandises chez les Romains, par M. Bouchaud. Paris, 1766, in-8°. Nouvelle édition, 1772, in-8°. (Ouvrage estimé, de Bouchaud, membre de l'Académie des inscriptions).

Lettres du chevalier Robert Talbot... sur la France, comme elle est dans ses divers départements..., mises en français par M. Maubert de G. (de Gouvest). Amsterdam, 1766, 2 vol. in-12. (Lettres XXIV, XXV et XXVI sur les finances.)

De l'administration des chemins, par Du Pont... Pékin et Paris, 1767, in-8°.

Dialogue entre un auteur et un receveur de la capitation, par Mme D. L. R. Amsterdam, 1767, in-12 (par l'abbé Roger, ex-jésuite, d'après Barbier).

Mémoire sur les effets de l'impôt indirect sur le revenu des propriétaires de biens-fonds, qui a remporté le prix proposé par la Société royale d'agriculture de Limoges, en 1767 (par de Saint-Péravy). Londres, 1768, in-12. (Turgot a consacré une notice spéciale à l'examen de ce travail : Observations sur le mémoire de M. de Saint-Péravy, couronné... Œuvres complètes.)

Lettres d'un citoyen à un magistrat sur les vingtièmes et les autres impôts. Amsterdam, 1768, in-12.

Mémoire sur l'administration des finances de l'Angleterre depuis la

sortir de page, telles que le *Mémoire* sur le projet de tarif unique des douanes de Montaran, la *Dixme royale* de Linguet, les *Impôts chez les Romains* de Bouchaud, l'*Ad-*

---

paix (attribué à M. Grenville, ministre d'Etat), traduit de l'anglais par Israel Mauduit, et augmenté de notes. Mayence (Paris), 1768, in-4º.

Essais sur les principes des finances (par J.-B.-Bertr. Durban). Londres, Paris, 1769, in-8º (194 pages).

Du rétablissement de l'impôt dans son ordre naturel. Yverdun, 1769, in-8º.

Prospectus d'un nouveau dictionnaire de commerce, par M. l'abbé Morellet, en cinq volumes in-folio, proposés par souscription. Paris, 1769, in-8º. (Le dictionnaire du commerce n'a pas été publié; mais son prospectus forme à lui seul un ouvrage de 381 pages, contenant de très bonnes choses sur les monnaies, le crédit, le revenu public, etc. Suivi du catalogue d'une bibliothèque d'économie politique en 34 pages.)

Mémoire sur la manière de régler et de percevoir les impositions pour le plus grand soulagement des peuples, par F. Ignace de Mirbeck. S. l., 1769, in-4º.

Mémoires politiques sur la conduite des finances et sur d'autres objets intéressants, par Faiguet de Villeneuve. Amsterdam, 1770, in-12.

De l'esprit du gouvernement économique, par M. Boesnier de l'Orme. Paris, 1770, in-8º.

Les effets de l'impôt indirect prouvés par les deux exemples de la gabelle et du tabac (par Le Trosne). Paris, 1770, in-12. — Même ouvrage en 1777 sous ce titre : Examen de ce que coûtent au roi et à la nation la gabelle et le tabac.

Lettre à M ***, ingénieur des ponts et chaussées, sur l'ouvrage de M. Dupont qui a pour titre « De l'administration des chemins ». Suivi d'une deuxième lettre. S. l., 1770, in-8º.

Idées d'un citoyen sur les chemins. S. l., 1771, in-12.

Recueil de quelques pièces relatives aux finances et au commerce de l'Angleterre. Traduit de l'anglais. Berne, 1771, in-18. (Contient : 1º Réflexions sérieuses au sujet des charges considérables imposées à la nation... par le chevalier Math-Decker. Londres, 1756, in-8º; 2º Essay sur la dette nationale et la richesse de l'Etat, où l'on fait voir que la dernière surpasse de beaucoup la première... 2ª édition par Andrew Hooke. Londres, 1751; 3º Finances de l'Angleterre; état de sa monnaie; intérêt de l'argent depuis 1560. Exposé des projets de réforme. 102 pages.)

La richesse de l'Angleterre. Vienne, 1771, in-4º (par Accarias de Serionne).

Traité de l'impôt, par le comte S. Gorani. S. l., 1772, in-8º.

Réflexions sur l'économie politique, par Verri, traduites en français de l'italien (par Ch. Mingard). Lausanne, 1773, in-12. Autres éditions en 1776 et 1779. Autres traductions de Verri en 1800 et 1823.

La politique, ou discours sur les vrais principes de gouvernement, par un ancien magistrat. Amsterdam, 1773. Londres, 1774, 2 vol. in-8º (par

ministration des chemins par Du Pont de Nemours, le *Prospectus* de Morellet, le *Mémoire sur les effets de l'impôt indirect* par Saint-Péravy, commenté par Turgot, les *Effets de l'impôt indirect* par Le Trosne, la *Politique nouvelle* attribuée au baron d'Holbach ou à Malesherbes, et autres dont les auteurs jouissaient alors d'une certaine notoriété, comme Faiguet de Villeneuve, de Beausobre, Verri, Bœsnier de l'Orme, Gorani, etc.

Le recueil périodique rédigé par les Physiocrates sous le titre de *Ephémérides du citoyen* [1] contient, d'ailleurs, nombre d'articles sur les finances, dont quelques-uns constituent le point de départ d'ouvrages déjà cités. Il semble utile de les dégager ici dans une liste spéciale [2].

---

le baron d'Holbach d'après Barbier. Par Lamoignon de Malesherbes d'après Dupin dans son éloge du 8 novembre 1811. Chapitres sur l'impôt, le crédit et les finances. Figure au tome III de la bibliothèque de l'homme public de Condorcet).

1. Ephémérides du citoyen, du 4 novembre 1765 à mars 1772 inclus. 69 vol. in-16, déjà cité.

2. De 1765 à 1767, les Ephémérides du citoyen, ou Chronique de l'esprit national, dirigées par l'abbé Baudeau, ne contiennent pas d'articles sur les finances.

A partir de 1767, les Ephémérides du citoyen, ou Bibliothèque raisonnée des sciences morales et politiques, deviennent beaucoup plus financières et renferment alors les principaux articles suivants :

1767 : 1er volume. Réfutation du paradoxe politique, où l'on prouve que le produit net des terres est le seul revenu national... — Du luxe et des lois somptuaires. — 4e volume. Problème anglais sur les impôts. — 5e volume. Essai de réforme dans l'administration des chemins pour parvenir à l'abolition de la corvée, par M. Du Pont. — 6e volume. Réforme dans la répartition des tailles.

1768 : 2e volume. Essai sur la richesse et sur l'impôt. Lettre à M. de Saint-Péravy, par Du Pont. — 10e volume. Examen d'un ouvrage intitulé : Essai analytique sur la richesse et sur l'impôt. N.— 11e volume. Mémoire sur les effets de l'impôt indirect sur le revenu des propriétaires de biens-fonds. (Suite : 1768, vol. 12, et 1769, vol. 1 et 2.)

1769 : 4e volume. Mémoires sur les finances de l'Angleterre, depuis le commencement de la monarchie.(Suite : 1769, vol. 5 et 7.) — 6e volume. Du rétablissement de l'impôt dans son ordre naturel. (Suite : 1769, vol. 8.) — 12e volume.Essais sur les principes de finances. (Suite : 1770, vol. 3 et 5.) — 9 premiers volumes, sauf le 7e. Notice abrégée des dif-

Nous ne pouvons terminer sans rappeler les mémoires du temps de Louis XV, déjà cités [1], qui encadrent les faits financiers contemporains dans leur exposé politique plus général.

Mentionnons aussi, comme résumé du règne, le relevé des dépenses de Mme de Pompadour dressé d'après les archives de Versailles [2].

---

férents écrits modernes qui ont concouru en France à former la science de l'économie politique, par Dupont de Nemours.

1770 : 3e volume. Acheminement à la réforme générale de l'impôt en Toscane. — 4e volume. Compte des frais d'un tonneau de vin, envoyé à Paris, par un particulier de Seisse, près Muret, à trois lieues de Toulouse. R. — 7e volume. Lettre à M. Béardé de Labbaye sur sa critique prétendue de la science économique. Abbé Baudeau. — 10e volume. Abolition de la ferme générale dans les duchés de Milan et de Mantoue. (Mémoires sur les impositions actuelles de ces deux duchés.)— 11e volume. Avis économique aux citoyens éclairés de la république de Pologne sur la manière de percevoir le revenu public, par l'abbé Baudeau. — 12e volume. De l'impôt dans la république de Genève.

1771 : 4e volume. Deuxième lettre à M. N..., ingénieur des ponts et chaussées, sur l'administration des chemins. (Suite : 1771, vol. 5 et 6.) — 6e volume. Idées d'un citoyen sur les chemins, par M. le comte de X...

1772 : 1er volume. Traité de la circulation et du crédit, par le comte de X... — 2e volume. Mémoire sur le commerce des eaux-de-vie qui se fait dans le pays d'Aunis, par M. R...

1. Les principaux, parmi les mémoires, annales, correspondances, concernant le règne de Louis XV déjà cités et renfermant des éléments d'information financière, sont les suivants :

Mémoires de Saint-Simon, d'Argenson, de Buvat, de Villars, de Noailles, de Marmontel, de Morellet, de Boissy d'Anglas, de l'abbé Georgel, de Soulavie, de Malouet, etc.

Annales de l'abbé de Saint-Pierre ; journal de Barbier, de Marais, de Bachaumont et consorts, etc.

Correspondances de Paris-Duverney avec le maréchal de Richelieu, avec le cardinal de Bernis, de Grimm et Diderot, de Mme du Deffand, etc.

2. Relevé des dépense de Mme de Pompadour, depuis la première année de sa faveur jusqu'à sa mort (9 septembre 1745 à 15 avril 1764) ; manuscrit des archives de la préfecture de Seine-et-Oise, avec des notes, par M. J.-A. Le Roi, bibliothécaire de la ville de Versailles. Versailles, 1853, in-8º. (Renseignements curieux et tristes sur l'emploi des deniers de l'État. L'auteur aboutit à un total de 36.924.140 livres dépensées par ou pour la favorite. 40 pages.)

CHAPITRE VIII

§ 1. — *Ministère de Turgot.*

1° TRAVAUX PERSONNELS DE TURGOT

Les Éphémérides du citoyen, interrompues en 1772, ressuscitèrent, grâce à Turgot, en 1775 [1]. Nous conti-

1. Nouvelles éphémérides économiques, de janvier 1775 à juillet 1776 (inclus), 19 volumes in-12, avec le numéro extraordinaire pour annonce. Les principaux articles financiers contenus dans cette dernière partie du recueil sont les suivants :

1774 : Numéro extraordinaire. Maximes générales du gouvernement économique d'un royaume agricole, par M. Quesnay. — Lettre du fermier des droits de la halle et du marché de la ville de..., à son confrère, le fermier des mêmes droits à..., par M. l'abbé Baudeau. — Questions sur le plan d'impositions soi-disant économique, par M. l'abbé Baudeau.

1775 : 2° volume. Recherches et mémoires historiques sur les finances du royaume de France, depuis Louis XII jusqu'à Louis XV inclusivement, par M. l'abbé Baudeau. (Suite : vol. 3.) — Lettre apologétique sur l'administration des corvées, par M. G..., architecte, analysée et réfutée

nuons à relever les principaux articles financiers insérés
dans ce recueil jusqu'à la cessation de sa publication en
1776. C'est la période la plus riche, surtout en ce qui nous
concerne.

Le ministère de Turgot inaugura le règne de Louis XVI.
Les œuvres complètes du grand économiste [1] donnent

par M. l'abbé Baudeau. — 4ᵉ volume. Le profit du peuple et le profit
du roi, ou problème d'économie politique sur trois gros impôts, par
M. l'abbé Baudeau. — Mémoire détaillé sur les taxes payées par le pois-
son de mer frais ou salé qui se consomme dans la ville de Paris, par
M. l'abbé Baudeau. — 5ᵉ volume. Détail historique des droits de toute
espèce que payent les vins récoltés sur les bords de l'Allier et sur ceux
de la Loire, en venant par eau du lieu de la récolte, en cette ville de
Paris. — 6ᵉ volume. Éclaircissements demandés à M. N..., au nom des
propriétaires fonciers et des cultivateurs français. (Suite : Vol. 7 et vol. 8).
— 9ᵉ volume. Mémoire sur les péages du Rhône, par un citoyen de
Lyon. — Lettre d'un propriétaire à un économiste, sur les revenus des
fonds de terre et sur l'impôt, par M. de M... — 10ᵉ volume. Observations sur les esprits ardents, vulgairement appelés eaux-de-vie de marc,
et sur les avantages qui résulteraient de leur libre fabrication (par
M. l'abbé Rozier). — 11ᵉ volume. Notes sur le péage de la terre de
Roussillon, en Dauphiné, sur le Rhône. — 12ᵉ volume. Réponse à la
lettre adressée à M. l'abbé Baudeau, au sujet du détriment énorme que
causent à la nation les trois impôts irréguliers ou contraires au droit
naturel des hommes, sur le sel, sur le vin et sur le tabac.

1776 : 1ᵉʳ volume. Mémoire sur l'impôt que payent à Paris les œufs,
le beurre et le fromage. — 3ᵉ volume. Lettre à M. l'abbé Baudeau, par
un Champenois, propriétaire de vignes, sur les droits que paie son vin
consommé dans le pays même. — 4ᵉ volume. Lettre sur la liberté et
l'immunité du commerce des fers. — Régie des cuirs. Éclaircissement
des faits. — 5ᵉ volume. Extrait d'un mémoire intéressant sur le commerce d'eau-de-vie et sur la perception des droits déterminés par
l'aréomètre du sieur Cartier. — Réflexions succinctes sur la déclaration
du 1ᵉʳ mars 1771, portant établissement d'un impôt sur les papiers et
cartons, avec des observations sur les suites de ladite imposition. —
6ᵉ volume. Mémoire sur les affaires extraordinaires de finances faites
en France pendant la dernière guerre, depuis 1756 jusqu'en 1763. (Ce
dernier article, rédigé, dit le journal, par une personne *instruite* et
connue, donne un relevé très utile à consulter pour l'histoire des finances des emprunts, dons gratuits, créations d'offices, perceptions diverses de 1756 à 1763, année par année.)

1. Œuvres de M. Turgot, ministre d'État..., 9 vol. in-8º, déjà citées
(publiées par Du Pont de Nemours). Les tomes VII et VIII donnent le
texte des actes du ministère de Turgot.

Rapport de Turgot sur les ordonnances au porteur, du 23 octobre

le texto des célèbres édits et de leurs préambules relatifs
à la liberté du commerce des grains, à l'abolition des
corvées, à la suppression des jurandes et de divers offices,
édits que le roi fut forcé de porter en lit de justice au
Parlement [1] et de faire enregistrer malgré les résistances
des Cours des comptes [2] et des aides [3].

Turgot publia en 1775 un état des revenus et dépenses
du royaume, développé en 42 pages in-4, auquel on se
réfère souvent. Il figure dans la collection de Lausanne [4].

Vers la même époque parut un livre, composé par son
secrétaire, Boncerf, sous sa propre inspiration, dit-on,
les Inconvénients des droits féodaux [5], formulant avec
autorité et modération les idées courantes d'émancipation
agraire que la Révolution allait faire triompher. Ce livre
eut un grand retentissement et fut condamné par le Par-

1774, inséré dans l'Annuaire-bulletin de la société de l'Histoire de France,
année 1876, page 75. Paris 1876, in-8o.

1. Remontrances du Parlement de Paris contre les édits portant l'abolition des corvées pour la confection des chemins, la suppression des
jurandes, la suppression des offices sur les quais, ports, halles et chan-
tiers de Paris, etc., présentées en mars 1776. Amsterdam, 1776, in-8o.
Procès-verbal de ce qui s'est passé au lit de justice tenu à Versailles
par le roi, le mardi 12 mars 1776. Paris, Imp. royale, 1776, in-4o.

2. Procès-verbal de la séance tenue à la Chambre des Comptes de
Paris, le 19 mars 1776, par Monsieur, frère du roi, pour l'enregistrement
des édits, déclarations et lettres patentes enregistrés au lit de justice
tenu à Versailles le 12 mars 1776. Paris, Imp. royale, 1776, in-4o.

3. Procès-verbal de la séance tenue à la Cour des Aides de Paris, par
Mgr le comte d'Artois, frère du roi, pour l'enregistrement des édits, déclarations et lettres patentes enregistrés au lit de justice tenu à Versailles, le 12 mars 1776. Paris, Imp. royale, 1776, in-4o.

4. Collection des comptes rendus... Lausanne, 1788, in-4o (par Mathon
de la Cour). Déjà cité.

5. Les inconvéniens des droits féodaux. Londres et Paris, 1776, in-8o
(par Boncerf. Suivi de l'arrêt du Parlement du 23 février 1776, qui
condamne l'ouvrage à être brûlé de la main du bourreau. L'auteur réclame l'affranchissement des fonds comme des personnes, et propose, à
cet effet, d'autoriser le rachat de toutes rentes, devoirs et servitudes féodales. La Révolution devait bientôt réaliser cette libération des héritages.
46 pages. 32 éditions diverses jusqu'en 1791, quelques-unes signées ficti-
vement des noms de M. Francaleu, ou de Turgot.)

lement « comme injurieux aux lois et coutumes de France, « aux droits sacrés et indéniables de la couronne, et au « droit de propriété des particuliers ». Turgot usa de son autorité pour soustraire son commis aux poursuites ordonnées contre lui. Lire dans la correspondance de Voltaire l'éloge de cet acte courageux.

Les nombreux ouvrages consacrés à Turgot étudient soit sa vie, soit son caractère, soit les actes de sa trop courte administration, soit ses œuvres, dont plusieurs demeurèrent inachevées, soit surtout ses aspirations. Déjà nous avons mentionné, en tête de ses *Œuvres complètes*, la préface très instructive de son disciple du Pont de Nemours [1]. Mettons aussi à part son Éloge historique par Dupuy [2], lu à l'Académie des inscriptions et belles lettres, et sa *Vie* par Condorcet [3]. Nous réunirons ensuite une série de travaux, dont la plupart mériteraient une mention spéciale, puisqu'ils émanent de Montyon, de Baudrillart, de Bathie, de Léonce de Lavergne, de Michel Chevalier, de Larcy, etc., de MM. du Puynode, Nourrisson, Alfred Neymarck, Schelle, Léon Say, etc. [4],

1. Œuvres de M. Turgot, ministre d'État. Mémoires sur la vie, l'administration et les ouvrages de M. Turgot (par Du Pont de Nemours), 1811. Déjà cité.

2. Éloge historique de M. Turgot, par M. Dupuy, secrétaire perpétuel de l'Académie royale des inscriptions et belles-lettres, lu dans la séance publique après Pâques, 1782. S. l. n. d., in-4°.

3. Vie de M. Turgot, par Condorcet. Londres, 1786, in-8°. (Éloquente et utile à consulter.)

4. Particularités et observations sur les ministres des finances (par Montyon). Déjà cité. (Notice sur Turgot).

Essai sur Malesherbes, par Boissy-d'Anglas. Déjà cité. Parallèle de Turgot et de Necker.

Éloge de Turgot, par M. Firmin Talandier. Limoges, 1814, in-8°.

Du ministère de Turgot, mars 1840, par M. d'Argout fils. Paris, s. d., in-8°.

Notice historique sur la vie et les ouvrages de Turgot, par Eugène Daire (placée en tête du volume des œuvres de Turgot). Paris, 1844, in-4°.

Académie française. Éloge de Turgot, discours qui a obtenu la pre-

magnifique tribut d'érudition et d'éloquence composant au grand économiste du dix-huitième siècle le véritable monument dont il est digne.

---

mière mention dans la séance du 10 septembre 1846, par M. A. Bouchot. Paris, 1846, in-8o.

Éloge de Turgot, mentionné par l'Académie française, dans sa séance du 10 septembre 1846, par M. A.-C. Dareste. Paris, 1846, in-8o.

Éloge de Turgot, par Baudrillart. *Revue des Deux Mondes* du 17 septembre 1846.

Encyclopédie nouvelle, article TURGOT.

Dictionnaire des sciences philosophiques, article TURGOT, F. R.

Essai sur l'administration de Turgot dans la généralité de Limoges, par Gustave d'Hugues. Paris, 1859, in-8o.

Rapport fait au nom de la section d'économie politique et de statistique sur le concours Léon Faucher relatif à la vie et aux œuvres philosophiques et économiques de Turgot, par M. Passy, lu dans la séance du 19 mai 1860. Mémoires de l'Académie des sciences morales et politiques. Tome XI. Paris, 1862, in-4o. (Prix décernés *ex æquo* au mémoire no 1, M. Batbie, et au mémoire, no 2, M. Tissot.)

Turgot, philosophe, économiste et administrateur, par A. Batbie. Paris, 1861, in-8o.

Turgot, sa vie, son administration, ses ouvrages, par J. Tissot, doyen de la Faculté des lettres de Dijon. Paris, 1862, in-8o.

Turgot, sa vie et sa doctrine, par A. Mastier. Paris, 1862, in-8o. (S'occupe des doctrines métaphysiques et politiques, peu de finances.)

Louis XVI et Turgot d'après des documents inédits, par R. de Larcy. Extrait du correspondant. Paris, 1866, in-8o. (Travail rédigé au vu des mémoires inédits de l'abbé de Véri, ami de Turgot et de Maurepas. Lettres inédites de Turgot. Un article postérieur de R. de Larcy, toujours inspiré par les mémoires inédits de l'abbé de Véri, analyse les opérations de Necker, Malesherbes, Calonne et Brienne, 1867.)

Études sur les principaux économistes, Turgot, Adam Smith, etc., par Gustave du Puynode. Paris, 1868, in-8o.

Les économistes français du xviiie siècle, par Léonce de Lavergne, 1870. Déjà cité. (L'abbé de Saint-Pierre, Quesnay, le marquis de Mirabeau, Turgot, l'abbé Morellet, Dupont de Nemours, etc.)

Turgot et la liberté du travail, par M. Michel Chevalier (*Journal des Économistes*, février 1873). Paris, 1873, in-8o.

Turgot, 1727-1781, par Félix Cadet. Paris, s. d. (1873), in-18.

Cour d'appel de Limoges. Discours prononcé le 4 novembre 1878..., par M. Camille Belin. Turgot, intendant de Limoges, 1878.

Essai sur Colbert et Turgot, par M. Victor Deheurle. Troyes, 1880, in-8o.

Turgot, par Nourrisson, de l'Institut. *Revue de France*, numéros des 30 avril et 30 juin 1876.

Trois révolutionnaires : Turgot, Necker, Bailly, par Nourrisson. Paris, 1885, in-8o.

2º ÉCRITS DIVERS DE 1774 A 1776

Les écrits financiers, pendant les deux ans et demi compris entre mai 1774, date de l'avènement de Louis XVI, et la fin de 1776, avant les ministères de Necker, ne pullulaient pas encore comme ils le firent plus tard.

En revanche, cette période vit éclore d'éminents ouvrages tels que *le Commerce et le gouvernement* de Condillac[1], modèle de clarté, toujours actuel.

L'ouvrage de Condillac n'appartient pas à l'école des Économistes, qui, au contraire, par la plume de l'abbé Baudeau et de Le Trosne, l'ont beaucoup critiqué.

La principale divergence entre les physiocrates et Condillac provient de ce que celui-ci considérait l'industrie

---

Turgot et ses doctrines, par Alfred Neymarck. Paris, 1885, 2 vol. in-8º.

Les grands écrivains français. Turgot, par Léon Say, de l'Académie française. Paris, 1887, in-12. (Dans cet ouvrage de 206 pages, M. Léon Say résume tout ce que l'érudition permet de connaître sur Turgot et ce qu'un libéralisme éloquent permet d'en dire.)

Du Pont de Nemours et l'école physiocratique, par G. Schelle, 1888. Déjà cité.

Turgot. Administration et œuvres économiques, par L. Robineau. Paris, s. d., in-18. (Petite bibliothèque économique de Guillaumin. Introduction de 47 pages par M. Robineau, et bibliographie à la fin.)

Nouveau dictionnaire d'économie politique. 1892. Article Turgot, par M. G. Schelle. (Travail documenté; avec bibliographie des ouvrages de et sur Turgot. 12 pages en 2 colonnes.)

---

1. Le commerce et le gouvernement considérés relativement l'un à l'autre. Ouvrage élémentaire, par M. l'abbé de Condillac, de l'Académie française. Amsterdam et Paris, 1776, in-12. (Autres éditions. D'après la préface, le livre devait avoir trois parties consacrées, la 1re aux développements de la science économique et aux notions sur le commerce ; le 2e à l'influence que le commerce et le gouvernement doivent avoir l'un sur l'autre ; le 3e aux rapports existants ou ayant existé entre le commerce et le gouvernement. Les deux premières parties seules sont traitées dans cet ouvrage, en 586 pages.)

Collection des principaux économistes, par MM. Eugène Daire et G. de Molinari. Paris, 1847, gr. in-8º. Volume contenant une notice sur Condillac et la réimpression de l'ouvrage précédent.

comme productive, tandis que, aux yeux de l'École, l'in-
Ilustrie reste toujours absolument stérile. Cependant, ajoute
Le Trosne, lorsque M. de Condillac passe à la pratique,
la justesse de son esprit l'a redressé. « Il établit parfaite-
« ment l'unité de l'impôt, la liberté de l'industrie, celle du
« commerce intérieur et extérieur, les effets des monopoles,
« les dangers des prohibitions. » Au chapitre intitulé :
Impôts, Condillac condamne, d'ailleurs, les taxes assises
sur les salaires et sur l'industrie, pour n'admettre comme
justes que les taxes frappant les propriétaires. Ce chapitre
sur l'impôt, ainsi que ceux qui concernent les monopoles,
les douanes et péages, la taxation de l'industrie et des
objets de consommation, taxation contre laquelle l'auteur
s'élève avec vigueur, le luxe, le crédit, le change, les emprunts, les monnaies, etc., sont particulièrement dignes
d'être lus avec attention.

Saluons aussi le premier écrit financier de Lavoisier [1]
récemment édité par les soins de M. Grimaux [2], et com-

1. Calculs des produits des différents baux de la Ferme générale,
avec des détails très particuliers sur les frais de régie du bail de
Laurent David (1774). (Manuscrit jusqu'ici autographe, édité par les
soins de M. Grimaux et inséré dans la collection citée ci-après. « Mé-
« moire purement financier, sans vues théoriques, mais précieux pour
« l'histoire du XVIII⁰ siècle en ce qu'il donne le bilan des opérations de la
« ferme générale à la fin du règne de Louis XV, » dit M. Schelle, dans
l'Introduction citée plus bas. Ce mémoire aurait été rédigé soit pour
l'usage de la compagnie, soit pour Turgot. Il remplit 60 pages in-4⁰ et
contient de curieux renseignements sur les fermes, dont les frais de
perception, d'après les calculs de l'auteur, ne dépassaient pas 9 1/97
p. 100. Détails sur le montant brut des recouvrements, le personnel, les
croupes, etc. Le présent mémoire, avec celui de 1791, intitulé : *Réponses
aux inculpations* sont indispensables à l'étude des anciennes fermes.)

2. Œuvres de Lavoisier, publiées par les soins du ministre de l'instruction publique. Paris, 1864-1893, 6 vol. in-4⁰. (Le dernier volume VI
renferme les écrits économiques et financiers de Lavoisier, dont la plupart sont cités à leur date dans cette bibliographie.)

Lavoisier, 1743-1794, d'après sa correspondance, ses manuscrits,
ses papiers de famille et d'autres documents, par Édouard Grimaux

menté par M. Schelle [1]. La publication de cet écrit sur
les opérations de la Ferme générale fournit ainsi l'occasion de signaler les travaux remarquables entrepris pour
la reconstitution des œuvres de l'illustre savant et publiciste, dont nous retrouverons la nomenclature, en ce qui
concerne les finances, dans la suite de cette bibliographie.

Le plan de réforme de Richard des Glannières, intitulé
Plan d'imposition économique [2], conçu dans le même
esprit que les *Richesses de l'État* par Roussel de La Tour
en 1763, suscita comme ce prédécesseur de nombreuses
controverses. On crut, d'abord, à la manière dont l'ouvrage fut lancé dans le public, que le ministère lui accor-
dait son patronage. Mais les réfutations de l'abbé Bau-

(membre de l'Institut), avec dix gravures hors texte. Paris, 1888, gr.
in-8°. (Œuvre capitale consacrée à Lavoisier et contenant sur lui et sur
son milieu de très intéressants détails : vie administrative, ferme générale, assemblées provinciales, richesse territoriale de la France, trésorerie nationale, procès des fermiers généraux.)

1. G. Schelle et E. Grimaux. Lavoisier. Statistique agricole et projets
de réformes. Paris, s. d. (1895), in-8°. (Volume de la petite bibliothèque
économique éditée par Guillaumin. Notice biographique, par M. Grimaux. Introduction dans laquelle M. G. Schelle s'attache à montrer,
avec beaucoup de compétence, la nature du lien qui unissait Lavoisier
aux physiocrates. Le surplus du volume contient les extraits des œuvres
économiques et financières de Lavoisier.)

---

2. Plan d'imposition économique et d'administration des finances, présenté à monseigneur Turgot, ministre et contrôleur général des finances,
par M. Richard des Glannières. Paris, 1774, in-4°. (Très belle impression, avec approbation et privilège du roi et lettre d'autorisation de
M. Turgot, du 13 septembre 1774. L'auteur propose de créer, sous le
nom de Droit de franchise, une capitation qui, divisant les contribuables
en huit classes, ferait payer aux plus riches 500 livres et aux journaliers
et domestiques sans biens au bas de l'échelle, 3 livres seulement par an.
Sur dix-huit millions d'habitants, 7.387.000 se trouveraient ainsi cotisés
pour 480.700.000 livres. Tous les droits des fermes seraient supprimés,
la taille réelle réformée et les droits de contrôle seuls conservés, avec
quelques autres secondaires. Discussion des mérites du plan et de ses
moyens d'exécution en 35 pages gr. in-4°, avec tableaux et dessins allé-
goriques.)

deau [1] et quelques autres [2], surtout les répliques de son auteur lui-même, no tardèrent pas à le faire tomber dans un juste oubli. Ce n'en fut pas moins une nouvelle preuve du don extraordinaire de passionner les esprits que possédait alors cette question de l'unité de l'impôt [3].

Les Loisirs du chevalier d'Éon [4], diverses notices de l'abbé Baudeau [5] et de Condorcet [6] sur les corvées, les *Éclaircissements demandés à Necker* sur le commerce

---

1. Questions proposées par M. l'abbé Baudeau à M. Richard des Glannières, sur son plan d'imposition soi-disant économique. S. l. n. d., in-18. (Cinq questions objectives très bien posées. L'auteur, d'ailleurs, déclare en terminant qu'il préfère la capitation aux impôts de consommation, et que R. d. G. a voulu faire un peu moins mal que ce qui existe, en attendant qu'il puisse faire bien. 22 pages.)

2. Observations d'un citoyen sur le nouveau plan d'imposition, par le comte Ch. Camp. Fr. d'Albon. Amsterdam, 1774, in-12.

Impôt unique. Au roi. S. l., 1775, in-8°.

La dixme royale de M. le maréchal de Vauban, comparée avec le plan d'imposition de M. R. des G. Paris, 1776, in-8°.

3. Réplique générale pour le présent et l'avenir de M. Richard des Glanières aux observations faites et à faire sur son plan d'imposition économique. Paris, 1775, in-4°. (L'auteur écrit ici son nom avec un seul *n* au lieu de deux, comme dans son premier ouvrage. Réfutation des critiques de l'abbé Baudeau et d'autres imprimés ou manuscrits, reçus en grand nombre. Proposition assez saugrenue de déposer 50.000 livres, à condition que ses contradicteurs en fissent autant, dans le but de prouver par une expérience la possibilité d'exécution du plan. « Il « faut avouer, dit Bachaumont, qu'il n'est pas heureux à la répartie et « que la plupart de ses réponses à des objections très sensées sont « pitoyables. » 27 pages in-4°.)

---

4. Les loisirs du chevalier d'Eon de Beaumont, ancien ministre plénipotentiaire de France, sur divers sujets d'administration... Amsterdam, 1774, 13 vol. in-8°. (Le 9e volume contient des considérations sur la gabelle et le 12e expose le détail général de toutes les parties des finances du royaume.)

5. Mémoire sur les corvées servant de réplique à leurs apologistes; par M. l'abbé Baudeau. S. l., 1775, in-12.

6. Réflexions sur les corvées, à Mylord..., 1775. Tome XI des œuvres de Condorcet publiées par Condorcet, O'Connor et F. Arago. Paris, 1847, 12 vol. gr. in-8°.

des grains [1] et autres [2] terminent la série des publications de 1774 à 1776 inclus.

§ 2. — *Ministère de Necker. Brochures pour et contre Necker.*

Les actes du premier ministère de Necker sont réunis
et cités *in extenso* dans le tome III de ses œuvres com-

---

1. Eclaircissements demandés à M.N***,sur ses principes économiques
et sur ses projets de législation; au nom des propriétaires fonciers et des
cultivateurs français, par M. l'abbé Baudeau. S. l., 1775, in-8°. (Extrait
des nouvelles éphémérides économiques. Après avoir établi les principes, l'auteur démontre les funestes effets du Colbertisme, spécialement
en ce qui concerne le commerce des grains, la liberté seule pouvant assurer la nourriture du peuple à bon marché. « Cette réponse au ban-
« quier genevois est bien certainement, en matière de polémique, une
« des productions qui font le plus d'honneur à l'école physiocratique, »
dit M. Eugène Daire. 306 pages.)

2. Indications politiques sur les finances. Paris, 1775, in-8°. (Propose
l'unification de la dette et sa conversion en rente amortissable, avec réduction des intérêts au taux uniforme de 4 p.100, c'est-à-dire une faillite
partielle. 34 pages.)

Diatribe à l'auteur des Ephémérides, 1775 (par Voltaire). Genève et
Paris, 1775, in-8°.

La finance politique réduite en principes et en pratique. Nouvelle édition. Par Groubcr de Groubental. Paris, 1775, in-8°.

Sur les finances, ouvrage posthume, par M***, curé de***. Londres,
1775, in-8°. (Ouvrage posthume de Pierre André.)

Essai de finances, par le comte de Magnières. Paris, 1775, in-8°.

Plan pour amortir les dettes de l'Etat. Strasbourg et Paris, 1775,in-4°.
(Signé : Weber.)

L'unique moyen de soulager le peuple et d'enrichir la nation française,
par M. de Goyon. Paris, 1775, in-8°.

Méthode des terriers, ou traité des préparatifs et de la confection des
terriers, avec la manière de rendre utiles et d'abréger, pour les rénova-
tions prochaines, les différentes opérations qui ont servi de fondement à
la rénovation actuelle. Par MM. Jollivet frères, commissaires aux droits
seigneuriaux. Paris, 1776, in-8°. (301 pages et 38 d'introduction, avec
tableaux et modèles.)

L'Ami du peuple français, ou mémoire adressé à M. Turgot par le
fils d'un laboureur. Limoges, 1776, in-8°.

plètes [1]. On peut y suivre, groupées par ordre de matières, toutes les remarquables réformes tentées ou accomplies par cet éminent ministre dans l'espace de quatre ans et demi : suppression des fixations arbitraires du brevet des tailles ; suppression des vingtièmes d'industrie dans les campagnes ; immutabilité des cotes foncières pendant vingt ans ; suppression des receveurs alternatifs et triennaux ; réduction du nombre des receveurs généraux à Paris ; mesures relatives aux pensions, croupes et munificences royales ; retranchements dans le personnel de la maison du roi ; création des assemblées provinciales ; réformes dans l'administration, etc.

En 1781, Necker publia son célèbre *Compte rendu au Roi* [2], où se trouve formulée, en termes révérencieux

---

Le songe de M. de Maurepas. S. l., 1ᵉʳ avril 1776, in-8°. (Brochure contre Turgot, attribuée à Monsieur, par Soulavie.)

Lettre d'un cultivateur de province à un citoyen de Paris (29 avril 1776). S. l., 1776, in-12. (Sur les réformes de Turgot.)

Les mannequins, conte ou histoire comme l'on voudra. S. l. n. d., in-8°.

1. Œuvres complètes de M. Necker, publiées par le baron de Staël, son petit-fils. Paris, 1820, 15 vol. in-8°. (Notice sur la vie de Necker citée plus loin. Législation et commerce des grains. Compte rendu. Discussion avec Calonne. Recueil de tous les actes du premier ministère de Necker. De l'administration des finances. Actes du second ministère de Necker. Recueil de tous ses actes sous l'assemblée nationale. Œuvres postérieures de politique, de morale et de finances. Liste chronologique de tous les écrits de Necker.)

2. Compte rendu au roi, par M. Necker, directeur général des finances, au mois de janvier 1781. Imprimé par ordre de Sa Majesté. Paris, de l'imprimerie du cabinet du roi, 1781, in-4°. (Fameux compte rendu divisé en trois parties. La première consacrée à l'état des finances, au crédit public, aux anticipations, à la comptabilité et la caisse d'escompte ; la seconde aux dons, croupes et pensions, à l'organisation des receveurs, aux dépenses de la maison du roi ; la troisième aux différentes natures de taxes, vingtièmes, tailles, capitation, gabelles, aides, contrôle, traites, etc. Suivent divers tableaux des recettes et des dépenses du trésor royal et deux cartes teintées des traites et des gabelles. 116 pages, plus les deux cartes.)

Mémoire sur les administrations provinciales présenté au roi, par M. Necker. A Paris, 1781, in-4°. (21 pages insérées en général à la suite

sans doute, la critique fondamentale du système existant, avec l'amorce des projets rénovateurs dont la Révolution s'empara. Les exemplaires de ce compte rendu répandus dans toute la France y suscitèrent une admiration enthousiaste ; la vérité semblait enfin révélée au pays ; on se figurait naïvement que les ombres anciennes venaient d'être réellement dissipées.

Puis, en 1784, fruit des loisirs de la retraite, parut l'*Administration des finances de la France* [1]. Jamais aucun écrit financier n'obtint auprès du grand public un pareil succès : le tirage en fut excessif. Aussi se le procure-t-on très aisément aujourd'hui, ce qui est fort heureux, car, avec plus de calme sans doute qu'autrefois, chacun peut consulter et lire ce bel ouvrage, surtout ses deux premiers volumes remplis de renseignements indispensables à posséder.

Quelques années plus tard, de mémorables discussions financières éclatèrent entre Necker et Calonne au sujet de

---

du compte rendu. Mémoire composé en 1778 et imprimé furtivement en 1781. « Un esprit de malignité contre moi inspira ce projet et un abus « de confiance en donna les moyens, » dit Necker dans son Administration des finances, tome II, page 225.)

1. De l'administration des finances de la France, par M. Necker. S. l., 1784, 3 vol. in-8°. (Neuf ou dix éditions publiées presque coup sur coup, les unes en 3 vol. in-8°, les autres en 3 vol. in-12, les autres en 2 vol. in-4°. Ce célèbre ouvrage débute par une introduction de 159 pages in-8°, consacrée à décrire les qualités nécessaires du chef de l'administration des finances. Le premier volume, le plus riche en renseignements, contient des développements sur l'étendue des impôts, le montant des frais de perception, le nombre des employés du fisc, les projets d'impôt unique, etc., des statistiques sur la population du royaume, etc. Le second volume s'occupe des impôts sur le sel, sur le tabac, etc., des douanes avec considérations sur la balance du commerce, des contributions du clergé, des assemblées provinciales, du crédit, etc. Le troisième volume, après avoir étudié les questions de monnaie, collectionne une suite d'articles détachés sur le luxe, les fortunes de finance, les hôpitaux, les prisons, le commerce des grains, les sollicitations des grands, l'économie du temps, l'esprit de système, la guerre, etc.)

l'exactitude de leurs comptes rendus respectifs [1]. Rien ne fournit de plus riches renseignements, pour l'histoire des budgets et des opérations d'emprunts depuis le début du règne de Louis XVI, que ce duel à coup de chiffres officiels entre les deux contrôleurs généraux. Seulement,

---

1. Correspondance de M. Necker avec M. de Calonne (29 janvier-28 février). S. l., 1787, in-4°.

Mémoire publié par M. Necker, au mois d'avril 1787, en réponse au discours prononcé par M. de Calonne devant l'Assemblée des notables. S. l. n. d., in-8°.

Lettres à M. le duc X..., ou réflexions sur les écrits de M. Necker, concernant nos finances, et sur la partie du discours de M. de Calonne du 22 février 1787, où il fait remonter à des siècles un déficit dans nos finances (par Serpaud). Londres, 1787, in-8°. Cité et analysé plus loin.

Réponse de M. de Calonne à l'écrit de M. Necker publié en avril 1787; contenant l'examen des comptes de la situation des finances rendus en 1774, 1776, 1781, 1783 et 1787, avec des observations sur les résultats de l'Assemblée des notables. Londres, janvier 1788, in-4°. (Autre édition in-8° de 424 pages de texte, 92 pages de tableaux et 62 pages d'appendice. Certaines éditions ne contiennent ni les tableaux ni l'appendice, particulièrement intéressants cependant, puisqu'ils fournissent des situations financières rétrospectives inédites, un précis remis au roi le 20 août 1786 dont il sera parlé plus loin, etc. Ce volume, qui récapitule toute l'administration de Calonne, mérite du reste d'être lu en entier.)

Sur le compte rendu au roi en 1781. Nouveaux éclaircissements par M. Necker. Paris, 1788, in-4°. Autre édition simultanée, Lyon, 1788, in-8°. (L'ouvrage parut après la rentrée de Necker aux affaires, en août 1788 : il avait été imprimé avant. Necker pénètre dans le *labyrinthe*, comme il le dit, et s'attache à dénouer les entrelacements de principes, de raisonnements et de calculs dont on a fait usage pour rendre difficile la connaissance de la vérité. Il consacre à cette tâche 13 sections remplies de citations et de tableaux de chiffres, avec un appendice, en tout 455 pages in-8°.)

État de situation de nos finances au mois d'avril 1787, d'après les bases publiées par M. de Calonne, ministre, et par M. Necker (signé : Serpaud). S. l., décembre 1787, in-8°.

Observations sur la réponse de M. de Calonne à M. Necker (par Serpaud). Paris, mars 1788, in-8°.

Motifs de M. de Calonne pour différer jusqu'à l'assemblée des États généraux la réfutation de l'écrit que M. Necker vient de publier sur l'objet de leur controverse. S. l. n. d., in-4°.

Lettre adressée au Roi par M. de Calonne, le 9 février 1789. Londres, s. d., in-8°. Citée plus loin.

Sur l'administration de M. Necker, par lui-même. Paris, 1791, in-8°.

(Ces deux derniers ouvrages ne continuent qu'incidemment la querelle financière des deux ministres.)

la difficulté consiste souvent à démêler la vérité au milieu
des contradictions apparentes des documents, dont la
plupart, dans les deux camps, portent la signature authentique des chefs de service compétents du contrôle
général.

2e BROCHURES POUR ET CONTRE NECKER

L'immense succès de Necker dont nous venons de parler,
— succès supérieur, sans doute, à ses mérites, quoique
ceux-ci fussent très réels, — ne pouvait manquer de provoquer une réaction violente. Cette réaction se traduisit,
au sein du pays, dès son premier ministère, par une éclosion de libelles [1], contenant les plus violentes attaques

1. M. Turgot à M. N***. S. l., 22 avril 1780, in-12. (Lettre supposée
attaquant les opérations de Necker, reproduite dans la collection complète, citée plus loin. Autre édition in-8o, augmentée de l'écrit suivant.
86 p.)

Sur l'administration de M. N***, par un citoyen français. S. l., 1781,
in-12, et 1780, in-8o. Trois suites, parmi lesquelles les Pourquoi?,
le tout réimprimé dans la collection complète des ouvrages pour et contre Necker. L'auteur serait J.-M. Augeard. 50 pages.)

Suite des observations du citoyen. S. l., 1781, in-12.

Lettres d'un bon Français. S. l. n. d., in-12.

Lettre du marquis de Caraccioli, ambassadeur de Naples, à M. d'A-
lembert, de l'Académie française, concernant les opérations de finances
de M. Necker. Bruxelles, 1781, in-12. Autres éditions in-8o et
in-4o. Réimprimé dans les Mélanges publiés par la société des biblio-
philes français: Paris, 1829, gr. in-8o, tome VI. (Caraccioli est un nom
supposé; le véritable auteur serait, ou Galiani qui s'en est défendu, ou
de Grimoard, d'après Barbier. Voici le ton de la lettre: «Au fond, qu'a
« fait M. Necker? Des suppressions sans remboursements, des réformes
« sans profit, des emprunts sans bornes ni mesures, et c'est là ce qu'on
« admire! » 34 pages.)

Réponse du sieur Bourboulonau compte rendu au Roi par M. Necker,
directeur général des finances. Londres, 1781, in-8o.

Lettres d'un ami à M. Necker. S. l. n. d., in-12. (Discussion du compte
rendu, 18 pages.)

Les Comment? S. l. n. d., in-4o. Autres éditions, in-8o et in-12.
(Pamphlet attribué à Calonne. 12 questions posées à Necker, avec une
conclusion. 52 pages in-4o).

Observations modestes d'un citoyen sur les opérations de finances de
M. Necker, et sur son compt erendu, adressées à MM. les pacifiques

contre l'homme et contre le ministre. La plupart d'entre
ces libelles sont anonymes ou signés de noms peu connus,
quelques-uns cependant inspirés, dit-on, par de hauts
personnages. En 1782, leur recueil déjà remplissait trois
volumes [1] : nous n'en mentionnerons qu'une partie.

Après la retraite de Necker, les attaques continuèrent
sur le même ton [2], sauf quelques brochures plus sérieuses
émanant de Mirabeau, Cerutti, Serpaud, etc.

---

auteurs des Comment? des Pourquoi? et autres pamphlets anonymes.
S. l. n. d., in-12. Autre édition in-4°. (Justification de Necker; analyse
élogieuse de ses opérations, 54 pages in-4°, par Robert de Saint-Vincent.)

Éclaircissements sur le déficit de l'année 1781. S. l., 1782, in-8°.

Cui bono ? ou examen..... en forme de lettres à M. Necker, ci-devant
directeur général des finances de France. Par J. Tucker, doyen de
Glocester. Londres, 1782, in-8°. (116 pages relatives à la guerre
d'Amérique, sans aucun intérêt financier.)

1. Collection complette de tous les ouvrages pour contre M. Necker, —
avec des notes critiques, politiques et secrètes....... Utrecht, 1781, 3 vol.
in-8°. Autre édition : Utrecht, 1782, in-12. (Avec portraits de Necker,
de la princesse de P... et de Mme Necker. Cette collection reproduit une
grande partie des libelles cités ci-dessus et plusieurs autres, avec le
compte rendu au Roi, le mémoire sur les assemblées provinciales, etc.).

---

2. Introduction à l'ouvrage intitulé : De l'administration des finances
de la France par M. Necker. Nouvelle édition, avec de petites notes.
S. l., 1785, in-8°. (Sur deux colonnes, par Loiseau de Bérenger, Bour-
boulon et Blondel. 247 pages.)

Remarques d'un Français, ou examen impartial du livre de M. Necker
sur l'administration des finances de France, pour servir de correctif et
de supplément à son ouvrage. Genève, 1785, in-8° (par le comte du
Buat-Nançay. 182 pages).

Examen de la théorie et pratique de M. Necker dans l'administration
des finances de la France (par le président Coppons). S. l., 1785, in-8°.
(Nombreux tableaux et renseignements. 536 pages.)

Lettres d'un propriétaire français à M. Necker sur son traité « De
l'administration des finances », par M. le baron de... Paris, 1785,
in-8°. (Suite des lettres et troisième partie des lettres. Le tout formant
3 tomes en 2 vol. in-8° 1785-1786.)

Lettres à M. le comte de M*** sur les chapitres du nouvel ouvrage de
M. Neker (sic), relatifs à l'impôt unique et territorial et à la gabelle...
S. l., 1785, in-8°. (129 pages.)

Lettres du comte de Mirabeau sur l'administration de M. Necker (19
mars et 1er mai). S. l., 1787, in-8°. (Supprimé par arrêt du Roi du

Ici s'intercalent les discussions entre Calonne et son prédécesseur, citées plus haut.

Enfin, pour achever ce triste sujet, sans avoir besoin d'y revenir, sous l'assemblée nationale, Necker, jusqu'à son départ de France, en septembre 1790, continua à

---

6 juin. La première lettre est une réponse à M. de La Cretelle, au sujet de la dénonciation de l'agiotage. Attaques très vives contre Necker. Appréciation faite de main de maître de ses ouvrages, de son talent d'écrivain, de son ignorance, au fond de son manque de principes, de son amour pour les palliatifs. Les emprunts qu'a faits Necker sont les plus chers, les plus mal organisés, les plus ruineux que la France ait été contrainte de payer. 62 pages avec tableaux.)

Lettre de M. le marquis de Villette à M. Necker..., avec la réponse de ce dernier. Genève, 1787, in-8°.

Défense de M. Necker contre le comte de Mirabeau, précédée de quelques observations sur les mémoires dont Paris est inondé, par M. L. C. G. Londres, 1787, in-8°.

Réponse du comte de Mirabeau à M. de La Cretelle. Seconde lettre du comte de Mirabeau sur l'administration de M. Necker. (Tongres, 1er mai 1787). S. l. n. d., in-8°.

Lettres à M. le duc de ***, ou réflexions sur les écrits de M. Necker concernant nos finances et la partie du discours de M. de Calonne, du 22 février 1787, où il fait remonter à des siècles un déficit dans nos finances. Londres, 1787, in-8°. (Signé : Serpaud, ce 1er mai 1787. Critique des contractions en recettes et dépenses du compte de Necker, au moyen desquelles il masque la réalité des opérations. L'auteur se laisse aller jusqu'à blâmer l'atteinte portée par Necker à l'omnipotence de la ferme générale et vante les services rendus par cette compagnie. 88 pages et des tableaux.)

Justification de M. Necker, concernant les impôts, les emprunts, le crédit public, le taux d'intérêt et l'extinction des dettes nationales (par le chevalier de S...) (10-18 juin 1787). Londres, 1787, in-8°.

L'esprit de M. Necker. Londres et Paris, 1788, in-12 (par Prault, ou par Duclos, d'après Barbier.)

La Neckriade provinciale, par un vieux citoyen d'une province très éloignée de la capitale (le vicomte Pierre-Armand d'Aubusson). S. l. n. d., in-8°.

M. Necker traité comme il le mérite (par l'abbé Percheron). Paris, s. d., in-8°.

Correspondance entre M. C... (Cerutti) et le comte de Mirabeau sur le rapport de M. Necker et sur l'arrêt du Conseil du 29 décembre (1788) qui continue, pour six mois, force de monnaie au papier de la Caisse d'escompte. S. l., 1789, in-8°. (Discussion des idées et des pratiques de Necker en matière de crédit. Mirabeau critique énergiquement les unes et les autres. 60 pages.)

Observations sur la correspondance de M. le comte de Mirabeau avec M. C..., relative à M. Necker. S. l., mars 1789, in-8°.

subir une série d'assauts, dont les derniers deviennent
particulièrement grossiers [1].

Examen du système politique de M. Necker, mémoire joint à la lettre
écrite au Roi par M. de Calonne le 9 février 1789 (par l'abbé Joseph-
Marie Le Gros). S. l., 1789, in-8°. (Cité plus loin. Ce pamphlet causa
beaucoup de tourments à Necker. Il ne traite pas de sujets financiers.
51 pages.)

---

1. Réponse au discours de M. Necker prononcé à l'ouverture des
Etats généraux de 1789, par le marquis de Valanglart. S. l., 1789, in-8°.
(Critique détaillée des plans financiers de Necker. 46 pages.)

Lettre à M. Necker sur son rapport aux Etats généraux. S. l., 1789,
in-12 (58 pages).

Le dernier cri du monstre, conte indien. S. l., juillet 1789, in-8°.
(Necker y est désigné sous l'anagramme de Kernec. 15 pages.)

Dénonciation faite au tribunal du public, par M. Marat, l'ami du
peuple, contre M. Necker, premier ministre des finances. S. l. n. d.,
in-8°. (Libelle violent et injurieux, refusé par tous les imprimeurs et que
Marat dut faire composer lui-même dans les derniers jours de 1789.
Cinq chefs d'inculpation. 69 pages.)

Vie privée et ministérielle de M. Necker, directeur général des finances, par un citoyen. Genève, 1790, in-8°. (Attaques sans mesure ni
convenances. 80 pages.)

Le masque brisé et l'illusion enfin détruite, ou examen des erreurs les
plus dangereuses de M. Necker... Paris, 1790, in-12. (Signé : D. B.
Berlin, le 18 août 1789. 30 pages.)

Confession générale de M. Necker et de l'assemblée nationale, avec
les prières analogues aux circonstances. S. l., 1790, in-8° (par le chevalier de Laizer. 86 pages en forme d'oraisons, psaumes, litanies, etc.).

L'astuce dévoilée, ou origine des maux de la France, perdue par les
manœuvres du ministre Necker, par M. Rutofle de Lode. S. l., 1790,
in-8°. (Grossières accusations. 114 pages.)

Dénonciation sommaire faite au Comité des recherches de l'assemblée
nationale contre M. Necker, ses complices, fauteurs et adhérents, par
James Rutledge. Paris, 1790, in-8°. (64 pages.)

L'anti-contrôleur, ou les finances dévoilées. S. l. n. d., in-8°.

Mon avis sur Necker, le ministre adoré, et Mirabeau, le patriote, par
un citoyen actif. S. l. n. d., in-8°.

Criminelle Neckero-logie ou les manœuvres infâmes du ministre Necker entièrement dévoilées (attribué à Marat). Genève, 1790, in-8°.

Appel à la nation, par J.-P. Marat. S. l. n. d., in-8°.

Nouvelle dénonciation de M. Marat, l'ami du peuple, contre M. Necker,
premier ministre des finances. Londres et Paris, 1790, in-8°.

Justification de M. Necker..., ou réponse à la dénonciation du sieur
Marat, par un citoyen du district de Saint-André-des-Arts. Paris, s. d.,
in-8°.

Dénonciation contre le sieur Necker, premier ministre des finances, et

Au-dessus de ces appréciations passionnées, se placent les biographies de Necker rédigées par sa fille Mme de Staël [1] et par son petit fils [2]. La notice insérée par celui-ci en tête des *Œuvres complètes* déjà citées renferme beaucoup de renseignements administratifs et financiers. Diverses autres études [3], parmi lesquelles celles de MM. Nourrisson, d'Haussonville, etc., analysent le caractère, le milieu social, les actes et les écrits de Necker.

---

contre le sieur Lambert, contrôleur général, remise au Comité des rapports de l'assemblée nationale. S. l., 1790, in-8o (par Morizot, avocat, 50 pages).

Grand voyage national de M. Necker, de Paris en Suisse. S. l., 1790, in-8o.

Départ de M. Necker et de Mme de Gouges, ou les adieux de Mme de Gouges aux Français et à M. Necker. Paris, 1790, in-8o. (41 pages.)

Necker jugé par le tribunal de la Lanterne. S. l. n. d., in-8o. (22 mai 1790, 30 pages avec frontispice gravé.)

Le roi Necker, ou avis charitable à ce pauvre peuple qui me fait pitié, par un neveu de Burke. Genève, s. d., in-8o. (19 pages.)

Testament authentique de M. Necker. Paris, s. d., in-8o.

Le géant devenu pygmée, ou Necker au grand jour. Masulipatan, 1790, in-8o.

Considérations sur M. Necker. Paris, 1790, in-8o.

Liste des accapareurs d'argent, trouvée dans les papiers de M. Necker. S. l., 1790, in-8o.

Pendez-moi ce Jean-foutre-là, puisque vous le tenez, ou lettre du père Duchesne aux habitants d'Arcis-sur-Aube, sur l'emprisonnement de ce coquin de Necker. Paris, s. d., in-8o.

Grande motion faite au département de l'Aube pour délivrer M. Necker des mains de la famille de M. d'Anton, à Arcy-sur-Aube. Paris, s. d., in-8o.

---

1. Du caractère de M. Necker et de sa vie privée (par Mme de Staël). Coppet, 25 octobre 1804. Manuscrits de M. Necker publiés par sa fille. Genève, an XIII, in-8o.

2. Notice sur M. Necker, par A. de Staël-Holstein, son petit-fils. En tête de ses œuvres complètes déjà citées (351 pages).

3. Necker, banquier, syndic de la Compagnie des Indes, par Terwange. Lille, 1876, in-32.

Necker, par J. Girardin. Paris, 1882, in-18.

Le salon de Mme Necker, d'après des documents tirés des archives de Coppet, par le vicomte d'Haussonville. Paris, 1882, 2 vol. in-12.

Necker, par Paul Bondois. Paris, 1885, in-16.

Trois révolutionnaires : Turgot, Necker, Bailly, par Nourrisson. Paris, 1885, in-8o.

§ 3. — *Ministère de Calonne. Publications pour et contre Calonne.*

1° MINISTÈRE DE CALONNE

Calonne, titulaire du contrôle général des finances après Necker, Joli de Fleury et d'Ormesson, eut à lutter non seulement contre Necker, dans les écrits déjà cités, mais surtout contre l'assemblée des notables de 1787, qui provoqua sa chute. Cette assemblée, en effet, ne put apprendre sans émotion, de la bouche même du ministre, dans quelle situation se trouvaient tombées les finances après trois ans et demi de dilapidations : terribles surprises que l'absence de publicité réserve aux contribuables. Car, depuis 1781, aucun compte rendu officiel des recettes et dépenses publiques n'avait paru. On rencontre bien dans les collections un état de M. de Fleury pour l'année 1783 ; mais cet état ne devint public qu'en janvier 1788, lorsque Calonne l'inséra parmi les annexes de sa *Réponse à l'écrit de M. Necker*, déjà citée.

Pareillement, en 1786, Calonne soumit au Roi un précis financier[1] qui ne fut divulgué que par son impression à la suite de cette même Réponse.

Chapitre III du premier volume de notre histoire des *Finances de l'ancien régime et de la révolution*, déjà citée, spécialement consacré à Necker.

Mme de Staël et son temps, par Lady Blennerhassett. Traduction par A. Dietrich. Paris, 1890, 3 vol. in-8°. (Le premier volume s'occupe des ministères de Necker.)

---

1. Précis d'un plan d'amélioration des finances, présenté au Roi le 20 août 1786 (par M. de Calonne. Imprimé pour la première fois à titre d'appendice de la réponse de M. de Calonne à l'écrit de M. Necker, in-8°, janvier 1788, déjà cité. Le ministre expose au Roi qu'il faut reprendre en sous-œuvre l'édifice entier de la monarchie pour en prévenir la ruine, que la situation des finances se lie au système général du gouvernement, que tout est à refaire. En 21 pages alors, il donne le sommaire

Aux débuts do 1787, par exemple, la publicité ministérielle reprit ses droits en présence des nécessités urgentes du Trésor et des demandes do l'assemblée des notables.

Citons, d'abord, en nous attachant spécialement à Calonne, pour revenir ensuite aux notables, la collection des mémoires présentés à l'assemblée par le ministre en 1787 [1], lesquels, rédigés avec le concours des plus compétentes collaborations, méritent une lecture attentive, en raison de l'exposé historique et technique qui accompagne chaque sujet, et surtout en raison des vues do réformes singulièrement libérales dont s'inspirent leurs conclusions. C'est un événement historique que l'apparition de tels documents émanant de source officielle.

Au nombre do vingt-quatre, dont seize ont été rendus publics par la voie de l'impression, ces mémoires traitent successivement de l'imposition territoriale et de la sup-

---

des projets qu'ont développés plus tard ses communications aux notables).

1. Collection des mémoires présentés à l'assemblée des notables. Versailles, 1787, 4 parties en 2 vol. in-4o. (Mémoire sur l'établissement des assemblées provinciales. — Mémoire sur l'imposition territoriale. — Mémoire sur le remboursement des dettes du clergé. — Mémoire sur la taille. — Mémoire sur le commerce des grains. — Mémoire sur les corvées. — Mémoire sur la réformation des droits de traite, l'abolition des barrières intérieures, l'établissement d'un tarif uniforme aux frontières, etc. — Mémoire concernant la gabelle. — Mémoire sur les droits qui seront acquittés uniformément à l'avenir sur les marchandises coloniales. — Mémoire sur la suppression des droits de timbre. — Mémoire concernant la suppression des droits de fabrication sur les huiles et savons du royaume, etc.

Collection des mémoires présentés à l'assemblée des notables. Première et seconde division. Lyon, 1787, in-8o (78 pages avec tableaux encartés).

Autre collection des mémoires présentés à l'assemblée des notables de 1787. Recueil factice, in-8o.

Discours du Roi, discours de M. le Garde des sceaux, discours de M. le Directeur général des finances, 1787, in-8o.

Discours prononcé de l'ordre du Roi et en sa présence, par M. de Calonne, contrôleur général des finances, dans l'assemblée des notables tenue à Versailles le 22 février 1787, précédé du discours du roi. Paris, 1787, in-4o (37 pages).

pression des privilèges fiscaux, des gabelles et de la transformation de l'impôt du sel, de la suppression des droits
sur les fers, sur les huiles et savons, de l'abolition des
corvées, des droits de douanes et de la suppression des
barrières intérieures, avec établissement d'un tarif unique
à la frontière, de la liberté du commerce des grains, des
assemblées provinciales, de l'extension des droits de
timbre, etc.

Leur dépôt fut accompagné d'un grand discours d'ouverture [1], où le contrôleur général révélait les embarras
financiers, qu'il ne pouvait plus céler. Il rejetait, d'ailleurs,
toutes les fautes commises sur le passé, formulant alors
contre la gestion de Necker les critiques plus ou moins
transparentes, point de départ des discussions antérieurement mentionnées.

2° JUSTIFICATIONS PRODUITES PAR CALONNE ET ATTAQUES CONTRE LUI

Calonne, tombé du pouvoir un mois et demi après la
réunion des notables, publia, pour répondre aux attaques
dont il fut l'objet dans le sein de cette assemblée et de la
part du public, sa fameuse *Requête au Roi* [1], si souvent
invoquée, dans laquelle figurent en relief, sous un jour
évidemment partial, mais avec des détails très instructifs, les actes incriminés de son administration. On y
lit successivement les justifications relatives aux faits suivants : acquisitions et échanges de domaines consentis

---

1. Requête au Roi, adressée à Sa Majesté par M. de Calonne, ministre
d'État. S. l., 1787, in-4°. (Discussion des chefs d'accusation suivants :
acquisitions et échanges d'immeubles et domaines; manœuvres dans la
refonte des monnaies d'or; fonds du Trésor royal fournis clandestine-
ment pour soutenir l'agiotage ; extensions d'emprunts ; abus d'autorité
et autres en tous genres. Pour corroborer sa défense au sujet de ces
cinq chefs d'accusation, le ministre produit une série d'éclaircissements
et pièces justificatives. 131 pages de texte et 76 pages d'éclaircissements.)

par favoritisme à l'encontre des intérêts du Trésor, extensions abusives et non autorisées de divers emprunts déjà remplis; bénéfices illégitimes sur la refonte des monnaies d'or; interventions à la bourse et fonds destinés à soutenir l'agiotage; etc. Ce dernier sujet rappelle à l'esprit l'intéressant travail de M. Léon Say, publié dans les *Annales de l'école des sciences politiques* [1]. Voir aussi l'article de M. Gomel dans le *Journal des Économistes* [2], extrait de son ouvrage.

Calonne fit paraître plus tard encore pour sa défense des *Lettres au Roi* consacrées surtout à la politique. Elles seront citées à leur date, ainsi que les autres libelles d'attaques contre Calonne.

§ 4. — *Assemblée des Notables. Assemblées provinciales.*
Publications diverses de 1776 à 1787.

I° ASSEMBLÉE DES NOTABLES

Revenant à l'assemblée des notables elle-même, nous trouvons les procès-verbaux de ses séances conservés dans divers comptes rendus officiels [3], qu'accompagne le texte des mémoires précités. Les opinions exprimées par chaque membre y sont trop écourtées sans doute. Mais de plus amples développements accompagnent les résumés

---

1. Les interventions du Trésor à la bourse depuis cent ans, par Léon Say. (Extrait des Annales de l'école libre des sciences politiques.) Paris, 1886, in-8°.

2. L'agiotage du temps de Calonne. Article par M. Ch. Gomel. Journal des économistes. Août 1892.

3. Procès-verbal de l'assemblée des notables tenue à Versailles en l'année 1787. Paris, Imp. royale, 1788, in-4°.
Observations présentées au Roi par les bureaux de l'Assemblée des notables sur les mémoires remis à l'Assemblée ouverte par le Roi à Versailles, le 23 février 1787. Versailles, 1787, 2 tomes en 1 vol. in-4°. Autre édition en un vol. in-8°. (Divisé en deux parties formant 247 pages.)

des diverses séries de délibérations et surtout les observations destinées à être remises au Roi, rédigées par certains bureaux. Au sein d'un bureau par exemple, on voit
Monsieur, frère du Roi, déclarer que, d'après le tableau
des résultats effrayants de la gabelle, « il n'y a pas de
« bon citoyen qui ne voulût contribuer, *fût-ce d'une partie*
« *de son propre sang*, à l'abolition d'un pareil régime ».
Le projet de suppression proposée par le ministre n'en
finit pas moins par être repoussé sous prétexte qu'il ne
réformerait qu'à demi; l'assemblée lui préféra une con-
ception radicale d'une réalisation plus lointaine.

Diverses publications [1], celle de l'abbé Papon notamment, résument les incidents auxquels donna lieu la convocation de cette assemblée.

Le public, avons-nous dit, s'associa énergiquement aux
récriminations des notables et les brochures appuyèrent
les discours. Citons spécialement les *Observations* du
comte de Kersalaün [2], auxquelles l'historien Bailly fait
de fréquents emprunts dans son histoire financière de la

---

1. Journal pour servir à l'histoire du xviiie siècle, contenant les événements relatifs aux impôts de la Subvention territoriale et du Timbre
proposés à l'enregistrement des Cours souveraines et retirés ensuite...
Paris, 1788, in-8°. (Avec le texte des arrêtés, remontrances, supplica-
tions, etc., des Parlements et Cours des aides et des comptes, Chambres de commerce, etc. 400 pages.)
Histoire du gouvernement français depuis l'Assemblée des notables
tenue le 22 février 1787, jusqu'à la fin de décembre de la même année.
Londres, 1788, in-8° (par l'abbé Jean-Pierre Papon, oratorien. Autre
édition en 1789. Exposé documenté des travaux de l'assemblée des notables, de l'état des finances, des mesures proposées par Calonne, de sa
querelle avec Necker, des motifs du renvoi de Calonne, des édits rendus
et des remontrances des parlements et cours à leur encontre. 294 pages.)

2. Observations sur le discours prononcé par M. de Calonne dans
l'assemblée des notables (par le comte de Kersalaün). Londres, 1787
(discours prononcé à l'assemblée des notables le 27 février 1787 et dont
la police vint saisir la copie chez l'auteur, hôtel de la Feuillade. Réqui-
sitoire de 46 pages contre le ministère de Calonne).

France, la *Dénonciation de l'agiotage* de Mirabeau [1], et divers autres écrits [2].

En même temps, le Parlement, les Cours des comptes et des aides formulèrent au sujet des édits bursaux soumis à leur enregistrement des remontrances [3], où les actes de l'administration de Calonne sont appréciés dans des

---

1. Dénonciation de l'agiotage au Roi et à l'assemblée des notables, par le comte de Mirabeau. S. l., 1887, in-8°. Voir plus loin à sa date.

Suite de la dénonciation de l'agiotage, par le comte de Mirabeau. S. l., 1788, in-8°.

2. Dénonciation de M. de Calonne au Parlement de Paris. S. l., 1787, in-8°.

Lettre d'un Anglais à Paris (18 mars). Londres, 1787, in-8°.

Colloque entre un rentier de l'État et un citoyen déjeunant ensemble au café de Foy, le 17 août 1787. S. l., 1787, in-8°.

Réponse au mémoire justificatif de M. de Calonne. S. l., 1787, in-8°.

Un petit mot de réponse à M. de Calonne sur sa requête au Roi, par M. Carra. Amsterdam, 1787, in-8° (89 pages).

Réponse à la requête au Roi, adressée à Sa Majesté par M. de Calonne, ministre d'État. S. l., 1787, in-8° (74 pages).

Observations de la ville de Saint-Mihiel en Lorraine sur l'échange du comté de Sancerre, en réponse à la requête de M. de Calonne. Saint-Mihiel, 1787, in-8°. (200 pages et 124 pages de pièces justificatives, document instructif qui dut beaucoup embarrasser Calonne.)

Procès de M. de Calonne, ou réplique à son libelle, par un citoyen. Genève, 1787, in-8°.

Ma pensée à M. Carra sur son petit mot à M. de Calonne. Londres, 1787, in-8°.

Les étrennes de M. de Calonne à la nation française, ou lettre contenant un léger détail des bienfaits que M. de Calonne a rendus à la France. S. l. n. d. (1788), in-8°.

Monsieur de Calonne tout entier, tel qu'il s'est comporté dans l'administration des finances..., par M. Carra. Bruxelles, 1788, in-8°.

3. Très humbles et très respectueuses remontrances du Parlement au Roi, à l'occasion de la refonte de la monnaie d'or (16 mars). S. l. n. d., in-8°.

Remontrances du Parlement de Paris, arrêtées le 24 juillet 1787. S. l. n. d., in-8°.

Arrêté du Parlement, du lundi 13 août 1787, sept heures de relevée, toutes chambres assemblées, les pairs séant. S. l. n. d., in-8°.

Discours prononcé par M. de Nicolaï à la Chambre des comptes, dans la séance du 17 août 1787. S. l. n. d., in-8°.

Arrêté unanime de la Cour des aides, du 18 août 1787. S. l. n. d., in-8°.

termes que la plupart des historiens reproduisent ou analysent.

2° ASSEMBLÉES PROVINCIALES

Les assemblées provinciales, créées par Necker dès l'année 1778, virent depuis lors accroître leur nombre et leurs attributions. Elles en profitèrent pour donner à l'étude des questions financières une part prépondérante.

Divers auteurs ont propagé leurs travaux, notamment Léonce de Lavergne, puis M. le comte de Luçay [1].

Pour qui ne craint pas de recourir aux sources, l'étude des procès-verbaux mêmes de ces assemblées devient particulièrement recommandable. Ce n'est pas exagérer de dire que l'exposé des finances de l'ancien régime s'y trouve développé et commenté d'une manière complète. En plus, on y rencontre une saveur de vie locale, qui récompense d'avoir entrepris la lecture de ces volumineux recueils [2].

---

1. Essai sur les assemblées provinciales et en particulier sur celle du Berry, 1778-1790, par le baron de Girardot. Bourges, 1845, in-8°.

Des assemblées provinciales sous Louis XVI, par le vicomte H. de Luçay. Paris, 1857, in-8°.

Les assemblées provinciales sous Louis XVI, par M. Léonce de Lavergne, membre de l'Institut. Paris, 1863, in-8°. (Plusieurs autres éditions. Remarquable préface. Deux premiers chapitres consacrés à l'exposé de la situation des esprits à la fin du XVIII° siècle. Puis 32 chapitres consacrés à l'histoire des assemblées provinciales dans chacune des 32 provinces.)

2. Procès-verbal des séances de l'assemblée provinciale d'Alsace (20-24 août 1787; novembre et décembre 1787). Strasbourg, 1787-1788, 2 vol. in-4°.

Procès-verbal des séances de l'assemblée provinciale d'Anjou. Angers, 1787, 1 vol. in-4°.

Procès-verbal des séances de l'assemblée provinciale d'Auvergne, tenue à Clermont-Ferrand (août et novembre 1787). Clermont-Ferrand, 2 vol. in-4°.

Collection des procès-verbaux des séances de l'assemblée provinciale du Berri, Bourges (1778-1780, 1783). 1787, 2 vol. in-4°.

Nous avons déjà cité ou nous citerons à leur date les plans d'assemblées provinciales du marquis de Mira-

---

Procès-verbal des séances de l'assemblée provinciale du Berri, tenue à Bourges au mois d'octobre 1786. Bourges, 1787, in-4º.

Procès-verbal de l'assemblée provinciale de Champagne, tenue à Châlons (août et novembre-décembre 1787). Châlons, s. d., 2 vol. in-4º.

Procès-verbal des séances de l'assemblée provinciale du Dauphiné, tenue à Grenoble, par ordre du Roi, le 1er octobre 1787 et jours suivants. Grenoble, 1787, in-8º.

Collection des procès-verbaux de l'assemblée provinciale de Haute-Guienne, tenue à Villefranche, ès années 1779, 1780, 1784 et 1786. Paris, 1787, 2 vol. in-4º.

Procès-verbal des séances de l'assemblée provinciale de la généralité d'Auch, tenue à Auch, dans les mois de novembre et décembre 1787. Auch, 1788, in-4º.

Procès-verbal des séances de l'assemblée provinciale de l'Isle-de-France, tenue à Melun (août et novembre-décembre 1787). Paris, Impr. royale, s. d., 2 vol. in-4º.

Procès-verbal des séances de la première assemblée provinciale de la généralité de Lyon, tenue à Lyon, dans les mois de septembre, novembre et décembre 1787. Lyon, 1787, in-4º.

Procès-verbal des séances de l'assemblée provinciale du duché de Lorraine et de Bar, tenue à Nancy (août et novembre 1787). Nancy, 2 vol. in-4º.

Procès-verbal des séances de l'assemblée provinciale de la moyenne Normandie et du Perche, généralité d'Alençon, tenue à Lisieux au mois de novembre et décembre 1787. Lisieux, 1787, in-4º.

Procès-verbal des séances de l'assemblée provinciale de la généralité de Rouen, tenue aux Cordeliers de cette ville, aux mois de novembre et de décembre, 1787. Rouen, 1787, in-4º.

Procès-verbal des séances de l'assemblée provinciale de Basse-Normandie, tenue à Caen, en novembre et décembre 1787. Caen, 1788, in-4º.

Procès-verbal des séances de l'assemblée provinciale de l'Orléanais, tenue à Orléans, le 6 septembre (et en novembre et décembre) 1787. Orléans, 1787, 2 vol. in-4º.

Procès-verbal des séances de l'assemblée provinciale de Picardie tenue à Amiens en novembre et décembre 1787. Amiens, 1788, in-4º.

Procès-verbal des séances de l'assemblée provinciale du Poitou, tenue à Poitiers en novembre et décembre 1787. Poitiers. 1788, in-4º.

Procès-verbal des séances de l'assemblée provinciale du Roussillon. tenue à Perpignan, dans les mois de décembre 1787 et janvier 1788. Narbonne, 1788, in-4º.

Procès-verbal des séances de l'assemblée provinciale du Soissonnais, tenue à Soissons en 1787. Soissons, 1787, in-4º.

Procès-verbal des séances de l'assemblée générale des trois provinces

beau [1], de Turgot [2], de Necker [3], de Le Trosne [4], de Condorcet [5] etc. [6]. Peu d'autres écrits du temps sont à mentionner sur l'institution [7]. On remarque cependant le *Mémoire sur les municipalités* rédigé en 1776 par du Pont

de la généralité de Tours, tenue à Tours par ordre du Roi (11 août et
12 novembre 1787). Tours, 1787, 2 vol. in-4º.

Procès-verbal des séances de l'assemblée provinciale des Trois-Evê-
chés et du Clermontois, tenue à Metz dans les mois de novembre et décembre 1787. Metz, 1787, in-4º.

Précis des procès-verbaux des administrations provinciales depuis
1779 jusqu'en 1788. Strasbourg, 1788, 2 vol. in-8º.

1. Mémoire concernant l'utilité des états provinciaux (par le marquis
de Mirabeau). Rome, 1750, in-12. Réimprimé en 1758 sous un autre
titre. Inséré dans le tome IV de l'Ami des hommes, déjà cité.

2. Mémoire de Turgot sur les assemblées provinciales et les municipalités, inséré dans le tome VII de ses œuvres complètes, déjà citées.

3. Mémoire de Necker sur les assemblées provinciales, inséré à la
suite de son compte rendu au Roi, et dans ses œuvres complètes, déjà
citées.

4. De l'administration provinciale et de la réforme de l'impôt, par Le
Trosne, déjà cité.

5. Essai sur la constitution et les fonctions des assemblées provinciales, par Condorcet, cité plus loin.

6. Les loisirs du chevalier d'Eon, 13 vol. 1774, contenant un projet
d'assemblées provinciales. Déjà cité.

Vues impartiales sur l'établissement des assemblées provinciales,
par Boislandry, 1787, in-8º, cité plus loin.

De l'impôt territorial, par le comte de Lamerville, 1788, in-4º. (Appuie ses projets sur l'établissement d'assemblées provinciales. Cité
précédemment.

7. Lettre d'un avocat au Parlement à un avocat de R... (au sujet de
l'administration municipale). S. l. n. d., in-8º.

Lettre sur les administrations provinciales. Amsterdam, 1779, in-8º.

Mémoire d'administration sur les assemblées provinciales. S. l. n. d.
in-8º.

Lettre de M*** à M***,conseiller au Parlement au sujet de l'édit pour
l'établissement des assemblées provinciales (26 avril 1781). S. l. n. d.,
in-8º.

De l'ordre des administrations provinciales..., avec un examen du
compte rendu au mois de mars 1781. S. l., 1782, in-8º (par Guérineau
de Saint-Péravy).

Lettre de l'auteur du Mode français, où est agitée la question des
assemblées provinciales (par Sobry). S. l., 19 avril 1787, in-8º. (Le
Mode français de Sobry fit quelque bruit en 1786.)

Observations sur la tenue des premières assemblées provinciales.
Paris, Imp. royale, 1787, in-4º.

do Nemours, que le comte de Mirabeau réédita en 1789
sans autorisation, avec des notes de Clavière ou Brissot[1].
M. Schelle, dans son livre déjà nommé (pages 190 à 200),
fournit des détails inédits sur l'incident.

3° PUBLICATIONS DIVERSES DE 1776 A 1787

Il ne reste plus, pour terminer la période qui s'étend
de la fin de 1776 aux premiers mois de 1787, de la chute
de Turgot à celle de Calonne (deux chutes non pareillement regrettables), qu'à rappeler les écrits divers publiés
dans cet intervalle de dix ans et demi[2]. C'est simplement

---

1. Œuvres posthumes de M. Turgot, ou mémoire de M. Turgot sur
les administrations provinciales mis en parallèle avec celui de Necker
(par Du Pont de Nemours),suivi d'une lettre sur ce plan (par le comte de
Mirabeau) et des observations d'un républicain sur ces mémoires (par
Clavière, ou Brissot). Lausanne, 1787, in-8°.

2. Mémoire à présenter à M. le contrôleur. S. l., 1777, in-8°. (Projet
d'une capitation sur les domestiques.)
Examen de ce que coûtent à la nation la gabelle et le tabac, par Le
Trosne, 1777, in-12, déjà cité.
Lettres de M*** à différentes personnes sur les finances, les subsis-
tances, les corvées, les communautés religieuses... Amsterdam, 1778,
in-12.
La richesse de la Hollande. Londres, 1778, 2 vol. in-8° (par Migt.
Autre édition en 5 vol. in-12, 1778 ,augmentée par Luzac et Bernard.)
Lettres sur l'emprunt et l'impôt, adressées à M. X... (Necker de
Germani), par M. Rilliet de Saussure. S. l., 1779, in-8°.
Observations politiques et morales de finance et de commerce, ou
examen approfondi d'un ouvrage de M. R... (Rilliet) de Genève, sur
l'emprunt et l'impôt. Lausanne, 1780, in-8°. (Par le marquis de Poterat.
L'ouvrage de Rilliet préconisait la supériorité de l'emprunt sur l'impôt.
D'après lui, les arrérages de l'emprunt étant assignés sur l'impôt, on
rend d'une main à la nation ce qu'on lui prend de l'autre, sans qu'il y ait
appauvrissement. L'emprunt fonctionne alors comme une pompe qui
élève l'eau au milieu d'un grand bassin et l'y laisse retomber. Poterat
réfute ces assertions et montre en outre que les impôts actuels ne son
plus guère extensibles. Discussion intéressante. 135 pages.)
Réflexions sur l'état actuel du crédit public de l'Angleterre et de la
France (par Panchaud). S. l., novembre 1781, in-8°. (Description des
finances anglaises ; prédiction de leur ruine prochaine. Argument très
curieux à l'appui. Ressource d'avenir que possède la France. Baisse des

une liste à compléter : car déjà les plus nombreux de beaucoup et les plus importants parmi ces écrits ont été

---

fonds anglais. Hausse des fonds français. Talleyrand, dans ses mémoires, qualifie le financier Panchaud d'homme extraordinaire, d'homme de génie. « Il avait, en même temps, l'esprit le plus ardent, le plus étendu, « le plus vigoureux et une raison parfaite. » 56 pages.)

Précis d'un projet d'établissement du cadastre dans le royaume, par M. D. T. D. V. (Dutillet du Villars). Paris, 1781, in-4º.

Des chemins et des moyens les moins onéreux au peuple et à l'État de les construire et de les entretenir. En France, 1781, in-8º (par de Pommereul, officier d'artillerie, auteur de l'article *chemin* dans l'Encyclopédie méthodique. Condamne la corvée actuelle, mais s'oppose longuement à la construction des routes par l'armée ; préconise un système de travail local rémunéré à prix d'argent, une sorte de nouvelle corvée payée).

Mémoire sur la constitution actuelle des Fermes du Roi, pour la perception des droits sur le sel, sur le tabac, sur l'entrée et la circulation des marchandises. S. l., 1782. in-18. (Par Errard de Lisle, chevalier, seigneur de Brainville, etc. Étudie la constitution des fermes, les gabelles, le tabac, les traites, etc., avec projets pour augmenter les revenus du roi sans bouleverser le système existant. L'auteur espère que son ouvrage fera sensation dans l'avenir, car, pour le présent, il n'y a pas d'apparence, écrit-il tristement à d'Arbois de Jubainville. 227 pages.)

Traité d'économie politique, dédié à la France (par le vicomte Lefèvre de la Maillardière). Paris, an VIII-1800, 3 part. in-8º. (Première partie parue en 1782. Compte-rendu dans le Journal des savants en juin 1783. Seconde partie parue en 1783).

Vues d'un citoyen sur la distribution des dettes de l'État, et concordance de ces vues avec celles du docteur Price. (La Haye, 1783, in-8º, par Hocquart de Coubron, d'après la préface d'un de ses ouvrages postérieurs.)

Mémoire important sur l'administration des corvées dans la généralité de Guyenne…, par M. Dupré de Saint-Maur, intendant de Guyenne. Paris, 1781, in-4º. (Mémoire rédigé par l'intendant à l'occasion de ses contestations avec le Parlement de Bordeaux sur la conversion en argent des corvées en nature, contestations qui se prolongèrent de 1776 à 1784. Le Parlement, à l'instigation des plus haut taxés, ci-devant privilégiés, refusant d'enregistrer les décisions de Dupré de Saint-Maur, celui-ci, à la suite d'une enquête sur lieux par les commissaires royaux, fut nommé conseiller d'État. Les remontrances du Parlement de Bordeaux et les arrêts rendus pour vaincre ses oppositions composent des preuves curieuses de la résistance que rencontraient alors les plus justes réformes.)

Almanach des monnaies, depuis 1784 jusqu'en 1789 (par M. des Rotours). In-12. Un volume par année.

Mémoire sur les corvées, 1785 (par de La Galezière). S. l. n. d., in-8º.

prélevés à propos des discussions entre Necker et Calonne, à propos des attaques dont chacun de ces ministres
a été l'objet, à propos de l'assemblée des notables, à propos des assemblées provinciales, etc. Le surplus n'offre
donc forcément qu'un intérêt assez secondaire, composé
surtout de brochures anonymes sur les emprunts et les
impôts. A remarquer seulement les lettres relatives au
crédit par Rilliet de Saussure, les *Réflexions* de Panchaud
comparant la France et l'Angleterre, divers travaux de
Dupré de Saint-Maur, de Pommereul, de La Galezière, etc.,
concernant les corvées, un mémoire de Kersalaün réédi-
tant son discours aux notables, etc.

§ 5. — *Ministère de Loménie de Brienne et second ministère de Necker.*

Le successeur de Calonne, Loménie de Brienne, fit imprimer en 1788 l'important compte rendu de la situation
des finances [1], dans lequel on a coutume de rechercher les

Réponse au mémoire sur les corvées. Londres et Paris, 1786, in-8°.

Lettre d'un propriétaire à l'auteur de la « Réponse au mémoire sur
les corvées ». Londres et Paris, 1786, in-8°.

Lettre de M. C..., anglais, à M. L..., sur la question suivante : L'emprunt qu'on annonce sera-t-il nuisible ou avantageux au commerce...?
Une imposition n'eût-elle pas été préférable? (10 décembre 1785). S. l.
n. d., in-8°.

Lettre d'un Parisien à un ami d'Amsterdam sur l'édit d'emprunt du
21 décembre 1785. Amsterdam, 1786, in-4°.

Éclaircissement sur le déficit de 1787. S. l. n. d., in-8°.

Libération de la dette nationale. Genève, 1787, in-8°.

Moyen de sortir honnêtement du cul-de-sac, ou moyen de remplir le
déficit sans mettre aucun impôt. S. l. n. d. (1787), in-8°.

Ni emprunt, ni impôt. Mémoire qui a été adressé aux notables. Londres, in-8° (par le comte de Kersalaün. 31 pages).

1. Compte rendu au Roi, au mois de mars 1788, et publié par ses
ordres. Paris, de l'Imprimerie royale, 1788, in-4°. (Introduction où le
ministre expose au Roi qu'il lui fournit seulement ici l'aperçu des recettes
et des dépenses de l'année 1788, dont le compte effectif ne pourra être

derniers chiffres des budgets de la monarchie. Necker
publia, sans doute, plus tard son exposé du 5 mai 1789,
mais avec moins de détails que n'en fournissent les 183
pages in-4 du volume de Brienne.

Aucune publication financière officielle ne parut sous le
second ministère de Necker, de la fin de 1788 à l'ouverture des États généraux. Ces huit mois furent consacrés,
d'abord à réparer l'effet déplorable de la faillite partielle
déclarée par Brienne dans le célèbre édit du 16 août 1788,
puis à se procurer des fonds pour vivre au jour le jour,
enfin à rédiger le plan de régénération financière dont la
nouvelle assemblée devait être saisie dès sa première
séance.

Les seuls renseignements relatifs à cette période de
recueillement se trouvent éparpillés dans les écrits contemporains, dans les préambules d'édits et déclarations, et
dans les œuvres mêmes de Necker, spécialement dans la
brochure de 1791, sur sa propre administration [1].

§ 6. — *Publications diverses en 1787, 1788 et 1789 jusqu'à l'ouverture des États généraux.*

Descendons donc des hauteurs ministérielles, où ne
se trouve plus presque rien à glaner, pour aborder
le champ des productions individuelles, singulièrement
riche au contraire à cette époque, si riche même qu'il
faudra en laisser. Les œuvres d'une portée tout à fait
secondaire seront, dès lors, sacrifiées, le surplus demeurant largement suffisant, comme on va le voir, pour ali-

rendu qu'en 1789, sous certaines réserves encore : les 183 pages de
chiffres qui suivent ne constituent donc que des prévisions. Ces chiffres
n'en sont pas moins utiles à consulter, à défaut d'autres, surtout en
raison des nombreux commentaires qui les accompagnent.)

1. Sur l'administration de M. Necker par lui-même. 1791, in-8o. Déjà
cité.

menter la liste des brochures, libelles, ouvrages divers
émanant du public, que nous poursuivrons d'un seul trait
de 1787 au mois de mai 1789.

1° ANNÉE 1787

Les débuts de 1787, marqués par la convocation des
notables et le renvoi de Calonne, ont été déjà parcourus.
L'année 1787 ne commencera donc pour nous ici qu'après
ces événements, avec les principales publications suivantes :

La *Dénonciation de l'agiotage* par Mirabeau [1], déjà citée,
composée, dit-on, avec la collaboration de Clavière, les
*Vues sur les assemblées provinciales, l'impôt territorial
et les traites,* de Boislandry [2], *Point de banqueroute* par
Brissot [3], ouvrage particulièrement saillant, très caractéristique pour l'époque, *l'Impôt territorial* de Linguet [4],

---

1. Dénonciation de l'agiotage au Roi et à l'assemblée des Notables, par
le comte de Mirabeau. S. l., 1787, in-8°. (Lettre au roi en préface, du
20 février 1787. Mirabeau ne craint pas d'y dénoncer nominativement
Barroud, l'abbé d'Espagnac, Seneff, Pyron, Servat, Duplain de Sainte-
Albine, etc. Incidemment il critique les opérations de Necker qui a pré-
féré l'emprunt à l'impôt, bien que l'impôt fût indispensable au budget, bien
qu'il existât même virtuellement, qu'on le déclarât ou non, du moment
que des emprunts onéreux avaient été créés. 143 pages.)
    Considérations sur la dénonciation de l'agiotage. Lettre au comte de
Mirabeau. S. l., 27 mars 1787, in-8° (par Hardy, ancien secrétaire de
Mirabeau).
    2. Vues impartiales sur l'établissement des assemblées provinciales,
sur leur formation, sur l'impôt territorial et sur les traites (par de Boislandry, négociant). Paris, 1787, in-8°. (Panégyrique des projets soumis
aux notables; hommages dithyrambiques à Loménie de Brienne.
90 pages.)
    3. Point de banqueroute, ou lettres à un créancier de l'État sur l'im-
possibilité de la banqueroute nationale et sur les moyens de ramener le
crédit et la paix. Nouvelle édition. Londres, octobre 1787, in-8° (par
J.-P. Brissot de Warville. Première édition, Londres, 1787, in-8°,
58 pages. Eloquente condamnation de la banqueroute. Nécessité de
réunir les Etats généraux. Point de banqueroute, pas d'impôts et la
France est sauvée. Examen du mémoire de Calonne. 151 pages.)
    4. L'impôt territorial, ou la dixme royale avec tous ses avantages, par

les *Considérations sur le luxe* de Sénac de Meilhan [1], les
Idées d'un citoyen presque sexagénaire par l'abbé Bau-
deau [2] et divers autres [3] par Hocquart de Coubron, du
Crest, de Lubersac, Mabru, etc.

_____

M. Linguet. Londres, 1787, in-8°. (Ouvrage qui se répandit beaucoup,
déjà cité plus haut sous un titre différent. Unification des taxes foncières; avantages de leur payement en nature; réfutation des théories
physiocratiques. 99 pages.)

1. Considérations sur les richesses et le luxe. Amsterdam et Paris,
1787, in-8°. (Autre édition, 1789. Par M. Sénac de Meilhan, intendant de
Valenciennes. Ouvrage superficiel, dirigé contre Necker sans le nommer,
bien écrit, traitant spécialement les questions de crédit. 499 pages.)

2. Idées d'un citoyen presque sexagénaire sur l'état actuel du royaume
de France comparées à celles de sa jeunesse. Paris, 1787, 4 vol. in-8°.
(Par l'abbé Baudeau, qui a signé la préface. En six parties contenant des
détails intéressants : Idées sur les finances du Roi — sur les gabelles —
sur les autres impôts de la ferme. — Examen de la dixme royale de Vauban. — Idées sur la réformation des mauvais impôts — sur le crédit —
sur les projets soumis aux notables — sur Necker et son compte rendu
— sur le mémoire de Calonne, etc.)

Observations critiques sur les idées d'un citoyen. (Inséré dans la
6e partie de l'ouvrage ci-dessus.)

Réponse aux « Idées d'un citoyen presque sexagénaire... » Paris,
1787, in-8°.

3. Idées sur les impôts publics qui peuvent à la fois soulager les
peuples de plus de la moitié et les nobles et privilégiés de plus d'un quart
de ce qu'ils paient, et enrichir l'État de 300 millions et plus de revenu
annuel, par M. Tho. Minau de la Mistringue. Paris, 1787, in-8°. (Pseu-
donyme de Thorillon, ci-devant procureur, d'après une note manuscrite.
L'ouvrage reparut, d'ailleurs, en 1791, avec le vrai nom de l'auteur.)

Réclamation d'un citoyen contre la nouvelle enceinte de Paris, élevée
par les fermiers généraux. S. l., 1787, in-8° (par Dulaure).

Second mémoire sur l'administration des finances, par M. le marquis
du Crest... S. l., 1787, in-8°. (127 pages. Le premier mémoire, daté,
on ne sait pourquoi, de 1788, est cité plus loin.)

Mémoire sur la réformation des finances. Paris, 1787, in-8°. (Signé :
Cl. de B..., ce 19 mai 1787.)

Calculs sur la circulation relativement aux impôts, à l'augmentation
du prix des denrées, par M. Hocquart de Coubron. Londres, 1787, in-8°.

Aperçu de l'administration des finances de la France, année 1787. Ensemble, le rapport de l'étendue et de la population du royaume et des colonies françaises. S. l. n. d., in-folio. (Tableau gravé.)

Nouvelles vues sur l'administration des finances et sur l'allègement
de l'impôt (par Hocquart de Coubron). Londres, 1787, in-8°.

Observations sur la déclaration du 30 octobre 1785, sur les monnaies

En 1788, on peut remarquer spécialement : *De la foi publique envers les créanciers de l'État* par Clavière [1], lequel, collaborant fréquemment avec Brissot, s'élève, comme lui, contre tout projet de banqueroute ; ses développements sont utiles à lire; le *Discours* de Bouchotte [2] au Parlement; le *Droit public de la Provence* par Boucho [3] ; *l'Impôt territorial* par de Lamerville [4], très fourni en

---

et l'augmentation progressive du prix des matières d'or et d'argent (par des Rotours). Paris, 1787, in-4º. Autre édition in-8º.

Vues politiques et patriotiques sur l'administration des finances de la France, par l'abbé de Lubersac. Paris, 1787, in-4º (En collaboration, dit-on, avec son frère, le comte de Lubersac.)

Réflexions sur la nécessité d'assurer l'amortissement des dettes de l'État.......... (par J.-F. Lesparat). Paris, 1787, in-4º.

Des corvées. Nouvel examen de cette question... S. l., 1787, in-8º (par de Pommereul).

Essai sur la nature et la répartition de l'impôt en Auvergne, par un habitant de la province (Mabru). S. l., 1787, in-8º. (Nécessité de procéder à une répartition plus équitable de la taille, de la capitation et des vingtièmes. Intéressant. 125 pages.)

---

1. De la foi publique envers les créanciers de l'État, lettres à M. Linguet sur le nº CXVI de ses annales, par M***, ouvrage dans lequel, après avoir indiqué l'état le plus modique du revenu général de la France, on prouve que la banqueroute n'est ni nécessaire, ni utile, ni politique, et que la confiance doit ranimer l'esprit public. Suivi de plusieurs notes importantes. A Londres, 1788, in-8º (par Clavière. Le titre indique et résume le contenu de l'ouvrage. L'auteur s'élève contre toutes théories de réductions et suspensions. Évaluation du revenu national à 3 milliards. Avantages du crédit public ; il repose sur la fidélité aux engagements. Attaque l'arrêt du 16 août rendu par Brienne. 184 pages.)

2. Discours prononcé au Parlement..., 1er octobre 1788, par Pierre-Paul-Alexandre Bouchotte, sur le fait des aides et des tailles. S. l. n. d. (1788), in-8º.

3. Droit public du comté-état de la Provence sur la contribution aux impositions, par Charles-François Bouche, avocat au Parlement d'Aix. A Aix, 1788, in-8º. (Charges que les Provençaux payent annuellement. Motifs d'exemption allégués par le clergé, par les possédans-fiefs ; leur réfutation. Règles à suivre pour fixer la contribution du clergé et des possédans-fiefs. 272 pages.)

4. De l'impôt territorial combiné avec les principes de l'administration

renseignements; les *Observations d'un républicain*[1], déjà
citées; le livre de Condorcet sur les *Assemblées provinciales*[2], où les questions d'impôt et de cadastre sont savam-
ment traitées ; les *Réflexions* de Rœderer sur le reculement des barrières [3]; enfin les *Doléances sur les surcharges des gens du peuple* par Gaultier de Biauzat [4], qui
méritent de fixer l'attention et produisiront une impression prolongée sur l'opinion publique.

Le surplus [5] comprend des travaux de Grouber de

---

de Sully et de Colbert adaptés à la situation actuelle de la France, par
M. le comte de Lamerville. Plan d'une restauration générale dans les
finances. Strasbourg, 1788, in-4º (par Heurtault de Lamerville. 215 pages, avec tableaux, discours préliminaire, lettre au Roi, etc. Plan de
réforme en un décret de 100 articles, et un autre de 20. Emission de
300 millions de bons gagés sur l'impôt territorial. Déjà cité dans la
première partie.)

1. Observations d'un républicain. S. l., 1788, in-8º (par Brissot de
Warville ou Clavière. Assemblées provinciales, impôts, réfutation de
Necker. Déjà cité plus haut comme annexe de l'ouvrage intitulé : *Œu-
vres posthumes* de Turgot).

2. Essai sur la constitution et les fonctions des assemblées provinciales
(par Condorcet). S. l., 1788, 2 vol. in-8º. (Le second volume de cet
important ouvrage aborde la théorie de l'impôt, analyse les diverses
taxes et conclut à l'établissement d'une subvention territoriale unique.
En supplément, le rapport fait à l'assemblée de la Guyenne sur la réformation du cadastre en 1782.)

3. Réflexions sur le rapport fait à l'assemblée provinciale de Metz au
sujet du reculement des barrières..., par M. Rœderer. S. l., 1788, in-8º.

4. Doléances sur les surcharges que les gens du peuple supportent
en toute espèce d'impôts, avec des observations historiques et politiques
sur l'origine et les accroissements de la taille..., par M. J.-E. Gaultier
de Biauzat, avocat en parlement. S. l., 1788, in-8º. (Un des meilleurs
exposés de l'état financier de l'époque. Les gens du peuple donnent au
fisc les trois cinquièmes de leur revenu. Histoire de la taille. Nécessité
de revenir à l'égalité et de décharger le peuple. Cette brochure, de 248
pages, eut beaucoup de retentissement.)

5. Considérations intéressantes sur les affaires présentes, par M***.
Seconde édition. Londres et Paris, 1788, in-8º. (Principales causes du
déficit. Observations sur l'arrêt du 16 août 1788, qui suspend momentanément les paiements. 207 pages.)

Compte rendu des comptes rendus au Roi de l'état de ses finances.
S. l., 1788, in-12.

Réponse aux réflexions de M. Linguet sur la dette nationale en
France. S. l., 1788, in-8º.

Groubental, de Du Crest, de Bouchon du Bournial, et divers écrits souvent intéressants, quoique anonymes.

3° ANNÉE 1789 JUSQU'AUX ÉTATS GÉNÉRAUX

Jusqu'au mois de mai 1789, parmi les principales publications, voici d'abord le *Financier patriote*, par Roland [1], futur ministre; l'ouvrage contient beaucoup de parties intéressantes, en dehors de celles que l'auteur

---

Mémoire sur la création d'un papier-monnaie qui serait national et permanent. S. l. n. d. (1788), in-4°.

Théorie générale de l'administration des finances, par Grouber de Groubental (avocat au Parlement de Paris). Paris, 1788, 2 vol. in-8°.

Moyens comparatifs de libération des dettes nationales de l'Angleterre et de la France, par le même. Paris, 1788, in-8°.

Mémoire sur l'administration des finances par le marquis Du Crest, chancelier de S. A. S. Monseigneur le duc d'Orléans. Londres, 1788, in-8°. (Le marquis Du Crest, frère de Mme de Genlis, et faiseur de projets, qui débuta par celui-ci.)

Suite du second mémoire sur l'administration des finances, par M. le marquis Du Crest, chancelier de S. A. S. Mgr le duc d'Orléans. S. l., 1788, in-8°.

Considérations sur les finances, sur la dette publique, sur la nécessité et le moyen de créer un milliard en papier-monnaie..., par M. du Bournial (Bouchon Dubournial). Paris, 1788, in-8°.

Essai sur la répartition de la taille et des vingtièmes... Londres et Paris, 1788, in-4°.

Développement analysé de la méthode la plus simple pour répartir avec justesse l'impôt de la taille..., par M. Le Vassor. Paris, 1788, in-4°.

---

1. Le financier patriote, ou la nation éclairée sur ses vrais intérêts, par C. N. Roland, ci-devant caissier pour S. M. du produit de la vente des grains qui appartenaient au gouvernement sous le règne précédent, etc. etc... Aux États généraux de France et au public. Londres, en avril 1789, in-8°. (Ouvrage entrepris dès 1779 et qui doit, malgré sa date, avoir été terminé sous l'assemblée constituante puisqu'il parle de la division du pays en départements. Description des qualités nécessaires à un ministre des finances. Inconvénients de la vénalité des charges. Historique de la dette. Abus, pertes et friponneries qu'occasionnent les rentes perpétuelles et les rentes viagères : renseignements relatifs aux placements genevois sur des têtes de choix. Revue de tous les impôts, indications des réformes possibles, etc. Digressions personnelles contre la Chambre des comptes et le ministre Amelot, à propos de son procès. 172 pages et 27 de notes.)

consacre intempestivement à ses propres affaires ; *De la
dette nationale* par Linguet[1] ; *les Finances* du duc de La
Rochefoucauld-Liancourt[2], qui voudrait remplacer tous
les impôts existants par une subvention territoriale exclusivement affectée à la dette et créer une Caisse nationale
chargée d'émettre des billets ; *la Voix du citoyen* de
Lebrun[3], futur duc de Plaisance, où figurent d'intéressants
chapitres sur les dépenses et les revenus publics.

Viennent ensuite des brochures diverses[4], dont quel-

---

1. De la dette nationale et du crédit public en France, par Linguet
Bruxelles, janvier 1789, in-8°.

2. Finances, crédit national, intérêt politique et de commerce, forces
militaires de la France (par M. le duc de La Rochefoucauld-Liancourt).
S. l., 1789, un vol. en 2 parties, in-8°. (Plan général de réforme financière. 244-172 pages.)

3. La voix du citoyen. (Insérée dans les opinions, rapports et choix
d'écrits politiques de Charles-François Lebrun, duc de Plaisance, cité
déjà. Du Mesnil dit dans sa biographie. « Le Brun publia, au commen-
« cement de 1789, sous ce titre : la Voix du citoyen, l'écrit qu'il avait
« conçu depuis longtemps et qu'il avait achevé après son entretien avec
« Necker. »)
La voix du citoyen, ouvrage publié en 1789 avant l'ouverture des
Etats généraux (par M. Le Brun). Nouvelle édition. Paris, 1814, in-8°
(96 pages).

---

4. Situation actuelle des finances de la France et de l'Angleterre. Paris,
1789, in-4°. (Par de Maisoncelle. Epuisement des deux nations : dettes
immenses, revenus insuffisants, de part et d'autre. Taxes par tête en
France et en Angleterre. Dangers financiers d'une guerre. 139 pages.)

Etrennes financières, ou recueil des matières les plus importantes en
finance, banque, commerce, etc.. 1789, première année. Paris, 31 janvier 1789, in-8°. (L'auteur, Martin, donne son nom dans le volume de
1790 cité plus loin à sa date. Ouvrage que Claudio Jannet a souvent utilisé dans son livre *Le Capital, la spéculation et la finance*. 244 pages
et 48 d'introduction.)

Almanach des monnaies. Année 1789. Paris, 1789, in-12. (Notices sur
les changeurs, les orfèvres, affineurs, brodeurs, horlogers, etc. Tableau
des monnaies de tous les pays. Renseignements divers. Continuation de
la série commencée en 1781 et citée à cette date. Par des Rotours. 510
pages.)

Lettre adressée au Roi par M. de Calonne, le 9 février 1789. Londres,
1789, in-8° (Calonne, après avoir rappelé les actes de son administration, s'attache surtout à critiquer ses successeurs ; il trace au Roi un plan
politique pour l'établissement des lois constitutionnelles, l'organisation

ques-unes très instructives, telles que *la Situation actuelle*

---

du royaume aux points de vue judiciaire et civil, la reconstitution de la caisse d'escompte, etc., enfin pour l'extinction du déficit. 296 pages.)

Examen du système politique de M. Necker, mémoire joint à la lettre écrite au Roi par M. de Calonne, le 9 février 1789. S. l., (avril) 1789, in-8° (par l'abbé Le Gros. Ouvrage qui eut trois éditions et qui fit le tourment de Necker. Déjà cité à propos de ce ministre. 51 pages).

La réponse sincère et sans réplique à la lettre de M. de Calonne au Roi, du 9 février 1789, par l'auteur de la *Gazette infernale*. S. l., 1789, in-8°.

Réponse d'un citoyen à la lettre de M. de Calonne au Roi. S. l. n. d., in-8°.

Réponse de M. l'archevêque de Sens (Loménie de Brienne) à M. de Calonne, relativement à sa lettre écrite au Roi (16 mars). S. l. n. d., in-8°.

M. de Calonne dénoncé à la nation. S. l. n. d., in-8°.

Argumentum ad hominem, à vous, M. de Calonne. S. l. n. d., in-8°.

Le ministère de M. de Calonne dévoilé, avec le détail de ses intrigues et le nom de ses agents. S. l., 1789, in-8°.

La confession de M. de Calonne à Msr l'archevêque de Sens. Amsterdam, 1789, in-8°.

Observations rapides sur la lettre de M. de Calonne au roi (par Cérutti). Paris, 1789, in-8°.

Observations réfléchies sur les observations rapides sur la lettre de M. de Calonne au Roi. Londres, 1789, in-8°.

Ultimatum d'un citoyen du tiers-état au mémoire des princes, seconde édition ; suivie du fin mot d'un marseillais. S. l., 1789, in-8°. (Nécessité de représenter le tiers-état aux Etats généraux. Comptes de finances des princes. 74 pages.)

Mémoires sur les moyens d'améliorer, en France, les conditions des laboureurs, des journaliers, etc. Paris, 1789, in-8°.

Finances. Supplément aux cahiers des bailliages, par l'auteur des « Réflexions sur la nécessité d'assurer l'amortissement » (J.-F. Lesparat, ancien avocat au Parlement de Paris). Paris, 1789, in-4°.

Le requiem des fermiers généraux, ou plan de révolution dans les finances, S. l., 1789, in-8°. (Daté de Lyon, 29 mars. L'auteur s'appuie sur un travail précédent de Blanc-Gilly, auquel il décerne des éloges outrés. Proposition de créer un impôt unique d'après les dimensions du logement, d'après son toisé. Cette taxe du *toisé*, sous forme de capitation, procurerait plus de deux milliards annuels et délivrerait le pays de la vermine, de l'hydre dévorant, des fermes. 82 pages.)

Seconde lettre adressée au Roi par M. de Calonne, le 5 avril 1789. Londres, 1789, in-8°. (Passe pour apocryphe. Réponse à la brochure intitulée : Observations rapides sur la lettre de M. de Calonne au Roi. N'intéresse que fort peu les finances. 68 pages.)

L'antidote auprès du poison, ou signalement de quelques propositions

des finances de la France et de l'Angleterre, par Maisoncelle, *les Etrennes financières,* précieuses au point de
vue des affaires de bourse, de la cote des valeurs, des
opérations y relatives, des changes, des compagnies de

condamnables dans les lettres adressées de Londres au Roi par M. de
Calonne, S. l. n. d., in-8°.

Les quatre Etats de la France, S. l., 1789, in-8° (par L.-P. Bérenger).

Aux États généraux sur les réformes à faire. S. l., 1789, in-8°. (Analysé dans l'ouvrage de M. Gomel.)

Le grand coup de filet des Etats généraux. S. l., 1789, in-8°. (Traité
des biens ecclésiastiques.)

Le financier ermite. Paris, 1789, in-8°.

La finance à l'agonie et l'espoir de sa guérison. S. l. n. d., in-8°.

Essai sur les finances, présenté en 1775 à M. Turgot, contrôleur général, par l'auteur du Secret des finances. S. l., 1789, in-8°.

Projet de remboursement des charges de finances. S. l., 1789, in-8°.

La poule au pot, ou première cause du bonheur public. S. l., 1789, in-8°.

Abrégé historique de l'administration de M. Necker comparée avec
celle de M. Calonne, contenant des observations sur l'état actuel des
finances et les moyens les plus propres à les régénérer. La Haye et
Paris, 1789, in-8°.

Observations à MM. les électeurs de la ville et vicomté de Paris, par
M. le baron de Cormeré, sur des réformes utiles et nécessaires dans l'administration des finances. S. l. n. d., in-8°.

Doléances du pauvre peuple, adressées aux États généraux. S. l.,
25 avril 1789, in-8°.

Cahiers pour le rétablissement des finances en France, par M. Ruelle.
Bruxelles, avril 1789, in-8°.

Prospectus sur les finances, dédié aux bons Français. S. l., 1789,
in-12 (par Forbonnais).

Nouvelles vues sur la répartition et la perception de l'impôt. Paris,
1789, in-8°. (Nécessité d'un arpentage général et estimatif.)

Plan de finances pour être présenté aux États généraux, par Desma-
rest. S. l., 1789, in-4°.

Nouvelles économies royales, ou plan d'administration générale. S. l.,
1789, in-8°.

Essai sur la législation et les finances en France, par Laporte. Bergerac, 1789, in-8°.

Cahier des pauvres. Paris, 1789, in-8° (par Lambert, 16 pages; analysé dans l'ouvrage de M. Gomel).

Projet pour libérer l'Etat sans emprunt, sans innovations et en sou-
lageant les peuples, par M. D. de V. (Louis-Henri Duchesne de Voiron,
intendant de la maison de Madame.) S. l., 1789, in-8°. (Supprime la
gabelle et les douanes, crée un impôt territorial, affecte un impôt spécial
à chaque nature de dépense, etc.)

Projet pour le remplacement de la dîme par l'auteur du « Mémoire

finances, des agents de change, etc., remplies de détails
qu'on ne rencontre pas ailleurs ; la *Lettre adressée au
Roi* par de Calonne, plutôt politique que financière, le
Requiem des fermiers généraux, avec ses combinaisons
utopiques, etc. Beaucoup d'autres que nous omettrons de
signaler, inspirées par l'approche des États généraux,
revèlent le mouvement des esprits à cette époque décisive.

§ 7. — *Mémoires des contemporains. Cahiers des
États généraux.*

Pour terminer la portion du règne de Louis XVI aboutissant au 5 mai 1789, rappelons les divers mémoires du
temps qui abordent plus ou moins incidemment les questions de finances. Il suffira de reproduire les noms de
leurs auteurs [1], dont la plupart ont figuré sur la liste de la
première partie.

Enfin, si les cahiers des élections aux États généraux
n'avaient été déjà catalogués, ils formeraient ici la gran-
diose récapitulation des idées contenues dans tous les
écrits précédents.

Nous ne pouvons qu'indiquer à nouveau leur recueil
général [2], en mentionnant les principaux publiés à part [3].

___

sur l'administration des biens du clergé » (le marquis de Guerchy).
Paris, 1789, in-8° (23 pages).

1. Mémoires et correspondances de Bachaumont, Beugnot, Besenval,
Condorcet, Gaudin, Grimm, Laharpe, Lebrun, Malouet, Marmontel, Lin-
guet, Bertrand de Molleville, abbé de Véri, Mollien, abbé Morellet, de
Sénac de Meilhan, Talleyrand, Arthur Young, etc. Déjà cités.

2. Archives parlementaires de 1787 à 1860. Recueil complet des débats
législatifs et politiques des chambres françaises..., par Mavidal et Laurent. Première série, 1787 à 1799. États généraux. Cahiers des sénéchaussées et bailliages. Paris, 7 vol. in-4° déjà cité.
Résumé général, ou extrait des cahiers de pouvoirs, instructions...,
remis par les divers bailliages... à leurs députés..., par une société de
gens de lettres (publié par Prudhomme). Paris, 1789, 3 vol. in-8°.

3. Cahier général et instructions du tiers état de la sénéchaussée
d'Auvergne, 13 mars 1789. Riom, 1789, in-8°.

Ces cahiers clôturent la période de la monarchie absolue et ouvrent la période suivante. « Ils resteront, » dit Alexis de Tocqueville dans son avant-propos de *l'Ancien régime et la Révolution*, « comme le testament de « l'ancienne société française, l'expression suprême de « ses désirs, la manifestation authentique de ses volontés, « C'est un document unique dans l'histoire ».

Cahier de l'ordre de la noblesse du bailliage de Châlons-sur-Marne et extrait du procès-verbal de ses séances, 22 mars 1789. Châlons, 1789, in-4º.

Cahier des pouvoirs et instructions de l'ordre de la noblesse du bailliage de Dijon. Du 8 avril 1789. Dijon, 1789, in-4º.

Instruction donnée par la noblesse du bailliage de Blois à ses députés aux États généraux, 1789 (par Lavoisier, figure dans les œuvres complètes de Lavoisier, déjà citées).

Instructions et cahier du hameau de Madon. Blois, 1789, in-8º (par M. de Lauzières de Thémines, évêque de Blois. Cités dans divers ouvrages du temps).

Cahiers du tiers état de la ville de Paris. Paris, 1789, in-8º.

Cahier de doléances du clergé du bailliage de Rouen..., le 15 avril 1789. Rouen, s. d., in-8º. (Rédigé par Target.)

Cahier des doléances, remontrances et instructions de l'assemblée du tiers état de la ville de Rouen, 29 mars 1789. Rouen, mars 1789, in-8º (par Thouret).

Cahier du tiers état du bailliage de Troyes et des bailliages secondaires, 6 avril 1789. Troyes et Paris, 1789, in-8º.

Cahier commun des trois ordres du bailliage de Langres (rédigés par de La Luzerne, évêque de Langres). Paris, 1789, in-8º.

Instruction de la paroisse de Chevannes pour ses députés à l'assemblée du bailliage de Nemours (par Du Pont de Nemours). S. l., 1789, in-8º (78 pages). Déjà cité.

Procès-verbal de l'assemblée baillivale de Nemours pour la convocation des États généraux, avec les cahiers des trois ordres (par Du Pont de Nemours). Paris, 1789, 2 vol. in-8º. Déjà cité.

Instructions et pouvoirs à donner par les villes, bourgs, paroisses..., à leurs députés aux assemblées des bailliages principaux, par M. F. D. T. (Foisy de Trémont). S. l., 1789, in-8º.

Cahier de l'ordre de la noblesse du pays et duché d'Albret (par le baron de Batz.) Paris, 1820, in-8º.

CHAPITRE IX

§ 1er. — *Chiffres officiels. Exposés ministériels et autres. Adresses de l'Assemblée.*

1° CHIFFRES OFFICIELS

La lecture du grand exposé financier de Necker [1] occupa presque entièrement la séance d'ouverture des États

---

1. Ouverture des États généraux, faite à Versailles, le 5 mai 1789. Discours du Roi, discours de M. le garde des sceaux (M. de Barentin). Rapport de M. le directeur général des finances (Necker), fait par ordre du roi. Paris, de l'imprimerie royale, 1789, in-8°. Autre édition in-4° (La brochure in-8° contient 118 pages, dont le discours de Necker prend à lui seul 95. Après le préambule, ses divisions portent les titres suivants : Revenus et dépenses fixes; année courante; anticipations; remboursements; dettes en arrière; améliorations qui appartiennent aux délibérations des États généraux; améliorations qui peuvent être remises à l'administration particulière de chaque province. Pour finir : l'état général des revenus et des dépenses fixes.)

généraux, le 5 mai 1789. Ce document, un peu trop déclamatoire, sans doute, fatigant par sa longueur, renfermait,
en somme, de belles idées et des conseils fort sages, qui ne
furent pas suivis. Après avoir posé les principes généraux,
le ministre aborde l'énumération des moyens pratiques
que comporte le relèvement des finances. Il passe en revue,
à cet effet, toutes les recettes et toutes les dépenses du
royaume, montrant successivement comment, à son avis,
les unes peuvent être augmentées et les autres diminuées,
tant pour l'avenir que pour l'année courante. Dans cette
dissertation instructive, et dans les développements qui la
suivent, toutes les questions relatives à la dette, aux anticipations, au rétablissement de l'égalité et de la proportionnalité dans l'impôt, au reculement des barrières, aux
corvées, aux administrations locales, etc., se trouvent
traitées.

Pour le moment, nous ne retenons de ce volumineux
travail que les chiffres inscrits dans la conclusion récapi-
tulative, c'est-à-dire l'*État général des revenus et des
dépenses fixes au 1er mai 1789* [1], qui va devenir le point
de départ budgétaire de la nouvelle gestion.

Plus tard, un autre compte, émanant encore de Necker,
mènera les chiffres jusqu'au 30 avril 1790 [2]. Un troisième,
simultanément composé par Necker et par Dufresne, son
successeur, aboutit au 1er janvier 1791 [3].

---

1. Compte général des revenus et des dépenses fixes au 1er de mai
1789. Paris, 1789, in-4° (201 pages).

2. Compte général des recettes et dépenses de l'État, depuis le 1er mai
1789 jusques et y compris le 30 avril 1790, imprimé par ordre de l'assemblée nationale (signé : Necker). Paris, 1790, in-4°.

3. Tableaux contenant les comptes de M. Necker et de M. Dufresne,
du 1er mai 1789 au 1er janvier 1791, divisés en recettes et dépenses ordinaires et en recettes et dépenses extraordinaires. (Ces tableaux, publiés
en annexes de la séance du 29 juillet 1791, éliminent, dans une colonne
à part, les opérations considérées comme fictives, afin de mettre ainsi en
relief les seules opérations effectives sur lesquelles peut rationnellement

Enfin, en septembre 1791, l'assemblée constituante récapitule l'ensemble de ses opérations depuis son avènement jusqu'à sa séparation, dans un grand rapport, accompagné de tableaux, rédigé par Montesquiou, au nom du comité des finances [1]. Ce grand rapport, par l'étendue de ses développements, devrait satisfaire toutes les curiosités, pour les chiffres au moins.

Mais d'abord le parti pris de glorifier l'assemblée nationale y apparaît trop clairement ; puis l'encombrement des détails, souvent superflus, ou l'insuffisance de leurs commentaires surtout, y deviennent une cause d'obscurité. En somme, plus d'apparence que de fond dans cette volumineuse compilation.

Les quatre documents précédents, qui se suivent de date en date, fournissent, pour la période que nous étudions, la série complète des chiffres essentiels.

Il ne s'agit plus, si l'on veut comprendre la portée de ces chiffres, découvrir leurs secrets, préciser les combinaisons financières dont ils sont l'expression, que de les éclairer par des commentaires.

De nombreuses sources d'informations s'offrent alors à nous : les plus importantes et les plus sûres seront d'abord les exposés ministériels, ensuite les rapports des commissions législatives.

---

reposer la discussion. Le rapport de Montesquiou, cité ci-après, les reproduit).

1. Mémoires sur les finances du royaume présentés à l'assemblée nationale, à la séance du 9 septembre 1791, au nom du comité des finances, par M. de Montesquiou, député de Paris, avec des pièces justificatives, imprimés par ordre de l'assemblée nationale. Paris, Imp. nat., 1791, in-4°. (Les titres des différentes parties de ces mémoires sont les suivants : Des finances pendant l'assemblée nationale. Compte du Trésor public. Dépouillement des comptes de M. Necker et de M. Dufresne. Des finances après l'assemblée nationale. Domaines nationaux. 66 pages in-4° de texte et 91 pages de tableaux annexes.)

2° EXPOSÉS MINISTÉRIELS

Les œuvres complètes de l'ancien premier ministre des finances Necker[1] reproduisent chronologiquement la série de tous ses exposés, y compris les deux qui viennent d'être prématurément cités au point de vue des chiffres. La plupart, d'ailleurs, ont été publiés en volumes séparés. Leur succession[2] marque les phases progressives de la dé-

---

1. Œuvres complètes de M. Necker, publiées par M. le Baron de Staël, déjà cité. (Tomes VI et VII.)

2. Liste chronologique des principaux exposés, mémoires et discours financiers de Necker, premier ministre des finances, en 1789 et 1790 :

5 mai 1789. Grand discours lu à l'ouverture des États généraux, déjà cité.

7 août 1789. Discours sur l'emprunt de 30 millions.

27 août 1789. Rapport relatif au projet d'emprunt de 80 millions.

24 septembre 1789. Important discours sur l'état des finances, exposant le détail des besoins ordinaires et extraordinaires et proposant les moyens d'établir le rapport entre la recette et la dépense. (C'est pour appuyer ses conclusions que Mirabeau prononça la célèbre réplique évoquant le spectre de la banqueroute.)

1er octobre 1789. Projet de décret présenté à l'assemblée nationale par le premier ministre des finances. Revenus et dépenses fixes. — Besoins extraordinaires. — Moment présent.)

14 novembre 1789. Mémoire lu par le premier Ministre des finances à l'assemblée nationale. (Projet d'une banque nationale. Transformation de la caisse d'escompte. Émission, avec le timbre de la garantie nationale, de 240 millions de billets non remboursables immédiatement en numéraire, productifs d'intérêts ou dotés de primes de loterie.)

17 décembre 1789. Réponse au mémoire de M. de la Borde. (Caisse d'escompte. Situation des finances.)

20 février 1790. Mémoire sur les moyens de combler le déficit, lu à la séance du 6 mars 1790. (La véritable situation des finances se dessine. Inquiétude qu'inspire l'avenir. Discussion des questions de papier-monnaie. Un des plus importants exposés de Necker. 55 pages.)

12 mars 1790. Mémoire sur le projet d'établissement d'un bureau de trésorerie.

30 mars 1790. Observations de M. Necker sur le rapport fait au nom du comité des finances, à la séance de l'Assemblée nationale du 12 mars. (Le déficit n'est pas de 30 millions, comme le dit le rapporteur Montesquiou, mais de plus de 70 millions, dès à présent.)

Observations de M. Necker sur l'avant-propos du Livre rouge. (Question des pensions. Ordonnances de comptant. État de ces ordonnances en

cadence des finances au cours des dix-huit premiers mois
de la Constituante. Ces exposés, remplis de faits, de réflexions utiles, de jugements conformes aux nôtres sur
les événements, qu'on ne saurait lire, en un mot, avec
trop de soin, sont dominés, de date en date, par les deux
sentiments suivants : grandes espérances au début,
perspectives funestes à la fin.

1779. Justifications produites par le ministre sur sa gestion actuelle et
passée.)

29 mai 1790. Mémoire relatif au budget des huit derniers mois de
1790.

18 juin 1790. Demande d'un nouveau secours en assignats.

4 juillet 1790. Mémoire relatif aux besoins des mois courants.

25 juillet 1790. Mémoire relatif au déficit des ressources de 1790. (Ces
quatre mémoires dénoncent le retard des recouvrements, l'arriéré des
contributions et le vide des caisses publiques.)

21 juillet 1790. Mémoire présentant le compte des recettes et des dépenses du 1er mai 1789 au 1er mai 1790. Déjà cité.

1er août 1790. Mémoire en réponse à deux accusations (fonds remis
à M. le duc d'Artois et à la comtesse de La Marck).

Observations de M. Necker sur le premier rapport du comité des pensions.

17 août 1790. Mémoire sur les gratifications pécuniaires.

27 août 1790. Mémoire adressé à l'Assemblée nationale, le 27 août 1790,
par le premier ministre des finances. Contre l'émission de dix-neuf cents
millions d'assignats. (Exposé courageux, clairvoyant et souvent éloquent
des maux qu'entraînera le régime du papier-monnaie. « Il faut se défier
« des inventions avec lesquelles on veut s'affranchir, d'un tour de main,
« de tous les embarras accumulés par des circonstances inouïes. Le
« véritable génie de l'administration, c'est la sagesse... » La conséquence forcée de la présentation de ce mémoire fut la lettre de démis-
sion suivante.)

3 septembre 1790. Lettre de M. le premier ministre des finances à
Messieurs les députés à l'Assemblée nationale. (Annonce de sa retraite.)

17 septembre 1790. Dernier rapport de M. Necker à l'Assemblée nationale. Idées sur la liquidation de la dette publique. Lu à la séance du
17 septembre. (« Le rétablissement de l'ordre dans les finances n'était
« qu'un jeu d'enfant au mois de mai 1789. Que d'événements indépen-
« dants de mon administration ont changé cet aspect ! » Cependant, aujourd'hui encore, on pourrait restaurer l'équilibre au moyen de mesures
régulières : vente de biens nationaux, amortissement d'un cinquième de
la dette en promesses applicables à l'achat de ces biens, extinction gra-
duelle des rentes viagères, plus-value des impôts réformés, etc. Rapport
des plus utiles à lire.)

Les successeurs de Necker, Lambert, Valdec de Lessart, Tarbé, ne rédigèrent pas de rapports généraux. Ils se bornèrent à tenir l'assemblée au courant des retards constants de la perception des impôts. Tarbé notamment présenta un travail récapitulatif sur ce sujet, au moment de la clôture de la session, le 19 septembre 1791 [1].

3° ADRESSES DE L'ASSEMBLÉE AUX FRANÇAIS

En dehors de Necker, dont la prédominance ministérielle s'effaça par degrés jusqu'à son départ (qui eut lieu au mois de septembre 1790), en dehors aussi de ses successeurs, l'assemblée nationale entreprit elle-même, à quatre reprises, d'exposer la situation financière au pays, sous son jour le plus favorable, bien entendu.

Les deux adresses du 6 octobre 1789 et du 11 février 1790 [2] confondent dans leurs développements les matières politiques et financières.

L'adresse du 30 avril 1790 [3], sur l'émission du papier-monnaie, constitue, pour qui la relit aujourd'hui, un singulier monument d'outrecuidance gouvernementale; les

---

1. État du recouvrement des impositions de tous les départements, présenté à l'Assemblée nationale par le ministre des contributions publiques. Séance du 19 septembre 1791. (Retards des perceptions. Les départements s'abstiennent de dresser les rôles. Nécessité de les y contraindre. Carte teintée à afficher pour distinguer les départements qui ont achevé leur travail de ceux qui ne l'ont pas encore fait.)

2. Adresse de l'Assemblée nationale à ses commettants, 6 octobre 1789. Versailles, s. d., in-8°. (Sur les besoins de l'État.)
Extrait du procès-verbal de l'Assemblée nationale. Du 11 février 1790. L'Assemblée nationale aux Français, in-4°. (L'assemblée se livre à un panégyrique complet de sa conduite politique et financière, 12 pages.)

3. Extrait du procès-verbal de l'Assemblée nationale du 30 avril 1790. Adresse de l'Assemblée nationale aux Français sur l'émission des assignats-monnaie, in-4°. (Cette adresse, dit le procès-verbal officiel, a été très applaudie; l'assemblée a de plus ordonné son impression, son envoi dans les provinces et sa lecture au prône de toutes les paroisses. Approuvée par le Roi le 5 mai 1791, 14 pages.)

proclamations officielles deviennent d'autant plus pom-
peuses qu'elles s'enfoncent plus avant dans la voie de
l'erreur : « L'assemblée nationale vient de faire un
« grand pas vers la régénération des finances... ; elle n'a
« été arrêtée par aucun préjugé. Le salut de l'État tenait
« évidemment à la découverte et à l'emploi de ressour-
« ces tout à la fois nouvelles et immenses... L'assemblée
« nationale a rejeté tout expédient incertain : elle vient
« de décréter que les assignats feraient office de mon-
« naie. »

La plus célèbre et la plus fréquemment citée est celle
du 24 juin 1791 [1], que Dupont de Nemours fit voter dans
la séance du soir de cette date. On y trouve de très
curieux renseignements sur le poids comparatif des
charges de l'ancien régime et du régime inauguré par
la Constituante, comparaison toute à l'avantage du nouveau régime, naturellement.

Puis, en excellent style, le rédacteur résume les motifs
dont s'est inspirée l'assemblée pour chacun de ses choix
fiscaux. Ce sont les extraits de cette dernière partie qui
servent encore couramment aujourd'hui à justifier les
conceptions financières du début de la Révolution, toujours en honneur dans nos codes.

§ 2. — *Rapports faits au nom des commissions législatives sur les finances.*

Les rapports des commissions législatives composent

---

1. L'Assemblée nationale aux Français, relativement aux contributions publiques. Proclamation décrétée le 24 juin 1791. A Paris, de
l'Imprimerie nationale, 1791, in-8º. (Grand tableau intercalé donnant,
d'une part, la nature et la masse des impositions ou perceptions anciennes, et, de l'autre, la nature et la masse des nouvelles, avec des observations faisant ressortir le bénéfice de la nation, le tout signé par les
membres du comité des contributions. L'adresse est signée par les membres du bureau de l'assemblée. 38 pages.)

ensuite la plus riche collection où l'on puisse étudier les
finances de la première assemblée de la Révolution.

Pour puiser avec méthode dans ce fonds abondant,
l'ordre des matières semblerait, peut-être, le meilleur.
Mais, chaque rapporteur s'étant presque toujours adonné
à une spécialité, il revient au même de citer nominativement les principaux d'entre eux.

1° RAPPORTS DE MONTESQUIOU

Montesquiou demeura particulièrement chargé des rapports généraux sur l'ensemble des budgets, si l'on peut
donner le nom de budgets aux prévisions de recettes et
de dépenses de cette époque troublée. Dès le 26 septembre 1789, il confirme l'existence du déficit de 56 millions
constaté par Necker, passe en revue la situation générale
et propose d'hypothéquer un emprunt sur les biens du
clergé [1]. Le 18 novembre 1789, il lit à l'assemblée l'exposé
complet des résultats des travaux de son comité des
finances [2], œuvre capitale du début de la Constituante,
à laquelle on recourt le plus souvent.

On cite encore de Montesquiou les rapports du 12 mars
1790 en réponse au mémoire de Necker, du 27 août 1790
sur la dette publique, et enfin du 9 septembre 1791 où,
comme il a été dit au début de ce chapitre, l'ensemble des

---

1. Rapport fait à l'Assemblée nationale au nom du comité des finances,
par M. le marquis de Montesquiou, le 26 septembre 1789. Versailles,
s. d., in-8°. (D'après les recherches personnelles du comité, en dehors
du ministre des finances, le déficit s'élève bien à 56 millions exactement.
Urgence des besoins; détresse du Trésor; proposition d'hypothéquer les
biens du clergé.)

2. Rapport fait au nom du comité des finances sur l'état financier du
royaume, par M. le marquis de Montesquiou, 18 novembre 1789. (Grand
rapport souvent cité. Exposé général de la situation. Énumération des
dettes du pays, spécialement des dettes *criardes*. Recettes et dépenses
annuelles. Nouvelle contribution des privilégiés évaluée à 30 millions.
Gestion des biens du clergé. Besoins extraordinaires.)

opérations depuis l'ouverture des États généraux se trouve récapitulé, etc. [1].

1. Plan de travail présenté à l'Assemblée nationale au nom du comité des finances par M. le marquis de Montesquiou (2 janvier 1790). Paris, s. d., in-8°. (Contient un programme assez peu précis et incomplet de ce que devraient être les budgets à venir. Propose en attendant de suspendre le payement des dépenses antérieures à 1790.)

Apperçu (sic) général des réductions sur la dépense publique présenté à l'Assemblée nationale au nom du comité des finances, le 29 janvier 1790. S. l. n. d., in-8°. (Préambule du rapport suivant.)

Rapport fait à l'Assemblée nationale au nom du comité des finances, le 26 février 1790, par M. de Montesquiou. Paris, s. d., in-8°. (Réduction de 60 millions en bloc sur les dépenses publiques.)

Rapport fait au nom du comité des finances par M. le marquis de Montesquiou, à la séance du 12 mars 1790, sur le mémoire de M. le premier ministre des finances du 6 du même mois. Paris, 1790, in-8°. (Importante étude de la situation financière, imprimée aussi en in-4°.)

Réponse de M. de Montesquiou aux observations de M. Necker sur le rapport fait au nom du comité des finances. Séance du 30 mars 1790. (Discussion de l'état des rentrées probables sur les impôts et les emprunts.)

Lecture d'un projet d'adresse de l'Assemblée nationale aux Français sur l'émission des assignats-monnaie, faite au nom du comité des finances, par M. le marquis de Montesquiou. Séance du 30 avril 1790. (Le texte de l'adresse a été cité plus haut.)

Rapport sur la dette publique fait à l'Assemblée nationale, au nom du comité des finances, le 27 août 1790, par M. de Montesquiou, député de Paris. Paris, 1790, in-8°. (Les origines de la dette actuelle sont entachées de faillites. Tableaux des capitaux exigibles et de leurs intérêts. 31 pages. Voir plus loin la discussion à la suite.)

Rapport de M. de Montesquiou, au nom des commissions réunies des finances et d'aliénation, sur l'ordre de liquidation et de remboursement de la dette publique. Séance du 29 octobre 1790. (Les impôts ne rentrent pas. Il faut combler le vide des revenus publics par des assignats. Dès lors, nécessité d'échelonner les remboursements de la dette publique.)

Rapport sur les dépenses publiques fait à l'Assemblée nationale, au nom du comité des finances, par M. de Montesquiou, député de Paris, le 6 février 1791. Paris, s. d., in-8°.

État des dépenses publiques pour l'année 1791, publié au nom du comité des finances, et suite du rapport du 6 février 1791. Paris, 1791, in-4°.

Troisième rapport fait au nom du comité des contributions publiques, sur les moyens de pourvoir aux dépenses publiques et à celle des départements, pour l'année 1791, le 25 mars 1791. Paris, 1791, in-8°.

Rapport au nom des comités des finances et de l'extraordinaire, par M. de Montesquiou, député de Paris, dans la séance du 17 avril 1791. Paris, s. d., in-8°.

2. RAPPORTS DE LA ROCHEFOUCAULD

La Rochefoucauld, député de la noblesse de Paris, fut
le rapporteur attitré, non plus des budgets, mais des réformes fiscales. Parmi les importants travaux sortis de sa
plume, ceux qui concernent la contribution foncière et la
répartition des impôts directs demeurent les plus célèbres.
L'ordre du travail de l'Assemblée [1] posa solennellement
les bases des principes fiscaux du nouveau régime. Puis
les détails d'exécution et de répartition de la contribution
foncière [2] furent abordés. La Rochefoucauld étudia encore,

Mémoires de Montesquiou sur les finances depuis 1789, avec tableaux
à l'appui, 9 septembre 1791, déjà cités.

---

1. Premier rapport fait au nom du comité de l'imposition, le 18 août
1790. Ordre du travail (par La Rochefoucauld). Paris, 1790, in-8o. (Exposé inaugural des vues du comité en matière d'impôts. Programme
réalisé, en effet : contribution foncière répartie par égalité proportionnelle, contribution sur les facultés ayant pour base la qualité de citoyen
actif et le prix du loyer des maisons. Droits sur les actes, droits de mutations, de timbre, etc. Droit unique de douanes aux frontières. Liberté
de la culture, de la fabrication et du débit des tabacs. Destruction de la
loterie ajournée jusqu'au rétablissement de l'équilibre, etc. Rapport justement consulté à titre d'exposé général des principes du régime nouveau.)

2. Rapport fait au nom du comité de l'imposition sur la contribution
foncière. (4 septembre 1790, par La Rochefoucauld, signé par tous les
membres du comité. Résumé des anciennes taxes foncières. Principes
de la nouvelle contribution. Préférence donnée au système de la répartition. Rejet de l'impôt en nature. Détermination du contingent; son rapport avec les revenus fonciers. Comparaison de son montant avec celui
des anciennes taxes. Nouveaux procédés de perception. Rapport fondamental sur la contribution foncière. 23 pages.)

Projet de décret sur la contribution foncière (11 septembre 1790), par
La Rochefoucauld. Paris, 1790, in-8o.

Rapport fait au nom du comité des contributions publiques sur la
répartition de la contribution foncière et de la contribution mobilière
entre les départements. Paris, 1791, in-8o. (15 mai 1791. Signé : La
Rochefoucauld, Defermon, Rœderer, d'Allarde, Dauchy, Dupont de
Nemours. Exposé des procédés tentés et employés pour la répartition des
contingents : superficie territoriale, chiffre des impôts directs et indirects de l'ancien régime, mode de ventilation des uns et des autres.
Tableaux à colonnes par généralité et par département. Curieux travail

au nom du comité des contributions publiques, les moyens
de pourvoir aux dépenses publiques de 1791 [1]. Autres
rapports de lui sur la vente des domaines nationaux [2].

3° RAPPORTS DE DEFERMON, DALLARDE, DUPONT DE NEMOURS, TALLEYRAND, RŒDERER, GOUDARD, VERNIER, COCHARD, etc.

Defermon (souvent Fermond ou Fermon) fut le rapporteur de la contribution mobilière [3], et d'Allarde (ou Dal-

---

d'où émane la répartition actuelle. 25 pages. Projet de décret à la suite.)

Notes à joindre au rapport du comité des contributions publiques sur
la répartition des contributions (24 mai 1791). Paris, s. d., in-8°.

Rapport fait au nom du Comité des contributions publiques, par M. de
La Rochefoucauld, sur la fixation et la répartition des contributions foncière et mobilière et sur la prorogation des contributions indirectes pour
l'année 1792. Séance du 29 septembre 1791. (Contributions de 1792. Récapitulation des impôts établis.)

1. Rapport fait au nom du comité de l'imposition, le 6 décembre
1790, sur le moyen de pourvoir aux dépenses publiques et à celles des
départements pour l'année 1791. Paris, s. d., in-8°. (par La Rochefoucauld. Moyen de pourvoir aux dépenses publiques. Les charges anciennes
s'élevaient à 738 millions; les nouvelles ne s'élèveront qu'à 504 millions.
État détaillé des diminutions. La dépense atteindra 560 millions.)

Second rapport au nom du comité des contributions publiques sur les
moyens de pourvoir aux dépenses publiques et à celles des départements
pour l'année 1791. Le 19 février 1791. Paris, 1791, in-8°.

Troisième rapport fait au nom du comité des contributions publiques
sur les moyens de pourvoir aux dépenses publiques et à celles des départements pour l'année 1791, le 15 mars 1791 (par La Rochefoucauld).
Paris, 1791, in-8°.

2. Rapport fait au nom du comité d'aliénation des domaines nationaux
sur les moyens les plus propres à faciliter cette aliénation et sur les
ventes aux particuliers, par le duc de La Rochefoucauld, 13 juin
1790.

Rapport fait au nom du comité d'aliénation sur le mode de paiement
des domaines nationaux, le 10 septembre 1790; par M. de La Rochefoucauld, député de Paris. Paris, 1790, in-8°.

Rapport fait au nom des commissaires réunis des finances et d'aliénation, par M. de La Rochefoucauld, député de Paris, sur la vente des domaines nationaux. 3 novembre 1790. Paris, 1790, in-8°.

3. Rapport fait au nom du comité de l'imposition sur la contribution
personnelle (par M. Fermond), 19 octobre 1790. Paris, s. d., in-8°.

Tarifs pour établir la contribution personnelle dans les différentes municipalités. Paris, 1790, in-8°.

Second rapport fait au nom du comité de l'imposition, sur la contri-

larde) de la contribution des patentes [1], comme La Rochefoucauld l'avait été de la contribution foncière. Leurs deux
rapports exposent les principes fondamentaux de ces
impôts nouveaux et sont, à ce titre, souvent consultés.
Defermon s'occupa aussi de l'organisation de la régie de
l'enregistrement ; d'Allarde, des droits de garantie et de
divers autres sujets [2].

---

bution mobilière (7 décembre 1790). Paris, s. d., in-8°. (Lu par M. Fermon à la séance du 7 décembre 1790. Les députés de Paris prétendent
que la base du loyer aboutit pour cette ville à une évaluation inexacte
des revenus individuels. La contribution mobilière ne cherche à saisir
que les revenus *présumés*. Elle n'ignore pas que ses procédés n'offrent
nulle part de certitude absolue. Mais c'est encore le système le moins
imparfait, à condition qu'on maintienne une très grande modération dans
les tarifs.)

1. Rapport sur les patentes fait au nom du comité des contributions
publiques, le 15 février 1791 (par Dallarde). Paris, 1791, in-8°.
(Création des patentes, justification d'un impôt sur le commerce. Maxime
de Franklin. Remplacement des droits de jurande et maîtrise. Détails
relatifs au mode d'établissement de la nouvelle imposition.)

Rapport du comité des contributions publiques sur les patentes et les
créations de visiteurs et inspecteurs des rôles, par M. d'Allarde. Séance
du 17 septembre 1791. (Organisation des patentes dans les mains des régisseurs de l'enregistrement.)

2. Rapport fait au nom du comité des contributions publiques sur
l'organisation de la régie des droits d'enregistrement, de timbre, hypothèques. (16 mai 1791.) Paris, 1791, in-8°. Lu à la séance du 16 mai
1791 par M. Fermon.

A M. de Fermont, député, sur son projet de décret pour l'organisation
de la régie des droits d'enregistrement et autres y réunis. Ce samedi,
14 mai 1791, in-4°.

Rapport sur la Caisse d'escompte fait au nom du comité des finances,
par M. le baron d'Allarde (29 mai 1790). Paris, 1790, in-8°.

Rapport par M. d'Allarde sur la proposition faite par le sieur de
Vismes, fondé de la procuration des Génois, de prêter à la nation 70
millions, tant en espèces qu'intérêts échus et créances exigibles, remboursables en annuités de dix années, à compter de 1793. S. l., in-8°.
(Séance du 26 juillet 1790.)

Rapport fait au nom des comités des contributions publiques et des
monnaies et projet de décret sur la vente et fabrication des matières d'or
et d'argent et sur les moyens de vérification du titre de ces matières,
par M. d'Allarde. S. d. Archives parlementaires. (Projet de supprimer
la garantie et de rendre la marque facultative.)

Dupont de Nemours [1] fut chargé [2], comme par un

1. Nous écrirons maintenant Dupont, à l'exemple de l'auteur lui-même, et non plus du Pont, comme sous l'ancien régime.

2. Rapport fait au nom du comité des finances sur les moyens de remplacer la gabelle (sels, cuirs, amidons, fers, huiles, savons, postes) et de rétablir le niveau entre les recettes et les dépenses ordinaires de l'année 1790, par M. Dupont, député de Nemours. Paris, 1790, in-8º. (Travail de 86 pages où sont étudiés les principes fiscaux et l'ensemble de la situation financière, précédé d'une table des matières et suivi de neuf projets de décret. On y trouve un exposé intéressant du fonctionnement de l'ancienne gabelle. Séance du 11 mars 1790.)

Rapport fait au nom du comité des finances, par M. Dupont, député de Nemours, le 14 août 1790, sur la répartition de la contribution en remplacement des grandes gabelles, des gabelles locales et des droits de marque des cuirs, de marque des fers, de fabrication sur les amidons, de fabrication et de transport dans l'intérieur du royaume sur les huiles et savons. S. l. n. d., in-8º.

Troisième rapport fait au nom du comité des finances, par M. Dupont, député de Nemours, sur le remplacement de la gabelle et des droits sur les cuirs, les fers, les huiles, les savons et les amidons (3 octobre 1790). Paris, 1790, in-8º.

Rapport fait au nom du comité de l'imposition par M. Dupont sur les impositions indirectes en général et sur les droits à raison de la consommation des vins et des boissons en particulier. Paris, 29 octobre 1790, in-8º. (Débute par des théories physiocratiques contre les impôts indirects. Mais les esprits sont si ignorants et si troublés, les temps si difficiles, le budget en tel désarroi qu'on ne peut proposer d'affranchir encore la nation des droits sur les boissons. Projet de remplacement des aides par un droit *ad valorem* assuré par des inventaires annuels chez les propriétaires.)

Examen et parallèle des différents droits sur les boissons, par M. Dupont. Paris, 1790, in-8º. (Annexe à la séance du 29 octobre 1790. Série de projets soumis au comité par divers employés supérieurs des aides et autres, très utiles à étudier. On y trouve les germes du régime rétabli en 1804. Du Pont finit par supplier l'assemblée de n'adopter ni ces projets, ni celui même dont il est rapporteur.)

Rapport sur les taxes vulgairement nommées droits à l'entrée des productions et marchandises dans les villes, fait au nom du comité de l'imposition. Paris, 1791, in-8º. (Séance du 10 février 1791. Signé par les membres du comité des finances. Les taxes à l'entrée ne sont pas une bonne imposition. Mais la nécessité publique contraint de les maintenir malgré leurs défauts. Réfutation des arguments spécieux invoqués en leur faveur : dissertation intéressante, où l'on voit les théories physiocratiques aux prises avec l'évidence des besoins du Trésor. Le projet, présenté bien à regret par son auteur, a été, grâce à lui, repoussé. Deux tableaux et 43 pages.)

Rapport de Dupont (de Nemours) au nom du comité des contributions

fait exprès, de rédiger les rapports concernant les droits sur les boissons et les droits d'entrée que ses principes physiocratiques condamnaient péremptoirement. Il fit à leur sujet un long plaidoyer contre ses propres conclusions, ou plutôt contre les conclusions du Comité, en suppliant l'assemblée de ne pas les adopter. Plus tard, il s'excusera de cette attitude dans une curieuse lettre adressée à J.-B. Say, lettre souvent citée [1].

Nous le verrons, d'un autre côté, au cours des discussions publiques, s'élever contre la création des assignats avec la pleine liberté de son talent et de ses principes.

La supériorité déployée par Talleyrand, dans la matière spéciale de l'enregistrement, fait regretter que l'ambition de l'ancien évêque d'Autun ne se soit pas portée du côté des finances [2]. Rœderer traita la question du timbre [3], et celle des tabacs [4], que l'assemblée ne sut pas

publiques sur la suppression de la caisse de Poissy, lu dans la séance du 13 mai 1791.

1. Œuvres diverses de J.-B. Say, avec des notes par Ch. Comte, E. Daire et Horace Say. Paris, 1848, grand in-8º. (Correspondance avec Dupont de Nemours. Lettre de Dupont de Nemours à J.-B. Say, du 22 avril 1815, où les travaux financiers de l'assemblée et la part qu'y prirent les économistes sont exposés.)

2. Rapport du comité d'imposition sur l'établissement du droit d'enregistrement (24 novembre 1790). Paris, s. d., in-8º. Lu par M. de Talleyrand, évêque d'Autun, à la séance du 22 novembre 1790. (Nature et division des impôts en quatre branches principales : sur la personne, sur les biens-fonds, sur les marchandises ou denrées, sur les actes de la société civile. Remplacement de la multiplicité des anciens droits domaniaux par un droit d'enregistrement unique. Détails sur les dispositions du nouveau projet de loi d'enregistrement. Texte et tarifs.)

3. Projet de décret pour l'établissement d'un droit de timbre proposé par le comité de l'imposition. Janvier 1791. Paris, s. d., in-8º. (Rapport lu à la séance du 8 janvier 1791, par M. Rœderer. D'après lui, l'impôt du timbre ne doit pas être en France ce qu'il est en Angleterre et en Hollande. Chez nous, l'enregistrement se charge de frapper de taxes progressives les valeurs constatées dans les actes. Le timbre doit donc y rester uniforme et son taux doit y être modique.)

4. Rapport fait au nom du comité de l'imposition concernant le revenu public provenant de la vente exclusive du tabac. Paris, 13 septembre

résoudre; Goudard, député de Lyon, celle des tarifs de douanes et des affaires commerciales [1]. Protectionniste au fond, Goudard, tout en prononçant le mot de liberté, chercha toujours à en esquiver les conséquences.

Rœderer s'occupa en plus des grands corps de finances [2];

1790, in-8o. (Grand rapport lu par Rœderer dans la séance du 13 septembre 1790, où sont discutés les différents systèmes applicables au tabac. Barbarie des procédés actuellement suivis. Conclusion en faveur de la liberté à l'intérieur. Création d'une régie pour l'importation du tabac étranger.)

1. Rapport fait à l'assemblée nationale au nom du comité de commerce et d'agriculture sur la suppression des droits de traite perçus dans l'intérieur du royaume, le reculement des barrières et l'établissement d'un tarif uniforme, par M. Goudard, député de Lyon (conjointement avec de Fontenai, député de Rouen, et M. Roussillou député de Toulouse). Paris, 1790, in-8o. 27 août 1790. (Origine des droits de traite : leur état actuel. Motifs du reculement des douanes à la frontière. Uniformité des droits; bases du tarif. Esprit dans lequel la loi a été rédigée. Tableau résumé des produits. Travail empreint des tendances protectionnistes de l'auteur. Important point de départ du régime actuel. 49 pages.)

État et tarif des droits qui seront perçus à toutes les entrées et sorties du royaume sur les marchandises y dénommées pour servir de remplacement aux tarifs actuellement existants, pièce servant de suite au rapport fait par M. Goudard. Paris, 27 août 1790, in-8o (33 pages).

Projet de loi pour l'exécution du nouveau tarif des droits d'entrée et de sortie, précédé d'une idée succincte du nouveau code, pour servir de suite au rapport du comité. Présenté par M. Goudard. Paris, 1790, in-8o.

Rapport fait à l'assemblée nationale, au nom du comité d'agriculture, du commerce et des contributions publiques. Sur la réforme du tarif des droits qui seront perçus à toutes les entrés et sorties du royaume. (22 janvier 1791). Paris, s. d., in-8o. (Second rapport de Goudard proposant un nouveau tarif modifié conformément aux vœux de l'assemblée. 35 pages.)

Projet du tarif des droits qui seront perçus à toutes les entrées et sorties du royaume. Paris, 1791, in-8o. (42 pages.)

Rapport présenté à l'assemblée nationale au nom du comité de l'agriculture et du commerce, sur la situation du commerce extérieur de la France pendant la révolution, en 1789, par M. Goudard, député de Lyon. Paris (24 août 1791), in-8o.

2. Rapport sur les articles généraux relatifs à l'organisation des corps de finance, proposés au nom du comité des contributions publiques, des finances, du domaine, d'agriculture et de commerce, dans la séance du 23 avril 1791, par M. Rœderer. Paris, s. d., in-8o.

de Virieu de l'organisation administrative des monnaies[1];
Vernier de l'organisation de la trésorerie[2]; Cochard de la
création du bureau de comptabilité destiné à remplacer
les Chambres des comptes supprimées[3] : encore ici
l'assemblée ne découvrit pas du premier coup la véritable solution. Lire à ce sujet le travail récent de M. Victor Marcé, qui poursuit son intéressante étude sur *la
Comptabilité pendant la Révolution* jusqu'à la création
de la Cour des comptes[4].

4° RAPPORTS DE LEBRUN, ANSON, LECOUTEULX, CAMUS, DUBOIS-CRANCÉ
ET AUTRES

Les prévisions des dépenses afférentes à chaque service
formulées par Lebrun[5] constituent, à vrai dire, les

---

1. Rapport sur l'organisation des monnaies de France fait au nom du
comité des monnaies, par de Virieu, député, 17 mai 1791. Paris, 1791,
in-8°.
Rapport fait au nom du comité des monnaies sur les articles additionnels aux décrets des 19 et 21 mai sur l'organisation des monnaies, par
M. Millet de Mureau, député de Toulon. 30 août 1791. Paris, 1791,
in-8°. (Complément du précédent rapport.)
2. Rapport du comité des finances, sur l'organisation de la trésorerie
nationale, par M. Vernier (23 juin 1791). Paris, s. d., in-8°.
Plan d'organisation de la trésorerie nationale, présenté à l'assemblée
nationale par le comité des finances (23 juin 1791). Paris, s. d. in-4°
(Deux suites in-8° à ce plan.)
3. Rapport du comité central de liquidation sur l'organisation de la
comptabilité générale des finances de l'État, par M. Cochard, membre
du comité. 7 septembre 1791. Paris, s. d., in-8°. (Ordre de la comptabilité générale de l'État. Mode d'apurement des comptes des comptables.
Partie positive des comptes et partie contentieuse. Projet d'établir un
bureau de comptabilité chargé d'examiner les comptes et un tribunal
unique, siégeant près du bureau, chargé de juger les comptes. Nécessité de ce double organisme.)
4. La comptabilité publique pendant la Révolution. Les commissaires
de la comptabilité. Par Victor Marcé, auditeur à la Cour des comptes,
docteur en droit. Paris, 1893, in-8°. (Analyse détaillée des systèmes
successifs de la Constituante, de la Convention, du Directoire et du
Consulat. 94 pages.)
5. Rapports par M. Lebrun, membre du comité des finances, sur les

seuls efforts qu'ait accompli l'assemblée constituante pour dresser un budget des dépenses. Elle n'y put réussir : ce qu'on nomme un budget, c'est-à-dire la balance des recettes et des dépenses par exercice, n'a jamais existé sous la Révolution. Lire spécialement ici l'*Extrait raisonné des rapports des comités des finances*.

Citons encore les intéressants rapports d'Anson [1] sur la perception des impositions, sur la Caisse d'escompte, et sur les assignats; enfin ceux de Lecouteulx de Canteleu, qui, nommé par le Roi caissier de l'extraordinaire,

---

dépenses publiques. Séances des 29 janvier, 6 février 1790, etc. (Examen des chapitres des dépenses de chaque service et tableaux budgétaires à l'appui.)

Rapport d'instruction sur l'état du recouvrement des impôts, par Lebrun. Séance du 5 novembre 1790. (Arriéré considérable. Les receveurs généraux sont en retard de 22 millions et demi, etc.)

Extrait raisonné des rapports des comités des finances sur toutes les parties de la dépense publique, imprimé par ordre de l'Assemblée nationale. Paris, 1790, in-4º. (Attribué à Lebrun, depuis duc de Plaisance, ce document de 184 pages est indispensable à consulter, non seulement pour connaître les réformes opérées par l'assemblée constituante elle-même, mais aussi l'état antérieur à ces réformes. 1re partie : dépenses actuelles et dépenses réduites; 2e partie : dettes publiques.)

Rapport fait au nom du comité des finances sur l'aperçu de la dépense des trois premiers mois de 1791, par Lebrun (14 janvier 1791). Paris, 1791, in-8º.

---

1. Rapport du comité des finances sur la perception des impositions de 1790, fait à l'Assemblée nationale, le 23 janvier 1790, par M. Anson. S. l. n. d., in-8º. (Nouveau rapport d'Anson sur le même sujet, le 30 janvier.)

Rapport fait à l'Assemblée nationale au nom du comité des finances, par M. Anson, membre de ce comité, le 23 mars 1790, concernant la Caisse d'escompte (assignats, vente de biens nationaux).

Rapport sur les assignats-monnaie fait à l'Assemblée nationale, au nom du comité des finances, par M. Anson, membre de ce comité, du 9 avril 1790. Paris, s. d., in-8º. (Dès à présent 300 millions manquent dans les revenus de 1790. Nécessité de créer des assignats. Théorie sur la monnaie de papier. Intérêt de 4 1/2 pour cent attaché aux bons projetés.) .

en raison de sa compétence, refusa cette fonction pour
rester député (7 janvier 1790) [1].

Malouet [2], Camus [3], Dubois-Crancé [4], Delley d'Agier [5]
ne sauraient, d'ailleurs, être oubliés; non plus que
Chasset, qui donne des renseignements assez complets
sur le point obscur du produit brut et du produit net
des dîmes ecclésiastiques [6]. Plusieurs autres [7], pour

---

1. Rapport des commissaires nommés pour l'examen des projets de
banque et conférer à leur sujet avec le premier ministre des finances et
les administrateurs de la Caisse d'escompte, fait par M. Lecouteulx de
Canteleu, député. Paris, 1790, in-8°.
Rapport du comité des finances sur différentes propositions qui ont
été faites à l'Assemblée nationale pour l'acquisition ou la fonte des cloches des couvents ou communautés supprimées, par M. Lecouteulx de
Canteleu, député de Rouen, 11 juin 1790. Paris, s. d., in-8°.
Rapport du comité des finances sur la comptabilité des collecteurs et
premiers percepteurs, fait à la séance du 23 août 1790, par M. Lecouteulx de Canteleu.
2. Rapport de M. Malouet et projet de décret pour constater la situation des finances depuis le 1er mai 1789 jusqu'au 1er septembre 1791,
décrété dans la séance du 18 août 1791. Paris, Imp. nat., s. d., in-8°.
3. Rapport par M. Camus sur les pensions de la loterie royale, séance
du 7 avril 1790.
Rapport des commissaires de la caisse de l'extraordinaire sur la vérification et le brûlement des effets entrés dans l'emprunt national de
80 millions, fait à l'Assemblée nationale le 29 avril 1791. Paris, Imp.
nat.. 1791, in-4° (par Camus).
Rapport de Camus sur une nouvelle fabrication d'assignats, lu dans
la séance du 19 juin 1791.
4. Rapport fait au nom du comité des finances sur la contribution
patriotique du quart des revenus, par M. Dubois-Crancé, 21 mars 1790.
Paris, s. d., in-8°.
5. Rapport fait au nom du comité pour l'aliénation des biens domaniaux et ecclésiastiques, sur les ventes de ces biens, par M. Delley
d'Agier, député du Dauphiné (9 mai 1790). Paris, Imp. nat., s. d., in-8°.
(Règles adoptées pour les ventes.)
6. Rapport fait au nom du comité des dîmes, sur le remplacement des
dîmes, par M. Chasset, député, 19 juin 1790. (Évaluation des revenus du
clergé à 170 millions et du produit de la dîme à 133 millions brut et
109 millions net. Traitement attribué aux membres du clergé.)
7. Rapport du comité des finances sur les impositions, présenté à
l'Assemblée nationale le 11 mai 1790, par M. Lompré, membre de ce
comité. S. l. n. d., in-8°. (Répartition de l'impôt foncier.)

terminer, et divers concernant la Caisse d'escompte [1].

§ 3. — *Discussions à l'assemblée constituante.*

Les discussions publiques, suite nécessaire du dépôt

État des ordonnances de comptant, année 1789. Paris, imprimerie royale, 1790, in-4o, 114 pages.

Rapport fait à l'Assemblée nationale au nom du comité de liquidation par M. de Batz, 3 juillet 1790. Paris, Imp. nat., s. d., in-8o.

Rapport fait au nom du comité de liquidation sur la dette ancienne, par M. Jean de Batz. Séance du 22 novembre 1790. (Déchéance des titres de la dette ancienne non admis par la commission de liquidation de 1763.)

Rapport fait au nom du comité de commerce et d'agriculture, du vœu des places de commerce du royaume, sur la nouvelle émission proposée de deux milliards d'assignats-monnaie. Du 21 septembre 1790. Par M. Regnauld (d'Epercy). Paris, s. d., in-8o.

Rapport fait à l'Assemblée nationale au nom du comité de l'imposition, le 3 décembre 1790, sur la proposition d'imposer les rentes dues par le Trésor public. Paris, Imp. nat., 1791, in-8o.

Rapport fait au nom du comité de l'imposition, le 6 décembre 1790, sur les moyens de pourvoir aux dépenses publiques et à celles des départements pour l'année 1791. Paris, Imp. nat., s. d., in-8o.

Rapport au nom des comités des finances et des assignats réunis (28 juillet 1791). Paris, Imp. nat., 1791, in-8o.

État de situation par département de la contribution patriotique du royaume, au 31 décembre 1790, présenté par le commissaire du Roi pour la caisse de l'extraordinaire. Annexe au procès-verbal de la séance du 12 janvier 1791. (Ce document montre l'insuffisance du rendement de cette contribution.)

Rapport fait au nom du comité des recherches sur une fabrication de faux assignats, par Charles Voidel, 3 mai 1791. (C'est le premier rapport imprimé sur le sujet des faux assignats, que l'assemblée suivante traitera fréquemment.

---

1. Voir au sujet de la Caisse d'escompte les rapports déjà cités de Anson, Lecouteulx de Canteleu et d'Allarde.

Rapport sur la Caisse d'escompte fait à l'Assemblée nationale le 4 décembre par ses commissaires et imprimé par son ordre. S. l. n. d. (1789), in-8o. (Attribué à Lavoisier. Histoire de la caisse depuis son origine, 86 p.)

Rapport des commissaires de l'Assemblée nationale chargés de surveiller les opérations de la Caisse d'escompte, 30 mai 1790. (Signé : de Delley d'Agier, Dupont de Nemours, le duc de la Rochefoucauld, Bureaux de Pusy. Lu par la Rochefoucauld à la séance du 4 juin 1790.)

Rapport du comité des finances sur le compte de la Caisse d'es-

des rapports précités, revêtirent un éclat particulier pendant cette première période de la Révolution. Il suffit de dire que Mirabeau, Du Pont de Nemours, Talleyrand, l'abbé Maury, Malouet, Barnave, Cazalès, La Rochefoucauld, Montesquiou, Rœderer, etc., occupèrent successivement la tribune dans des séances demeurées célèbres. Mais si la lecture des débats financiers de la Constituante présente un grand intérêt, leur catalogue devient très difficile à dresser. On se perd dans la masse des discours prononcés. Autant vaudrait recopier les tables des Archives parlementaires[1] auxquelles on fera bien, d'ailleurs, de recourir directement.

Nous ne donnerons donc ici qu'une liste abrégée des principales discussions concernant les sujets de notre compétence, avec l'indication des orateurs les plus notoires qui y prirent part. Du reste, en raison même de son abréviation, cette liste rendra peut-être quelques services.

LISTE, PAR NATURE DE SUJETS TRAITÉS, DES PRINCIPALES DISCUSSIONS FINANCIÈRES A L'ASSEMBLÉE CONSTITUANTE

Parmi les nombreux sujets financiers abordés par l'assemblée constituante, prenons d'abord ceux qui ont trait à l'ensemble des finances, aux questions générales de budgets et d'impôts, d'équilibre, de théories fiscales, etc., c'est-à-dire, les créations de ressources, la marche des recouvrements, les prévisions de dépenses, les opérations de trésorerie et emprunts, la caisse d'escompte, les ventes de

---

compte avec le Trésor public. Paris, 1790, in-8º. (Situation au 1er juillet 1790.)

1. Archives parlementaires, 1re série, de 1787 à 1799. Déjà cité. Tables spéciales chronologique et alphabétique des débats de l'assemblée constituante. Vol. 32 et 33.

domaines nationaux, les émissions d'assignats, etc. [1].

---

1. Discussions publiques sur les questions générales de finances : 1789.

17 juin. Perception des impôts existants provisoirement continuée. Target, Chapelier.

4, 5, 6, 7, 8, 10, 11 août. Abolition des privilèges.

7, 8, 9 août. Projet d'emprunt de trente millions. Necker, Camus, Lally-Tollendal, Buzot, Barnave, Mirabeau, marquis de Lacoste, Lameth, Pétion de Villeneuve, Barrère de Vieuzac.

19 août. Motion de Mirabeau tendant à ranimer le crédit national.

27 août. Emprunt de 80 millions. Necker, Talleyrand-Périgord, Mirabeau.

31 août. Motion de Talleyrand-Périgord pour la nomination d'une commission de finances.

16 septembre. Motion de Mirabeau sur la Caisse d'escompte.

19 septembre. Motion de Gouy d'Arsy pour prévenir la banqueroute.

22 septembre. Discussion sur les impositions des privilégiés et sur la marche des recouvrements. Bouche, Custine, Daude.

24 septembre. Discours de Dupont de Nemours sur les finances, à la suite de la lecture du mémoire de Necker. (Cet important travail a été publié à part, en un volume de 218 pages, contenant des notes et des tableaux, et, à titre d'annexe, un fragment sur les privilèges du clergé, sous le titre : Discours prononcé à l'Assemblée nationale par M. du Pont sur l'état et les ressources des finances. Versailles, 1789, in-8o. Exposé financier très utile à consulter.)

25 septembre. Recouvrement des impositions. Anson, abbé Goulard, de Virieu, de Biauzat, Fréteau.

26 septembre. Imposition du quart de revenu. Montesquiou, Treilhard, Mirabeau.

1er et 2 octobre. Plan de Necker. Mirabeau, Pétion de Villeneuve, Duport, De Lablache.

10 octobre. Motion de M. l'évêque d'Autun sur les biens ecclésiastiques. (Important discours, où la question de la mainmise sur les biens ecclésiastiques se trouve développée pour la première fois. Plusieurs éditions de ce travail ont été publiées).

13, 23, 24, 30 octobre. Discussion sur les biens ecclésiastiques. Camus, Barnave, abbé Maury, Malouet, Treilhard, abbé Grégoire, Dupont de Nemours, Lebrun, Mirabeau, Thouret, de Custine, de Clermont-Tonnerre.

2, 3 novembre. Vente des domaines nationaux. La Rochefoucauld, Talleyrand.

14, 18, 20, 21, 23, 27, 28 novembre, 4, 5, 17, 18 et 19 décembre. Banque nationale ; caisse d'escompte, assignats. Importants discours et exposés de Necker, Montesquiou, Mirabeau, Dupont de Nemours et Talleyrand. D'Allarde, Gouy d'Arsy, de La Rochefoucauld, Rœderer, Cazalès, Lavoisier, Anson, Lecouteulx de Canteleu, Regnault de Saint-Jean d'Angély, Treilhard, abbé Maury.

Ensuite, adviendront les sujets qui se rapportent à des organismes spéciaux, tels que l'établissement de la con-

---

10 décembre. Proposition de confisquer l'or inventorié par les notaires depuis quatre mois. Rewbell.

1790.

18 janvier. Urgence de la nomination d'un comité d'imposition. L'abbé Maury, Cazalès, Barnave, Robespierre, Lameth (Charles), Anson, de La Rochefoucauld.

22 janvier. Liquidation des créances arriérées. Lebrun, Mirabeau, abbé Maury, Rœderer.

30 janvier. Perception des contributions. Anson, Rewbell, Robespierre, Lecouteulx.

26 février. Déduction de 60 millions sur les dépenses publiques. Montesquiou, abbé Maury, Mirabeau, Dupont, Barnave, Cazalès, Anson.

7 mars. Produit des dons patriotiques. Dupont (de Bigorre), Cazalès.

7 mars. Discussion sur le mémoire du premier ministre des finances et sur l'adresse de la commune de Paris. Rabaut-Saint-Etienne.

12, 14, 15 et 16 mars. Plan de finances. Necker, Montesquiou, Rabaut-Saint-Etienne, Cazalès, Lameth (Alex.). Remplacement de la gabelle. Malouet.

26 mars. Etablissement d'un bureau de trésorerie. Rewbell, La Revellière-Lépaux, Barnave, Mirabeau.

24, 26 et 27 mars. Contribution patriotique. Dupont de Nemours, Robespierre, Dubois-Crancé, Le Chapelier, Lameth (Charles).

16 et 17 mars. Vente des biens domaniaux et ecclésiastiques. Lablache, Bailly, Mirabeau, Duport, marquis de Montesquiou, Defermon, Dupont de Nemours, Thouret (grand discours imprimé de 42 pages).

11, 12, 14 avril. Discussion sur le remplacement des dîmes ecclésiastiques.

10, 15, 16 et 17 avril. Création d'assignats. Dupont de Nemours, de La Rochefoucauld, Rœderer, l'abbé Maury, de Montesquiou, d'Allarde, Cazalès, Rabaut, Pétion de Villeneuve, Gouy d'Arsy, Anson, Lecouteulx de Canteleu.

23, 24, 26 et 27 avril. Rachat des droits féodaux.

9 mai. Domaines de la couronne. Barrère de Vieuzac, de Montlosier, Rœderer, Camus.

10, 11, 12 et 13 mai, 13, 25 et 26 juin. Aliénation des biens nationaux. Delley d'Agier, de La Rochefoucauld, Fréteau, Duport, Defermon, Mirabeau, Dupont de Nemours, Merlin, Rewbell, Barnave, de Talleyrand, abbé Maury, Anson, Le Chapelier.

1er juin. Besoins actuels du Trésor. De Cernon, Rewbell, Fréteau, Regnault de Saint-Jean d'Angély.

3 juillet. Liquidation de l'arriéré. De Batz.

23 et 24 juillet, 27 et 28 août, 3, 4, 5, 10, 17, 18, 24, 25, 26, 27, 28, 29 septembre, 6 et 7 novembre. Liquidation de la dette publique. Montesquiou, Mirabeau (grand discours où il se prononce pour la première fois d'une manière catégorique en faveur des assignats-monnaie), abbé

tribution foncière [1], de la contribution personnelle et

Maury (discours de 66 pages sur la nécessité d'un plan de finances, sur les biens nationaux et les assignats), Gouy d'Arsy, Rewbell, Lebrun, Anson, Pétion, Vernier, d'Haramburc, Aubry du Bouchet, de Lablache, Custine, de Talleyrand, de Boislandry, d'Allarde, Malouet, Bergasse-Larizoule, Barnave, Dupont de Nemours, Cazalès.

16 septembre, 5 et 11 octobre. Bases générales de l'imposition. Pierre Delley, Heurtault-Lamerville.

3 et 4 décembre. Projet d'imposer les rentes. Rœderer, Duport, Fréteau, Mirabeau, Lavenue, Barnave, Vernier.

1791.

19 février. Moyens de pourvoir aux dépenses de 1791. La Rochefoucauld, Defermon, Cazalès, Malouet, Anson, Le Chapelier.

8, 9 et 10 mars. Organisation du Trésor. Lebrun, Duport, Rœderer, Cazalès, Camus, Dupont de Nemours. Robespierre, Anson, Montesquiou.

29 mars. Besoins des villes et des hôpitaux. Dupont de Nemours, La Rochefoucauld, Barnave.

17 avril. Séparation des dépenses antérieures au 1er janvier 1791. Montesquiou, Camus.

26, 29 avril, 1er, 5, 6 et 20 mai. Création d'assignats de cinq livres. Rabaut-Saint-Etienne, Buzot, Malouet, Charles Lameth, Pétion de Villeneuve, Aubry du Bouchet, Gouy d'Arsy, Montesquiou, Lecouteulx de Canteleu, d'Allarde, Camus, Cazalès, abbé Maury, Barnave.

29 avril. Effets admis dans l'emprunt de 80 millions. Camus, Gaultier de Biauzat.

23 avril, 8 et 9 mai. Organisation des corps de finances. Rœderer, Pierre de Delley, Regnault de Saint-Jean d'Angély.

17 et 19 mai. Moyens de remédier à la rareté du numéraire. Abbé Maury, Montesquiou, Anson, Rœderer.

27 juillet. Echange du domaine de Sancerre entre l'État et d'Espagnac, effectué par Calonne.

19 septembre. Discours de Tarbé, ministre des contributions publiques, au sujet des retards des contributions publiques.

1. *Discussions publiques sur les impôts. Contribution foncière.*
1790. 11 septembre. Rapport de La Rochefoucauld.
16, 21, 23 septembre, 5, 6, 7, 11, 13, 16, 17, 18, 19 octobre. Rœderer, Delley d'Agier, Montcalm-Gozon, Ramel-Nogaret, d'Haramburc, Heurtault-Lamerville, de Boislandry, Dubois-Crancé, Vernier, Dauchy, Brillat-Savarin, Malouet, etc.
4 au 23 novembre. Décret sur la contribution foncière de 1791. Dauchy, Bouche, d'André, La Rochefoucauld, Heurtault-Lamerville.
1791. 21 février. Articles additionnels. Dauchy, Plan de Delley, La Rochefoucauld, abbé Maury.
12 juillet. Bois-futaies, tourbières, etc. Rapport de La Rochefoucauld. Aubry du Bouchet, Dauchy, Ramel-Nogaret.
(Pierre de Delay, ou Delley d'Agier, a publié quatre opinions très dé-

mobilière [1], leur répartition [2], les patentes [3], la suppression et le remplacement de la gabelle [4] et des aides [5], la reconstitution des droits sur le tabac [6], des droits d'enregis-

---

veloppées sur le projet de contribution foncière, la définition du revenu
net, les principes généraux et leur application à l'impôt foncier.)

1. *Contribution mobilière.*
1790. **7** décembre. Rapport par Defermon.
1791. **13** janvier. Observations de Defermon, Ramel-Nogaret, Gaultier-
Biauzat.
27 mai. Mécanisme de la contribution mobilière. Ramel-Nogaret.

2. *Répartition des contributions foncière et mobilière.*
1791. **15, 16, 17** mars. Rapport La Rochefoucauld sur la fixation des
contributions foncière et mobilière pour 1791. De Delley, Dupont de Nemours, Ramel-Nogaret, Rœderer, Mirabeau, Defermon, de Custine, de
Folleville, etc.
13 avril. Plan de répartition par Aubry du Bouchet.
26 septembre. Perception et recouvrement. Remises et modérations.
Rapport de Dauchy.
29 septembre. Fixation et répartition pour 1792. Rapport par La
Rochefoucauld. De Custine, Malouet, Rœderer, de Folleville.

3. *Patentes.*
1791. **15, 16, 18** février. Rapport par d'Allarde, Defermon, Malouet,
Rœderer, de Delley, Heurtault-Lamerville, de Custine, d'André, Aubry
du Bouchet.
17, 20 septembre. Création de visiteurs et inspecteurs des rôles.
Rapport par Dallarde, La Rochefoucauld, Gaultier-Biauzat.

4. *Remplacement des gabelles.*
1790. **11, 13, 14, 15, 18, 20** mars. Moyens de remplacer la gabelle.
Rapport par Dupont de Nemours. Cazalès, Le Chapelier, abbé Maury,
Rœderer.
23 avril, **14** mai. Projet de décret pour le remplacement de la gabelle
présenté par Dupont de Nemours.
14 août, **3, 8, 9** octobre. Remplacement des droits sur les cuirs, fers,
huiles et savons. Rapports par Dupont de Nemours. Rewbell, Dubois-
Crancé, Gaultier-Biauzat.

5. *Remplacement des aides.*
1790. **29** octobre. Droits sur les vins et autres boissons. Rapport par
Dupont de Nemours.
1791. **10, 15** février. Droits d'entrée dans les villes. Rapport par Dupont de Nemours, Bouche, Boislandry. Ajournement du projet.

6. *Droits sur les tabacs.*
1790. **29** mars. Mémoire du contrôleur général des finances Lambert.
23 avril. Rapport par l'abbé Gouttes. Dupont de Nemours, Rœderer.

trement[1], de timbre[2], de douanes aux frontières[3], le projet
de taxation des rentes[4], de création de petite monnaie[5],

---

13 septembre. Rapport par Rœderer.

13, 16 novembre. Mirabeau, Malouet, abbé Maury, Rewbell, Barnave, Merlin.

1791. 29 janvier, 4, 12, 13, 14 février. Second rapport par Rœderer. Mirabeau, Delley d'Agier, La Rochefoucauld, Cazalès, Rewbell, abbé Maury, Le Chapelier, Defermon, Malouet, de Custine, Dupont de Nemours, d'André, de Folleville.

5 mars. Suppression de la ferme et de la régie des tabacs et des sels. Rapport par Rœderer.

1. *Droits d'enregistrement.*
1790. 22, 25, 26, 28 novembre. Rapport par Talleyrand. Defermon, Fréteau, La Rochefoucauld-Liancourt, Merlin, Moreau de Saint-Méry.

1791. 20 janvier. Décret additionnel présenté par Defermon.

2. *Droits de timbre.*
1791. 8, 9, 10, 11, 12, 21, 30 janvier, 7, 14 février. Rapport par Rœderer. Le Couteulx de Canteleu, Dauchy, Gaultier-Biauzat, Lanjuinais, Brillat-Savarin, Defermon, de Delley, de Folleville, Camus, de Fontenay.

Organisation des droits d'enregistrement, timbre et hypothèques.
1791. 16, 17, 19, 31 mai, 1 juin. Rapport par Defermon. Camus, Regnaud de Saint-Jean d'Angély, Merlin, Goudard, de Delley, Gaultier-Biauzat.

3. *Droits de douanes.*
1790. 27 août. Suppression des droits des traites. Tarif uniforme. Rapport par Goudard.

3 novembre, 1 décembre. Tarif des droits d'entrée et de sortie. Nouveau rapport par Goudard. Malouet, abbé Maury, Rœderer, Boislandry.

1791. 23 avril. Organisation générale de l'administration des douanes. Rapport par Goudard.

28 juillet. Exécution du nouveau tarif. Rapport par Goudard.

4. *Imposition des rentes publiques.*
1790. 3, 4 décembre. Proposition d'imposer les rentes dues par le Trésor. Rapport par Rœderer. Mirabeau, Duport, Fréteau, Vernier, Barnave, Gaultier-Biauzat.

---

5. *Discussions publiques sur divers sujets. — Monnaies.*
1790. 12 décembre. Petite monnaie ; division décimale. Gabriel Cussy, rapporteur, Talleyrand, Mirabeau.

1791. 7, 11 janvier. Fabrication de petite monnaie. Cussy, Mirabeau, Rewbell, abbé Maury.

9 avril. Fixation du nouveau type des monnaies. Delzais-Courménil, rapporteur.

l'apurement des comptes des comptables[1] et des fermiers
généraux[2], etc.

Bien entendu, chacune de ces discussions doit être
rattachée au rapport préalable qui la concerne, rapport
prélevé dans la liste précédente, ou rappelé ici.

§ 4. — *Écrits financiers publiés de mai 1789 à septembre 1791, classés par noms d'auteurs particulièrement notables.*

Bien qu'alors l'assemblée concentrât dans son sein
les forces et les intérêts du pays, un actif mouvement
d'idées rayonnait quand même autour d'elle. Ce mouvement précédait, accompagnait ou suivait ses délibérations sous forme d'écrits de toute nature, journaux d'a-
bord déjà cités[3], puis brochures, pamphlets et livres dont
le nombre devient tel qu'il ne faut plus songer à en donner
le catalogue complet. Car les finances, à cette époque de
rénovation, occupaient tout spécialement l'esprit public.
Chacun se croyait en possession du plan sauveur, chacun
prétendait subitement, par une intuition merveilleuse,
découvrir le secret de l'équilibre sans emprunts ni
impôts. Sans emprunts ni impôts, vieille formule toujours

---

1. *Apurement des comptes.*
1791. 4 juillet. Suppression des chambres des comptes. Principes sur
l'apurement des comptabilités. Rapport par Camus. Anson, Cochard,
d'André, Beaumetz.
7, 8 septembre. Organisation du bureau de comptabilité. Rapport par
Cochard. Camus, Tronchet, Malouet, Defermon.
15 septembre. Rapport par Camus.

2. *Fermiers généraux.*
1790. 11 juin. Situation des fermiers généraux vis-à-vis du Trésor.
Rapport par Lebrun. Camus, Dupont de Nemours.

3. Voir plus haut, à la fin de la première partie, la liste des principaux journaux qui traitèrent des questions de finances pendant la Révolution

rajeunie en dépit de l'expérience ! L'imagination du plus
humble patriote, étranger jusque là aux études fiscales,
s'exaltait de ses propres illusions, et brûlait de communiquer à ses concitoyens l'ébauche de ses conceptions
libératrices, que leur nouveauté seule et leur étrange sim-
plicité auraient dû suffire à lui rendre suspectes.

Nous nous trouvons ainsi en présence d'innombrables
publications de circonstance, analogues à des articles de
journaux, revêtues comme eux de titres à sensation,
sans grande valeur intrinsèque pour la plupart, dont la
quantité et les tendances forment le principal intérêt.

Pour désencombrer la route, il va falloir se résoudre à
en éliminer beaucoup, spécialement les écrits anonymes
secondaires dont les bibliographes ne sont pas parve-
nus à déterminer l'auteur : un quart de la foule environ
se trouvera par là déblayé.

Du surplus, nous pouvons alors commencer par dégager
les notabilités, en donnant au mot sa plus large acception.

Parmi ces *notabilités* figure nécessairement au premier
rang Mirabeau[1], en raison surtout de sa prépondérance
politique ; car, à partir du mois de mai 1789, Mirabeau
combattit plutôt par la parole que par la plume.

Montesquiou[2], de même, tout entier à ses travaux de

---

1. Lettres de Mirabeau à ses commettants, commencées le 2 mai 1789.
Recueil périodique qui prend le nom de Courrier de Provence, le 19 juillet
1789. 350 numéros jusqu'au 30 septembre 1791.
Lettre de M. Mirabeau l'aîné à M. Montesquiou sur la fabrication des
assignats-monnaie. Paris, 19 octobre 1790, in-8°.
Observation sur le second rapport du comité des monnaies, par M. Mirabeau l'aîné. Paris, s. d., in-8°.

2. Réponse de M. Montesquiou à M. Mirabeau l'aîné sur la fabrication
des assignats. S. l. n. d., in-8°. (Soins apportés à la fabrication : gra-
vure, papier, etc. Le comité s'occupe d'éditer le nouveau système
d'impôts. 8 pages.)
Lettre de M. Montesquiou, député à l'assemblée nationale, à M...
Paris, ce 11 novembre 1790, in-8°.
Mémoire sur les assignats, ou supplément aux mémoires sur les fi-

rapporteur, ne descendit guère plus dans l'arène de la
publicité, sauf pour justifier contre Bergasse la conduite
des finances et les chiffres de ses mémoires. Cette polémique reparaîtra plus loin.

Siéyès[1] s'occupa des biens ecclésiastiques, Dupont de
Nemours[2], toujours fécond, attira bruyamment l'attention
par sa brochure : *Effet des assignats sur le prix du*

nances, par A.-P. Montesquiou. Paris, 1791, in-8°. (Mémoire attaqué
spécialement par Bergasse, comme on va le voir.)
Réponse de M. Montesquiou à MM. Bergasse, Maury, etc. Paris,
28 septembre 1791, in-8°. (Réponse insérée, en outre, dans le Moniteur
du 8 octobre 1791. Montesquiou défend les chiffres de ses mémoires sur
les finances présentés à l'assemblée constituante, le 9 septembre précédent. Détails instructifs. Voir plus loin au nom de Bergasse le résumé
de cette polémique.)
Réponse de M. de Montesquiou à la réplique de M. Bergasse. Paris,
1791, in-8°. (C'est sur les comptes mêmes des ordonnateurs et des
comptables que s'appuient les mémoires du 9 septembre. Discussion intéressante sur la valeur des biens nationaux. Brochure publiée en décembre 1791, après la clôture de l'assemblée constituante.)

1. Observations sommaires sur les biens ecclésiastiques..., par
M. l'abbé Sieyès. Paris, 1789, in-8°.   .
Lettre en réponse aux observations sommaires de M. l'abbé Sieyès...,
par A.-B.-J. Guffroy. S. l. n. d., in-8°.
Réfutation de l'ouvrage de M. l'abbé Sieyès sur les biens ecclésias-
tiques, par M. S***, ancien avocat général au Parlement de *** (J.-M.
Servan). Paris, 1789, in-8° (24 pages).
Du domaine national, ou réponse à M. l'abbé Sieyès sur les biens
ecclésiastiques, par M. Lenglet. S. l., septembre 1789, in-8°.

2. De la manière la plus favorable d'effectuer les emprunts qui seront
nécessaires..., par un député du bailliage de Nemours à l'assemblée
nationale. Paris, 1789, in-8°. (Classé parmi les œuvres de Du Pont de
Nemours par M. Schelle, dans son livre sur Du Pont de Nemours et
l'école physiocratique.)
Observations sur les calculs de M. l'abbé de Montesquiou et sur les
miens (par Du Pont de Nemours). S. l. n. d., in-8°.   .
Effet des assignats sur le prix du pain par un ami du peuple. S. l. n. d.,
in-8°. (Brochure dénoncée et lue à la séance de l'assemblée constituante
du 10 septembre 1790. Du Pont de Nemours se leva et dit : « Je déclare
« que je suis le citoyen qui a fait cette brochure. »)
Le véritable ami du peuple à maître Dupont contre son écrit incen-
diaire : « Effet des assignats sur le prix du pain. » Paris, Imp. nat.,
s. d., in-8°.   .
De quelques améliorations dans la perception de l'impôt et de l'usage

pain. Condorcet[1], resté en dehors de l'assemblée, n'en émit pas moins, avec beaucoup d'autorité, son opinion au sujet des principales questions financières.

Clavière[2], songeant, sans doute, à son futur ministère,

---

utile qu'on peut faire des employés réformés, par M. Du Pont. Paris. 6 janvier 1791, in-8o.

1. Sur la fixation de l'impôt par M. de Condorcet. Paris, 1789, in-8o.
Plan d'un emprunt public avec des hypothèques spéciales, par Condorcet, 1789. (Tome XI de ses œuvres complètes.)
Sur les opérations nécessaires pour rétablir les finances, par le même, 1790. (*Idem*.)
Sur les caisses d'accumulation, 1790. Par le même. (*Idem*.)
Sur l'impôt personnel, 1790. Par le même. (*Idem*.)
Des lois constitutionnelles sur l'administration des finances, par Condorcet, 19 juin 1790. (Journal de la Société de 1789.) Œuvres complètes, tome X.
Sur la constitution du pouvoir chargé d'administrer le Trésor national, par M. Condorcet. Paris, s. d., in-8o.
Des causes de la disette du numéraire, de ses effets et des moyens d'y remédier, par Condorcet. Paris, 1790, in-8o.
Sur la proposition d'acquitter la dette exigible en assignats, par M. Condorcet. Paris, 1790, in-8o.
Nouvelle réflexion sur le projet de payer la dette exigible en papier forcé, par M. Condorcet. Paris, septembre 1790, in-8o. (Dans ces deux écrits, Condorcet condamne l'émission des assignats forcés, sans passion ni violence, avec les seuls arguments de l'économie politique.)

2. Opinions d'un créancier de l'État sur quelques matières de finance importantes dans le moment actuel, par M. Clavière. Londres, juin 1789, in-8o. Suite de la *Foi publique* citée précédemment. Réfute les sophismes en cours, spécialement ceux qui sont formulés dans les cahiers du hameau de Madon, au sujet de la banqueroute. L'État doit et peut, s'il le veut, payer toutes ses dettes. 151 pages, plus 69 de réflexions préliminaires.)
Limites nécessaires à l'intervention des municipalités dans la vente des biens ecclésiastiques et domaniaux..., par M. Clavière. Paris, 5 mai 1790, in-8o.
Dissection du projet de M. l'évêque d'Autun sur l'échange universel et direct des créances de l'État contre les biens nationaux..., à laquelle on a joint une lettre de l'auteur à M. Cerutti..., par M. Clavière. Paris, 3 juillet 1790, in-8o.
Lettres écrites à M. Cerutti par M. Clavière, sur les prochains arrangements des finances. Paris, 6 août-4 septembre 1790, in-8o.
Réponse au mémoire de M. Necker concernant les assignats et à d'autres objections contre une création qui les porte à deux milliards, par M. Clavière. Paris, 15 et 24 septembre 1790, in-4o.

suivit, dans une intéressante série de brochures, tous les
faits de sa compétence. Les idées de cet écrivain méritent toujours d'être attentivement étudiées, en dépit de
sa rudesse de style. A remarquer spécialement son « Opinion d'un créancier de l'État », dans laquelle il s'élève
encore vigoureusement contre toute hypothèse de banqueroute. Dubois-Crancé[1], général et orateur, entreprend
sa croisade en faveur de l'impôt en nature.

Viennent ensuite Custine[2], qui prit souvent la parole

Réponse de M. Clavière à M..., député à l'Assemblée nationale. Paris,
22 octobre 1790, in-8°.

Observations sommaires sur le projet d'une refonte générale des
monnaies, par M. Clavière. Paris, 5 novembre 1790, in-8°.

Lettre de M. Baux, député extraordinaire du commerce de Bordeaux,
à M. Clavière, électeur du département de Paris. Paris, s. d., in-8°. (Sur
les monnaies.)

Observations sur la lettre de M. Clavière au comité des monnaies et
sur celle de M. Baux à M. Clavière. Paris, 22 novembre 1790, in-8°.

Examen du mémoire de M. Amelot sur l'organisation de la caisse de
l'extraordinaire, par M. Clavière. Paris, 3 décembre 1790, in-8°.

Réflexions sur les formes et les principes auxquels une nation libre
doit assujettir l'administration des finances, avec des observations sur
le dernier rapport fait par M. Rœderer et suivies d'une lettre à M. Baumez sur l'organisation du Trésor public, par M. Clavière. Paris, 1791,
in-8°. (Fonctions du Trésor public. Discussion de son mode d'organisation; critique des projets de Lebrun et Rœderer. 54 pages. Lettre à
M. Baumez, sur le même sujet, du 12 décembre 1790, 38 pages.)

De l'état actuel de nos finances, avec la critique du compte rendu par
M. Montesquiou et celle du mémoire de M. Bergasse, par E. Clavière. La
chronique du mois. Novembre 1791. (Brochure de 45 pages, dans laquelle
Clavière analyse successivement les mémoires de Montesquiou et les objections de Bergasse. État des finances. Montant des biens nationaux.
Gage des assignats. Conclusions optimistes, à condition de prendre de
sages mesures.)

1. Vues patriotiques d'un laboureur, ou mémoire sur les moyens
d'égaliser les charges publiques... sur la conversion des dîmes, sur un
projet d'extinction de la dette publique, par M. Dubois de Crancé de
Balham, député à l'Assemblée nationale. Paris, 1790, in-8°. (Établissement d'une subvention territoriale soit en argent, soit en nature. Préférence accordée à l'impôt en nature. Exemples pris en Champagne.
Projet d'un emprunt viager pour liquider la dette. 74 pages.)

2. Sur l'impossibilité de continuer l'emprunt et la nécessité de créer
une banque nationale, dont les premiers fonds seront le centième de-

dans les discussions techniques de finances, et s'adonna,
comme le précédent, mais avec plus d'éclat, à la carrière des armes ; Roland [1], déjà connu par son *Financier
patriote*, ouvrage honoré par l'assemblée nationale d'une
souscription d'exemplaires le 27 août 1789 ; Morellet [2]
qui, désireux de voir la nation disposer prudemment
et utilement des biens ecclésiastiques, propose d'en laisser provisoirement l'administration aux bénéficiaires
actuels, à charge par eux d'en compter avec l'assemblée de
département. Dans ce système la dîme aurait été provisoirement maintenue, l'État en eût tiré des ressources conjointement avec les titulaires, et la vente des biens nationaux effectuée sans précipitation, successivement, en temps
opportun, aurait pu procurer de grands bénéfices au Trésor ;
il y avait là de sages conseils dont on n'a pas tiré profit ;
Forbonnais [3], encore sur la brèche malgré son âge, com-

nier de toutes les propriétés foncières. Par le comte de Custine. Versailles, 23 septembre 1789, in-8°.

1. Recueil d'idées patriotiques remises successivement à MM. du comité des finances et du comité des recherches, par M. C. N. Roland.
Paris, 1789, in-8°.

A MM. de l'Assemblée nationale. Observations sur le mémoire et le
ompte général des recettes et des dépenses de l'État, depuis le 1er mai
1789 jusque et y compris le 30 avril 1790..., par N. Roland. Paris,
27 août, in-4°.

2. Moyen de disposer utilement pour la nation des biens ecclésiastiques, par M. l'abbé Morellet. S. l., décembre 1789, in-8°. (Les revenus
ecclésiastiques s'élèvent à 130 millions, dont 70 millions environ pour les
dîmes. L'auteur approuve l'aliénation des biens ecclésiastiques, tout en
proposant un plan dilatoire, exposé ci-dessus, pour son exécution. 20
pages.)

3. Observations succinctes sur l'émission de deux milliards d'assignats territoriaux avec un cours forcé de monnaie, par M. de Forbonnais. S. l. n. d., in-8°.

Forbonnais, en outre, a laissé beaucoup d'écrits inédits dont la nomenclature figure à la fin de la Vie littéraire de Forbonais (sic) par F.
de l'Isle de Sales, membre de l'Institut. Paris, 1801, an IX, in-8°. Cette
nomenclature a été, à tort, reproduite dans plusieurs catalogues comme
s'il s'agissait d'ouvrages publiés. Voir notamment la bibliographie insérée à la suite de l'Histoire de l'économie politique, par Blanqui aîné.
Pour éviter toute confusion voici, parmi ces écrits inédits, ceux qui sont

pose en plus une quantité de manuscrits financiers re-
trouvés dans ses cartons ; Arnould[1], à ses débuts de publiciste financier ; Lavoisier [2], député suppléant, qui publia
plus tard l'*État des finances à la fin de la Constituante*,
célèbre pour le moment, dans notre milieu spécial, par
sa *Richesse territoriale du royaume*, grande enquête
utilisée par les fondateurs de la contribution foncière ;
Calonne [3] retiré en Angleterre d'où il expédiait en France

---

financiers et qui paraissent se rapporter aux années 1789 et suivantes :
De la nécessité, pour assurer la rentrée des impositions, d'assurer le
payement de la dette publique. — De deux droits uniques, l'un une
dixme en nature et l'autre une taxe par arpent pour les habitations. —
De l'abolition de la taille dans les campagnes. — Projet d'édit pour la
réforme des finances. — Tableau général des finances. — Des impositions sur le luxe. — Mémoire sur ce que la France peut produire de
revenus. — Projet pour faire trouver au Trésor public vingt-deux millions au denier quarante. — 152 mémoires sur les monnaies.

1. Opinion d'un citoyen créancier de l'État sur la liquidation de la
dette publique exigible par la vente des domaines nationaux, par M. Arnould. S. l. n. d., in-4º.

2. Réflexions sur les assignats et sur la liquidation de la dette exigible ou arriérée, par M. Lavoisier, député suppléant au bailliage de
Blois. Paris, septembre 1790, in-8º. (Discours à la Société de 1789, le
29 août 1790. Evaluation des biens nationaux susceptibles d'être mis en
vente.)
Addition aux observations de M. Lavoisier, député suppléant au bailliage de Blois, sur la liquidation de la dette exigible ou arriérée. S. l.
n. d., in-8º.
Résultats extraits d'un ouvrage intitulé de la Richesse territoriale du
royaume de France (ouvrage dont la rédaction n'est pas encore achevée)
remis au comité de l'imposition par M. Lavoisier, de l'Académie des
sciences, député suppléant et commissaire de la Trésorerie. Paris, 1791,
in-8º. (Célèbre travail plusieurs fois reproduit et inséré, en dernier lieu,
dans les œuvres de Lavoisier publiées par les soins de M. Grimaux,
6 vol. in-4º, 1893, citées plus haut.)

3. De l'état de la France présent et à venir, par M. de Calonne, ministre d'État. Nouvelle édition. Londres, octobre 1790, in-8º. (Augmentations de dépenses et diminutions de recettes du fait de l'assemblée
nationale. Progression de la dette publique. Création d'assignats-monnaie. Abîme où l'on court en poursuivant un tel chemin. 102 pages
consacrées spécialement aux finances dans ce volume de 456 pages.)
Observations sur les finances, à l'Assemblée, par M. de Calonne.
Londres et Paris, 1790, in-4º.
De l'état de la France tel qu'il peut être et qu'il doit être, par M. de

son ouvrage *De l'état de la France présent et à venir* ot d'autres écrits financiers; Burke [1], le ministre anglais si sévère pour la Révolution dont les *Réflexions* ont été plusieurs fois traduites ; Camus [2], qui participait activement, on s'en souvient, aux discussions financières de l'assemblée; Boislandry [3] spécialement attaché à la question des assignats; Bergasse [4], engagé avec Montesquiou, comme

Calonne, ministre d'État, pour faire suite à « l'État de la France présent et à venir ». Londres et Paris, novembre 1790, in-8°.

Esquisse de « l'État de la France » par M. de Calonne. Paris, février 1791, in-8°.

Réponse d'un patriote au nouvel ouvrage de M. de Calonne, ayant pour titre : « De l'État de la France présent et à venir. » S. l. n. d., in-8°.

Lettre à M. de Calonne, en réponse à son ouvrage sur : « l'État de la France présent et à venir, » par M. Deserres-Latour. Paris, Chalon, 1790, in-8°.

Notes additionnelles sur le dernier ouvrage de M. de Calonne, intitulé « De l'État de la France présent et futur ». Paris, 1790, in-8°.

Les trois âges de Louis XVI, ou préservatif contre le mémoire de M. de Calonne. Paris, an IIme, in-8°.

1. Réflexions sur la Révolution de France... par le *right honourable* Edmond Burke. Traduit de l'anglais. Paris, s. d., in-8°. (L'ouvrage du ministre anglais eut à l'époque cinq éditions successives en français ; les questions de finances y font l'objet d'un dernier chapitre très développé.)

2. Réponse de M. Camus au mémoire adressé par M. Necker à l'assemblée nationale, le 1er août 1790. Paris, Imp. nat., s. d., in-8°.

Addition à la réponse de M. Camus au mémoire de M. Necker, du 1er août. Paris, Imp. nat., s. d., in-8°.

3. Sur les assignats, par de Boislandry. Paris, Imp. nat., 1790, in-8°.

Observations sur les dangers du papier-monnaie et sur l'insuffisance de cette ressource pour remédier à la détresse actuelle des finances, par Boislandry. Paris, s. d., in-8°.

4. Protestation de M. Bergasse, député de la sénéchaussée de Lyon, contre les assignats-monnaie. S. l., 1790, in-4°. Seconde édition in-8°, augmentée des lettres écrites à M. le Président de l'assemblée nationale, à M. le garde des Sceaux et à M. Necker (16 pages).

Bergasse réfuté, ou réponse à son libelle intitulé « Protestation... », par M. D***. Paris, 1790, in-8°.

A M. Bergasse, sur les assignats et les biens du clergé. Paris, s. d., in-8°.

Lettre de M. Bergasse, député de la sénéchaussée de Lyon, à ses

il a été dit, dans une vive polémique sur le même sujet,
où ses puissants arguments renforcèrent ceux que faisaient valoir concurremment dans les discussions publiques l'abbé Maury et Du Pont de Nemours. Cette polémique se poursuivit jusqu'à la fin de l'année 1791, au
delà des limites de l'assemblée constituante : nous l'y
suivons ici en raison de la date de son point de départ.

Les publications de Lebrun [1] et de La Rochefoucauld [2]

commettants, au sujet de sa protestation contre les assignats-monnaie ;
accompagnée d'un tableau comparatif du système de Law avec le système de la caisse d'escompte et des assignats-monnaie, et suivie de
quelques réflexions sur un article du Patriote français rédigé par
M. Brissot de Warville. S. l., 1er mai 1790, in-8o (70 pages).

Observations sur un article du journal de M. Brissot de Warville, concernant ma protestation contre les assignats-monnaie (par Bergasse,
opuscule de 14 pages annexé au précédent).

Nouvelle et dernière protestation de M. Bergasse, député de la sénéchaussée de Lyon, contre les assignats-monnaie. S. l., 1790, in-8o.

Bergasse enfin à sa place. Paris, 1790, in-8o.

Observations préliminaires de M. Bergasse, député de la sénéchaussée
de Lyon, sur l'état des finances publié par M. de Montesquiou et adopté
par l'assemblée nationale. Paris, 21 septembre 1791, in-8o. (Voir précédemment les mémoires du 9 septembre 1791 et les répliques de Montesquiou. 24 pages dont 10 de notes discutant de près les chiffres.)

Réplique de M. Bergasse à M. de Montesquiou. Suivie de l'examen
de la valeur des biens nationaux, du montant de la dette exigible et de
l'hypothèque des assignats. Paris, 4 octobre 1791, in-8o. (104 pages
dont 90 de notes particulièrement instructives : on trouve peu de discussions de chiffres aussi complètes.)

Réponse de M. Bergasse au mémoire de M. de Montesquiou sur les
assignats. Paris, 1791, in-8o. (Contrefaçon des assignats. Disparition de
la monnaie métallique. Avilissement du papier-monnaie. Projet de
banque de Montesquiou. Tous les maux prévus se réalisent. 67 pages.)

1. Utilité de régler la théorie de l'impôt par les lois constitutionnelles.
Paris, 1791, in-8o (attribué à Lebrun).

Lettre au sujet du rapport de Montesquiou, insérée dans le Moniteur
universel du 15 février 1791.

2. Lettre à un membre de l'assemblée nationale législative sur l'état
du travail des contributions publiques,... de l'aliénation des domaines
nationaux..., lors de la clôture de l'assemblée constituante, par un
membre du comité... (La Rochefoucauld). Paris, 1791, 2 pièces in-8o.
(Exposé de ce qui a été fait par le comité pendant la durée de ses séances
et de ce qui lui restait à faire au moment de sa séparation.)

complètent leurs travaux à l'assemblée, auxquels ils s'adonnaient à peu près exclusivement.

Citons encore Mercier de la Rivière [1], l'économiste alors très oublié ; Vernier [2], consciencieux et instructif spécialement dans son *Nouveau plan de finances ;* Linguet [3], chez lequel le ton du pamphlétaire n'empêche pas de reconnaître une certaine dose de science.

Beaucoup d'autres comporteraient des mentions spéciales : on ne peut en donner une meilleure preuve qu'on les nommant : Cormeré, Boncerf, Boyetet, Duport, Anson,

---

1. Lettre de M. de La Rivière, conseiller honoraire au Parlement de Paris, à messieurs les députés composant le comité des finances dans l'assemblée nationale. S. l. n. d., in-8o. (Vers la fin de 1789.) (M. Eugène Daire, dans la collection des principaux économistes, dit, au sujet des travaux de Mercier de la Rivière, qu'il ne connaît pas l'ouvrage ci-dessus et qu'il l'a vainement cherché. D'un autre côté, la nouvelle Biographie générale (Firmin Didot) prétend que l'auteur de cet ouvrage n'est pas Mercier de la Rivière, mais Joachim-Henri La Rivière. En réalité, la brochure en question émane bien de Mercier de la Rivière, sans contestation possible. D'abord le titre de conseiller honoraire au Parlement de Paris appartient bien à Mercier, qui posséda ladite charge pendant onze ans, tandis que Joachim-Henri ne fut que simple avocat à Falaise. Puis, le style, les idées, la connaissance des questions de finances et de banque révèlent encore la main du célèbre économiste. Cette pièce de 23 pages, intéressante à consulter, se trouve à la Bibliothèque nationale, L.b. 39,8181. Elle figure aussi, par extraits, au Moniteur universel des 10 et 12 décembre 1789.)

2. Eléments de finances, par Vernier. Paris, 1789, in-8o.
Nouveau plan de finances et d'impositions, formé d'après les décrets de l'assemblée nationale par M. Vernier, député, imprimé par ordre de l'assemblée nationale. Paris, 1790, in-8o. (Grand travail de 46 pages passant en revue tout le système fiscal. Impôt territorial et subvention personnelle : leurs bases. Anciens impôts à conserver. Annexe à la séance du 30 mars 1790.)
Notions simples et exactes des contributions qui étaient levées sur les peuples, par Vernier. (Ouvrage relaté dans un recueil anonyme des travaux de l'assemblée constituante, qui figure à la Bibliothèque nationale sous la cote Le [33] 3 U, mais dont les biographes de Vernier ne font pas mention et que je n'ai pu me procurer dans aucune bibliothèque.)

3. Point de banqueroute, plus d'emprunt et, si l'on veut, bientôt plus de dettes, en réduisant les impôts à un seul..., par M. Linguet. S. l., 1789, in-8o. (79 pages. Se défend d'avoir conseillé la banqueroute. Bien au contraire, l'Etat peut se libérer et payer toutes ses dettes par la création d'une Caisse nationale.)

Montlosier, Lecouteulx de Canteleu, Cerutti, Brissot, etc. [1].

[1]. Sauvez-nous, ou sauvez-vous, adresse à messieurs les députés à l'assemblée nationale..... Paris, août 1789, in-12, 3ᵉ édition (par J.-G. Peltier). (Sur l'emprunt de 30 millions. L'auteur s'efforce de réhabiliter les banquiers et gens d'affaires en montrant les avantages de leur intervention. 40 pages.)

Mémoire sur les finances et sur le crédit, pour servir de suite aux recherches et considérations nouvelles sur les finances, par M. le baron de Cormeré, imprimé par ordre de l'assemblée nationale. Paris, 1789, in-8o. (Plan d'un nouveau régime de finances ; 25 projets de décrets à la suite. 176 p. Certaines bibliographies, telles que celle du premier Dictionnaire d'économie politique, ayant attribué à cette brochure la date de 1799, l'erreur a été reproduite depuis dans tous les catalogues.)

Moyens et méthodes pour éteindre les droits féodaux. S. l. n. d., in-8o. (1789, par Pierre-Fr. Boncerf.)

Principes sur les finances et moyens sûrs pour les rétablir ; traduits de l'anglais de M. Crawford, applicables aux finances de la France, etc. Londres et Paris, s. d. (1789), in-8o.

Recueil de divers mémoires relatifs au traité de commerce avec l'Angleterre, faits avant, pendant et après cette négociation, par M. Boyetet, conseiller d'État... Versailles, 1789, in-8o.

Nouveau recueil de mémoires présentés à divers ministres, relativement aux finances et à l'administration du commerce, par M. Boyetet, conseiller d'État, inspecteur général... du commerce. S. l., 1789, in-8o. (Huit mémoires sur l'état des finances, composés à l'occasion de la première assemblée des notables et postérieurement.)

Des assignats, par M. Duport, député de Paris. Paris, 1790, in-8o.

Note sur l'opinion de M. l'abbé Maury, concernant la dette publique, par Anson. Paris, 22 août 1790, in-8o.

Observations sur les assignats, par M. de Montlosier, député d'Auvergne. S. l. n. d., in-8o.

Plan de réforme et d'amélioration des droits domaniaux, lu au comité de l'imposition, par M. L..., directeur de la correspondance de ces droits. Paris, 23 mars 1790, in-4o (par Lacoste).

Observations sur la vente des domaines nationaux et son influence sur le crédit public par Laurent Lecouteulx. Paris, 1790, in-8o.

Lettre de M. Le Couteulx de Canteleu, député de Rouen, à M..., un de ses commettants, sur le rapport du comité des finances, fait à l'assemblée nationale le 26 février. Paris, s. d., in-8o. (Perspectives rassurantes, optimistes et déclamatoires. 16 pages.)

Harangue de la nation à tous les citoyens sur la nécessité des contributions patriotiques, par M. Cerutti. S. l., 1789 (octobre), in-8o. (Déclamations et illusions : l'auteur y évalue, par exemple, à un milliard le seul métal des cloches. 74 pages.)

Idées simples et précises sur le papier-monnaie, les assignats forcés et les biens ecclésiastiques, suivie d'une réponse à M. Bergasse et à M. de Montlosier, par M. Cerutti. Paris, 1790, in-8o.

§ 5. — *Autres écrits financiers de mai 1789 à septembre 1791, provenant d'auteurs moins notables, rangés par ordre chronologique.*

Même après le prélèvement des notabilités d'une part, et l'élimination d'autre part des anonymes lorsqu'ils semblent dépourvus d'intérêt, le surplus va témoigner encore par son étendue quelle était alors la puissance d'éclosion des imaginations financières.

Nous reprenons l'ordre chronologique pour ces publications de qualité secondaire, sans les doter d'annotations analytiques, comme plusieurs cependant continueraient à le mériter.

Ainsi, pendant les huit derniers mois de 1789 [1], on re-

Lettre de M. l'abbé Legris, chanoine de Sens, à M. Cerutti... 6 juin. S. l. n. d., in-4º.

Lettre de M. l'abbé Arthur Dillon à M. Cerutti, sur son dernier ouvrage relatif aux assignats. S. l. n. d., in-8º.

Réponse de M. Cerutti à la lettre de M. Arthur Dillon... Paris, 1790, in-8º.

Arthur Dillon à Cerutti. S. l. n. d., in-8º.

Discours sur les assignats, et examen d'un autre moyen de liquidation, par M. de Lévis. Paris, septembre 1790, in-8º.

Lettre de J.-P. Brissot à M. Camus, député, sur différents abus de l'administration actuelle des finances... Paris, 21 janvier 1791, in-8º.

1. *Année 1789, depuis le mois de mai.*

Examen et discussion de l'état des revenus et dépenses fixes du royaume, par l'auteur des Observations patriotiques (signé : C. D.). Paris, 1789, in-8º.

Plan sur les finances de l'État, présenté à M. Necker, directeur général des finances, par le chevalier D. P. L. C.-S. I., 1789, in-8º. (En sous-titre : moyens certains d'accroître de plus d'un quart les revenus de l'État actuel, en diminuant de plus d'un tiers les impositions, 60 p.)

Mémoire sur l'assiette, la perception et la comptabilité des sommes à lever annuellement pour le besoin de l'État. Paris, s. d., in-8º. (Fin de 1789, 38 pages.)

Observations au peuple français. Compte rendu à la nation de la somme de sa contribution..., par J.-B. Brémond. Paris, 1789, in-4º (Ouvrage estimable, disent les journaux du temps, mais dépourvu d'ordre et de clarté.)

Le déficit des finances de la France vaincu par un mode de reconsti-

marque les écrits du marquis de Favras, de Bonvalet des

---

tutions annuitaires..., le tout sans nouveaux impôts, sans papier-monnaie, sans réduction de rentes, sans suppression d'emplois..., par M. le marquis de Favras. S. l., 1789, in-4°. (150 pages environ en plusieurs parties avec de très nombreux tableaux de chiffres.)

Réflexions et moyens de liquider les dettes de l'État, sans multiplier les impôts, ni faire aucun emprunt, par Vial. S. l. n. d., in-8°.

Développement d'une ressource immense et légitime pour la régénération de l'État, l'acquittement de sa dette, l'abolition de la gabelle et autres droits onéreux, par le marquis de La Salle d'Offemont. S. l., 1789, in-4°.

Secondes observations au peuple français. Compte rendu à la nation de la somme de sa contribution, du produit net de sa dépense..., par Jean-Baptiste Brémond. S. l., 1789, in-4°. (Au Roi du peuple français et aux États généraux assemblés en 1789. 184 pages.)

Taxe personnelle et unique, par M. Muguet de Champalier. Paris, 1789, in-8° (43 pages).

Supplément à la brochure intitulée : Taxe personnelle et unique et suppression générale de tout impôt, par M. Muguet de Champalier, écuyer. Paris, 1789, in-8° (6 pages).

Moyen de simplifier la perception et la comptabilité des deniers royaux, par M. Bonvallet-Desbrosses. S. l., 1789, in-4°.

Observations sur les prétendues immunités du clergé relativement à l'impôt; suivies de l'état général des biens du clergé en France..., par un citoyen impartial. S. l., 1789, in-8°.

Mémoire sur l'administration et la réformation des biens du clergé. S. l., 1789, in-8°.

Observations sur les emprunts de MM. Necker, de Fleury, de Calonne, depuis 1780 à 1788. S. l. n.d., in-8°.

Moyen d'acquitter les dettes de l'État dans un temps donné sans recourir au papier-monnaie, proposé par Varenne de Fenille. S. l. n. d., in-8°.

Vrai moyen de payer la dette publique, par M. d'Amerval. S. l. n. d., in-8°.

Projet d'emprunt beaucoup moins onéreux à l'État que ceux qui sont usités jusqu'à ce jour, par L.-H. Duchesne de Voiron. S. l. n. d., in-8°.

Considérations... sur les moyens de concourir au rétablissement des finances de la France en vendant pour 2 milliards de biens du clergé, par Fantin des Odoards. S. l., 1789, in-8°.

Don patriotique de 300 millions à faire par le clergé,... suivi du précis de l'emploi à en faire par la nation pour la restauration de ses finances, par M. le marquis de Favras. Paris, 1789, in-4°.

Observations sur un papier-monnaie de cent milliards à l'usage de la France. S. l. n. d., in-8°.

Compte national, ou méthode facile de compter ce qui a échappé au génie de M. Necker. Paris, s. d., in-4°.

Brosses, de Fantin des Odoards, de Ducloz-Dufresnoy, etc.

Tableau des finances à l'époque de la tenue des États généraux (1er septembre 1789). S. l. n. d., in-fo. (Tableau gravé.)

La libération de l'État. Projet d'un impôt uniforme dont le produit donnera à la France 800 millions sans augmenter le fardeau du peuple, par M. Lanchamp, avocat stagiaire au Parlement. Paris, 1789, in-8o. (76 pages.)

L'esprit des impôts et de leur régime, par F.-J. Chaubry de la Roche. Paris, 1789, in-8o (163 pages).

La banqueroute impossible. S. l., 1789, in-8o (par Orry, avocat au Parlement. 46 pages).

Mémoire sur les finances et moyens proposés pour établir la balance entre les recettes et les dépenses de l'État. Paris, 1789, in-8o.

Lettre au Roi sur la dette nationale (par Albert Galant). Paris, s. d., in-8o.

Banque nationale..., par M. Gaudot. Amsterdam et Paris, 1789, in-8o.

Observations sur la position actuelle de la Caisse d'escompte. S. l. n. d., in-8o.

Addition à l'ouvrage intitulé : Observations sur la position actuelle de la Caisse d'escompte. Paris, 1789, in-8o.

Projet proposé pour la Caisse d'escompte, par M. Ducloz-Dufresnoy, notaire, suppléant de la députation de Paris. Paris, 1789, in-8o.

Origine de la Caisse d'escompte, ses progrès, ses révolutions... ou lettre de M. Ducloz-Dufresnoy, notaire, à M. le comte de Mirabeau... Paris, 30 septembre 1789, in-8o. (L'auteur rappelle le discours qu'il a prononcé comme commissaire des actionnaires en 1787. 95 pages.)

Adresse des actionnaires de la Caisse d'escompte à nos seigneurs de l'Assemblée nationale. Paris, 20 novembre 1789, in-8o. (8 pages.)

Réponse à quelques objections relatives à la Caisse d'escompte. Paris, s. d., in-8o. (Par les administrateurs de la Caisse.)

Lettre à monsieur le comte de Mirabeau sur sa motion concernant la caisse d'escompte. (Signé : L. A. O. D. M. A. A. P.; auteur de la Banqueroute impossible, Orry. 43 pages.)

Dénonciation d'un abus odieux de la plus pernicieuse conséquence, pratiqué depuis longtemps dans l'une des parties de l'administration des finances. S. l., 1789, in-8o.

Le fonds des dîmes ecclésiastiques mis en circulation, ou création d'un crédit territorial pour la liquidation de la dette de l'État, par P. Marcon, lieutenant de cavalerie. 28 septembre 1789, in-8o.

Moyen d'établir pour 600 millions de papier-monnaie national, par M. Garé. S. l., 2 octobre 1789, in-8o.

Dénonciation faite au tribunal du public, par M. Marat, l'ami du peuple, contre M. Necker, premier ministre des finances, décembre 1789. S. l. n. d., in-8o. (Libelle violent contre Necker faisant partie de la série de ceux qui ont été déjà cités plus haut.)

Essai sur la législation et les finances, par La Porte, agent de change à Bordeaux. Paris, 1789, in-8o. (202 pages.)

En 1790 [1], les plans do Ferrières, spécialement défendus

Cadastre perpétuel. Perception facile d'une contribution unique, par Babeuf et Audiffred. Paris, 1789, in-8º.

1. *Année 1790.*

L'anti-banquier, ou moyens très simples d'éteindre à l'instant toutes les dettes de la France (par J.-P. Solomé) Aux Deux-Ponts, 10 janvier 1790, in-8º. (16 pages.)

Etrennes financières, ou recueil des matières les plus importantes en finance, banque, commerce, etc., 1790, seconde année, par M. Martin. Paris, 1790, in-8º. (Continuation de l'ouvrage publié et cité en 1789, moins fourni cette fois en renseignements sur les effets et valeurs de bourse; s'occupe spécialement des finances publiques et résume les actes de la Constituante jusqu'à la fin de 1789. Bibliographie. Curieuse lettre sur les difficultés de se faire éditer avant la Révolution. 368 pages et 24 d'introduction.)

Adresse à l'Assemblée constituante sur les dépenses générales de l'Etat, par Sabatier, 1790, in-8º.

Démonstration géométrique de la base sur laquelle reposent les principes de banque territoriale de M. Ferrières..., présentée par M. B**, député à l'Assemblée nationale. S. l. n. d., in-8º. (Création de contrats territoriaux à ordre négociables à des banques régionales. 16 pages.)

Rapport fait par MM. les commissaires nommés pour l'examen du plan de banque territoriale de M. Ferrières, au comité général du district de Henri IV. 22 janvier 1790, in-8º.

Note intéressante présentée le 25 janvier 1790 au comité central de la ville de Paris..., par M. Colmar (en faveur du plan de M. Ferrières).

Motion très intéressante sur les finances...., par un citoyen, ami zélé de la constitution (M. Ferrières, négociant de Lyon). S. l., 18 mars 1790, in-8º.

Adresse à la nation et au Roi, par M. Colmar.... (en faveur du projet Ferrières). S. l., 9 février 1790, in-8º.

Pétition des commerçants de détail de Paris et pièces subséquentes. Paris, septembre 1790, in-8º. (Au sujet de la Caisse d'escompte.)

Réflexions sur l'état de nos finances à l'époque du 1er mai et du 18 novembre 1789, par M. Ducloz-Dufresnoy, notaire et suppléant de la députation de Paris. Paris, 1790, in-4º.

Le Parc-au-cerf, ou l'origine de l'affreux déficit. S. l., 1790, in-8º (par L.-G. Bourdon.)

Le coup foudroyant, ou le fisc anéanti. S. l. n. d., in-8º (par l'abbé Brun).

Réflexions sur la suppression de la dîme, par M. Lesergeant d'Isbergue, député. Paris, 1790, in-8º.

Le vœu de la France accompli, par Rioux. Paris, 1790, in-8º.

La vérité toute nue, ou avis important à l'Assemblée nationale sur le

par Colmar, les *Questions* anti-protectionnistes de Farcot,

danger de l'offre insidieuse faite par M. l'évêque d'Autun de la vente des biens du clergé, par M. Reboul-Senebier. Paris, s. d., in-8°.

Mémoire intéressant à l'Assemblée nationale pour la régénération des finances, par M. Agobert. Paris, 16 mars 1790, in-8°.

Ce qu'on cherche depuis longtemps, ou moyen sûr de payer deux milliards de dettes de l'État, avec vingt-quatre millions, par un aveugle des Quinze-Vingts. Paris, 1790, in-8°.

Lettre à Monsieur le marquis de V***, maréchal des camps et armées du Roi, sur les finances. Paris, 1790, in-4°, 28 pages (18 mars 1790).

Plan de finances, ou nouveau moyen de liquider la dette publique en 13 années, sans emprunt ni impôt, par deux patriotes. Paris, 23 mars 1790, in-4°.

Mouillez les cordes. Paris, l'an I de la liberté, in-8°. (Plan d'emprunt territorial pour acquitter la dette.)

Catéchisme de l'impôt pour les campagnes, par M. Chalumeau. Paris, 1790, in-12.

Questions constitutionnelles sur le commerce et l'industrie; et projet d'un impôt direct..., par Joseph-Jean-Chrisostome Farcot, négociant, suppléant à la députation de Paris. Paris, 1790, in-8°. (Le meilleur ouvrage qui ait paru contre le régime prohibitif, dit Clavière dans ses Réflexions. Farcot avait été oratorien et professeur de mathématiques à Juilly.)

Qu'est-ce que le papier-monnaie ? Lettre d'un Anglais à un Français. Paris, 1790, in-8°.

Je crains la banqueroute. S. l. n. d., in-8°.

Dialogue entre M. A..., député à l'Assemblée nationale, M. B..., fermier général, et M. le baron de C..., sur les impositions indirectes. S. l. n. d., in-8°.

Réflexions sur les assignats-monnaie. Paris, 5 avril 1790, in-4°.

Des assignats-monnaie. Paris, 1790, in-8°.

Opinion sur les assignats. S. l. n. d., in-8°.

Essai sur les assignats, par une créole. Paris, 1790, in-8°.

Lettre à M***, riche capitaliste, sur la circulation des assignats. Paris, s. l. n. d., in-8°.

Observations nécessaires sur la partie du mémoire du premier ministre des finances relative aux subsides qu'exige le déficit de 1790 et sur la convenance d'une prompte émission d'assignats-monnaie. Paris, 1790, in-8° (Plusieurs éditions.)

Idées sommaires sur l'établissement du papier-monnaie. Paris, s. d., in-8°.

Suite des idées sommaires sur l'établissement du papier-monnaie et leur application à l'état de la dette publique, par M. Hocquart de Coubron. Paris, 1790, s. d., in-8°.

Remède prompt et infaillible pour éviter la ruine entière du commerce que causera l'établissement des assignats à intérêt, présenté à l'Assemblée nationale, le 10 avril 1790, par MM. Chopart et Corbel. Paris, s. d., in-8°.

les *Nouvelles observations* de Ducloz-Dufresnoy, plus une

Lettre sur les finances à l'auteur du « Patriote français », par Desissarts. Paris, 13 avril 1790, in-4°.

Réflexions sur une question importante d'économie politique, par M. Varenne de Fenille, receveur des impositions (répartition proportionnelle de l'impôt). Paris, 1790, in-8°. (Suite du Moyen d'acquitter les dettes de l'État... cité plus haut.)

Projet d'un nouveau mode de contribution et de perception pour l'empire français, par Ch. Ducruy. Lyon, s. d., in-8°.

Le livre rouge, ou liste des pensions secrètes sur le Trésor public. Imp. roy., 1790, in-8°.

Supplément historique et essentiel à l'état nominatif des pensions sur le Trésor royal. Paris, 1789-1790, 2 vol. in-8°.

Observations sur le chapitre VIII d'un imprimé ayant pour titre « Livre rouge », par le comte de Montmorin. Paris, 1790, in-4°.

Etat nominatif des pensions sur le Trésor royal... imprimé par ordre de l'assemblée nationale. Paris, 1789-1790-1791, 5 vol. in-4°. Autre édition. Paris, 1789-1790, 4 vol. in-8°.

Examen anecdotique des pensions des deux premières classes... S. l., 1790, in-8°.

Des récompenses en général... Renseignements historiques sur les pensions en général. Des pensions du département de la guerre en particulier, par M. Lamy. Paris, 1790, in-8°.

Bilan de la nation, ou situation des finances de la France, avec des observations importantes servant de réfutation de l'extrait raisonné des rapports du comité des finances, par M. P.-J. Messange, procureur au Châtelet, 28 juillet 1790, in-4°.

Observations de M. Ducloz-Dufresnoy, suppléant de la députation de Paris, sur l'état des finances. Paris, 1790, in-8°.

Supplément à mes « Observations sur les finances », par un député de Paris (Ducloz-Dufresnoy). Paris, 8 avril 1790, in-8°.

Observations rapides sur l'impossibilité d'adopter le plan de la municipalité de Paris, par M. Ducloz-Dufresnoy, suppléant à la députation de Paris. S. l. n. d., in-8° (Question des assignats.)

Calcul du capital de la dette publique, réflexions sur les causes du discrédit..., par M. Ducloz-Dufresnoy. Paris, 1er août 1790, in-4°.

Premier aperçu des erreurs du compte général des recettes et des dépenses de l'État depuis le 1er mai 1789 jusques et y compris le 30 avril 1790, rendu par M. Necker; par Brémond. Paris, 3 août 1790, in-8°.

Absurdité de l'impôt territorial et de plusieurs autres impôts..., par le marquis de Casaux. Paris, 1790, in-8°.

La marmite renversée par les assignats... S. l. n. d., in-8°.

Détail de la saisie des trois diligences chargées d'or et d'argent, expédiées pour les pays étrangers. Paris, 1790, in-8°.

Le financier philosophe et patriote. Théorie des assignats-monnaie et

quantité considérable de brochures sur les assignats, dont
certaines auraient mérité de figurer dans les catégories

---

leurs dangers..., par M. C. J. B. H. R. G., grenadier de la garde nationale parisienne. Paris, 1790, in-8°.

Courtes réflexions sur les assignats, servant de réponse à M. Dupont.
Paris, s. d., in-4°.

Moyens d'éviter le papier-monnaie. S. l. n. d., in-8°.

Nouvelles observations sur l'émission de deux milliards d'assignats-
monnaie, par M. Delaudine, député du Forez. S. l. n. d., in-8°.

Résumé impartial sur la liquidation de la dette publique, par M. Pelletier. Paris, s. d., in-8°.

Observations sur les finances de la France comparées à celles de
l'Angleterre, par M. Duchesne. S. l. n. d., in-8°.

La nécessité prouvée de l'émission du papier-monnaie en assignats,
pour payer la dette générale de la nation...., par Albitte de Vallivon. S.
l. n. d., in-8°.

Moyen simple et facile de mettre la dépense au niveau de la recette...
S. l. n. d., in-8°.

Opinion d'un citoyen sur les assignats, par J.-B. Jumelin. Paris, s.
d., in-8°.

Lettre sur les assignats, à messieurs les membres du comité des
finances de l'assemblée nationale, par Charles Micoud, ci-devant d'Umons,
chargé du bureau de l'Administration des invalides de la marine.

Lettre à l'assemblée nationale, sur le payement de la contribution patriotique, par M. D'''. S. l. n. d., in-8°.

Moyen de faciliter la circulation des billets de caisse, par un représentant de la commune de Paris. S. l. n. d., in-8°.

Sur les assignats. Réponse à un prophète de malheur. S. l. n. d., in-8°.

Sérieux et dernier examen pour le salut de la chose publique. Discours prononcé au club des Jacobins les 13 août et 3 septembre 1790
sur les finances et l'émission des assignats, par Gouget-Deslandres.
Paris, 1790, in-8°.

Opinion relative à l'opération des assignats, prononcée le 5 septembre
1790, dans la Société des amis de la Constitution de Paris, par
M. Coqueau. S. l. n. d., in-8°.

Grande contradiction de M. de Mirabeau l'aîné, ou avis aux gens de
bonne foi sur les assignats. Paris, s. d., in-8°.

Le salut de la France, ou grands avantages d'un projet d'assignats
sans intérêts, ayant un gain sur l'argent, par Chauvin. Paris, s. d.,
in-8°.

Théorie et pratique des assignats. Mémoire lu à la Société de 1789,
les 5 et 6 septembre 1790. Paris, 1790, in-8° (par le général de Senovert).

Vœu d'un patriote sur les assignats, par M. Ternaux. Paris, 10 septembre 1790, in-8°.

Réflexions sur la somme d'impôt territorial que demande le comité
d'imposition. Société de 1789, 21 septembre 1790, par M. de Casaux.
Paris, 1790, in-8°.

triées précédemment : telles sont les brochures de Micoud d'Umons, de Sénovert, de Delandine, l'analyse des opinions demandées aux villes de commerce, etc.

Discours sur l'agiotage des assignats, ses causes, ses effets. Club des amis de la Constitution de Dunkerque, 3 novembre 1790, par Reys-Iléron. Paris, 1790, in-4º.

A l'assemblée nationale. Résumé de la question des assignats, par Jean-François Dubu de Longchamp. Paris, 1790, in-8º.

Suppression des écus et des louis d'or. Création de sept milliards huit cent millions d'assignats... Prospérité incalculable de l'empire français. Paris, s. d., in-8º.

Moyen de déconcerter les ennemis de la Révolution, en rétablissant le crédit malgré eux, par M. Papillon, citoyen d'Orléans. Paris, an II de la liberté, in-8º.

Analyse des opinions qui ont été ouvertes dans l'assemblée nationale, accompagnée de notes et suivie de réflexions. Paris, s. d., in-8º.

Projet de finance; par Des Henriquez, S. l. n. d., in-8º.

Aperçu du plan général des finances le plus propre à concilier les intérêts publics et particuliers, par M. le vicomte de Pruuelé. Paris, 1790, in-8º.

Observations sur l'impôt, par M. Loyseau. Paris, s. d., in-8º.

Analyse des opinions des villes de commerce sur l'émission des assignats. S. l. n. d., in-4º.

Mémoire pour la ville de Lille contre les assignats forcés. S. l. d. n., in-8º.

Observations des représentants du commerce, des manufactures et des arts et métiers de la ville de Paris, sur les avantages ou les inconvénients de l'émission des nouveaux assignats. Paris, 1790, in-4º.

Protestation d'un grand nombre de négociants et commerçants de la ville de Nantes. Nantes, 14 septembre 1790, in-4º.

A l'assemblée nationale, 11 septembre 1790, par M. d'Eprémesnil. S. l. n. d., in-8º.

Supplément à l'analyse des opinions des villes de commerce sur l'émission des assignats. 22 septembre. S. l. n. d., in-4º.

Mémoire sur les finances pour l'acquittement de la dette publique, par M. de Sancé. Paris, 1790, in-4º.

Second mémoire sur les finances pour l'acquittement de la dette publique, par M. Dutertre de Sancé. Paris, 1790, in-4º.

Moyens pour faciliter la circulation des assignats..., par Henri Blanchard, aide-de-camp de M. de Durfort. Bordeaux, s. d., in-8º.

Encore un mot sur les assignats, par M. Micoud d'Umons. Paris, 23 septembre, in-8º.

Des assignats et de leur transmission par virement..., par Dufourny, 26 septembre. Paris, 1790, in-8º.

Seconde lettre sur les assignats, de M. Zollikof de Sonnenberg, à l'assemblée nationale. S. l., 23 septembre, in-8º.

Plan d'une imposition générale uniforme et proportionnée à la fortune

Cette longue nomenclature des écrits secondaires parus au cours de l'année 1790 pèche forcément par la confusion : en cela, elle devient l'image exacte d'une époque où l'excès des productions financières révèle trop bien le trouble des esprits. Sans doute, tout ce qui concerne les assignats aurait pu, semble-t-il, être classé à part, afin de dégager le surplus ; mais, en y regardant de près, quelle publication financière de 1790 s'abstient ici de traiter directement ou implicitement le sujet du papier-monnaie? Chacun, même parmi les panégyristes des assignats, entrevoit alors trop clairement, sinon l'étendue de leurs terribles dangers, du moins l'anomalie inquiétante de leur création, pour ne pas leur consacrer de longs développements. L'expérience qui s'engage affecte, d'ailleurs, toutes les branches diverses de l'administration financière sans exception. De sorte que les assignats, loin de pouvoir rentrer dans le cadre d'une subdivision spéciale du catalogue, remplissent, au contraire, notre liste entière, et, par le fait de l'universelle préoccupation qu'ils inspirent, caractérisent, d'une manière complète, le mouvement des idées financières de 1790, en donnant le motif même de son extraordinaire fécondité.

A partir de 1791 [1], la guerre devenue menaçante, puis

---

connue... Société des amis de la Constitution de Tours, 13 octobre 1790. Tours, 1790, in-8º.

La comptabilité des finances et la liquidation des dettes de l'État, par M. Bernot. Paris, 1790, in-8º.

Moyen d'opérer la suppression des impôts de tout genre, par M. Letourneau. Paris, 1790, in-8º.

Moyen de rétablir la circulation du numéraire en France..., par M. Hudry (ci-devant Saint-Aubin). Paris, 21 décembre 1790, in-8º.

Réponse très sommaire aux observations de M. Clavière, sur le projet d'une refonte des monnoyes (par des Rotours). S. l., 1790, in-4º.

Année 1791, jusqu'en septembre.

1. Comparaison des finances de la France en 1715, après la mort de Louis XIV et vingt ans de guerre, avec celles du règne de Louis XVI

la fuite et l'arrestation du Roi à Varennes dominent les

en 1791, après vingt ans de paix, par Duchesne de Voiron, 1er janvier. S. l. n. d. (1791), in-8°.

Le cri de douleur, ou nécessité de réformer le tarif proposé par le comité des impositions pour les contributions indirectes, par Ant. Aug. Renouard. S. l., 13 février 1791, in-8°.

Lettre de M. l'abbé Arthur Dillon à M. de Cazalès, ou compte rendu de l'état des finances. S. l., 1791, in-8°.

Dénonciation sur la conduite du Trésor public. Lettre à F.-P. Brissot. Paris, s. d. in-8°. (Réponse au Patriote français du 9 janvier 1791.)

Aperçu de la situation des finances du 1er mai au 31 décembre 1790. Relevé de différentes erreurs et variations du comité des finances de l'assemblée nationale et nouvel examen des discussions qui ont eu lieu sur les dépenses de 1791, par Bernigaud de Grange, député. Paris, 1er mars 1791, in-8°.

Observations sur le rapport fait par M. Lanjuinais à l'assemblée nationale, le 17 avril 1791, au nom du comité central de liquidation. S. l. n. d., in-8°.

De la contribution mobiliaire établie par la loi du 18 février 1791. Paris, 1791, in-4°.

Observations sur les moyens de faire circuler les assignats avec célérité et sûreté..., par M. Lair-Duvaucelles. Paris, 1791, in-8°.

L'antiéconomiste, ou moyen de rédimer les personnes et les biens du joug des impositions. Paris, 1791, in-8°. (Par Bourdon des Planches.)

Le triomphe des assignats sur l'argent, par M. R. Maréchal. Paris, 1791, in-8°.

Grand deuil des fermiers généraux, ou fête des patriotes du faubourg Saint-Antoine pour la suppression des entrées.... Paris, 1791, in-8°.

Grande réjouissance de la cessation des entrées dans la capitale ; détail de la marche des troupes; extrait de l'ordre donné par M. de Lafayette, le 29 avril 1791. Paris, 1791, in-8°.

Lettre écrite au bonhomme Richard, concernant des assignats, par J.-B. Jumelin. Paris, s. d., in-8°.

Adresse aux 48 sections de la capitale pour parvenir à établir dans Paris l'équilibre entre les assignats et l'argent, par Pottin de Vauvineux, 3 mai. Paris, s. d. (1791), in-4°.

Réflexions sur le projet de rendre le métal des cloches malléable et d'en fabriquer de la monnaie pour servir à l'échange des petits assignats (signé : L. C. de L.). Paris, 14 mai 1791, in-8°. (Réflexions d'un fabricant, qui se propose de concourir à l'adjudication, sur le meilleur mode de concession et d'emploi des cloches, 22 pages.)

Des moyens de remédier à la rareté du numéraire, par M. d'Eprémesnil, en réponse à la notice de M. le marquis de Montesquiou sur le même sujet, du 17 mai 1791. Paris, 22 mai 1791, in-8°.

Horrible assassinat commis hier au soir sur le perron du Palais-Royal par des accapareurs d'argent. S. l., 1791, in-8°.

Dénonciation aux Français des prévarications ministérielles de Claude Lessart, ministre de l'intérieur, et des vols faits par les fermiers géné-

préoccupations publiques. D'ailleurs, les assignats définitivement installés rendent désormais inutiles toutes combinaisons fiscales : il ne s'agit plus que de vivre au jour le
jour, en faisant manœuvrer la presse, au milieu des trou-

---

raux sur la régie des charbons..., par Stanislas Millié, 23 mai. Paris,
an II de la liberté, in-8º.

Aperçu présenté au comité des monnaies des avantages qui peuvent
résulter de la conversion du métal des cloches en monnaie moulée, pour
faciliter l'échange des petits assignats, par l'abbé Rochon. Paris, 30 mai
1791, in-8º.

Richesses et ressources de la France, pour servir de suite aux « Moyens
de simplifier la perception et la comptabilité des deniers royaux », par
M. Bonvalet-Desbrosses, ancien trésorier de la marine et des colonies
à la Rochelle. Paris, 1791, in-4º (300 p.).

Situation actuelle de la France, par Bonvalet-Desbrosses, 1791, in-4º.

Vues nouvelles sur la contribution, par M. Chauvet, citoyen de Bordeaux. Paris, juillet 1791, in-8º. (Définition de l'impôt : la contribution
est une *mise* dont chaque contribuable doit retirer un dividende proportionnel.)

Extrait raisonné et concluant du compte en finances à rendre par
l'assemblée nationale avant sa séparation et sous sa responsabilité.
(Signé : P. D. R***, citoyen actif.) 10 sept. 1791. S. l. n. d., in-8º.

De l'état des finances au 1er mai 1789 et au 1er octobre 1791, avec des
observations sur le mémoire de M. de Montesquiou du 9 septembre ..,
par Jean-Louis Bernigaud de Grange. Paris, 1791, in-8º.

Mémoire sur l'impôt considéré dans les rapports avec la constitution.
S. l., 1791, in-8º, par le marquis Ducrest.

De la dette de la France au 1er mai 1789 et de son croissement depuis
l'ouverture des États généraux, par Bernigaud de Grange. Paris,
26 juin 1791, in-8º.

Le grand bilan du Trésor national pour l'année 1791, extrait du dernier compte de M. Dufresne, directeur général, ou le charlatanisme des
membres du comité des finances de l'assemblée nationale dévoilé ! S. l.,
1791, in-8º (19 pages où les comptes sont revisés avec humour).

Dénonciation adressée à l'assemblée nationale par M. Souton, directeur de la monnaie de Pau, contre le comité monétaire, la commission des
monnaies et le ministre des contributions. Paris, 1791 (26 août), in-8º.

Un mot de réponse à l'imprimé de M. Souton (par Auguste). Paris, s.
d., in-4º.

Seconde dénonciation adressée à l'assemblée nationale, par M. Souton,
directeur de la monnaie de Pau, contre M. Tarbé, ministre des contributions publiques et la commission des monnaies... Paris, 1791, in-8º.

Comptes en finances à rendre par l'assemblée nationale avant sa séparation et sous sa responsabilité, par un homme qui fait bien ses comptes,
qui vend ses propriétés pour payer, mais qui veut qu'on lui rende
compte. S. l., 1791, in-4º.

Ah ! vous ne voulez pas rendre vos comptes ! S. l. n. d., in-8º.

bles populaires et des envois d'armées aux frontières. Aussi,
le nombre des publications sur la matière des finances
diminue-t-il sensiblement.

Remarquons spécialement, dans cette dernière série qui
se termine en septembre 1791, Duchesne de Voiron, Bernigaud de Grange, d'Epremesnil, Bonvalet des Brosses,
les dénonciations de Souton, etc.

CHAPITRE X

Sous l'assemblée législative, les finances ont tellement
cessé d'intéresser les esprits que le recueil de Buchez et
Roux [1] ne leur réserve plus aucune place : la politique
remplit seule ses colonnes.

Tant qu'il ne s'agissait que d'abattre le passé et de créer
sur le papier un monde nouveau, le public donnait volontiers carrière, passionnément même, à son imagination.
La réalité maintenant le décourage.

Cependant les questions de contributions, de monnaie,
de dette publique, d'équilibre financier, toujours sans
solution, s'imposent forcément aux préoccupations des
gouvernants.

Aussi les retrouvons-nous traitées, non plus par le grand
public, mais dans un cercle plus restreint composé de ministres, rapporteurs des commissions législatives, membres
des assemblées présentes ou passées, ou mêmes futures.

---

1. Histoire parlementaire de la Révolution française..., par Buchez et
Roux, déjà cité. Vol. 12 à 16.

§ 1. — *Exposés ministériels.*

Les ministres ne sauraient désormais communiquer à leurs exposés [1] l'autorité qu'ils n'ont plus eux-mêmes. Certains mémoires de Tarbé sont cependant à signaler, ainsi qu'un *État général des dépenses et des moyens pour l'année 1792*, constituant un essai inachevé de budget. A ranger dans la liste gouvernementale les comptes rendus du Directeur général de la liquidation [2].

---

1. Mémoire lu à l'assemblée nationale, le 12 octobre 1791, par M. Tarbé, ministre des contributions publiques, sur l'administration des contributions publiques. Paris, 1791, in-4°. Le même, in-8°, avec tableaux. (Résumé succinct de l'organisation fiscale encore très incomplète. Situation des diverses affaires financières à l'ouverture de la nouvelle Chambre. Ce qui a été déjà entrepris et ce qui reste à compléter. 14 pages, in-4°.)

Rapport fait par le ministre de l'Intérieur, le 2 décembre 1791..., pour les dépenses relatives aux travaux des routes.

État général des dépenses et des moyens pour l'année 1792. États fournis par les ministres, imprimés par ordre de l'assemblée nationale. Paris, 1792, in-folio. (Grand travail, dressé au mois de décembre 1791, en forme de projet de budget pour 1792, assez développé quant aux services de la justice, de la marine, de l'intérieur, de la guerre, avec des tableaux détaillés de l'effectif militaire, mais ne comprenant pas les autres ministères, et ne comportant pas de récapitulation. 104 p., in-folio.)

Mémoires et états relatifs à la fabrication des monnaies, présentés par M. Tarbé, ministre des contributions publiques, le 6 février 1792. (Depuis le 1er janvier 1791 jusqu'à ce jour. Nombreux tableaux sur le produit de la fonte de l'argenterie des églises, des cloches, vieux cuivres vieux ornements, etc.)

Mémoire remis le 18 février 1792, par le ministre des contributions publiques à l'assemblée nationale sur les nouvelles empreintes des monnaies. Paris, 1792, in-4°.

Mémoire envoyé par le ministre des contributions publiques à l'assemblée nationale, le 9 mai 1792, in-4°. (Situation des opérations relatives à la contribution foncière, 6 pages.)

Mémoire lu à l'assemblée nationale par M. Beaulieu, ministre des contributions publiques, le 29 juin 1792, in-4°. (Exposé très succinct et très vague de la situation des diverses branches de l'administration, 12 pages.)

2. Mémoire sur la liquidation, ses progrès, son état actuel, ses engagements et ses besoins, rédigé par Louis-César-Alexandre Dufresne-

§ 2. — *Rapports des commissions législatives. Cambon, Laffon-Ladebat, Ramel, Lindet, etc.*

Les véritables documents officiels émanent maintenant des commissions législatives de l'assemblée, lesquelles dirigent effectivement les finances publiques. Parmi les membres les plus influents de ces commissions, Cambon[1]

Saint-Léon, commissaire du Roi, directeur général de la liquidation. (Montant officiel des liquidations, leur détail, leur total. Inconvénients de la suspension des liquidations, 48 pages, un tableau. Novembre 1791.)

[1]. Rapport sur la situation de la trésorerie nationale, le 10 octobre 1791 au soir, au nom des commissaires chargés de vérifier l'état des caisses, par M. Cambon, député du département de l'Hérault. (Vérification matérielle des caisses. 7 pages. Suivi d'un rapport de Dorizy sur la caisse de l'extraordinaire. 11 octobre.)

Rapport fait à l'assemblée nationale par M. Cambon, au nom du comité de la trésorerie nationale. Sur les états de prévisions de dépenses pour 1792 et les comptes à présenter par les ministres. 10 novembre 1791.

Rapport sur l'état présumé de la caisse de l'extraordinaire, réclamé par M. Tarbé, fait par M. Cambon, le 21 novembre 1791. (Situation de l'émission des assignats : 1.400 millions déjà en circulation, 200 millions proposés. A la fin de février, leur total atteindra 2.040 millions. Rappel des vérités fondamentales en matière de papier-monnaie. Nécessité d'agir avec prudence. Enquête demandée sur la valeur des biens nationaux, gage des assignats.)

Tableau des besoins et des ressources de la nation présenté par P.-J. Cambon. Paris, 1792, in-4°. Séance du 3 avril 1792. (Calcul de la valeur des biens nationaux d'après les 521 états reçus des districts. Résumé de l'actif et du passif de la nation. Détails sur la dette. Un des derniers documents où l'on trouve des renseignements plausibles sur les biens nationaux. Travail qui sert de préface au travail plus considérable des 17, 18 et 19 avril. 71 pages.)

Aperçu des recettes et des dépenses de 1792, par Cambon, député, inséré au Moniteur du 6 avril 1792. (Programme complet en 28 articles de ce qu'il convient de faire en matière de dette, assignats et domaines. Budgets de 1792 et 1793.)

Rapport sur la situation des finances à la date du 1er avril 1792, fait à l'assemblée nationale, au nom des comités de l'ordinaire et de l'extraordinaire des finances réunis, par P.-J. Cambon, fils aîné, député de l'Hérault, séance des 17, 18 et 19 avril 1792. Paris, 1792, in-4°. (Bilan des besoins et des ressources de la nation, aussi détaillé que possible

figure en première ligne : nous le retrouverons avec une
prééminence plus accentuée encore sous la Convention.

Dès à présent, toutes les affaires financières sont dans
sa main : lui seul règle l'émission des assignats, où aboutissent tous les crédits et d'où proviennent à peu près
toutes les recettes. Ses rapports du 3 avril et des 17, 18 et
19 avril 1792 sont particulièrement importants. Ils résument la situation qu'on ne saurait étudier avec détails en
dehors d'eux.

Laffon-Ladebat [1], à plus modeste rang, s'occupe spécialement des dépenses. Cailhasson [2] se cantonne dans ce qu'on

---

pour l'époque, composé au moyen des documents officiels fournis par
chaque service compétent : 155 pages in-4º. Ce travail, dit Cambon,
sera le livre élémentaire des finances; il nous servira de guide pour
toutes nos opérations ultérieures. Nombreux tableaux. Résumé opti-
miste à la fin. C'est le plus volumineux rapport publié sous la Législative.)

· Rapport de Cambon au nom du comité des finances, sur la situation
générale des finances, 15 mai 1792. (Moniteur du 23 mai 1792.)

1. Rapport fait à l'assemblée nationale sur le travail du comité des
dépenses publiques, par M. Laffon-Ladebat, président de comité, 19 novembre 1791. (Plan de fixation des dépenses publiques pour 1792.)

Rapport fait à l'assemblée nationale au nom des comités de l'ordinaire
et de l'extraordinaire des finances sur les dépenses de l'année 1792, par
A.-D. Laffon, député de la Gironde. Paris, 1791, in-4º. (Sorte de budget
des dépenses pour 1792, lu à la séance du 31 décembre 1791, contenant
26 pages in-4º, avec des tableaux. Les ministres n'ont envoyé encore
que des aperçus. Proposition de décréter les dépenses de 1792 d'après
l'état décrété pour 1791.)

Rapport du comité de l'ordinaire des finances sur une motion faite relativement aux payeurs-généraux des départements..., par M. A. Laffon,
membre de ce comité, le 10 février 1792.

· Rapport au nom des comités du commerce et de l'ordinaire des finances sur les poudres et salpêtres, par Laffon-Ladebat, 7 mai 1792.

2. Rapport fait par M. Cailhasson, au nom du comité de l'extraordinaire des finances, sur les besoins des caisses de l'extraordinaire et de
la trésorerie générale, et sur une nouvelle émission de petits assignats.
Séance du 17 décembre 1791. (Urgence inopinée des besoins extraordinaires. Montant des assignats à porter d'emblée de 1.400 à 1.600 millions. Création de 300 millions de petites coupures.)

Rapport fait à l'assemblée nationale au nom des comités de l'ordinaire et de l'extraordinaire des finances, par F.-M. Cailhasson, député,
27 avril 1792. (Nouvelle émission de 300 millions d'assignats.)

nomme alors l'*extraordinaire*, toujours alimenté d'ailleurs par les assignats. Ramel[1] et Lindet[2], futurs ministres des finances, ne font que s'essayer encore sur des matières de second ordre.

Les autres rapporteurs sont indiqués en bloc[3]. A remar-

Rapport fait à l'assemblée nationale au nom des comités de l'ordinaire et de l'extraordinaire des finances, par F.-M. Cailhasson, député, 4 juin 1792. (Assignats et biens nationaux.)

1. Rapport et projet de décret sur les mesures à prendre concernant les pensions accordées ou à accorder, par M. Ramel, député, 26 mars 1792. (Nécessité d'un certificat de résidence.)
Rapport fait à l'assemblée nationale, par M. Ramel, membre du comité de liquidation, sur le remboursement à faire du premier cinquième des capitaux de l'emprunt fait à Gênes en 1785. Paris, 4 février 1792, in-8°.

2. Rapport fait au nom du comité de liquidation sur le mode d'évaluation des greffes et des offices domaniaux, par M. Lindet.

3. Rapport sur la situation de la Caisse de l'extraordinaire et sur une nouvelle émission de petits assignats, fait à l'assemblée nationale, le 1er novembre, au nom des Comités réunis de la dette publique, de la caisse de l'extraordinaire et des assignats-monnaie, par M. Haussmann, député, 1er novembre 1791. (Nécessité de créer pour 300 millions de nouveaux assignats.)
Rapport présenté à l'assemblée nationale au nom du Comité de l'examen des comptes sur le compte rendu par M. Cahier, ex-ministre de l'Intérieur, des ordonnances de payement qu'il a donné (*sic*) pendant la durée de son ministère, par J. Mengin, député des Vosges. S. d., 1791.
Idem, sur le compte d'ordonnateur de M. Bertrand, ex-ministre de la marine, par M. Rouede, député de la Haute-Garonne, 1792.
Rapport fait à l'assemblée nationale au nom du comité de l'ordinaire des finances, sur la fixation du maximum de la contribution foncière pour 1792, par M. Tronchon, député, le 9 février 1792. Paris, 1792, in-8°. (Multitude de réclamations que la fixation du maximum du sixième a provoquées. Impossibilité de l'élever au cinquième. Maintien de la proportion établie.)
Rapport et projet de décret sur les contributions de 1793, présenté, au nom des Comités de l'ordinaire des finances, par A.-C. Malus, député de l'Yonne. Imp. nat., s. d. (28 février 1892. 48 pages in-8°. Confection des rôles. Discussion intéressante à la suite de ce rapport.)
Calculs, évaluations, explications, de L. C. (la commission) sur le taux et le produit des contributions publiques. Imp. nat., 1792.
Rapport fait à l'assemblée nationale au nom des Comités des domaines d'agriculture, de commerce, de marine et de finances réunis; sur la question de l'aliénation des forêts nationales, par P. Juéry, député, 2 mars 1792. (Conclut à la conservation des forêts nationales.)

quer, parmi leurs travaux, ceux de Tronchon, Langlois et Guyton sur la contribution foncière, son maximum, sa répartition et les réclamations qu'elle motive.

Rapport fait à l'assemblée nationale, au nom du comité de l'ordinaire des finances sur les rentiers de la ville de Paris, par M. Baignoux, 14 mai 1792. (La municipalité de Paris, dans l'impossibilité d'acquitter les arrérages de ses rentes, gémit de voir la grande détresse des pères de famille privés de leurs revenus. Demande d'une subvention en assignats.)

Rapport sur l'échange de la Dombes avec le sieur Guéméné et l'acquisition des terres de l'Orient, Châtel, Carmant, etc., fait au nom du Comité des domaines, par M. N.-J. Le Bœuf, député.

Rapport sur le traitement des membres des congrégations séculières supprimées, fait au nom du Comité des domaines, par J.-C. Vincens, député, 48 p.

Rapport et projet de décret au nom du Comité de l'extraordinaire des finances, sur la liquidation générale des dettes des villes et communes, par A.-J. Deliars, député, 28 mai 1792.

Rapport et projet de décret sur différentes pétitions adressées par les médecins, professeurs, agrégés, etc., pour être exempts du droit de patentes, présentés par F.-R.-A. Mallarmé. 28 mai 1792.

Rapport et projet de décret sur la cotisation des maisons situées hors des villes habitées par leurs propriétaires, présentés par Pierre-Nicolas-Etienne Langlois. Séance du 7 juin 1792. (12 pages in-8°. Il est juste de taxer à leur valeur les maisons exceptionnelles.)

Rapport sur les comptabilités et remplacement des receveurs généraux et particuliers des finances, par N. T. Carant, député. Séance du 3 juillet 1792. (Reddition des comptes des receveurs généraux des exercices pairs et impairs, 24 pages in-8°.)

Rapport et projet de décret présentés au nom du comité de l'ordinaire des finances sur les demandes en dégrèvements par M. Guyton, le 1er août 1792. (Question de la répartition de l'impôt foncier traitée in-extenso. Nombreuses réclamations. Inégalités à réparer. Dans la pratique les promesses de l'assemblée constituante ont abouti à des déceptions. Exposé très important qui permet de juger l'œuvre de 1790. 46 pages in-8°.)

Rapport et projets de décret et de tarif sur les droits d'enregistrement présentés le 3 septembre 1792, par F.-J. Chaubry. (28 pages in-8°.)

Rapport au nom du comité de l'examen des comptes, sur le travail du bureau de comptabilité, par M. Delafont-Bramant, député. S. d. (Compte rendu des travaux des commissaires de la comptabilité, depuis leur établissement. Instructif exposé de 28 pages in-8°.)

§ 3. — *Discussions publiques à l'assemblée législative par ordre chronologique et de matières.*

Les discussions publiques perdent l'ampleur que leur avait attribuée l'assemblée constituante, surtout à ses débuts. Ce sont, en effet, comme nous venons de le voir, les rapports des commissions qui, presque à eux seuls, font loi maintenant.

Aussi devient-il beaucoup plus facile d'en dresser la chronologie [1], à peu près complète cette fois.

---

1. *Année 1791, à dater du 1er octobre.*
8 octobre. Vérification de caisse. Condorcet.
5 novembre. Pétition de Clavière admis à la barre, sur la suspension des remboursements.
5, 8 et 15 novembre. Accélération de la rentrée des contributions. Becquet, Laffon-Ladebat.
24 novembre, 9 et 22 décembre. Projet de suspension des remboursements. Brissot, Guyton-Morveau, Dorizy, Condorcet.
1er, 11, 24, 28 novembre, 8, 13, 16, 17, 19, 20 et 21 décembre. Emission portée à 1.600 millions, et coupures d'assignats. Caillhasson, Condorcet, Cambon, Laffon-Ladebat, Delaunay, Merlin, Pétion, Dorizy.
30 et 31 décembre. Dépenses de 1792. Laffon-Ladebat, Baignoux.

Année 1792, jusqu'au 21 septembre. :
3, 14 février, 16 avril. Commissaires de la Trésorerie. Cambon, Condorcet, Guyton-Morveau, Beugnot.
24, 28 février, 31 mars. Contribution foncière. Tronchon, Malus, Jacob-Dupont, Quinette, Guyton-Morveau, Corneille.
2 mars. Aliénation des forêts nationales. Juéry, Michon.
12 mars. Moyen de rétablir le crédit des assignats. Condorcet.
24 mars, 3 avril. Caisse Potin-Vauvineux. Caillhasson, Cambon.
25 février, 26 et 28 mars. Billets de confiance. Cambon, Monneron, Laffon-Ladebat, Philibert.
3, 5 avril. Etat des besoins et ressources de la nation. Augmentation de l'émission des assignats. Ballet, Caillhasson, Cambon, Marbeau.
5 avril. Remboursement de la dette exigible. Marbeau, Fouquet.
7 avril. Equilibre des finances. Lequinio.
9 avril. Suppression des payeurs généraux. Rougier-Labergerie.
16 avril. Mode de nomination des administrateurs des deniers publics. Lasource, Beugnot.
19 avril. Recettes et dépenses de la nation. Cambon, Jacob-Dupont, Baignoux.

Nous renforcerons, d'ailleurs, cette chronologie, d'une autre liste par matières contenant les principaux discours financiers imprimés à part en vertu des ordres de l'assemblée. Les dites matières seront alors ainsi divisées :

Suspension des remboursements [1], sujet qui préoccupa justement l'assemblée puisqu'il s'agissait d'une sorte de faillite partielle, et sur lequel nous verrons s'exercer divers écrivains, Clavière notamment. Brissot, Laffon, Tarbé le traitèrent à la tribune ;

27, 30 avril. Nouvelle émission d'assignats. Caillhasson, Marbot, Cambon.

14, 15 mai. Suspension des remboursements au-dessus de 10.000 livres. Laffon-Ladebat, Vergniaud, Cambon, Tarbé, Tronchon, Caillhasson, Guadet.

12 juin. Valeurs admises en payement des biens nationaux. Caillhasson.

22 juin. Traitement des premiers commis des ministères. Laffon-Ladebat, Lamarque, Dumolard, Cambon.

10 juillet. Déficit chronique. Jacob-Dupont.

12 septembre. Dégrèvements sur les contributions de 1791 et 1792. Guyton-Morveau.

19 septembre. Mise sous scellés de l'argenterie confisquée. Cambon.

---

1. Discours sur la nécessité de suspendre momentanément le payement des liquidations au-dessus de 3.000 livres, avant d'émettre de nouveaux assignats et sur les finances en général, par J.-P. Brissot, député, 24 novembre 1791.(Désordre et légèreté du travail des liquidations en cours. On ne connaît exactement ni les droits des créanciers, ni le montant du gage des biens nationaux. Nécessité, dès lors, de suspendre toutes les liquidations, sauf celles destinées à l'homme du peuple. Même plan que celui de Clavière, dont il vante le mérite. 32 p.)

Opinion sur le remboursement de la dette publique par A.-D. Laffon, député de la Gironde, 14 mai 1792. (Président du Comité de l'ordinaire des finances, Laffon développe son opinion personnelle qui n'a pas prévalu. Il combat toute idée de faillite, même partielle. Exposé de la situation actuelle et des prévisions d'avenir, très utile à consulter. 28 pages in-4o, avec quatre grands tableaux.)

Opinion de M. Tronchon, député, sur le remboursement de la dette exigible, mardi 15 mai 1792. Paris, 1792, in-8o.

Discours de Ch. Tarbé, député du département de la Seine-Inférieure, contre la suspension du remboursement des créances exigibles et liquides excédant 10.000 livres. 25 mai 1792.

Dette publique, assignats et finances générales [1], où nous rencontrons spécialement Cambon et Condorcet ;

Trésorerie [2], dont s'occupa encore Condorcet, puis Beugnot ;

Taxation des opérations de banque et de bourse [3] ;

---

1. Opinion de M. Cambon, sur le rapport du Comité de la caisse de l'extraordinaire et sur la dette publique, suivie d'un projet de décret, 24 novembre 1791. (Premier grand discours de Cambon, où il passe en revue la situation actuelle des finances et cherche à y mettre de l'ordre et de la clarté. Curieux conseils de prudence émis par lui au sujet de l'émission de nouveaux assignats. 40 pages.)

Opinion sur la masse et la valeur des assignats qui doivent rester dans la circulation, etc , etc., par Th. Philibert, député, 1792.

Discours sur les finances prononcé par M. Condorcet, le 12 mars 1792. (Discours de 42 pages, spécialement consacré aux questions de papier-monnaie : nécessité de ne pas en abuser.)

Opinion de F.-M. Cailhasson, député, sur les causes du discrédit des assignats et sur les moyens d'y remédier, 3 avril 1792. (Grand discours de 58 pages.)

Discours sur les besoins et les ressources de la nation, par Cambon, le 3 avril 1792. (Grand discours ministre, classé plus haut à sa vraie place parmi les rapports.)

Opinion de J.-J. Lacoste-Montlosier, député, sur la dette publique, 22 mai 1792. (Exposé assez clair de la situation.)

Opinion de M. Condorcet sur les mesures générales propres à sauver la patrie des dangers imminents dont elle est menacée, 6 juillet 1792, in-8°. (Projets de réforme : liste civile, biens des émigrés, trésorerie, etc.)

---

2. Discours de M. Condorcet, député, sur la nomination et la destitution des commissaires de la trésorerie nationale et des membres du bureau de comptabilité. Séance du 3 février 1792. (La question dépasse les limites de la finance. Elle devient constitutionnnelle. Nomination et destitution attribuées au peuple ou à ses élus. 14 pages, in-8°.)

Opinion et projet de décret sur les quatre-vingt-sept payeurs généraux, par M. Rougier-Labergerie, député. 9 avril 1792. (Inutilité de l'institution des payeurs généraux, 23 pages in-8°.)

Discours de J.-C. Beugnot, député du département de l'Aube, contre la motion de M. Condorcet, relative à la nomination des agents destinés à diriger et surveiller l'emploi des fonds publics, 16 avril 1792. (Excellents arguments contre le système de l'élection des fonctionnaires financiers.)

---

3. Discours et projet de décret sur la nécessité d'assujettir au droit d'enregistrement, à chaque mutation, tous les effets publics au porteur,

Aliénation des forêts[1], question que la force des choses
mettait à l'ordre du jour ;

· *Contributions directes*[2] avec des discours intéressants
de Jollivet, Dupont, Guyton, sur les difficultés qu'entraînent
le maximum assigné à la contribution foncière et les inégalités de la répartition, etc.

Bien entendu, tous ces discours gagnent à être rap-
prochés des rapports qui les précèdent et qui sont cités
plus haut.

---

par Jean-François Delacroix, 1791. (Plan de Clavière dans la *Conjura-*
tion des finances, citée plus loin.)

Développement des bases de l'augmentation de l'impôt indirect à la
charge des capitalistes, rentiers, compagnies ou sociétés de banque ou
de commerce, prononcé par Jean-François Crestin, 14 avril 1792. (31
pages in-8º.)

1. Opinion et projet de décret sur l'administration et l'aliénation des
forêts, par Vuillier, député du Jura. Séance du 2 mars 1792. (31 pages
avec tableaux.)

Opinion de Le Conte-de-Betz, député, sur le projet d'aliénation des
forêts nationales.

. Réponse de M. Vuillier, député, aux objections que l'on a faites contre
l'aliénation des forêts nationales. S. l. n. d., in-8º.

Opinion de L.-C. Chéron, député, sur les dangers de l'aliénation des
forêts nationales. Paris, 1792, in-8º. (50 p.)

2. Opinion de J.-B.-M. Jollivet, sur le maximum de la contribution
foncière de 1792. Séance du samedi 25 février 1792. (Discussion du produit brut des biens fonciers. Revenu net. Nécessité d'abaisser le maximum au cinquième. 23 pages in-8º.)

Opinion de Jacob Dupont, sur les moyens d'accélérer l'assiette et la
rentrée des contributions. 28 février 1792. (28 pages in-8º.) Autre opi-
ninion sur le même sujet. 11 juillet 1792. (16 pages in-8º.)

· Opinion de Guyton et de Baignoux sur la fixation du maximum de la
contribution foncière pour 1792. (16 pages et 12 pages in-8º). Séance
du 31 mars 1792.

Opinion de M. Thévenet, sur les moyens de parvenir à la plus juste
répartition des impositions foncière, mobilière et industrielle, entre tous
les individus de l'Empire français. (Long travail de 47 pages in-8º. Examen des taxes actuelles comparées aux anciennes. Valeur des propriétés
foncières.)

§ 4. — *Écrits divers publiés pendant l'assemblée législative.*

En dehors de l'enceinte législative, certains publicistes ayant déjà passé par les affaires ou qui vont y arriver traitent les questions de finances.

1° ÉCRITS DE CLAVIÈRE, MONTESQUIOU, CONDORCET, LAVOISIER ET AUTRES

Parmi eux, figure en première ligne Clavière, toujours sur la brèche jusqu'à son élévation au ministère [1]. La péti-

---

1. Coupons d'assignats. Pétition proposée aux 148 sections de Paris, par M. Clavière. Paris, s. d., in-8°.

Pétition faite à l'assemblée nationale par M. Clavière, député suppléant de Paris, sur le remboursement des créances publiques non vérifiées et sur le payement des domaines nationaux en assignats et espèces effectives. 5 novembre 1791.

Observations sur la pétition de M. Clavière, par M. Lafreté. Paris, 15 novembre 1791.

Pour l'assemblée nationale. Sur les remboursemens (*sic*), par E. Clavière. Paris, 1er décembre 1791, in-8°. (Essaye de prouver que son projet de suspension des remboursements n'est pas une banqueroute.)

E. Clavière à l'assemblée nationale, sur les finances. Paris, 15 décembre 1791, in-8°. (Réfute Condorcet qui avait combattu son projet de suspension des remboursements. Voir la séance du 9 décembre 1791.)

A l'assemblée. Sur le mode de remboursement, par M. Lafreté. Paris, 16 décembre 1791, in-8°.

De l'état actuel de nos finances, avec la critique du compte rendu par M. Montesquiou et celle du mémoire de M. Bergasse, par E. Clavière. La chronique du mois, ou cahiers patriotiques, n° de novembre 1791. (Clavière étudie d'abord le compte rendu de Montesquiou et déclare, avec lui, que les impôts de l'avenir équilibreront les dépenses, que la valeur des biens nationaux détenue par le Trésor s'élève réellement à trois milliards et demi, somme supérieure de cent millions au capital de la dette à éteindre et de plus d'un milliard aux assignats en circulation. Il part de là pour glorifier la sécurité de la situation financière. Attaque les écrits de Bergasse cités dans le chapitre précédent. 45 pages.)

Ce qu'il faut faire dans l'état actuel des finances, par E. Clavière. La chronique du mois, ou cahiers patriotiques. N° de décembre 1791. (Brochure datée du 25 novembre 1791. Les remboursements de la dette publique, effectués sans ordre ni mesure, risquent d'absorber bientôt la valeur de la masse des biens nationaux. Nécessité de suspendre provi-

tion qu'il rédigea pour demander de suspendre les remboursements devenus exigibles par suite de la suppression de la vénalité des offices souleva les longues discussions dont nous avons rendu compte.

Sa *Conjuration des finances* fit aussi grand bruit. Dans ses divers écrits, il affirme la solidité, la sécurité absolue de la situation des finances. « Demander aujourd'hui, dit-« il, si ceux qui détiennent des assignats en demeureront « paisibles possesseurs et pourront les transmettre à leur « postérité, c'est demander si l'empire français restera sur « ses bases... L'on ne répond pas plus à ces questions « qu'à celui qui craindrait d'acheter une montagne, parce « qu'elle pourrait devenir un volcan. » Sur ce ton, les objections de Bergasse au sujet des biens nationaux, lesquels, d'après lui, ne valent que deux milliards, et ne couvrent, dès lors, pas la dette, ni ne gagent les assignats [1], sont aveuglément réfutées. C'est en flattant

---

soirement les remboursements, sans craindre l'accusation de faillite. On les reprendra ensuite, en faisant droit d'abord aux créances populaires, sauf à ajourner les propriétaires aisés. Cela n'a pas d'inconvénients puisqu'il y a de quoi payer tout le monde successivement. 31 pages.)

Du numéraire métallique, ou de la nécessité d'une prompte refonte des monnaies..., par M. E. Clavière. Paris, 1792, in-8°. (Fragment tiré de la *Chronique du mois*, mars 1792.)

De la conjuration contre les finances et des mesures à prendre pour en arrêter les effets, par E. Clavière. Paris, 1792, in-8°. (Clavière suppose que la baisse des assignats provient uniquement des manœuvres de la réaction. Détails intéressants sur les prochains budgets, les biens nationaux, le change et la refonte des monnaies. Pour combattre la conjuration, Clavière propose. — outre différents moyens politiques, tels que la guerre contre les princes coalisés, l'alliance avec l'Angleterre, etc., — d'ouvrir un emprunt, de brûler une certaine quantité d'assignats, de réfréner l'agiotage par des mesures spéciales, de réformer les monnaies, etc. 115 pages.)

Réponse de M. Clavière à la lettre de M. Montesquiou, sur un écrit intitulé : « De la conjuration contre les finances de l'État... » S. l., 23 avril 1792, in-8°. (Courte réplique de 11 pages sans grand intérêt.)

1. Voir plus haut page 188 la série d'écrits publiés par Bergasse en 1791 contre les assignats,

ainsi les illusions populaires qu'on devient ministre.

Clavière, d'ailleurs, tirait une singulière conclusion de sa prétendue sécurité financière : puisque l'actif du Trésor suffit à payer tout le monde, disait-il, pourquoi ne pas suspendre les remboursements exigibles, onéreux aujourd'hui, sans doute, mais qui plus tard s'effectueront intégralement sans difficulté?

Ces conclusions trouvèrent dans le public une énergique et compétente opposition de la part de Montesquiou[1], que nous avons déjà vu entrer en lice comme publiciste à la fin de la Constituante. Les idées de Clavière méritaient bien, d'ailleurs, malgré la partialité de leurs développements, de provoquer de tels commentaires; car elles reposent presque toujours sur un fond d'études solides.

Ce fut à la tribune que Condorcet combattit les projets ci-dessus de Clavière, avec lequel il collaborait cependant à la *Chronique du mois*. Divers écrits financiers sortirent aussi de la plume de Condorcet sur les assignats et les dépenses de l'instruction publique [2].

Lavoisier publia à cette époque son volume intitulé *État des finances au 1er janvier 1792*, dont s'inspirent la plupart des écrits du temps et qu'on ne peut se dispenser de consulter. « J'ai pensé, dit-il, qu'il serait utile que

---

1. Lettre de M. Montesquiou à M. Clavière sur son ouvrage intitulé : De la conjuration..., etc. 1er avril 1792, in-8°. (Réfute spécialement le projet d'impôt sur les fortunes mobilières et celui sur l'agiotage. Défend la gestion financière de la Constituante. Le mot déficit est impropre. Discussion de la valeur des biens nationaux. 32 pages.)

2. Sur la distribution des assignats et sur l'établissement du payement par registre, par Condorcet. Janvier 1792. (Extrait de la *Chronique du mois*.) (Œuvres complètes, tome X. Nécessité d'établir des bureaux d'échange des grosses coupures d'assignats contre des petites. Création de registres constatant les dépôts d'assignats faits par les particuliers et facilitant les transports d'un compte à un autre, sans déplacement effectif de fonds.)

Aperçu des frais que coûtera le nouveau plan d'instruction publique..., par M. Condorcet, député, le 24 mai 1792. Paris, s. d., in-8°.

« quelqu'un entreprît de discuter sans passion la situation
« des affaires et de soumettre les finances de l'État au cal-
« cul d'une arithmétique rigoureuse. » Malheureusement,
ces prévisions mathématiques furent déjouées par les événements, auxquels, d'ailleurs, Lavoisier n'avoit pas man-
qué de subordonner leur réalisation [1].

Dupont de Nemours, malgré sa collaboration à la *Cor-*
respondance patriotique qu'il dirigeait et imprimait, aban-
donna presque complètement alors le sujet des finances [2].

Boislandry [3] et Cormeré [4] doivent en dernier lieu être
cités à part.

2° AUTRES ÉCRITS SECONDAIRES PAR ORDRE DE MATIÈRES

Les autres, dont plusieurs ne sont cependant pas à
négliger, prendront place au second rang, par ordre de
matières traitées : plans de finances [5], assignats et biens

---

1. De l'état des finances au 1er janvier 1792, par un député suppléant
à l'assemblée nationale constituante (Lavoisier). Paris, novembre 1791,
in-8°. (Projet du budget de 1792. Rentrées sur lesquelles on peut
compter. Dépenses probables. Dette exigible. Équilibre possible. L'idée
de *suspension* doit être écartée. Valeur estimative des biens nationaux.
Situation qu'on peut entrevoir au 1er janvier 1793, si le plan indiqué
peut être suivi. Brochure instructive de 90 pages souvent citée.)

2. De la véritable et de la fausse Économie dans les dépenses publiques
d'une nation, par Du Pont. Paris, s. d., in-8°. (Extrait de la *Correspon-*
dance patriotique, tome IV, 17 pages.)

3. Considérations sur le discrédit des assignats, présentées à l'assemblée nationale, par Louis Boislandry, ancien député. Paris, 20 février
1792, in-8°.

4. Situation exacte des finances à l'époque du 1er janvier 1792, ou
lettre de G.-F. Mahy de Cormeré, à M. le président et à MM. les députés
composant le comité des contributions publiques de l'assemblée nationale. Nantes, 1792, in-8°. (27 décembre 1791-17 janvier 1792. L'auteur
rappelle son précédent ouvrage : *Recherches et considérations*, etc.
Analyse des travaux financiers de la Constituante, avec appréciations
instructives. Déficit actuel des recettes comparées aux dépenses fixes.
Créations proposées du monopole des tabacs, de taxes sur les boissons
et sur les transports, devant donner 69 millions. Conseils sages et pratiques. Examen des affaires extraordinaires. 59 pages.)

5. De la dette publique en France, en Angleterre et dans les États-

nationaux [1], aliénation des forêts nationales [2], contribu-

Unis d'Amérique, par M. Ducher. Paris, 1792, in-8º. (Ducher, ancien vice-consul en Amérique, s'oppose à toute suspension des liquidations et remboursements Il réclame un payement actuel et total. C'est le même qui plus tard traitera spécialement les questions de douane et de commerce. 30 pages.)

Observations sur le rapport fait à l'assemblée nationale le 18 mai 1792, au nom du Comité de l'ordinaire des finances, par M. Baignoux. Paris, 1792, in-8º.

Examen du rapport de M. Baignoux et du projet de décret du Comité de l'ordinaire des finances sur la suppression des payeurs et des contrôleurs de rentes. Paris, 1792, in-4º.

Plan général des finances, par Benoit Muguet. Paris, s. d., in-4º.

République sans impôt, par L. Lavicomterie. Paris, juin 1792, in-8º. (Ouvrage de 400 pages souvent cité dans les écrits du temps.)

Vues nouvelles de Louis Carpentier sur l'important objet des finances publiques. Paris, imp. nat., 12 juillet 1792, in-8º.

1. Mémoire relatif au rétablissement du crédit en assignats..., par Chomel. Paris, 7 novembre 1791-21 avril 1792, in-4º.

Moyen de mettre l'assignat au pair avec l'argent métal..., par Coulmier. Paris, 1792, in-4º.

Idée pour parer au manque de confiance sur les assignats, par Hurel. Paris, s. d., in-8º.

Mémoire présenté à l'assemblée nationale sur les moyens de soutenir et de hausser la valeur des assignats et de remédier au renchérissement des biens usuels. Par P.-A.-J. Le Brun, homme de loi et citoyen actif de la section de Sainte-Geneviève. Paris, s. d., in-8º. (La date de cette publication doit être le 23 janvier 1792. Elle est classée à tort en 1791 par la Bibliothèque nationale.)

Parallèle du plan donné par M. Le Brun pour remédier aux effets du papier-monnaie, avec ceux de MM. Clavière, Boislandri, Philibert, Condorcet, Caillasson (Cailhasson) et Marrot (Marbot). S. l. n. d., in-8º. Imprimerie Du Pont, an IV, par P.-A.-J. Le Brun, homme de loi. (Ces deux brochures ont été attribuées à tort, dans plusieurs biographies, à Charles-François Le Brun, depuis duc de Plaisance. D'abord, ni les initiales, ni le titre d'homme de loi n'appartiennent à C.-F. Le Brun, alors président du directoire de Seine-et-Oise, puis le style et les opinions n'émanent évidemment pas de lui. L'auteur de ce factum n'est pas même Lebrun-Tondu (Pierre-Henry-Hélène-Marie), qui devint ministre sous la Convention. C'est un simple homme de loi, resté obscur à juste titre.)

État des finances et des ressources de la France au 1er janvier 1792, par Bonvalet-des-Brosses. (Reprend les évaluations du Comité des finances et s'attache à établir le véritable montant des biens nationaux.)

Réflexions d'un patriote : 1º sur les assignats; 2º sur les craintes d'une banqueroute nationale;... 5º sur les finances et impositions;... 7º sur les droits de patentes, par M. Mercier. Paris, 1792, in-8º. (Impossibilité d'une banqueroute. Solidité du gage des assignats. Causes

tion foncière [1], etc., thème habituel des brochures de l'époque.

---

factices et passagères de la baisse des changes étrangers. Projet de réformes fiscales. 64 pages.)

Réflexion sur les faux assignats (par Dubruth). S. l. n. d., in-4o.

La restauration des finances et le partage des biens nationaux, par M.-R. Maréchal. Paris, 16 mars 1792, in-8o.

Considérations sur l'agiotage des assignats, par M. Loyseau. Paris, 18 juillet 1792, in-8o.

Observations sur l'opinion de M. Philibert, député, concernant l'émission des annuités et obligations portant l'intérêt à 5 p. 100, par M. Levesque. Paris, 1792, in-8o.

2. Observations sur les questions de l'aliénation des forêts nationales présentées à l'assemblée nationale, par la Société royale d'agriculture, le 3 février 1792. Paris, 1792, in-8o.

Réflexion de Louis Pain sur le projet d'aliénation des forêts nationales. Paris, s. d., in-8o.

Nouvelles réflexions de Louis Carpantier (ou Carpentier), servant à prouver de plus en plus combien il est impolitique, même sous l'aspect de la finance, d'aliéner la totalité des forêts nationales. Paris, 26 mars 1792, in-8o.

Ne vendez pas nos forêts. Mémoire adressé aux représentants de la nation, par la commune d'Epinal. Epinal, avril 1792, in-4o.

Observations sur le projet d'aliénation des forêts nationales, par Etienne Cunin, député.

Plan d'un nouvel aménagement des forêts nationales... (par Louis Carpentier). S. l., 7 avril 1792, in-8o.

1. Réflexions d'un citoyen propriétaire sur l'étendue de la contribution foncière et sa proportion avec le produit net territorial converti en argent. Paris, 1792, in-8o. (Ouvrage reproduit par extrait dans la *Collection de divers ouvrages d'arithmétique politique* par *Lavoisier, Delagrange et autres.* Paris, an IVe, in-8o. « L'auteur de cet écrit, dit l'éditeur, m'est inconnu. Dupont qui l'a imprimé ne le connaît pas plus que moi. »)

Lettre de M. le maire de Paris, lue à l'assemblée nationale le mercredi (7 mars 1792) et renvoyée au Comité des finances (sur le retard de la confection des rôles des contributions directes), signée : Pétion. Insérée dans le *Moniteur universel* du 9 mars 1792.

CHAPITRE XI

§ 1. — Exposés ministériels.

§ 2. — Rapports financiers des commissions législatives. — Discours. — Propositions de loi, etc. — Cambon, Ramel, Dubois-Crancé, Johannot, Vernier et autres.

§ 3. — Séances de la Convention.

§ 4. — Ecrits financiers publiés sous la Convention, avant et après le 9 Thermidor, par ordre de matières.

§ 1. — *Exposés ministériels.*

Les exposés des ministres des contributions publiques au début de la Convention décrivent, avec un caractère officiel qui les rend très précieux, l'état de détresse du Trésor, l'arriéré persistant des recouvrements, l'urgence chaque jour plus excessive des besoins en assignats, etc. C'est là le sujet des mémoires de Clavière[1], dont plusieurs, à ce point de vue, méritent une lecture attentive.

---

1. Mémoire lu par le citoyen Clavière, ministre des contributions publiques, le 5 octobre 1792. Imprimé et envoyé à tous les départements par ordre de la Convention. Paris, 1792, in-4°; autre édition in-8°. (Etat des recouvrements de l'arriéré des anciennes contributions. Etablissement et perception des contributions nouvelles. Assignats. Liquidation de la liste civile. Renseignements sur l'exécution des lois des contributions foncières et mobilières et des patentes. Désordre dans les régies des douanes, des salines, des forêts, etc. 64 pages in-4°.)

Lettre circulaire écrite par Clavière, ministre des contributions publiques à MM. des directoires et procureurs-généraux-syndics des départements Paris, ce 20 octobre 1792, l'an 1er de la république. (Retards dans les opérations de recouvrement. Urgence de les faire cesser,

Son successeur Destournelles [1] n'imprima pas do rapports.

Bientôt, d'ailleurs, l'institution même des ministres succomba, et Clavière, du fond de sa prison, ne publie plus que des justifications en réponse à ses accusateurs [2].

Trafic des monnaies de cuivre et de cloche. Falsification des assignats. « N'épargnez rien, citoyen, pour combattre sans cesse la dépréciation « des assignats si utiles à la cause de la liberté naissante. » Impuissance des directoires contre la dégradation des forêts, etc. Ensemble de symptômes inquiétants. Lettre transmissive du mémoire précédent.)

Mémoire de la Commission générale des monnaies sur la refonte des monnaies et les nouvelles empreintes, présenté par le ministre des contributions publiques, le mardi 30 octobre 1792. Paris, 1792, in-4°. (23 pages et 3 tableaux.)

Premier mémoire sur les salines, adressé par le ministre des contributions publiques à la Convention nationale, le 29 décembre 1792 (signé : Clavière). Paris, 1793, in-4°.

Mémoire sur la liquidation de la ferme générale et de la régie nationale, adressé par le ministre des contributions publiques à la Convention nationale, le 31 décembre 1792, in-4°. (30 pages.)

Département des contributions publiques. Compte rendu par le ministre au 1er février 1793, in-4°. En sous-titre : Compte rendu de l'état de ce département par le ministre Clavière à la Convention nationale, en vertu des décrets du 24 décembre 1792, 6 et 9 janvier 1793, l'an deuxième de la République. (Dans ce travail important, le ministre passe en revue les diverses parties de son administration et déclare que « le pouvoir exécutif a épuisé tous les moyens ». Le total de l'arriéré à recouvrer en 1793 s'élève à 851.190.000 fr. « Cette immense dette que la « nation doit se payer en une seule année n'effraye pas le ministre, « mais elle l'occupe. » On ne peut plus compter que sur la vente des biens nationaux et l'émission des assignats. Projet de supprimer la bourse, centre de l'agiotage, etc. 80 pages.)

Département des contributions publiques. Suite du compte rendu à la Convention nationale par le ministre, le 31 janvier 1793, l'an second de la République française. Paris, 1793, in-4°. (Fonctions du ministre des contributions publiques. Désordre résultant de la dislocation de l'ancien ministère des finances. Détails sur l'organisation financière. 32 p.)

1. Discours du citoyen Destournelles, ministre des contributions publiques, à la Convention nationale, du 16 juin 1793, in-8°.

2. Exposé sommaire de la conduite de Clavière, ex-ministre des contributions, fait par lui-même, adressé à ses juges, à ses concitoyens et à ses ennemis. Paris, an II, in-4°. (Intéressants détails sur le rôle amoindri et impuissant du ministre des finances à cette époque, 54 p.)

E. Clavière à ses concitoyens. Paris, 12 juillet 1793, in-4°. (Se défend contre les accusations de déprédation et de concussion, comme dans

Parmi les documents gouvernementaux peuvent, en outre, figurer les comptes rendus des commissaires de la Trésorerie nationale [1].

§ 2. — *Rapports des commissions législatives à la Convention, discours et propositions de loi.*

1° TRAVAUX DE CAMBON

La direction suprême des finances de l'État appartient, dès lors, sans conteste aux comités législatifs, dont Cambon devient l'organe à peu près exclusif, jusqu'au 9 thermidor. La série de ses rapports, discours et propositions pendant cette période constitue, pour qui veut bien les suivre avec attention, l'histoire complète des finances de la première partie de la Convention [2]. Il suffit de rectifier par le

---

le précédent. « Il est à peu près aussi difficile au ministre, dit-il, de piller le Trésor de la Lune que celui de la République. On peut consulter sur ce point le citoyen Destournelle. » 4 p.)

Clavière, ex-ministre des contributions publiques, à la Convention nationale. S. l., an II, in-8⁰. (Répond spécialement aux attaques de Ducher formulées dans l'écrit suivant.)

Des deux hémisphères, imprimé par ordre de la Convention, le 7 brumaire an II, par A.-G.-J. Ducher. (Accusation contre Clavière à propos de ses négociations avec les États-Unis.)

1. Compte rendu à la Convention, par les commissaires de la Trésorerie nationale, de leur administration depuis le 1ᵉʳ juillet 1791. S. l. n. d., in-4⁰ (suivi de 25 états in-folio.)

Deuxième compte rendu par les commissaires de la Trésorerie nationale de leur administration dans lequel on trouve les principaux détails de l'organisation de cet établissement. S. l. n. d., in-4⁰.

2. Rapport et projet de décret sur une nouvelle création de 400 millions d'assignats, présentés au nom du Comité des finances, par Cambon, député, 17 octobre 1792.

Rapport et projet de décret concernant la suppression de la caisse de l'extraordinaire et sa réunion à la Trésorerie générale, faits au nom du Comité des finances, par Cambon, député. Paris, 24 décembre 1792, in-8⁰. (Économie et simplification de service, unité de caisse.)

Projet de décret pour une nouvelle création d'assignats de 800 millions,

simple bon sens les exagérations invraisemblables, les

présenté par Cambon, au nom du Comité des finances (1er février 1793.
Exposé succinct de la valeur des biens nationaux.)

Rapport sur la dette publique, sur les moyens à employer pour l'enregistrer sur un grand-livre et la consolider ; pour admettre la dette publique en payement des biens nationaux qui sont en vente ; pour retirer
et annuler les anciens titres de créance ; pour accélérer la liquidation ;
pour régler le mode actuel de payement de la dette consolidée dans les
chefs-lieux de district, et pour retirer les assignats de la circulation ; fait
à la séance du 15 août 1793, l'an 2e de la République une et indivisible,
au nom de la Commission des finances, par Cambon, député de l'Hérault. Imp. nat., 1793, in-4o. (Célèbre rapport sur le grand livre de la
dette publique. « Le grand livre de la dette publique sera le titre unique
« et fondamental de tous les créanciers de l'État. » Motifs politiques
allégués à l'appui de cette unification des titres. Impôt sur la rente.
Dettes et propriétés des communes déclarées nationales. Annonce d'un
emprunt forcé combiné avec un emprunt volontaire. 150 pages avec tableaux. Autre édition in-8o.)

Rapports de la Commission des finances et lois sur la dette publique,
sur sa consolidation, sur l'emprunt volontaire et sur l'emprunt forcé,
suivis de l'instruction sur l'emprunt forcé. Paris, 1793, in-8o (Recueil
officiel contenant le rapport précité de Cambon, suivi de la loi du 24
août avec des modèles annexes, et du rapport cité plus loin de Ramel
sur l'emprunt forcé d'un milliard, accompagné de la loi sur l'emprunt
du 3 septembre 1793 et des tableaux et instructions à l'appui. Table générale. 230 p. Le même in-4o sur deux colonnes, 49 pages.)

Projet de décret pour défendre la vente, cession, négociation ou transport de titres actuels constatant les créances non viagères sur la nation,
à compter du 1er octobre prochain... présenté au nom de la Commission
des finances, par Cambon, député, 11 septembre 1793, in-8o. (15 pages
de texte de décret.)

Rapport fait à la convention nationale dans la séance du 1er frimaire
an II, sur les domaines aliénés, par Cambon, député, in-8o. (L'assignat
est au pair avec le numéraire. On se bat à la porte de la Trésorerie pour
obtenir des fonds à l'emprunt volontaire. Il faut le dire à l'Europe entière, etc. Tableau enthousiaste de la situation des finances. « Et vous,
« puissances amies de la République, voulez-vous de l'or ? voulez-vous
« de l'argent ? C'est en France que vous en trouverez... Oui ! les finances
« de la République sont dans un état si florissant qu'on pourrait dire
« qu'il n'est presque plus nécessaire de calculer. » Les domaines aliénés,
dont la république doit s'emparer, ajouteront encore un surcroît de 12
à 15 cents millions au gage existant. Projet de révoquer toutes les aliénations royales. 36 pages.)

Projet de décret pour démonétiser les monnaies d'or et d'argent...,
et obliger les possesseurs d'en faire leur déclaration, présenté au nom
des Comités de salut public et de finances, par Cambon, député, 11 frimaire an II, in-8o. (54 pages avec tableaux.)

Projet de décret relatif à la comptabilité des récépissés de contribu-

jactances méridionales de l'auteur, en profitant de ses statis-

tions acquittées en grains... Présenté au nom du Comité des finances, par Cambon, député, 24 frimaire an II, in-8º.

Projet de décret relatif au recouvrement et à la comptabilité de l'emprunt forcé, présenté par le citoyen Cambon, le 26 frimaire an II, in-8º.

Projet de décret relatif aux loteries supprimées, à leur comptabilité, à leur liquidation..., présenté au nom du Comité des finances, par Cambon, député. Paris, s. d., in-8º.

Rapport sur le compte des recettes et des dépenses de la nation, depuis le 1ᵉʳ mai 1793, qui a été présenté par les commissaires de la Trésorerie nationale, fait au nom du Comité des finances à la séance du 3 germinal an II, par Cambon, député.

Rapport et projet de décret pour régler le mode de liquidation des délégations, ou effets au porteur dont le gage repose sur les rentes viagères dues à la République..., présenté au nom du Comité des finances, par Cambon. Le 12 fructidor an II, in-8º.

Rapport et projet de décret sur les mutations par décès des inscriptions au grand-livre, présentés au nom du Comité des finances, par Cambon, député, 18 fructidor, an II, in-8º.

Rapport et projet de décret sur la comptabilité des divers bons fournis en payement des contributions, présenté par Cambon, au nom du Comité des finances. Le 18 fructidor an II, in-8º.

Rapport et projet de décret sur le demi-droit d'enregistrement et sur ce qui est dû par les héritiers des défenseurs de la Patrie, présenté par Cambon, au nom du Comité des finances. Le 18 fructidor an II, in-8º.

Rapport et projet de décret sur les sous pour livre additionnels et sur la comptabilité des receveurs de districts, présenté par Cambon, député, au nom du Comité des finances. Le 19 fructidor an II, in-4º.

Rapport et projet de décret sur la liquidation des compagnies financières connues sous le nom de caisse d'escompte, assurances sur la vie, assurances contre les incendies, présentés par Cambon, député, au nom du Comité des finances, 25 fructidor an II, in-8º.

Rapport sur les pensions dites ecclésiastiques, fait par Cambon, député, au nom du Comité des finances. 2ᵉ sans-culottides an II, in-8º.

Discours au sujet du compte de l'argenterie des églises, prononcé par le citoyen Cambon, à la séance du 12 brumaire an III, in-8º.

Rapport et projet de décret sur les taxes révolutionnaires, présenté à la Convention nationale, par Cambon fils aîné, député, au nom du Comité des finances. 6 frimaire an III, in-8º.

Rapport sur les moyens à prendre pour retirer les assignats de la circulation et sur la création d'une loterie, par Cambon fils aîné, 3 pluviôse an III, in-8º. (Panégyrique outré des assignats. Non seulement ils ont sauvé la République, mais ils ont accru sa richesse, développé ses forces productives; ils reposent sur des gages de toute sûreté. Cependant, pour détruire les préventions de nos ennemis, on doit réduire leur masse. Plan d'une loterie, qui en retirera quatre milliards. 54 pages avec tableau des combinaisons.)

Résumé des diverses opinions présentées à la Convention nationale sur

tiques documentées, pour très bien connaître et apprécier les opérations ultra-révolutionnaires auxquelles il se livra.

Lui-même, d'ailleurs, à certains moments, formule, comme *a parte*, des réflexions émanant de son fonds inexploité d'ancienne sagesse commerciale, qui éclairent la situation d'un jour nouveau. A remarquer dans cet ordre d'idées son dernier travail du 7 ventôse an III.

Jusque-là, on notera d'abord le fameux rapport par lequel il institua le grand livre de la dette publique, le 15 août 1793, divers autres sur l'émission des assignats, l'argenterie des églises, les taxes révolutionnaires, la suppression des sociétés par actions, enfin celui qui tend à organiser le retirement des assignats au moyen de loteries, point de départ d'un grand nombre de propositions analogues faites à la tribune ou par écrit.

2° TRAVAUX DE RAMEL

Après Cambon, un des plus importants rapporteurs est

---

le projet du Comité des finances pour accélérer le retirement des assignats, lu à la séance du 7 ventôse an III, par Cambon fils aîné, in-8°. (Résumé des projets de Lanthenas, Thibault, Lozeau, Balland, Vernier, lesquels sont tous cités plus loin. Cambon les apprécie et en signale les imperfections. Il dresse tardivement, à titre de conclusion, un programme remarquable dans sa bouche, consistant à déclarer que l'ordre dans les finances résulte uniquement de l'équilibre entre les recettes et les dépenses normales. 15 pages.)

Rapport sur des réclamations qui ont été faites sur diverses dispositions de la loi du 24 août 1793 concernant la dette nationale, fait au nom du Comité des finances, à la séance du 14 ventôse an III, par Cambon, fils aîné, député, in-8°.

Rapport sur diverses réclamations qui ont été faites au sujet des lois du 23 floréal et 8 messidor dernier, sur la dette viagère, par Cambon fils aîné. Ventôse an III, in-8°.

Rapport sur le mode de remplacement des titres de créance qui ont été perdus, fait au nom du Comité des finances, à la séance du 14 ventôse an III, par Cambon fils aîné, député.

Rapport sur la fixation de la contribution foncière à imposer sur les inscriptions consolidées et viagères..., fait au nom du Comité des finances par Cambon fils aîné, député. 16 ventôse an III, in-8°.

Ramel[1], dont les théories, à propos de l'emprunt forcé d'un milliard, ne craignirent pas d'aboutir ouvertement à la confiscation du superflu des riches. C'est lui, d'ailleurs,

---

1. Séance du lundi 17 mars 1793. Projet de décret proposé par Ramel sur l'invitation de Barère, et voté séance tenante, proclamant le principe d'un impôt gradué et progressif sur le luxe et les richesses tant foncière que mobilière.

Séance du 5 juin 1793. Projet de décret présenté au nom du comité des finances, par Ramel, sur la contribution mobilière. (Ramel propose de maintenir la contribution mobilière en améliorant sa répartition, parce que seule elle permet d'établir l'impôt progressif. Plus tard, le 9 frimaire an III, il proposera sa suppression.)

Rapport et projet de décret faits et présentés au nom de la Commission des finances sur l'emprunt forcé d'un milliard, par le citoyen Ramel, dans la séance du 19 août 1793, in-8º. (Suite des mesures annoncées par Cambon dans son grand rapport du 15 août. Les riches qui n'ont rien fait pour la Révolution peuvent au moins payer. Taxe sur les capitaux oisifs. Progression sans limite sur tout ce qui excède le maximum réservé. L'idée de spoliation ne doit pas arrêter en matière d'emprunt. Pénalités en cas de fausses déclarations. Théories révolutionnaires suivies d'un décret d'exécution. 21 pages.)

Rapport fait au nom du Comité général des finances, par D.-V. Ramel, député, sur les moyens propres à diminuer la masse des assignats mis en circulation, 23 août 1793, in-8º.

Projet de décret présenté par le Comité des finances sur les procès et appositions des scellés des ci-devant ferme générale, régie, etc. Signé D.-V. Ramel, rapporteur. S. d., in-8º.

Rapport en deux parties sur la contribution foncière, fait au nom du Comité des finances, dans la séance du 26 pluviôse, à la Convention nationale. Première partie, rédigée par Ramel, député de l'Aude : inconvénients de la contribution en nature. Deuxième partie, rédigée par Beffroy, député de l'Aisne : avantages de la contribution en nature. Paris, Imp. nat., 26 pluviôse an II, in-8º. (Ramel expose d'abord les difficultés pratiques d'exécution de la contribution en nature, puis son injustice théorique. Énormité de ses frais de perception.)

Observations sur le double rapport qui nous a été distribué sur la contribution foncière par Ramel et Beffroy, prononcées à la tribune le 6 ventôse an II, par Durand-Maillane, in-8º.

Rapport et projet de décret sur les contributions directes de 1791 (v. s.), présentés au nom du Comité des finances par D.-V. Ramel, député 9 frimaire an III, in-8º. (Dégrèvements sur la contribution foncière. Suppression de la contribution mobilière. Lire l'instruction de l'assemblée sur le décret du 23 nivôse an III, concernant les contributions directes de 1794 (vieux style), où sont exposés les motifs de la suppression de la contribution mobilière. Procès-verbal de la convention, tome LIII, an III, in-8º.)

qui, de concert avec Barère, fit décréter le principe de
l'impôt progressif. A remarquer le plaidoyer contradic-
toire de Ramel et Beffroy sur l'impôt en nature.

3° TRAVAUX DE DUBOIS-CRANCÉ, JOHANNOT, VERNIER, NEWBELL, LOYSEL

Dubois-Crancé [1] fut l'apôtre spécial de cet impôt en
nature : tous ses plans aboutissent à le proposer comme
l'universelle panacée. Il parvint, du reste, à le faire triompher et son nom y est resté attaché.

Johannot [2] jouit aussi d'une certaine réputation pos-

---

1. Rapport et projet de décret présentés au nom des Comités de
finances et d'agriculture réunis, sur les avantages ou les inconvénients
de l'impôt en nature, par Dubois-Crancé. 23 [floréal an III, in-8°. (Résumé intéressant et animé des arguments en faveur de l'impôt en nature.)
Réfutation des objections contre la contribution en nature, par Dubois-Crancé. Le 3 prairial an III. Paris, floréal an III, in-8°.
Moyens de rétablir l'ordre dans les finances de la République française, par Dubois-Crancé. Paris, 16 floréal an III (avril 1795), in-8°.
(Discussion des plans de Johannot, avec contre-projet, dans lequel
figure la contribution en nature, 31 pages.)
Plan de finances par Dubois-Crancé. Paris, prairial an III (mai 1795),
in-8°. (Retirement des assignats. Hypothèque spéciale sur les biens nationaux invendus.)
Deuxième série du plan de finances, par Dubois-Crancé. Paris, prairial an III (mai 1795), in-8°. (Le payement en nature était le premier
article du plan. A son défaut, et en outre, il s'agit de réduire la circulation des assignats.)
Mémoire sur la contribution foncière suivi d'un projet de loi motivé
pour opérer la conversion de l'impôt en numéraire en une prestation en
nature, par Dubois-Crancé, ex-législateur. Paris, an XII (1804), in-8°.
(Nous citons ici cet ouvrage de Dubois-Crancé, bien qu'il soit postérieur à la Révolution, pour montrer quelle fut la ténacité de l'auteur à
préconiser l'impôt en nature, malgré les leçons de l'expérience.)
2. Rapport fait au nom du Comité des finances, par Johannot, sur
l'organisation de la Trésorerie nationale, 8 frimaire an III, in-8°.
Rapport et projet de décret présentés par Johannot, au nom des Comités de salut public, sûreté générale, législation, commerce et finances,
sur les moyens de rétablir les finances et le crédit public, nivôse, an III,
in-8°. (Évaluation des biens nationaux à 15 milliards. Déclamations et
hyperboles. Phrases sentencieuses telles que celle-ci : « Le crédit est

thume grâce aux exagérations hyperboliques de ses calculs en matière d'assignats, d'après lesquels la valeur des biens nationaux arrivait à dépasser de beaucoup le montant des émissions et le papier à posséder, dès lors, un gage de premier ordre.

Vernier[1] traita, comme les précédents, la question des

une plante fragile, qui a besoin de vents doux et réguliers et qui ne peut croître sur un sol orageux et souvent bouleversé. »)

Rapport fait au nom des Comités de salut public, de législation et des finances réunis, par Johannot. 25 germinal an III, in-8°. (Classification des dépenses et moyens d'y pourvoir. Estimation des biens nationaux. Valeur portée à 15 milliards passés, sans compter 3 milliards en Belgique. Hypothèque des assignats garantie par une caisse spéciale. 16 pages de décrets. 52 pages.)

Projets de décrets présentés, au nom de la Commission des finances sur le code hypothécaire, pour céduler les domaines nationaux, et sur les déclarations foncières, par Johannot, député, 26 germinal an III, in-8°. (78 p.)

Supplément au rapport fait au nom des Comités de salut public, de législation et des finances réunis, par Johannot, floréal an III, in-8°. (La base du plan réside dans la loi hypothécaire. Création de cédules qui ouvriront à l'agriculture, au commerce et aux manufactures de nouvelles sources de régénération, etc. 11 projets de décret, 16 pages.)

1. Considérations sur les assignats. Moyen de procurer leur écoulement et d'opérer l'anéantissement de ce qui pourrait excéder les besoins de la circulation, par Vernier, député du Jura. Paris, février 1793, in-8°.

Transaction sur différentes questions relatives aux monnaies et aux assignats, par Vernier, député à la Convention nationale. Paris, s. d., in-8°.

Observations sur le rapport du comité des finances, présenté par Cambon à la séance du 3 pluviôse, relativement aux moyens à prendre pour retirer les assignats de la circulation, par Vernier, député du Jura. Pluviôse an III, in-8°. (Le retirement des assignats n'est pas une simple convenance, mais une nécessité absolue. Les exagérations sont dangereuses, les vaines affirmations inutiles. L'infâme banqueroute doit être écartée par des actes. Projet d'un impôt territorial de un milliard, ou de 500 millions, en plus de la loterie de Cambon, 16 pages.)

Rapport sur les moyens de retirer de la circulation les assignats surabondants et sur différents plans dont l'examen avait été renvoyé aux comités des finances et de salut public, par Vernier, le 27 floréal an III. (Publicité à donner au gage des assignats. Caisse des hypothèques. Classification des dépenses ordinaires. 18 p.)

Rapport et projet de décret sur les rentes viagères, au nom du Comité des finances, par Vernier. Floréal an III.

assignats, forcément à l'ordre du jour; mais il le fit avec une modération relative. Dans la discussion sur l'emprunt forcé contre les riches, presque seul avec Buzot, il osa démontrer l'arbitraire et l'injustice de la mesure (séance du lundi 20 mai 1793). Son rapport sur le plan de restauration du crédit national du 27 floréal an III renferme, avec des idées saines, un mélange d'utopies telles que la création d'une caisse d'hypothèques prêtant à 3 p. 100 : « Elle tuera, dit-il, l'agiotage, car elle fixera les cours. » Remarques intéressantes sur les contributions mobilière et des patentes, insérées dans le rapport qui propose, en outre, de faire payer la moitié de la contribution foncière en nature.

Signalons enfin les rapports que rédigèrent Rewbell [1], plus tard directeur, déjà quelque peu préparé aux études financières par ses travaux sous la Constituante ; Loysel [2],

---

Rapport et projet de décret, par Vernier, au nom des Comités du salut public et des finances. Paris, messidor an III, in-8°. (1° Payement de la moitié de la contribution foncière en nature ; 2° Demandes en surtaxes et réductions ; 3° Payement de la moitié du prix des baux en argent ; 4° Rétablissement de la contribution mobiliaire ; 5° Rétablissement des patentes. Payement en nature de la moitié de la contribution foncière : par cette mesure, les agiotages sont supprimés, les approvisionnements assurés, les finances consolidées. Définition de la contribution mobilière; ses bases sont légitimes : elle sera restreinte provisoirement à des taxes personnelles, sur les cheminées, poêles, domestiques, voitures, etc. Patentes accordées, en vertu d'une permission spéciale, aux personnes connues, afin d'écarter les agioteurs, accapareurs, etc. 37 pages.)

1. Rapport et projet de décret sur les finances, présentés au nom des quatre Comités réunis de salut public, sûreté générale, législation et finances, par Reubell, représentant du peuple, 2 prairial an III. (Etablissement d'une échelle de proportion pour la valeur des assignats.)

2. Rapport et projet de décret sur les fabrications de la petite monnaie, présentés au nom des Comités des assignats et monnaies, par Loysel, député. 7 août 1793, in-8°.

Rapport et projet de décret sur la fabrication d'une nouvelle petite pièce de monnaie de bronze... par le même, 3 septembre 1793, in-8°.

Second rapport et projet de décret sur le nouveau système monétaire, suivis des rapports des commissaires de la ci-devant Académie

dont la spécialité s'exerça sur les affaires de monnaie, et
Réal[1] qui professa à l'égard des *riches*, redevables de l'emprunt forcé, des opinions spoliatrices, non moins utiles à
retenir que celles de Ramel.

4° AUTRES RAPPORTEURS ET ORATEURS DE MOINDRE IMPORTANCE CLASSÉS PAR ORDRE DES MATIÈRES TRAITÉES

Les autres rapporteurs ou orateurs peuvent être simplement classés par ordre de matières, en rattachant chaque
sujet traité à celui dont nous venons de voir déjà les
principaux conventionnels s'occuper. Ainsi, le projet de
retirement des assignats, mis en avant par Cambon sous
forme de combinaisons de loterie, suscita un grand

---

des sciences..., présentés au nom des Comités des assignats et monnaies,
par Loysel, député. 15 septembre 1793, in-8°. (26 pages. Nouveaux
principes monétaires.)

Rapport et projet de décret sur l'organisation d'une nouvelle administration des monnaies..., par Frécine, député, et Loysel, député. 19 septembre 1793, in-8°. (40 pages et 3 tableaux.)

Rapport et projet de décret sur l'organisation de l'administration des
monnaies..., par Frécine et Loysel, députés. 4 pluviôse an II, in-4°.
(Nombreux tableaux, 31 pages.)

Projets de décrets sur la fabrication des monnaies, présentés au nom
du Comité des finances, par Loysel, député. 16 thermidor an III, in-8°.

Observations sur le rapport et le projet de décret relatifs à un nouveau système monétaire présentés à la Convention nationale par le
citoyen Loysel au nom du Comité des finances, rédigées par le citoyen
Beyerlé, membre de la commission des monnaies. Paris, s. d., in-4°.

Rapport et projet de décret sur l'organisation des monnaies, présentés au nom du Comité de finances, section des assignats et monnaies,
par Frécine et Loysel, représentants du peuple. 12 vendémiaire an IV.
(Grand rapport de 33 pages.)

1. Projet de décret sur le mode d'exécution de l'emprunt forcé d'un
milliard, par Réal, député. (Séances des 9 et 22 juin 1793. Rapport et
discours. Définition des citoyens *riches*. Évaluation de la fortune de la
nation. Revenus nécessaires, abondants et superflus. Taxation progressive qui réduit les seconds, et absorbe les troisièmes.)

Analyse des projets de décret présentés sur le mode d'exécution de
l'emprunt forcé d'un milliard, par Réal, député de l'Isère. 22 juin 1793,
in-8°. (Les projets de Mallarmé, Thuriot, Izoré, Collot d'Herbois et Réal
font porter l'emprunt sur les revenus. Le projet de Génissieu prend
pour base les capitaux.)

nombre de propositions analogues, parmi lesquelles on distingue celles de Lanthenas, Balland, Gauthier, Thirion, Thibault, Génissieu, Vernier déjà cité, Creuzé-Latouche, Lozeau, etc. [1].

---

[1]. Projet pour retirer une grande masse d'assignats..., proposé par F. Lanthenas, député. Paris, 14 pluviôse an III. (Projet d'organiser des caisses d'épargne et de tontine, 43 p.)

Projet d'une tontine nationale pour retirer de la circulation quatre milliards d'assignats, par Thibault, député, 17 pluviôse an III, in-8°. (Combinaison tontinière substituée au plan de loterie de Cambon. 14 pages.)

Projet de banque nationale tendant à diminuer beaucoup et promptement la masse des assignats en circulation, ainsi que le prix des denrées et des marchandises..., présenté à la Convention nationale à la séance du 19 pluviôse an III, par Balland, député. (Le mal réside dans l'excès de la circulation de la monnaie ou de ses signes représentatifs. Projet de retirer 3 milliards d'assignats par un échange volontaire contre des reconnaissances nationales productives d'intérêt. 26 pages.)

Observations contre la loterie et la tontine en faveur de la banque nationale, par Balland (des Vosges), député, 9 ventôse an III, in-8°. Suivies de la réfutation d'une objection faite par Thuriot. (Parallèle des projets de loterie, de tontine ou de banque nationale. Avantages du dernier système. 10 pages.)

Moyens proposés pour accélérer la rentrée des assignats, par A.-F. Gauthier, représentant du peuple. Ventôse an III, in-8°. (Avantages faits aux acquéreurs de biens nationaux qui se libéreront par anticipation. 6 pages.)

Moyen de retirer trois milliards d'assignats de la circulation, par Thirion, député, lu à la séance du 9 ventôse an III, in-8°. (Projet de *faire appel aux fortunes* pour liquider la situation, c'est-à-dire d'hypothéquer les assignats sur les biens des particuliers. 10 pages.)

Opinion de J.-A. Creuzé-Latouche, député, contre la proposition d'hypothéquer les assignats sur les biens des particuliers. 17 ventôse an III, in-8°.

Opinion sur les moyens de retirer les assignats de la circulation, par P.-A. Lozeau, député, 28 ventôse an III, in-8°. (La loterie proposée détruirait le crédit. Elle n'illusionnerait, d'ailleurs, personne. La seule méthode rationnelle consiste à aliéner le plus rapidement possible le gage des biens nationaux, en retirant les assignats donnés en payement. Opinion exceptionnellement sage. 20 pages.)

Réflexions sur les causes du discrédit des assignats... par Obelin, représentant du peuple. Floréal an III, in-8° (22 p.).

Observations sur la discussion relative aux assignats, par Bresson, député. Floréal an III, in-8°.

Opinion sur les finances, par Ricord, représentant du peuple. Floréal an III (36 p.).

De même, sur le projet d'impôt territorial en nature prôné, comme l'a vu, par Dubois-Crancé, et que Ramel combattit dans un rapport fortement motivé, beaucoup d'autres moins notoires s'exercèrent [1].

Projet de décret présenté à la Convention nationale, par Ricord, représentant du peuple, sur les moyens de ramener l'abondance en retirant de la circulation la totalité des assignats... 19 floréal an III, in-8°. (Contrats territoriaux hypothéqués sur les biens des particuliers. Analogue au projet de Thirion. 14 pages.)

Projet d'établissement d'une banque nationale pour servir à l'extinction des assignats, par Bette. Floréal an III.

Motion d'ordre, présentée par Génissieu, député, sur les divers projets tendans (sic) au retirement des assignats, 24 floréal an III, in-8°. (Respectons les propriétés dans les assignats, mais ne respectons pas les voleurs. Les projets présentés ne favorisent que les spéculateurs. 10 pages.)

Discours prononcé à la séance du 29 floréal (an III) sur la nécessité et les moyens de retirer promptement de la circulation une somme de six milliards en assignats, par Rousseau, représentant du peuple (18 p.).

Projet de finances présenté par Rousseau, représentant du peuple, député de Paris, sur la nécessité de ne plus émettre d'assignats et sur les moyens de pourvoir aux dépenses du gouvernement jusqu'à la paix ; en retirant sur-le-champ les assignats de la circulation. 3 messidor an III. in-8°. (40 pages.)

Moyens pour l'épurement, retirement et acquittement de cinq milliards d'assignats; présentés à la Convention nationale, par Savornin, député. Messidor an III.

Moyen propre à substituer graduellement et sans inconvénients la monnaie métallique au papier monnaie..., par Faure, représentant du peuple. Thermidor an III, in-8°.

---

1. Opinion sur la contribution foncière prononcée par Cruves, député du Var. Paris, floréal an III, in-8°.

Opinion prononcée à la Convention nationale... sur le mode d'exécution simple et facile de l'impôt en nature, par Joseph Terral, député. 23 floréal an III, in-8°.

Opinion de Louvet (de la Somme) représentant du peuple, contre la perception en nature. 29 floréal an III, in-8°.

Opinion sur l'impôt en nature, prononcée à la tribune, par J. Quiennec, député, le 30 floréal an III, in-8°.

Vues sur l'impôt en nature considéré en lui-même et rapproché des circonstances actuelles, par Isoré..., député par le département de l'Oise. Prairial an III. (Apologie de la contribution en nature, 26 p.)

Observations sur l'impôt en nature proposé par Dubois-Crancé, par Moreau, député. Paris, prairial an III, in-8°.

Les comptes des anciens fermiers généraux provoquèrent des débats dont la guillotine fut l'épilogue [1]. Il est triste de voir le beau livre consacré par M. Grimaux au génie de Lavoisier finir sur une telle conclusion [2]. Mentionnons ici les écrits publiés par Lavoisier pour sa défense [3], bien qu'ils n'aient été imprimés que plus tard.

D'autres rapports concernent les denrées, l'agiotage, les opérations de bourse [4]. Peuvent encore former une caté-

Réflexions sur le projet de contribution en nature, par Joubert, député, Paris, prairial an III, in-8º.

1. Rapport des commissaires reviseurs des trois compagnies de finances, 26 brumaire an II. (Baux de David, Salzard et Mayer. (187 pages.) Paris, s. d., in-8º.

Rapport des commissaires reviseurs des trois compagnies de finances, suivi des pièces justificatives produites par les fermiers généraux. Paris, ventôse an II, in-8º. (Renseignements intéressants sur l'organisation des fermes générales.)

Rapport fait au nom des Comités de sûreté générale, des finances et de l'examen des comptes, réunis à la Commission des ci-devant fermiers généraux, par Dupin, 16 floréal an II, in-8º. (Célèbre rapport de Dupin qui décida du sort des fermiers généraux.)

2. Les travaux de M. Grimaux sont cités à propos du premier écrit financier de Lavoisier en 1774. Le procès des fermiers généraux s'y trouve largement traité.

3. Réponse aux inculpations faites contre les ci-devant fermiers généraux. S. l. n. d., in-4º. (Brochure de 42 pages, par Lavoisier, reproduite avec pièces justificatives, dans la collection suivante par les soins de M. Grimaux.)

Réponse aux inculpations faites contre les ci-devant fermiers généraux, avec les pièces justificatives, 1794. (Inséré par M. Grimaux dans le tome VI des Œuvres de Lavoisier, 6 vol. in-4º, 1893, citées précédemment. Mémoire de 89 pages in-4º, avec de nombreux tableaux de chiffres : contient des renseignements essentiels à consulter sur l'organisation et le fonctionnement des fermes générales.)

4. Opinion du citoyen Saint-Just sur les subsistances. 29 novembre 1792, in-8º.

Rapport sur le maximum des prix à établir pour les denrées et marchandises de première nécessité, fait au nom de la Commission des subsistances, par J.-M. Coupé, de l'Oise. 23 septembre 1793, in-8º.

Rapport fait à la Convention nationale sur l'agiotage et le change et sur le surhaussement des denrées et des marchandises, par Fabre d'Églantine, député. 3 août 1793, in-8º.

gorie à part ceux qui traitent de la comptabilité et des comptables, parmi lesquels figure un travail de Lemoine, qui permet d'apprécier à sa juste valeur le rôle stérile des commissions de comptabilité [1].

A remarquer enfin quelques vœux en faveur de l'éco-

Rapport fait sur les causes de l'agiotage, sur les moyens propres à le détruire et à régénérer le crédit national, par S.-P. Legendre, député. S. d., in-8°.

Rapport fait au nom du Comité de salut public, par le citoyen Saint-Just; 19 du premier mois de l'an second de la République, in-8°. (Dissipation du Trésor : trois milliards volés par les fournisseurs et les agents de toute espèce; désordres aux armées. Il faut rectifier le gouvernement tout entier. Nécessité d'imposer les riches. 20 p.)

Rapport et projet de décret sur la nécessité de rapporter la loi sur le maximum présenté au nom du comité de commerce et de l'approvisionnement, par M. A.-A. Giraud, député. 2 nivôse an III, in-8°.

Rapport et projet de décret sur les marchandises étrangères dont l'importation doit être favorisée, sur les objets dont la prohibition de sortir doit être maintenue, au nom du Comité de commerce et approvisionnements, par Scellier, député. Nivôse an III, in-8°.

Discours sur les principes du gouvernement actuel et sur les bases du crédit public, prononcé par Boissy-d'Anglas, représentant du peuple. 7 nivôse an III, in-8°.

Rapport et projet de décret sur le rétablissement de la Bourse à Paris, présentés au nom des Comités de salut public et de finances réunis, par Boissy-d'Anglas, le 13 ventôse an III.

Motion d'ordre par Dupuis sur le crédit public. 18 germinal an III, in-8°. (Réformes vagues, 11 pages.)

1. Rapport et projet de décret présentés au nom du Comité de l'examen des comptes, sur la liquidation de l'ancienne comptabilité, par le citoyen Delamarre, député, 12 août 1793, in-8°.

Rapport sur les cautionnements des comptables, par L.-E. Beffroy. S. d., in-8°.

Rapport et projet de décret sur la comptabilité des anciens receveurs des finances, présentés au nom du Comité des finances, par le citoyen Gillet, député, s. d.

Rapport et projet de décret sur la comptabilité arriérée, présentés au nom du Comité des finances, par J.-T.-L. Lemoine, député. 18 pluviôse an III, in-8°. (Immense arriéré des comptes. Insuffisance des commissaires institués en 1792. Les députés n'ont présenté aucun rapport. Nécessité d'attribuer aux bureaux de comptabilité le droit, qu'ils auraient dû toujours avoir, d'arrêter, sous leur responsabilité, les comptes qu'ils ont vérifiés. 19 pages.)

nomie politique [1], divers projets sur les finances en général [2] et sur des sujets spéciaux [3].

1. Discours sur la nécessité d'ajouter à l'Ecole normale un professeur
d'économie politique, par J.-A. Creuzé-Latouche, député. Pluviôse an III,
in-8⁰.

Opinion de Jean-Bon Saint-André, sur les bases de l'économie politique, lue à la séance du 26 floréal an III. (Démonétisation des assignats.
Le quintal de froment seule unité monétaire. L'or et l'argent ne seront
plus employés comme monnaie. 34 p.)

2. Analyse d'un plan général des finances, par J.-M. Rouzet, député.
29 frimaire an III, in-8⁰.

Opinion de Laurent Lecointre, député, sur la nécessité d'un plan de
finance total et moyens qu'il propose pour le remplir. Paris, ventôse
l'an III, in-8⁰. (Grosse brochure de 73 pages.)

Projet de finances présenté par André Dumont, député. Germinal
an III, in-8⁰. (14 p.)

Opinion et projet de décret sur les finances, par Haussmann, député
de Seine-et-Oise. Le 19 floréal an III. Paris, in-8⁰.

Opinion de Pierre-Joseph Lion, député, sur la réforme et l'amélioration des finances. Floréal an III (11 p.).

Opinion de Bourdon (de l'Oise) sur les finances. Floréal an III.

Projet de décret sur les finances présenté à la Convention nationale
par Bourdon (de l'Oise), le 22 floréal an III (32 p.).

Opinion de P.-J.-D.-G. Faure, député, sur les finances. Floréal an III,
in-8⁰.

Opinion sur les finances, par Chamborre, député. Floréal an III, in-8⁰
(32 p.).

3. Rapport sur la gestion, la comptabilité et l'emploi des fonds appar-
tenant aux communes et provenant de la vente de leurs bois, par Poullain-Grandprey, député, 30 juin 1793, in-8⁰.

Rapport sur un projet d'acte de navigation de la République française présenté à la Convention nationale, au nom de ses Comités de
marine, de commerce et du salut public, par Pierre Marec. 3 juillet 1793,
in-8⁰.

Rapport sur l'acte de navigation fait au nom du Comité du salut public,
par B. Barrère. 21 septembre an II, in-8⁰. (Important document exposant les idées commerciales de la Convention. Traduit en anglais. Suivi
des décrets rendus le 21 septembre an II.)

Rapport sur le compte rendu au Comité des finances par le directeur
général de la liquidation des résultats de la liquidation des offices de
toute nature, des maîtrises et jurandes, par Bordas, député, 18 vendémiaire an III, in-8⁰.

Rapport au nom des Comités de législation et des finances concernant
la liquidation des créances et droits sur les biens nationaux provenant
des émigrés et de confiscations..., par Eschasseriaux jeune. 1ᵉʳ floréal
an III, in-8⁰. (Les droits des créanciers sur les biens confisqués des émi-

§ 3. — *Séances de la Convention.*

Nous ne continuerons pas pour la Convention la nomenclature chronologique des séances consacrées aux
finances, comme nous l'avons dressée pour la Constituante
et la Législative, parce que, maintenant, les discussions
publiques perdent une grande partie de leur importance.
Seules quelques personnalités dirigeantes y prennent la
parole, et font approuver leurs projets sans longues
objections. D'ailleurs, l'indication précédente des principaux rapports et discours publiés à part suffit pour permettre de suivre l'ordre chronologique des faits.

§ 4. — *Écrits financiers publiés pendant la durée de la Convention, avant et après le 9 Thermidor, classés par ordre de matières.*

1° ÉCRITS PUBLIÉS DEPUIS LE DÉBUT DE LA CONVENTION JUSQU'AU 9 THERMIDOR AN II

L'indifférence de la masse du public à l'égard des questions financières, déjà constatée sous la Législative, se
continue sous la Convention à ses débuts. Jusqu'au 9 Thermidor an II, très peu de personnes en dehors de l'assemblée
s'occupent de la marche des finances publiques. A remarquer un résumé des diverses opinions courantes, intitulé :
Bilan de la nation française [1], où se trouve analysé ce

---

gés ont été solennellement reconnus. Il importe enfin d'organiser maintenant l'exercice de ces droits, 66 pages.)

Aperçu des dépenses des divers objets d'instruction publique, par La-
kanal, député. Floréal an III, in-8°.

Rapport et projet de décret sur l'organisation de l'administration fores-
tière présentés par Isoré, député de l'Oise. Vendémiaire an IV, in-4°.
(28 pages avec tableau.)

---

1. Bilan de la nation française au 1er février 1793. Extrait des comptes

qui a été dit et écrit sur le sujet depuis quelques années, par un ex-député anonyme. Les autres sont signés de noms sans grande notoriété[1]. Lire les théories fiscales de Saint-Just, éparses dans ses *Fragments* publiés après sa mort[2]. Un certain nombre de publications se concentrent

---

et états des agents du gouvernement et de quelques écrits sur les finances, par un ex-député, avec des observations sur l'invraisemblance de celui présenté à la même époque à la Convention nationale, au nom du comité des finances. Paris, 1793, in-8º. (Cite et analyse les publications financières de Necker, Cambon, Laffon-Ladebat, Lavoisier, Bergasse, Bernigaud-Degrange, Clavière, Bonvalet-des-Brosses, etc. Réfute avec compétence le bilan du Comité des finances. 32 pages.)

1. Charles Villette, membre de la Convention, à ses collègues. Paris, l'an I de la République, in-8º. (Sur un nouveau mode d'imposition.)

Du crédit public en France, par Gouget-Deshandres. Paris, an I, in-8º.

Moyen facile de retirer, en peu de temps, de la circulation une masse considérable d'assignats, présenté au Comité des finances par Ant. Vitalis. S. l., 1792, in-4º.

Richesse de la République, par J.-M. Lequinio, membre de la Convention et citoyen du globe. Paris, 20 novembre 1792, in-8º. (Richesse de l'État, ou De la navigation intérieure, 64 p.)

Adresse à la Convention nationale pour faire retirer tous les assignats, par R. Payenneville. Paris, s. d. (1793), in-8º.

Considérations sur le discrédit des assignats, par Gouffe. S. l. n. d., in-8º.

Réflexions sur les affaires publiques, par Lecointre..., le 24 février 1793..., et lettre sur les assignats du même à Richaud..., le 24 avril. Paris, s. d., in-8º.

Moyens infaillibles pour assurer la subsistance de la République et celle de ses nombreuses armées, sans occasionner aucune dépense à la Nation... par François Galand l'aîné. Amiens, 1793, in-8º.

Moyen de brûler, sous six mois, douze cents millions d'assignats et plus, par Payenneville. Paris, 1er mai 1793, in-8º.

Rétablissement du crédit public, ou moyens de faire reparaître le numéraire..., par François-Noël Lefèvre. Paris, an II, in-8º.

---

2. Fragments sur les institutions républicaines, ouvrage posthume de Saint-Just, publié pour la première fois en 1800. Paris, in-12.

Autre édition précédée d'une notice par Ch. Nodier. Paris, 1831, in-8º. (« Il n'existera d'autre impôt que l'obligation civile de remettre à un « officier public, tous les ans, le dixième de son revenu et le quinzième « du produit de son industrie. Le tableau des payements sera imprimé « et affiché toute l'année. »)

sur la falsification des assignats [1], sur les dénonciations
contre divers agents gouvernementaux, visant spécialement le directeur général des assignats et le ministre
Clavière, et contenant quelques faits d'administration intéressants au milieu de beaucoup d'accusations politiques [2].

---

1. Paris, le 18 juillet 1793. Le vérificateur en chef des assignats à ses
concitoyens, par Deperey. Paris, 1793, in-8°. (Fabrication de faux assignats.)
Collection de procès-verbaux des signes caractéristiques auxquels on
peut reconnaître la falsification d'assignats de 2.000 livres, de 600
livres, de 300 livres, de 200 livres et de 5 livres suivant leur création.
Paris, 1793, in-4°.
Clavière convaincu d'imposture par le C. Poissault. S. l., 2 février
1793, in-4°. (Sans intérêt. Il s'agit d'un timbre sec à apposer sur les
assignats.)
Aperçu sur la fabrication des assignats, par Gatteaux. Paris, mars
1793, in-8°.
Réponse du citoyen Droz à un écrit du citoyen Gatteaux, ayant pour
titre : « Aperçu sur la fabrication des assignats. » Paris, s. d., in-8°.
Réplique de J.-P. Droz aux citoyens Gatteaux et Herhan. Paris, s. d.,
in-8°.
Procès-verbal des signes caractéristiques des faux assignats débar-
qués à Quiberon par les Anglais et les émigrés. Châlons, 25 thermidor
an III, in-8°.
2. Éclaircissements pour servir de base à l'opinion qu'on doit avoir
sur le citoyen Lamarche, directeur de la fabrication des assignats, et sur
le ministre Clavière qui en a la surveillance. Paris, 13 octobre-29 novembre 1792, in-8°.
Violation de la justice et réclamation du citoyen Ollivault, sous-directeur de la fabrication des assignats... Dénonciation motivée contre le
citoyen Clavière, ministre des contributions publiques, et contre de La
Marche, directeur général de la fabrication des assignats. Paris, 26 décembre 1792, in-4°.
Addition aux dénonciations motivées du citoyen Ollivault... Paris,
15 janvier 1793, in-4°.
Supplément aux « Dénonciations motivées du citoyen Ollivault... ».
Paris, 28 janvier 1793, in-4°.
Réponse du directeur général des assignats (de Lamarche) aux dénonciations contre lui. Paris, s. d., in-4°.
Réplique du citoyen Ollivault... Paris, 14 février 1793, in-4°.
Réponse du citoyen Arthur au mémoire prétendu justificatif de Dela-
marche... Paris, s. d., in-4°.
Coup d'œil sur les monnaies, sur leur administration et sur le
ministre des contributions publiques, par Ant.-Aug. Renouard. Paris,
30 janvier 1793, in-4°.

En plus, sont traités divers points de polémique fiscale [1],
la question du prix des denrées, les douanes, l'enregistrement [2], avec deux intéressants mémoires présentés par
les régisseurs de ces administrations sur la marche de
leur service, etc.

De La Marche, directeur général de la fabrication des assignats, à ses
concitoyens. Paris, s. d., in-8°.

Dénonciation faite à la barre de la Convention nationale... contre un
nommé Delamarche..., par Belgodère. Paris, 14-22 février 1793, in-8°.

Frécine, député, à Clavière, ministre des contributions publiques. S.
d., in-4°. (Lamarche, serviteur et élu du roi, ne doit pas conserver l'administration des assignats. 4 pages.)

1. Observations sur l'opinion du citoyen Clavière, ministre des contributions publiques, touchant les loteries. 1793, in-4° (La loterie produit dix millions. Pourquoi nous priver de ce revenu que des spéculateurs percevraient à la place de l'État? 4 pages.)

Réflexions sur les loteries, par le citoyen Raffron, député du département de Paris à la Convention nationale. Paris, s. d., in-8°.

Réflexions sur le prétendu problème proposé, dit-on, par Cambon,
député... tous les croyants ne doivent-ils pas payer leurs prêtres? Paris, s. d., in-4°.

Paris, le 15 février 1793, l'an deuxième de la République. A Cambon,
Paris, s. d. (1793), in-8°.

Chambre de justice pour la recherche des vampires de l'État. Ressource légitime et populaire... Paris, 1793, in-8°.

2. Observations importantes sur le décret du 29 septembre 1793,
l'an III de la République, sur la fixation du maximum de prix des objets
de première nécessité, par Claude Boyer, homme libre... Paris, an II,
in-8°.

Acte de navigation avec ses rapports au commerce, aux finances...,
par G.-J.-A. Ducher. 18 août 1793, in-8°.

Douanes nationales et affaires étrangères, par G.-J.-A. Ducher.
22 brumaire an II, in-8°.

Projet de code de douanes, par G.-J.-A. Ducher. 2 frimaire an II,
in-8°.

Mémoires présentés à la commission des douanes par les régisseurs.
S. d., in-8°. (Réponse aux projets de Ducher qui sont cités ci-dessus et
insérés au Moniteur du 7 mai 1793, et qui proposaient de faire rentrer les douanes dans les attributions du ministre des Affaires étrangères. Détails techniques intéressants sur divers points de service.
46 pages.)

Compte sommaire rendu par les régisseurs nationaux de l'enregistrement et des domaines, de leur administration, depuis son établissement
jusqu'au 1er pluviôse de l'an II. S. l. n. d., in-4°.

2° ÉCRITS PUBLIÉS DEPUIS LE 9 THERMIDOR AN II JUSQU'À LA FIN DE LA CONVENTION

Après le 9 Thermidor, le sentiment public paraît, en ce qui concerne les finances, se réveiller un peu. A l'occasion des projets de retirement des assignats, chacun recherche, mais en vain, les moyens de se débarrasser de cette lèpre du papier-monnaie dont les funestes effets deviennent trop évidents. D'ailleurs, une certaine sagesse relative commence à poindre. Mais l'inspiration de cette sagesse naissante ne donne pas aux nombreux écrits parus alors un mérite qui permette de les signaler particulièrement [1]. Leur nombre seul constitue déjà un indice.

---

1. Observations sur les moyens de retirer des assignats de la circulation, présentées par le conseil général de commerce au Comité de salut public. Paris, s. d., in-4°.

Aux Représentants du peuple français. Moyens tendant à l'extinction des assignats et d'une grande partie de la dette nationale, par Tolozé. S. l. n. d., in-8°.

A la Convention nationale, sur les moyens de diminuer la masse d'assignats en circulation, rétablir le commerce intérieur et extérieur..., par Plassiard. S. l., 1er pluviôse an III, in-8°.

Extinction des assignats. Moyens de suffire à quatre campagnes sans en émettre et sans avoir besoin des biens des condamnés..., par P.-M. Mengin. Imprimé par ordre du comité des finances. Paris, s. d., in-8°. (179 pages.)

Observations sur les transactions particulières depuis l'émission du papier-monnaie, par Joubert-Lasalette. Paris, s. d., in-8°.

Projet pour diminuer d'un million par jour la masse des assignats (signé : P. L.... im). S. l., 23 pluviôse an III, in-8°.

Opinion d'un citoyen sur les finances et les moyens de retirer de la circulation une masse d'assignats. Paris, s. d., in-8°.

Lartigue à la Convention nationale, imprimé par ordre du comité des finances. Séance du 28 pluviôse an III, in-4°. (Plan de loterie artistement composé, dit Ramel, destiné, d'après son auteur, à revivifier les finances dès les premiers jours du printemps, à l'exemple de la nature. 8 pages de texte serré.)

Opération de finance pour retirer de la circulation et éteindre au moins six milliards en assignats par la voie d'une loterie en viager, proposée par Solignac, préposé à la surveillance de la marque sur les ouvrages d'or et d'argent. Imprimé par ordre du comité des finances. Paris, ventôse an III, in-8°. (23 pages.)

Il faut englober parmi les publications adonnées à la question des assignats après le 9 Thermidor presque toutes celles que nous classons ensuite sous la rubrique de sujets généraux de finances [1]. La question des assignats

---

Assignats. L'impôt est le seul moyen d'en diminuer la masse, par Burté. Paris, s. d., in-8°.

Projet pour prouver qu'il n'y a pas trop d'assignats en circulation, même qu'il n'y en a pas assez, par Bastien. S. l. n. d., in-8°.

Amendement et moyens supplémentaires d'exécution du projet proposé par les comités..., par Ch. Delacroix, député. Floréal an III. (Examen du plan de Johannot.)

Lettre de Polichinelle à ses compères du Comité des finances, offrant un moyen sûr de rembourser les assignats et de délivrer l'Etat sans bourse délier. Paris, 25 floréal an III, in-8°.

Essai sur la conciliation de l'intérêt et de la justice, ou réflexions sur la liquidation du papier-monnaie en France (par Servan). Paris, 1795, in-12.

Vues de Marc-Alexandre Caminade sur les moyens de retirer immédiatement de la circulation et d'éteindre en quinze ans six millions d'assignats. Prairial an III. Imprimé par ordre de la Convention nationale. (Cite l'opinion de Jean-Bon Saint-André sur les bases de l'économie politique, catalogué plus haut. Avoue que ses plans précédents étaient rédigés avec précipitation. Celui-ci n'est peut-être pas non plus à l'abri de la censure : affermage à vie des biens nationaux, banque hypothécaire, loterie. Projet qui eut l'honneur d'être soumis à la Convention dans le document suivant.)

Mesures décisives proposées par M. Al. Caminade, pour retirer de la circulation tous les assignats au-dessus de 50 livres et présentées par Sergent, député. Paris, prairial an III, in-8°.

Fortunes publique et particulières consolidées par une bonne opération de finances, ou plan rajeuni sur les assignats, par le citoyen Augustin Prunelé. Paris, 16 prairial an III, in-8°.

Mi-tontine dizainaire. Société civique pour le retirement des assignats. Paris, s. d. (messidor an III), in-4°.

Réflexions sur le projet du plan de finances présenté par les comités, par R..., suppléant à la Convention. Paris, s. d., in-8°.

Les véritables causes du discrédit des assignats..., par P..., envoyé de Valenciennes au Comité de salut public. S. l., 9 messidor an III, in-8°.

---

1. Deux mots sur nos finances et la fortune publique, par Debercken. Paris, 19 thermidor an II, in-8°.

Projet de décret sur les finances de la République, par Leborgne. Paris, s. d., in-8°.

P.-J.-D.-G. Faure, député à la Convention nationale, sur les finances, les colonies et le commerce. Ventôse an III.

domine, en effet, plus que jamais, la matière financière. Bien que le projet de leur retirement soit à l'ordre du jour, comme il a été dit, des écrivains se rencontrent encore qui voudraient les rajeunir; quelques-uns même continuent maladroitement à répéter que leur circulation est insuffisante, que tout le mal provient de là. Mais ce thème absurde n'a plus le succès d'autrefois, et la voix de ses prôneurs arriérés reste maintenant sans écho.

Citons ensuite quelques brochures sur les impôts [1], sur

Moyens proposés pour améliorer l'état des finances, par A. Dumont. Paris, ventôse an III, in-8°.

Observations sur le plan pour la restauration des finances qui fut lu dans la séance du 26 germinal, par A.-H. Wandelaincourt, député. Floréal an III.

Observations rapides sur la situation des finances... Signé : M... A. O. D. L. M. (Micoud d'Umons.) Paris, s. d., in-4°.

Considérations qui doivent déterminer la Convention nationale à rapporter plusieurs de ses décrets sur les rentes perpétuelles et viagères, par Marc-Alexandre Caminade. Paris, s. d., in-8°.

La richesse du peuple républicain, ou démonstration mathématique de la possibilité du remboursement de la dette nationale sans rien tirer du trésor public... (par Roze Dechantoiseau, Brulley, etc. Établissement d'une caisse nationale de remboursement qui émettrait des billets en plusieurs séries. 18 pages.)

Moyens présentés à la Convention nationale pour l'amélioration des finances, par L.-H. Seré. Paris, s. d., in-8°.

Les financiers du jour (par Lauchet). S. l. n. d., in-8°.

Plans, ou projets de finance, par le citoyen Darragon. Paris, 14 ventôse an III, 3 mars 1795, in-8°.

Résumé d'une conférence sur les finances dans une réunion de citoyens. Paris, an III, in-8°. (Imprimé par ordre du comité des finances, assignats. 19 p.)

Plan de finances pour percevoir les tributs en un seul jour (par Taschereau). Paris, 19 floréal an III, in-8°.

Observations d'un négociant sur les finances et sur les divers plans proposés... Paris, 19 floréal an III, in-4°.

Dernier mot de P.-J.-D.-G. Faure, député, sur les finances. Paris, prairial an III, in-8°.

Des finances. Lettre d'un citoyen des départements à son journaliste à Paris, par A. N. L. R. Paris, le 3 messidor an III, in-4°.

---

1. *Du droit national d'hérédité, ou moyen de supprimer la contribution foncière* (par Lacoste, administrateur de l'agence de l'enregistrement et des domaines nationaux. Le droit d'hérédité n'est pas un droit de pro-

les droits de succession, par exemple, dont la productivité pourrait s'accroître singulièrement si l'on supprimait purement et simplement l'hérédité.

Les lois de maximum, l'incertitude des approvisionnements, le prix du pain, etc., préoccupent aussi à bon droit les esprits et suscitent des projets financiers de toute nature. Dubois-Crancé publie sur le *Pain à deux sols* un libelle qui contient d'intéressantes réflexions, aboutissant toujours à proposer son unique panacée [1].

---

priété. L'État a tout avantage à s'emparer d'une partie importante des successions. En tout cas, il pourrait en retirer plus de 222 millions. L'ouvrage s'appuie sur des statistiques remontant au mois d'août 1792. Il date donc de l'an II ou III. 12 pages.)

Considérations sur le projet d'un droit national d'hérédité, par Antoine-François Gauthier, représentant du peuple. Ventôse an III.

1. Dix épis de bled au lieu d'un, ou la pierre philosophale de la République française, par François (de Neuf-Château), juge de paix du canton de Vicheray. Paris, 6 brumaire et 12 nivôse an III, in-8°. (Propose de perfectionner la culture du blé et en indique les moyens.)

Réflexions sur la loi du maximum et sur les réquisitions, par J.-R. Loyseau. Paris, 20 frimaire an III, in-8°.

Maximum démontré contre-révolutionnaire, par Barbet. Arras, s. d., n-8°.

Du pain, du pain, et moyen d'en avoir. Lettre sur la subsistance et sur les impositions et finances. L.-J. Bourdon, ancien fonctionnaire public, au citoyen Cambon. Paris, 19 pluviôse an III, in-8°.

Adresse à la Convention nationale sur les subsistances et les impositions, par le citoyen L.-J. Bourdon. Paris, an III, in-8°.

Le pain à deux sols dans toute la République, sans réquisitions, ni taxations, et sans que jamais il soit susceptible d'augmentation, par Dubois-Crancé, représentant du peuple. S. l. n. d., in-8°. (Abus commis dans les réquisitions. Projet de création de magasins pour vendre et acheter les denrées à prix fixe. Approvisionnements au moyen de l'impôt en nature. Éloge de l'ouvrage précédent de Bourdon. 24 pages.)

Principes d'équité appliqués aux finances, ou moyen simple et infaillible de remédier effectivement et immédiatement au renchérissement des objets..., présentés au Comité de salut public et des finances. Imprimés par arrêté du Comité des finances. Paris, imp. nat., ventôse an III, in-8°. (Signé : J.-P. Sabonadière, chef des bureaux de commerce et approvisionnements au Comité de salut public. 149 p.)

Point de terrorisme contre les assignats..., par le citoyen Arnould. Paris, an III, in-8°. (Réponse à l'écrit de Sabonadière.)

Vues sur les finances et sur les moyens de faire baisser les denrées et marchandises, par L. Garnier. S. l. n. d., in-8°.

Terminons par divers écrits de réaction : attaques contre Cambon [1], revendications écrites que ne craignent plus de formuler contre le conventionnel Dupin les familles des fermiers généraux condamnés sur son rapport [2]; les célèbres pamphlets de l'abbé Morellet et autres [3] contre les confiscations, etc.

Enfin, aux derniers jours de la Convention, divers travaux reflètent, en matière de finances, une tendance plus

---

1. Coup d'œil d'un aveugle sur l'administration du contrôleur général Cambon. S. l. n. d., in-8°. Signé Felhémésic (Méhée fils).

Terray-Cambon traité comme il le mérite par un très petit créancier de l'État (par Levray). Paris, s. d., in-8°.

2. Dénonciation présentée au Comité de législation de la Convention nationale contre le représentant Dupin, par les veuves et enfants des ci-devant fermiers généraux. Paris, 22 messidor an III, in-8°. (Signé Georges Monteloux fils, Paulze, veuve Lavoisier, Pignon, veuve La Haye, Papillon-Sannois, fils de Papillon-Autroche.)

Addition à la dénonciation présentée au Comité de législation... en date du 7 thermidor. (Imprimé à la suite de la brochure précédente.)

Seconde addition à la dénonciation présentée contre Dupin au Comité de législation. Paris, an III, in-8°.

Réponse à la dénonciation présentée par les veuves et enfants des ci-devant fermiers généraux, par le citoyen Dupin, représentant du peuple. Paris, s. d., in-8°.

Réclamation des créanciers des ci-devant fermiers généraux et des intéressés à la liquidation des créances de la République sur leurs biens. Paris, s. d., in-8°. (Signé : Antoine Roy.)

3. Le cri des familles..., par André Morellet. Paris, an III, in-8°.

La cause des pères, ou discussion du projet de décret relatif aux pères et mères, aïeuls et aïeules des émigrés, par l'auteur du Cri des familles (abbé Morellet). Paris, 10 germinal an III, in-8°.

Supplément à « la cause des pères », par André Morellet. Paris, 10 thermidor an III.

Tu n'attends pas après ton payement, ou réflexions des créanciers des émigrés sur le projet de décret relatif à la liquidation du passif des émigrés, présenté à la Convention nationale, par P. Bordas. Paris, s. d., in-8°.

Des assassinats et des vols politiques, ou des proscriptions et des confiscations, par Guillaume-Thomas Raynal. Londres et Paris, 1795, in-8°. (L'éditeur, dans sa préface, attribue faussement, dit-on, cet écrit à Raynal. L'auteur, quel qu'il soit, traite la question beaucoup plus au point de vue des souvenirs historiques de la Grèce et de Rome qu'au point de vue financier.)

accentuée encore vers les solutions pratiques. Quelques écrivains osent maintenant aborder de front les préjugés dominants et les déclamations convenues, pour revenir, tardivement sans doute, aux idées simples et droites [1]. Parmi

---

1. Mémoire sur les assignats et sur la manière de les considérer dans l'état de la baisse actuelle..., par le citoyen Panckoucke. 3ᵉ édition. Paris, an III, in-8º.

Nouveau mémoire sur les assignats, ou moyen de liquider sur-le-champ la dette nationale. Dix fructidor an troisième. Par Panckoucke, éditeur de l'Encyclopédie méthodique, 2ᵉ édition. Paris, an III, in-8º. Ce mémoire ne se vend pas. En second titre : Quatrième mémoire sur les assignats, contenant le moyen de retirer sur-le-champ de la circulation 10 milliards d'assignats, sans secousse, sans exciter de murmures, sans nuire au commerce... En note : Le troisième mémoire se trouve chez Pougin, le premier et le deuxième ont été imprimés dans le *Moniteur*. (L'auteur propose, non pas une démonétisation, odieuse suivant lui, mais un échange d'assignats contre des cédules hypothécaires. A la page 17, un nouveau titre porte : Suite du nouveau mémoire sur les assignats concernant l'établissement d'une caisse d'escompte, 45 p.)

Donnons notre bilan (par Saint-Aubin). Paris, 14 fructidor an III, in-8º. (Nécessité de dresser une estimation générale des biens de la nation avant d'émettre des cédules hypothécaires.)

R. T. Lindet, représentant du peuple, contre tous les projets de banqueroute, ouverte ou déguisée. Paris, s. d., in-4º. (Vigoureuse condamnation de la banqueroute : « la banqueroute est injuste, impolitique, impossible; je conclus au rejet de tous les projets qui n'offrent que de tels moyens. » Langage exceptionnel pour l'époque. 15 p.)

Coup d'œil sur les assignats et sur l'état où la Convention actuelle laisse les finances à ses successeurs, le 6 septembre 1795. Tiré de ses débats. Par M. d'Ivernois. Londres, septembre 1795, in-8º. (Brochure violente et instructive, avec des notes rappelant les passages des principaux discours financiers de la Convention. 91 pages.)

Mémoire sur les finances, par A.-P. Montesquiou. Paris, an III, in-8º. (De l'état des finances au 1ᵉʳ juillet 1795. Historique de la question des assignats. Ce n'est pas, d'après l'auteur, au système des assignats, excellent dans son principe, mais à l'effroyable abus qu'on en a fait, qu'on doit attribuer les calamités de la France. Nécessité du rétablissement de l'ordre. Moyens plus ou moins ingénieux proposés pour y parvenir. Sages conseils. 60 p.)

Essai sur les finances, par G.-C. Faipoult, chef principal aux bureaux du Comité de Salut public. Paris, 24 vendémiaire an IV, in-8º. (« Des « hommes de génie, dit-il, avaient conçu l'idée du papier-monnaie ; il « eût fallu que des hommes sages présidassent à son emploi. » Impossibilité actuelle de rétablir le crédit des assignats. On peut faire payer certaines contributions en argent, créer une banque, émettre des bil-

eux nous citerons Robert Lindet, Faipoult, tous deux
futurs ministres des finances; sir Francis d'Ivernois, passionné contre la Révolution et malheureusement aussi
contre la France, mais clairvoyant quand même; Montesquiou, qui reparaît sur la scène financière après ses vicis-
situdes militaires pour y apporter les conseils d'un esprit
assagi; Saint-Aubin, économiste humoristique dont le bon
sens continuera à flageller les écarts du Directoire, etc.

Ainsi, l'assemblée politique, qui, depuis 1792, avait
achevé de ruiner les finances, déjà si compromises,
d'ailleurs, par sa devancière, comprend, avant de finir en
1795, l'étendue de ses fautes, tout en demeurant impuis-
sante à les réparer.

---

lets hypothécaires. Examen du bilan de Saint-Aubin et du mémoire de
Montesquiou. Écrit modéré et sage. 43 p.)

Des assignats, par l'auteur de l'écrit intitulé « Donnons notre bilan »
(Saint-Aubin). Imprimé par ordre du Comité de salut public pour être
distribué au Corps législatif. Paris, 4 brumaire an IV, in-8°. (Proscription de toute démonétisation totale ou partielle : gages à donner aux assignats. Analyse intéressante de la situation actuelle. Discute l'Essai sur
les finances de Faipoult et le Mémoire de Montesquiou. 91 p.)

CHAPITRE XII

Le mouvement de publicité financière qui se dessinait à la fin de la Convention va s'accentuer sous le Directoire, sans atteindre cependant le degré d'intensité auquel nous l'avons vu s'élever sous la Constituante. L'enthousiasme est dissipé; les illusions sont hors de saison; le gros du public se retire de la lice. L'œuvre qu'il s'agit d'accomplir aujourd'hui, en effet, n'a plus rien de séduisant. Elle se résout exclusivement dans la recherche des moyens de salut.

Comment sortir le pays de l'abîme au fond duquel il est tombé? Mélancolique question pour laquelle chacun sent bien qu'il n'existera jamais de réponse satisfaisante. Néanmoins beaucoup encore s'en préoccupent, avec plus ou moins de compétence, surtout dans le sein des Conseils, et, en dehors, parmi les spécialistes. C'est déjà quelque chose que de ne pas se résigner.

Mais le mal est trop profond et les remèdes proposés

trop empiriques. En dépit des bonnes volontés, on continuera à se débattre dans l'impuissance jusqu'à la faillite, qui s'avance à grands pas.

§ 1. — *Chronologie des principaux faits financiers pour l'ensemble de la période directoriale.*

1° LISTE DES PRINCIPAUX MESSAGES FINANCIERS ADRESSÉS PAR LE DIRECTOIRE EXÉCUTIF AUX CONSEILS

Pour servir de fil conducteur à travers l'ensemble des quatre années du régime directorial, voici la liste chronologique des messages financiers adressés par le Gouvernement aux Conseils depuis l'an IV jusqu'à l'an VIII. C'est la table générale des événements financiers de la période.

Comme lesdits messages, épars dans cent et quelques volumes de procès-verbaux [1], ou résumés dans des recueils spéciaux [2], ne sauraient être cités en totalité, nous ne donnerons ici que les principaux [3].

---

1. Procès-verbal des séances du Conseil des Cinq-Cents. Imprimé en vertu de l'acte constitutionnel. Paris, Imp. nat., 50 vol. in-8°.

Procès-verbal des séances du Conseil des Anciens. Imprimé en vertu de l'acte constitutionnel. Paris, Imp. nat., 49 vol. in-8°.

Table des matières des noms de lieux et des noms de personnes contenus aux procès-verbaux des séances des deux Conseils formant le Corps législatif. Paris, Imp. nat., an VII-1813, 9 vol. in-8°.

2. Messages, arrêtés et proclamations du Directoire exécutif, faisant suite à la collection des lois et actes du Corps législatif. Paris, an VII et VIII, 7 vol. in-8°.

Table alphabétique des matières contenues dans les messages adressés par le Directoire exécutif au Conseil des Cinq-Cents. Paris, Imp. nat., vendémiaire an VII, 2 vol. in-8°.

3. Principaux messages financiers adressés par le Directoire exécutif au conseil des Cinq-Cents :

An IV.

15 frimaire. Nécessité de venir au secours du Trésor public. Projet d'ouvrir un emprunt forcé de 600 millions valeur métallique, qui sera servi par les riches ;

28 frimaire. Proposition d'aliéner les forêts nationales, le mobilier, les

Leurs titres, en général, indiquent leur objet et suffisent
à faire pressentir ce qu'ils contiennent de récriminations.

---

valeurs métalliques, les domaines restants, etc. L'emprunt forcé n'en
doit pas moins sauver la République;

28 frimaire. Demande d'élever de 6.000 livres à 25.000 livres le maximum de la contribution à l'emprunt forcé ;

30 frimaire. État des finances, des armées et autres parties de l'administration.

21, 23 nivôse. Droits d'enregistrement; contributions arriérées ;

4 pluviôse. Clôture de l'emprunt ouvert par tontine nationale ;

29 pluviôse. Brisement de la planche aux assignats;

30 pluviôse. Détails sur le recouvrement de l'emprunt forcé ;

1 germinal. Tableau évaluatif des biens nationaux non aliénés ;

13 et 14 prairial. Confection des rôles de la contribution foncière de
l'an III ;

20 germinal. Établissement d'une taxe sur les voitures pour l'entretien des routes;

15 prairial. Traitements des fonctionnaires et employés;

7 messidor. Échange des assignats contre les mandats;

22 messidor. Recouvrement des contributions de l'an IV ;

1 fructidor. Recouvrement du prix de vente des biens nationaux sur
les soumissionnaires ;

An V.

4 vendémiaire. Payement des droits de douane en numéraire métallique ;

16 vendémiaire. Vente des immeubles nationaux par soumissions ;

1 nivôse. État de la situation des finances de l'an IV;

16 nivôse. Mesures pour découvrir et arrêter les auteurs des brigandages, des assassinats et des pillages;

21 nivôse. Compte rendu de la situation des rentrées des contributions directes ;

1 germinal. La moitié de l'année est écoulée, les finances demeurent
en souffrance; le pér est imminent;

3 germinal. Détresse des services publics; urgence de nouvelles ressources;

5 germinal. Rapport du ministre des finances sur la fabrication des
monnaies;

14 germinal. Arriérés antérieurs même au deuxième trimestre de l'an
IV sur les traitements des fonctionnaires :

23 floréal. Abus qui existent dans la cotisation des propriétés nationales;

9 prairial. Renseignements sur les produits de l'enregistrement ;

19 prairial. Nouveau mode de répartition, d'assiette et de recouvrement des contributions directes ;

15 messidor. Invitation d'établir, par une nouvelle loi, la contribution
personnelle et somptuaire de l'an V;

de plaintes, de descriptions d'embarras de toutes sortes
dont le Gouvernement est sans cesse assailli, de tableaux

---

5 thermidor. L'état pénible des finances ne fait qu'empirer. Plus de
réserves, ni de disponibilités. Urgence des mesures à prendre ;

3 fructidor. Le conseil est invité à prendre une connaissance exacte de
l'état au vrai des finances, afin d'adopter, au plus tôt, les mesures nécessaires au rétablissement de l'équilibre ;

23 fructidor. Message contenant un rapport du ministre des finances
sur l'aperçu des dépenses de l'exercice de l'an VI ;

19 fructidor. Au sujet des moyens de remédier à l'embarras des
finances. « La plaie la plus invétérée et la plus mortelle de l'État, c'est
l'embarras des finances. »

An VI.

Proclamation et arrêté du Directoire exécutif pour faire ouvrir une
souscription patriotique et volontaire, afin de pourvoir promptement aux
réparations des routes. Le Directoire exécutif aux Français. Du 22 frimaire an VI.

1er nivôse. Message proposant la création d'un emprunt dont le produit sera affecté à l'exécution du projet de descente en Angleterre, suivi
de l'adresse des commerçants et négociants de Paris.

3 germinal. Moyen de remplacer les fonds du revenu des postes affectés au remboursement de l'emprunt contre l'Angleterre. Pénurie des
finances ;

1 et 19 messidor. Aperçu des dépenses que le Directoire exécutif doit
présenter chaque année ;

13 messidor. Nécessité de nouvelles dispositions législatives pour activer la rentrée des contributions directes ;

25 messidor. Délai passé lequel les valeurs mortes ne seront plus
reçues en paiement des contributions ;

1er thermidor. Nouvelle émission de 25 millions en mandats territoriaux
destinés au remboursement d'une partie de la dette publique ;

1er thermidor. Invitations au Corps législatif de fixer les dépenses de
l'an VII et de déterminer, en même temps, les moyens d'y pourvoir ;

8 fructidor. Emploi des fonds provenant de la taxe d'entretien des
routes. Nécessité d'une spécialisation rigoureuse ;

16 fructidor. Mauvaise répartition des contributions mobilière et
somptuaire ;

3e jour complémentaire. Il manque 60 millions pour compléter le service de l'an VII. Retards des rentrées. Mesures nécessaires pour porter
les recettes à la hauteur de dépenses ;

An VII.

2 vendémiaire. Besoins des armées. Aliénations de biens nationaux,
rapport du ministre des finances ;

11 vendémiaire. Déficit constant de cent quatorze millions. Sa prolon-
gation entraînerait la ruine des finances ;

25 frimaire. Demande de lois propres à établir, d'une manière sûre et

de la détresse du Trésor et de la ruine des budgets, en
même temps que d'illusions persistantes pour l'avenir,
malgré la réalité du présent. Chacun peut, à son gré, puiser
dans cette enquête gouvernementale, revêtue d'un caractère officiel, des renseignements topiques sur les diverses
questions financières.

évidente, l'équilibre le plus parfait entre les recettes et les dépenses de
l'an VII;

14 pluviôse. Nécessité urgente de balancer l'état des recettes et des
dépenses de l'an VII et de pourvoir à l'insuffisance des perceptions éta-
blies;

5 germinal. Urgence de régler les contributions directes et celles des
patentes de l'an VII;

6 et 9 floréal. Le déficit s'élève à 67 millions. Rapport du ministre des
finances sur les moyens d'élever les recettes au niveau des dépenses;

19 prairial. Renseignements sur les contributions personnelle, mobilière et somptuaire et les retenues sur les salaires publics;

25 prairial. Message concernant la dépense de l'an VIII, accompagné
de deux importants rapports de Ramel du 1er prairial an VII analysés
plus loin;

5 messidor. Message sur la situation des ventes de domaines nationaux accompagné d'un rapport in-folio très volumineux de Ramel, analysé plus loin;

11 messidor. Adoption la plus prompte possible des mesures indispensables pour assurer le recouvrement des 600 millions nécessaires au
service de l'an VII;

16 messidor. Dispositions de la loi de l'emprunt forcé de cent millions
décrétée le 10 messidor;

23 messidor. Proposition de rendre les receveurs et percepteurs des
contributions directes responsables du montant des rôles;

23 fructidor, 3, 13, 23 vendémiaire, 3 et 13 brumaire an VIII. Sept
rapports successifs du ministre des finances sur les opérations relatives
à l'emprunt forcé de cent millions;

An VIII.

21 vendémiaire. Nécessité urgente de combler l'arriéré des contributions des ans IV, V et VI;

4 brumaire. État de pénurie des finances. Il faut déployer toutes les
ressources nationales contre les ennemis coalisés de la République;

23 brumaire. Nécessité de rapporter la loi de l'emprunt forcé et de lui
substituer une subvention de guerre;

24 brumaire. Rapport du ministre des finances pour parvenir à la
création d'un système général des finances;

24 brumaire. Moyens d'améliorer l'organisation de l'agence des contributions directes.

2° EXPOSÉS MINISTÉRIELS. TRAVAUX DE FAIPOULT ET DE RAMEL

Dans le même ordre d'idées, mentionnons, avant d'aborder les travaux des Conseils par législature, la série des exposés des ministres des finances du Directoire, Faipoult[1] et surtout Ramel[2].

---

1. Instruction aux administrateurs de département sur l'exécution de la loi du 19 frimaire relative à l'emprunt forcé de l'an IV. Signé : le ministre des finances, Faipoult. 21 frimaire an IV.

Avis insérés au Moniteur universel du 11 nivôse an IV par le ministre des finances Faipoult, au sujet de la vente du mobilier national et de la délivrance d'assignations sur le revenu des forêts nationales, ou même de concessions de jouissance au profit des négociants ou associations qui feront des offres.

Ministère des finances. Le ministre des finances au Directoire exécutif. Signé : Faipoult. Pluviôse an IV. (Résultats des recouvrements de l'emprunt forcé en Belgique, où il se perçoit entièrement en numéraire, et en France. Les biens nationaux non vendus valent plus de 2.600 millions, aux taux de 1790, sans compter les forêts nationales et autres domaines. « Voilà une richesse positive de 6 à 7 milliards, valeur métallique! »)

---

2. Lettre du ministre des finances Ramel aux commerçants et négociants des principales places de la République sur l'ouverture des conférences qui ont pour objet l'amélioration du commerce. Moniteur universel du 4 frimaire an V. 24 novembre 1796.

Discours du ministre des finances Ramel, à la réunion des députés du commerce. Moniteur universel du 27 frimaire an V.

Rapport sur la situation des finances pour l'exercice de l'an IV de la République, fait au Directoire exécutif par le ministre des finances, le 30 frimaire de l'an V. (Signé : D.-V. Ramel. 10 pages in-4° avec tableaux. Inséré à titre d'annexe du grand rapport de Barbé-Marbois sur la situation des finances du 28 ventôse an V, cité plus loin.)

Discours du ministre des finances Ramel en présentant au Directoire une députation du commerce de Paris pour annoncer que l'ouverture d'un emprunt destiné à faciliter une descente en Angleterre fait l'objet de la démarche de cette députation. Moniteur universel du 3 nivôse an VI, 23 décembre 1797. (Ramel, en présentant la députation composée de Fulchiron, Lecouteulx, Récamier, Desprez, etc., expose qu'il s'agit d'un emprunt hypothéqué sur nos victoires futures, hypothéqué sur l'Angleterre. C'est plus fort que de vendre, comme faisaient les Romains, le champ où campait Annibal. Les discours de Fulchiron et de Barras achevèrent, dit le compte rendu, d'électriser les âmes : on se donna l'accolade fraternelle; on cria, on applaudit, la musique exécuta l'air *Ça ira* au milieu d'un enthousiasme frénétique. Il ne s'agissait cepen-

Les comptes rendus de Ramel pour l'an IV, l'an V et
l'an VI, très développés, ses prévisions pour l'an VII et

dant que de proposer l'ouverture d'un emprunt auquel, pour le moment,
personne ne s'engageait à souscrire, et qui ne fut jamais rempli.)

. Rapport fait au Directoire exécutif par le ministre des finances sur
l'apperçu des dépenses de l'an VII et les moyens d'y pourvoir. Annexé
au message du Directoire du 1er messidor an VI, in-4º. (Signé : D.-V.
Ramel, 29 prairial an VI. Première partie : prévision des dépenses par
ministère et service. Seconde partie : Vues proposées sur les moyens de
balancer la dépense par la recette. Ramel demande qu'à l'avenir un
même acte contienne le système complet des finances de l'année, dépenses
et recettes ; c'est la première fois que se manifeste ainsi l'idée de fonder
un véritable budget. « Ce n'est pas le crédit public qui peut restaurer
« les finances ; c'est la restauration des finances qui ramènera le crédit
« public. » Détails sur chaque nature d'impôts foncier, mobilier avec
jurys d'équité, douanes, enregistrement, etc. Immense arriéré des recouvrements. Possibilité de créer un droit à l'extraction du sel. 59 pages
avec tableaux.)

. Ministère des finances. Le ministre des finances aux administrateurs
de département. Paris, le 6 germinal an VII. Signé : D.-V. Ramel. Moniteur universel du 24 germinal an VII. (Détails sur les taxes somptuaires et la taxe de retenue sur les salariés publics.)

Rapport de D.-V. Ramel, ministre des finances, du 1er prairial an VII,
en deux parties : 1º budget des dépenses de l'an VIII par ministère ;
2º le crédit public et les économies à faire. (Important document annexé
au Message du Directoire exécutif du 25 prairial an VII concernant les
dépenses de l'an VIII. 11 pages in-folio.)

Paris, le 20 vendémiaire an VII. Le ministre des finances au citoyen
Destrem. Signé : D.-V. Ramel. Paris, an VII, in-4º. (Cette lettre figure
aussi au Moniteur universel du 24 vendémiaire an VII. Il ne faut pas,
dit l'auteur, dissimuler la vérité, même dans la crainte de l'étranger.
Le déficit s'élève à 105 millions. Efforçons-nous de le combler. 3 pages.)

. Compte rendu par le citoyen Ramel, ministre des finances, des dépenses de l'exercice de l'an VI. 1er germinal an VII, in-4º. (Compte des
dépenses du ministère des finances rendu par Ramel à titre d'ordonnateur ; suivi de son grand rapport financier du 1er thermidor an VII,
54 p., ne contenant presque que des tableaux.)

. Liberté, égalité. Paris, le 9 prairial an VII. D.-V. Ramel, ministre des
finances, au citoyen Génissieu. S. l. n. d., in-4º. (L'existence du déficit
n'est pas contestable. Revue des évaluations. L'accusation de dilapidation n'est pas justifiée. 22 p.)

Rapport fait par le ministre des finances (Ramel) au Directoire exécutif sur la réponse au message du Conseil en date du 8 floréal, contenant demande de pièces justificatives de l'état des fonds affectés aux dépenses de l'exercice de l'an VII. Paris, floréal et prairial an VII, in-4º.
(Situation du recouvrement et des ventes de biens nationaux. Sans grand
intérêt. 10 p. 2 tableaux, in-4º.)

l'an VIII accompagnées de réflexions et de tableaux instructifs, ses lettres à Destrem et à Génissieu sur la situation
des finances constituent des documents de premier ordre
pour l'étude des finances du Directoire : c'est par eux qu'il
faut commencer. On y trouve, non seulement beaucoup de
détails, mais, dans bien des cas, un sentiment de réserve
et de sincérité peu ordinaire pour l'époque. A consulter
spécialement aussi le grand rapport relatif aux domaines
nationaux aliénés et restant à vendre, qui fournit sur ce
sujet des renseignements exceptionnellement complets,
toujours assez indéchiffrables cependant.

Rapport sur la situation des ventes de domaines nationaux et l'état de
leur produit fait au Directoire exécutif par le ministre des finances, le
3 messidor an VII de la République française, une et indivisible. Annexé
au Message du Directoire exécutif du 5 messidor an VII, in-folio. (Ramel
expose que les précédents tableaux de l'an IV contenaient des erreurs
d'addition de plus d'un milliard. Il produit un nouveau travail accompagné de 18 volumineux tableaux de la régie de l'enregistrement dressés
par département et par période depuis 1790. Le nombre des ventes
effectuées s'élève à 1.017.595. Mais combien d'argent ces 1.017.595 articles aliénés ont-ils produit? Voilà ce qu'on ne saurait dire, parce qu'on
ne saurait additionner des assignats avec des mandats, des mandats avec
des bons du tiers consolidé, et des bons des deux tiers mobilisés, ni du
signe fictif avec du signe réel. Eternelle difficulté insurmontable qui
empêchera toujours de préciser la valeur des biens nationaux.)

Compte rendu au Directoire exécutif par le ministre des finances sur
l'administration de son département pendant l'an V (1er thermidor an VII,
par D.-V. Ramel). Paris, brumaire an VIII, in-4o. (« C'est pendant
« l'an V, dit Ramel, que le papier-monnaie, arrivé au maximum de son
« discrédit, a cessé d'avoir cours en France ; son retirement a été fait
« sans secousse, ni intérieure, ni extérieure. » Histoire des différentes
parties de l'administration des finances pendant l'an V. 20 pages.)

Compte rendu au Directoire exécutif par le ministre des finances
(Ramel) sur l'administration de son département pendant l'an VI. Paris,
fructidor an VII, in-4o. Signé : D.-V. Ramel, 1er thermidor an VII.

(« L'exercice dont je vais faire connaître les recettes et les dépenses
« sera cité dans l'histoire des finances de la République comme étant le
« premier qui présente l'ensemble d'un véritable système. » Cependant
le ministre avoue que le compte général de l'an VI ne pourra être dressé
que plus tard. Ce ne sont, provisoirement, conformément au vœu de la
Constitution, que des renseignements. Histoire et situation de chaque
contribution; liquidation des différentes parties de la dette consolidée;
dépenses des ministres. 5 tableaux annexes. 47 pages.)

On se souvient, de plus, avoir vu figurer à la première partie, parmi les documents généraux, le livre composé en l'an IX par Ramel, après sa sortie du ministère, pour justifier sa gestion et proposer de nouvelles améliorations [1].

Robert Lindet, dernier titulaire du ministère des finances sous le Directoire, pendant quatre mois seulement, du 2 thermidor an VII au 18 brumaire an VIII, n'a rien laissé.

3° TABLEAU DES COURS DU PAPIER-MONNAIE

Indiquons en terminant, comme répertoire à consulter couramment, dans cette période de papier-monnaie, la collection des tableaux de dépréciation, publiés en vertu de la loi de messidor an V, où se trouvent relatés les cours quotidiens des assignats et des mandats, à Paris et en province, depuis leur création jusqu'à leur démonétisation [2].

§ 2. — *Travaux des Conseils par législature.*

Les travaux des conseils des Cinq-Cents et des Anciens se répartissent officiellement en quatre législatures, d'une

---

1. Des finances de la République en l'an IX, par D.-V. Ramel, an IX, in-8º, déjà cité.

2. Collection générale des tableaux de dépréciation du papier-monnaie, publiés en exécution de l'article 5 de la loi du 5 messidor an V. Paris, impr. de la République, ventôse an VI, in-4º. (Autres éditions in-8º, in-12 et in-18, portatives telles que la suivante.)
Collection des tableaux de dépréciation du papier-monnaie publiés dans chaque département en exécution de la loi du 5 messidor an V. Paris, s. d., in-18. (Série de tableaux officiels donnant pour l'ensemble de la France les variations quotidiennes des signes monétaires depuis août 1789 jusqu'au 5 nivôse an V, et pour chaque département le cours des assignats et des mandats de chaque mois des années 1791, 1792, 1793, 1794, an III, an IV, et pour quelques-uns des quatre premiers mois de l'an V.)

année environ chacune [1], dans le sein desquelles il faut
encore distinguer ce qui appartient aux Cinq-Cents et ce
qui appartient aux Anciens.

Ces huit divisions et subdivisions, que nous sommes forcé
d'adopter, émietteront sans doute les nomenclatures; mais
dans la réalité des faits l'unité n'existe guère, puisqu'on
ne cesse de vivre au jour le jour.

1° PREMIÈRE LÉGISLATURE, DU 4 BRUMAIRE AN IV A FLORÉAL AN V

La première législature, du 4 brumaire an IV à la fin
de floréal an V, est de beaucoup la plus chargée, parce
que la lourde mission de liquider le passé lui échut tout
d'abord. Elle procéda plus ou moins heureusement à cette
liquidation en émettant un emprunt forcé de 600 millions,
en brisant la planche aux assignats pour les recréer aussitôt après sous le nom de mandats territoriaux, en prononçant finalement la clôture du régime du papier-monnaie, en restaurant les impôts foncier, mobilier, les droits
de timbre, enregistrement, douanes, patentes, en discutant la création de divers autres, tels que la taxe d'entretien des routes et la loterie, etc.

Comme, sur ces sujets importants, les projets, rapports
et discours abondent, dans la crainte de perdre de vue leur
ordre chronologique quand nous allons en aborder l'étude
par noms d'auteurs, nous croyons devoir préalablement et
exceptionnellement pour cette première période dresser ici

---

1. Seconde législature : du 4 brumaire an IV à floréal an V;
Troisième législature : de prairial an V à floréal an VI;
Quatrième législature : de prairial an VI à floréal an VII;
Cinquième législature : de prairial an VII au 19 brumaire an VIII.
Le Directoire débute, comme on le voit, par une seconde législature,
parce que, dans l'esprit des rédacteurs des procès-verbaux, le titre de
première législature appartient à l'assemblée législative. Nous ne sui-
vrons pas cette gênante anomalie, et nous rétablirons dans leur véritable
numération les quatre législatures du Directoire.

la liste par dates successives des principaux faits financiers, liste à laquelle se rattacheront naturellement alors
tout à l'heure les désignations individuelles. Ce ne sera,
d'ailleurs, qu'un sommaire très abrégé :

An IV :

19 frimaire. Emprunt forcé de 600 millions. (Nombreuses
lois successives, jusqu'à celle du 5 ventôse an V qui prononça la clôture de l'emprunt forcé.)

2 nivôse et 10 pluviôse. Brisement de la planche des assignats.

2 nivôse. Vente de bois nationaux.

11 nivôse et 14 thermidor. Nouveau tarif des droits de
timbre.

9 pluviôse et 14 thermidor. Perception et tarif des droits
d'enregistrement.

3 ventôse. Comptabilité des fonds mis à la disposition
des ministres.

28 ventôse, 6 et 7 floréal, 4 et 22 prairial. Création de
2.400 millions de mandats territoriaux.

8 et 21 messidor. Fixation des contingents de la contribution foncière et de son mode de perception.

19 messidor, 13 thermidor, 17 et 20 fructidor. Mode de
payement des biens nationaux.

18 thermidor et 4 brumaire an V. Bases du payement
des traitements des fonctionnaires publics.

19 thermidor, 24 nivôse, 23 germinal an V. Tarif et organisation des douanes.

22 thermidor. Perception de la contribution personnelle
et somptuaire.

22 thermidor. Rétablissement du payement des contributions en numéraire ou en mandats au cours.

6 fructidor. Droits de patente.

An V :

16 brumaire. Dépenses de l'an V.

7 frimaire. Dixième du prix des places dans les spectacles.

16 et 22 pluviôse. Suppression du cours forcé des mandats territoriaux. Fin du régime du papier-monnaie.

6 germinal. Rejet par les Anciens du projet d'établissement d'un droit de passe sur les grandes routes.

25 germinal. Rejet par les Anciens d'un projet de rétablissement de la loterie nationale.

A. — *Conseil des Cinq-Cents de la première législature. — Travaux de Defermon, Camus, Gibert-Desmolières, Eschassériaux, Ramel, Duchatel, Treilhard, Dubois-Crancé, etc.*

La plupart des noms des membres financiers du conseil des Cinq-Cents, sauf quelques nouveaux venus, nous sont déjà connus. Ainsi, parmi les rapporteurs habituels de la Commission des finances, nous retrouvons d'abord Defermon et Camus.

Defermon [1], dans ses travaux au nom de la Commission

---

1. Rapport fait au nom de la commission des finances, par Defermon. 15 ventôse an IV, in-8º. (Nécessité de rétablir le crédit. Réduction des dépenses ; élévation des taxes ; restriction de l'émission des assignats, etc.. **23 p.**)

Rapport fait au nom de la commission des finances, par Defermon. 2 floréal an IV, in-8º. (Création des mandats territoriaux : description de leurs avantages, 11 p.)

Rapport fait au nom de la commission des finances, par Defermon. 11 messidor an IV, in-8º. (Payement de la contribution foncière en mandats à leur cours effectif.)

Rapport fait au nom de la commission des finances, par Defermon. 16 messidor an IV. (Complément de la mesure précédente. Détermination du prix de la livre de bled en mandats.)

Rapport fait par Defermon, au nom de la commission des finances. 9 fructidor an IV, in-8º. (La situation des finances est très rassurante. Ressources actuelles de 1.100 millions à consacrer au service général. Comme ce total comprend beaucoup d'arriéré on peut le réduire à 800 millions. Le produit des contributions annuelles s'élève à 509 millions. Il faut conserver les assignats dont la circulation a besoin. Évitons de nous livrer aux sentiments d'inquiétude. 10 pages.)

Rapport fait au nom de la commission des finances, par Defermon.

des finances, propose diverses mesures de bon sens auxquelles chacun alors adhérait en théorie, sans réussir à les
faire triompher dans la pratique. Quelques mois plus tard,
cependant, il se hasarde à prôner la création des mandats
territoriaux. Déjà nous avons signalé, dans la partie
générale, son grand rapport où se trouve retracée l'histoire des finances révolutionnaires depuis leur début.

Camus [1], au nom de la Commission des dépenses, rédigea

7 vendémiaire an V, in-8°. (Sur le cours à attribuer aux mandats territoriaux dans les transactions.)

Rapport fait au nom de la commission des finances, par Defermon,
9 vendémiaire an V, in-8°. (Mauvais état des routes. Nécessité de pourvoir à leur entretien. Création d'un droit de barrière ou de passe. 32 p.)

Opinions de F. Lamarque, Fabre (de l'Aude), Villers, sur le projet
d'établir un droit de passe pour l'entretien des routes. 18 brumaire, 7 frimaire, 22 germinal an V.

Opinion de Defermon sur les rapports faits par la commission des
finances. 8 germinal an V, in-8°. Autre édition in-4°. (Grand discours
qui récapitule l'histoire des finances, déjà cité dans la première partie
de cette bibliographie.)

1. Idées générales et bases des rapports de la commission des dépenses
ordinaires de la République; indication de moyens d'économie, projets
de résolution et d'arrêtés présentés au conseil des Cinq-Cents, dans la
séance du 30 pluviôse an IV, par Camus, au nom de la commission des
dépenses ordinaires de la République. Paris, ventôse, an IV, in-4°. (Résumé historique. Plan de dépenses. Economies à réaliser. 24 p. in-4°.)

Rapport fait par A.-G. Camus, au nom de la commission de surveillance de la trésorerie. 19 prairial an IV, in-8°. (Demande d'un crédit
nouveau de 600 millions en mandats territoriaux, pour l'échange des
assignats et les dépenses publiques. 8 pages.)

Rapport fait par A.-G. Camus, au nom de la commission des dépenses,
sur le payement des rentiers et pensionnaires. 2° jour complémentaire
an IV, in-8°. (Montant de la dette reconnue et à liquider. Ses arrérages
actuels s'élèvent à 270.227.195 fr., payables à 336.000 citoyens. Impossibilité de les acquitter intégralement. 12 pages.)

Rapport fait au nom de la commission des dépenses, par A.-G. Camus,
dans la séance du 14 germinal an IV, sur la surveillance de la trésorerie nationale et la forme de payement des traitements et dépenses de
trésorerie. Paris, germinal an IV, in-4°.

Rapport sur les opérations et l'état de la trésorerie nationale, par A.-
G. Camus, au nom de la commission chargée de la surveillance de la
trésorerie, 5 germinal an V, in-4°. (Exposé historique, précis et développé, des opérations financières du Directoire depuis ses débuts. Détails
des recettes et des dépenses, des mouvements de fonds, négociations, etc.

aussi, en pluviôse an IV, au début du Directoire, un travail à tendances modérées recommandant l'économie. Son
grand rapport du 5 germinal an V peut faire pendant à
celui de Defermon au point de vue historique. Il y produit
des chiffres dont on ne saurait se passer. Ce fut lui qui
traita l'affaire de la compagnie Dijon, soumissionnaire de
divers traités avec la Trésorerie pour opérer le retirement
du papier-monnaie sans brusques mouvements des cours,
affaire qui provoqua de nombreux écrits groupés ici une
fois pour toutes [1].

---

des payements effectués aux fonctionnaires, rentiers, pensionnaires,
fournisseurs, etc., de la comptabilité des assignats et mandats, et de la
situation actuelle du Trésor. Point de départ nécessaire de toute étude
relative aux finances du Directoire. **210 pages, in-4o.**)

Commission des dépenses. Compte sommaire des travaux de la commission de la classification de dépenses, et leur état au 30 floréal an V,
Prairial an V, in-4o. Signé : Camus, Pelet (de la Lozère), Doumerc, Ma-
caire, Fabre (de l'Aude), Duchastel (de l'Aube), Praire, Rouzet, Noguier-
Malijay. (15 p. in-4o.)

---

1. Rapport fait par A.-G. Camus, au nom de la commission de surveillance de la trésorerie, sur l'affaire de la compagnie Dijon. 18 germinal an V, in-4o. (64 p. in-4o.)

Documents sur l'affaire Dijon :

Opinion de Jacques Defermon sur le rapport fait par la commission de
surveillance de la trésorerie, des opérations de la compagnie Dijon. 26
floréal an V, in-4o. (43 p.)

Opinion de Thibaudeau sur les traités passés entre la trésorerie nationale et la compagnie Dijon. 29 floréal an V, in-4o. (37 p. in-4o.)

Seconde opinion de Thibaudeau sur les traités passés entre la trésorerie nationale et la compagnie Dijon. 14 messidor an V, in-4o.

Projet de résolution présenté par Bénard-Lagrave, sur le même sujet.
14 messidor an V, in-8o.

Opinions et projets de résolution de Mersan (du Loiret), Lamy, Mail-
lard-Jubainville, Beyts, Roze, sur l'affaire de la compagnie Dijon. 24 et
25 thermidor an V.

Résumé de cause pour la compagnie Dijon, contre les commissaires
de la Trésorerie nationale...; par le citoyen H. Duveyrier. Paris, thermidor an V (1797), in-8o. (174 p.)

Adresse des commissaires de la trésorerie nationale au Corps législatif, sur les rapports et opinions relatifs à l'affaire de la compagnie
Dijon. Paris (1797, in-4o).

Précis des commissaires de la trésorerie nationale sur l'affaire de la

Gibert-Desmolières [1] s'occupa surtout alors des questions de comptabilité et de contribution foncière.

Eschassériaux [2], dès les premières séances des Cinq-Cents, rédigea, au nom du comité des Cinq, un grand rapport sur la situation générale des finances. Ce rapport, que l'assemblée voulut faire imprimer et répandre afin de combattre l'agiotage, commence par critiquer violemment le passé, afin de rejeter sur lui toutes les fautes commises. Puis, il dresse le bilan de la situation actuelle : les assignats en circulation s'élèvent à 18.933 millions; les biens nationaux à vendre, les arriérés à recouvrer, les lingots, diamants, mobiliers disponibles, etc., montent à 7 milliards,

compagnie Dijon, et réponse aux dernières objections du représentant du peuple Thibaudeau. Paris, 1797, in-4º.

(Ces documents sont à peu près unanimes à signaler les abus auxquels donna lieu l'exécution des traités Dijon pour le retirement des assignats, sauf le dernier qui plaide la cause des soumissionnaires.)

1. Opinion de Gibert-Desmolières, sur un emprunt en tontine tendant à retirer 24 milliards d'assignats de la circulation. 11 frimaire an IV, in-8º. (14 pages.)

Rapport et projets de résolutions par Gibert-Desmolières. 20 prairial an IV, in-8º. (Au sujet de l'organisation de divers services financiers. 14 pages.)

Rapport fait par Gibert-Desmolières sur le payement de l'emprunt forcé. 30 brumaire an V, in-8º.

Rapport et projets de résolutions présentés, au nom d'une commission spéciale, par Gibert-Desmolières, sur la contribution foncière de l'an V. 6 nivôse an V, in-8º.

Rapport fait par Gibert-Desmolières, sur le compte rendu par le bureau de comptabilité de ses travaux pendant le trimestre de germinal. 18 thermidor an IV, in-4º.

Discours de Gibert-Desmolières sur la situation des finances. 9 floréal an V, in-4º. (Le désordre est la principale cause de la mauvaise situation des finances. 26 p. in-4º.)

2. Rapport de la commission des Cinq, sur les causes de la situation des finances et sur les moyens de les régénérer, fait en comité général, par Eschassériaux aîné. 22 brumaire an IV, Cinq-Cents. (Travail important analysé dans le texte ci-dessus.)

Rapport au nom de la commission chargée d'examiner le projet de Dubois-Crancé et de présenter les moyens de relever les assignats, par Eschassériaux l'aîné. 15 ventôse an IV, in-8º. (État des rentrées de l'emprunt forcé. Mesures violentes pour soutenir le cours des assignats.)

valeur métallique. Dès lors, en ramenant les assignats à
leur cours, l'actif dépasse considérablement le passif.
« Que nos ennemis cessent donc de nourrir le vain espoir
« de nous vaincre en finances! » Pour mettre ces richesses
en valeur, il faut briser la planche aux assignats, rembourser à un taux réduit les papiers en circulation en les
échangeant contre des cédules hypothécaires, émettre un
emprunt, créer des impôts, etc.

L'idée de soutenir le cours des assignats fut encore développée par Eschassériaux dans d'autres rapports. Beffroy [1] traita le même sujet du discrédit des assignats et
celui des finances en général au nom de la Commission
des finances.

L'étude de Dauchy [2], contre l'impôt progressif, surve-
nant à une telle époque, mérite d'être retenue.

Ramel [3], près d'arriver au ministère, réclame ouverte-

---

1. Rapport fait au conseil des Cinq-Cents par le représentant du peuple
L.-E. Beffroy, au nom de la commission chargée de présenter les moyens
de rectifier le mode de fixation en assignats, à défaut de grains, de la
moitié de la contribution foncière et de fermages en nature. 10 frimaire
an IV, in-8º. (15 pages.)
Rapport fait au nom de la commission des finances par Beffroy.
7 prairial an IV, in-8º. (Sur le discrédit des assignats. L'agiotage en est
toujours la principale cause.)
Opinion de L.-E. Beffroy, représentant du peuple, sur la contribution
foncière. 10 floréal an IV, in-8º.
2. Rapport contre le système de l'impôt progressif, fait à la séance du
10 frimaire an IV, par Dauchy (de l'Oise), représentant du peuple, au
nom de la commission des finances. Paris, frimaire an IV, in-8º. (Exposé
succinct et très précis des motifs qui s'opposent à l'établissement d'un
système d'impôt progressif. Utile à lire encore aujourd'hui. 6 p.)
Rapport fait par Dauchy (de l'Oise) au nom de la commission des
finances sur l'état actuel des finances. 3 pluviôse an V, in-8º.

---

3. Rapport fait au nom de la commission des finances sur l'emprunt
forcé par D.-V. Ramel. Séance du 17 février an IV. (Analysé dans le
texte ci-dessus.)
Discours prononcé, par manière de motion d'ordre, par D.-V. Ramel, député, dans la séance du 29 frimaire an IV, sur les finances, le
crédit des assignats, la nécessité des contributions et les avantages des
contributions indirectes. Paris, an IV, in-8º. (Nécessité de mettre de

ment, dans un important discours, la création des impôts indirects, nécessaires pour assurer l'équilibre du budget. Cependant, peu de temps auparavant, en frimaire, rapporteur de la loi d'emprunt forcé, il s'attachait avec beaucoup moins de sagesse à justifier la malencontreuse mesure par laquelle le Directoire inaugurait son administration. Toutefois, nous le voyons encore avouer alors « qu'il y aura « nécessairement de l'arbitraire et quelques injustices dans « la répartition »; mais, ajoute-t-il, le remboursement des fonds prêtés réparera prochainement cet arbitraire et ces injustices. Au cours de la discussion, il eut de même la modération de s'opposer à ce que le maximum de la cotisation fût porté de 6.000 à 25.000 fr., comme le demandait le Directoire. Ainsi, tour à tour, oscillait Ramel entre les entraînements de son milieu jacobin et les suggestions de sa rectitude naturelle, jusqu'à ce qu'enfin, du haut des sommets du pouvoir ministériel, la vraie route lui apparût avec une telle sinistre évidence qu'il ne la quittât plus, sans parvenir jamais à s'y faire suivre.

Nous retrouverons de nouvelles traces de cette discussion sur l'emprunt forcé en parlant de Vernier, Dupont de Nemours, Lecouteulx-Canteleu, etc.

Duchatel (de la Gironde) [1] s'occupa de l'enregistrement

---

l'ordre dans les finances, exemple de démonétisation rationnelle pratiquée par les Etats-Unis. Les assignats ont fait et sauvé la République, ils peuvent la perdre. On doit cesser d'en émettre, régler les dépenses. élever les recettes à leur niveau, restituer ainsi au papier-monnaie son juste crédit. Pour augmenter les recettes, il faut créer, comme en Angleterre et en Hollande, des impôts indirects : leurs avantages. Grâce à ces moyens la prospérité peut renaître. Sages conseils. 23 pages.)

Rapport de la commission des finances sur l'arriéré de la contribution foncière, par D.-V. Ramel, 3 pluviôse an IV, in-8°.

Rapport et projet de résolution sur le brisement des formes, matrices et poinçons de la fabrication des assignats. Fait et présenté par la commission des finances (D.-V. Ramel, rapporteur). 9 pluviôse an IV, in-8°.

---

1. Rapport et projet de résolution fait et présenté au nom de la commission chargée d'examiner les bonifications à faire dans la perception des

et de la loterie. Treilhard [1] rédigea un rapport qui mérite d'être spécialement consulté sur le budget de l'an V et les moyens de combler le vide de ses recettes; c'est le premier essai de budget dans le vrai sens du mot. Dubois-Crancé [2] continua, malgré les échecs que lui infligeait l'ex-

---

droits d'enregistrement, par Duchatel (de la Gironde), représentant du peuple. Paris, 25 nivôse an IV, in-8°.

Rapport fait au nom de la commission des finances sur les droits d'enregistrement et de timbre, par Duchatel (de la Gironde). 19 floréal an IV, in-8°.

Nouveau rapport fait par Duchatel (de la Gironde), représentant du peuple, au nom de la commission des finances, sur les droits d'enregistrement et de timbre. 29 messidor an IV, in-8°.

Rapport et projet de résolution présentés, au nom de la commission des finances, par Duchatel (de la Gironde), sur le droit d'enregistrement des mutations et inscriptions sur le grand livre de la dette publique. 26 nivôse an V, in-8°.

Opinion de Duchatel (de la Gironde) sur le projet de résolution présenté par la commission des finances comme complément des lois sur le timbre. 4 germinal an V, in-8°.

Opinion de Duchatel (de la Gironde) sur le projet de résolution présenté au conseil par la commission des finances concernant les droits d'enregistrement. 6 germinal an V, in-8°.

Rapport fait au conseil des Cinq-Cents, au nom de la commission des finances, par Duchatel (de la Gironde), sur le rétablissement de la loterie nationale. 26 ventôse an IV. in-8°.

Rapport fait par Duchatel (de la Gironde), représentant du peuple, au nom de la commission des finances, sur le payement du troisième quart du prix des acquisitions de domaines nationaux. 16 messidor an IV, in-8°.

1. Rapport au nom de la commission des finances sur l'état des dépenses et des recettes générales tant ordinaires qu'extraordinaires de l'an V, par Treilhard. 28 ventôse an V, in-8°. (Premier budget présentant la comparaison des dépenses et des recettes probables. Nécessité de remplir le vide des contributions pour obtenir l'équilibre. 14 projets de résolutions annexes, sur les droits d'enregistrement, de timbre, de patentes, de greffe, sur les tabacs, les sels, la loterie, etc. 63 p.)

2. Opinion de Dubois-Crancé sur les moyens de restauration du crédit public. Paris, 7 ventôse an IV (25 février 1796), in-8°.

Opinion de Dubois-Crancé sur la contribution en nature, 10 floréal an IV, in-8°.

Opinion de P.-F. Louvet (de la Somme) sur le mode à préférer dans la perception de la contribution foncière. 10 floréal an IV, in-8°.

Opinion de Praire sur la contribution en nature. 11 floréal an IV, in-8°.

périenco, sa campagno en faveur de l'impôt en nature; il
aborda en outro lo sujet de l'agiotage.

*Autres travaux des membres du Conseil des Cinq-cents rangés
par ordre chronologique.*

Les autres noms moins notables sont rangés par ordre
de dato [1]. A remarquer parmi eux, Pelet de la Lozère pour

Opinion de Réal sur le mode de payement de la contribution foncière
et des fermages, de l'an IV. 11 floréal an IV, in-8º.

Opinions de Dubois-Dubais, Guillaume Robert, L.-E. Beffroy, Dalby,
Siméon, etc, 11, 14, 15, 19 floréal an IV, sur le même sujet.

Opinion de Dubois-Crancé sur le rapport fait par la commission chargée de l'examen de son projet de finances. 19 ventôse an IV, in-8º. (Dubois-Crancé voulait, après avoir déterminé le gage des assignats d'une
manière certaine, attribuer exclusivement ce gage aux porteurs, en cessant toute émission nouvelle. L'or et l'argent auraient été exclus de la
circulation et la Bourse de Paris fermée.)

1. Observations des commissaires de la comptabilité nationale sur la
comptabilité ancienne. Paris, 4 frimaire an IV, in-8º. (Pouvoirs dont
les commissaires ont besoin pour liquider l'arriéré. 4 pages.)

Rapport sur le payement des intérêts des divers engagements présenté au nom de la commission des finances, par M.-A.-A. Giraud, député. 7 frimaire an IV, in-8º.

Rapport fait par Pelet (de la Lozère) sur l'affaire Veymeranges.
25 prairial an IV, in-8º. (Histoire détaillée des interventions à la bourse
par Calonne, en 1786 et 1787, pour faire hausser les cours des actions
de la caisse d'escompte, affaire d'Espagnac, etc., 16 p.)

Rapport sur les patentes, au nom de la commission des finances, par
Thibault, député. Séance du 4 thermidor an IV. (Le commerce est une
magistrature qui ne peut être confiée qu'à des mains pures. Les patentes
ou licences seront délivrées par les administrations municipales. Leur
tarif. 12 pages.)

Rapport fait par Roger Martin, sur la contribution personnelle et les
taxes somptuaires. Séance du 9 thermidor an IV.

Motion d'ordre par le représentant du peuple Dubois-Dubais sur les
dilapidations qui se commettent dans toutes les parties de l'administration publique. 10 fructidor an IV, in-8º.

Rapport par Thibault, au nom de la commission des monnaies, sur la
fabrication des monnaies. Séance du 30 fructidor an IV. (Frais de fabrication. Détermination du taux de la retenue, etc. 26 pages.)

Rapport fait par Parisot, sur la comptabilité arriérée. 9 nivôse an V
in-8º.

Rapport fait au nom de la commission des dépenses, par Fabre (de
l'Aude). Séance du 29 pluviôse an V. (Ministère de la justice.)

Rapport fait au nom de la commission des dépenses. (Série de rap-

son travail rétrospectif sur les interventions de Calonne à la Bourse, et différents rapports sur la comptabilité, la réorganisation des contributions directes, les dilapidations commises dans toutes les parties de l'administration, etc. Nous en laissons de côté, d'ailleurs, intentionnellement un grand nombre.

B. — *Conseil des Anciens de la première législature. — Travaux de Lebrun, Laffon-Ladebat, Lecouteulx-Canteleu, Vernier, Barbé-Marbois, Cretet, Dupont de Nemours, etc.*

Au conseil des Anciens, les rapporteurs et orateurs, classés autant que possible par ordre de mérite, ne manquent pas d'une certaine célébrité. Ce sont : Lebrun, Laffon-Ladebat, Lecouteulx-Canteleu, Vernier, Barbé-Marbois, Cretet, Lacuée, Dupont de Nemours, etc.

---

ports sur les différents ministères et services, guerre, marine, police générale, finances, trésorerie nationale, etc., sans noms d'auteurs, datés de brumaire, nivôse, ventôse, etc., an V.)

Rapport et projet de résolution, par Delarue. Paris, nivôse an V, in-8°. (Au nom de la commission des contributions de l'an V pour la répartition de la contribution personnelle et somptuaire.)

Nouveau projet de répartition de la contribution personnelle, somptuaire et mobiliaire, par Delarue. 13 ventôse an V, in-8°.

Second rapport, au nom de la commission des finances, par Dubois (des Vosges), sur l'établissement d'une inspection générale des contributions directes. 17 germinal an V, in-8°.

Opinions de Pierre-Florent Louvet, Jourdan (des Bouches-du-Rhône), Bénard-Lagrave, Favard, F.-B. Noaille, Réal, etc., sur l'établissement d'une inspection générale des contributions directes. 17, 21 et 25 germinal an V.

Rapport fait par Delaporte sur le mode de procéder en cas de prévarication des administrateurs dans leurs fonctions. 27 germinal an V, in-8°.

Observations sur le nouveau projet de répartition de la contribution foncière et personnelle de l'an V..., par Joachim Perez (du Gers). 27 germinal an V, in-8°.

Opinions de Mallarmé, Bénard-Lagrave, etc., sur le mode de remboursement des obligations contractées en papier-monnaie. 26, 27, 28 et 30 germinal an V.

Opinion d'Ozun, député, sur un projet de résolution tendant à établir une taxe sur les loyers et la contribution somptuaire de Paris pour être employée au soulagement de l'indigence. 1er floréal an V, in-8°.

Lebrun [1], un des membres les plus laborieux des Commissions des finances sous le Directoire comme sous la Constituante, s'adonne toujours modestement à l'étude des dépenses, partie trop délaissée par ses collègues. Son rapport du 12 frimaire an IV sur la situation générale analyse, avec une hauteur de vues assez rare à l'époque, les causes du dissentiment survenu entre les Anciens et les Cinq-Cents. Ces derniers, qui veulent s'illusionner quand même, échafaudent leurs combinaisons sur des chiffres idéaux, tandis que les Anciens, prétendant tenir compte des faits, discutent et rejettent tout ce qui ne leur paraît pas suffisamment solide.

Lire également le rapport de Lebrun sur la trésorerie. Un groupe de rapports sur la fabrication des monnaies

---

1. Premier rapport de la Commission des finances, par le citoyen Lebrun. 12 frimaire an IV, in-8°. (Vues d'ensemble sur la situation des finances. Impuissance des moyens proposés par les Cinq-Cents pour remédier au discrédit des assignats. Nécessité d'un grand effort. Préambule du rapport cité plus loin de Laffon-Ladebat. 14 pages.)

Rapport fait par Lebrun sur la résolution relative à la surveillance de la trésorerie nationale. 28 germinal an IV, in-8°. (Questions constitutionnelles au sujet de la trésorerie.)

Rapport fait par Lebrun sur le payement du dernier quart des biens soumissionnés ou vendus. 12 thermidor an IV, in-8°.

Rapport fait par Lebrun sur la résolution du 19 thermidor relative au payement des contributions et des fermages. 22 thermidor an IV, in-8°.

Rapport par Lebrun sur la résolution relative au payement du quart des arrérages des rentes et pensions du dernier semestre de l'an IV. Cinquième jour complémentaire de l'an IV, in-8°. (Un quart sera payé en numéraire.)

Opinion de Lebrun sur la résolution du 30 fructidor relative à la comptabilité de la trésorerie nationale. 8 vendémiaire an V.

Rapport fait par Lebrun sur les dépenses ordinaires et extraordinaires de l'an V. 16 brumaire an V, in-8°.

Rapport fait par Lebrun sur la résolution du 13 ventôse relative aux contributions de l'an V. 2 germinal an V, in-8°.

Compte rendu par Lebrun au nom de la commission de surveillance de la trésorerie nationale. 21 floréal an V. Paris, prairial an V, in-4°. (Situation du Trésor. Rescriptions bataves. Affaire Dijon. Rentes genevoises. Dilapidation des consignations. Payement des rentiers. Organisation de la trésorerie, etc. 34 p. in-4°.)

par Mathieu Dumas, Lebrun et Crelet est réuni à la fin [1].
Laffon-Ladebat [2], à la même séance du 12 frimaire an IV,

---

1. Rapport fait au Conseil des anciens, par Mathieu Dumas... relativement aux frais de fabrication des monnaies qui servent d'échange aux matières d'or et d'argent. 21 ventôse an IV, in-8°.

Rapport fait au conseil des Anciens, par Lebrun. 27 ventôse an IV, in-8°. (Même sujet que le précédent. Il n'y a lieu ni d'encourager, ni de décourager la fabrication des monnaies métalliques.)

Rapport fait par le citoyen Crelet au nom de la commission chargée d'examiner la résolution du conseil des Cinq-Cents relative à la fixation de la valeur de la pièce de 5 francs en livre tournois. 23 germinal an IV, in-8°.

Opinion de Laffon-Ladebat sur les monnaies. 15 frimaire an V, in-8°.

Discours de Barbé-Marbois sur la résolution relative à la retenue sur les matières d'or et d'argent à convertir en espèces. 16 frimaire an V, in-8°.

Réponse à plusieurs observations présentées au conseil des Anciens sur le rapport relatif aux sept résolutions du conseil des Cinq-Cents concernant les monnaies, par P. Loysel. 16 frimaire an V, in-8°.

2. Discours de Laffon-Ladebat contre la résolution tendant à mettre une somme de trois milliards à la disposition du Directoire, qui les répartira lui-même entre les ministères. Séance du 16 brumaire an IV. (Grave discussion sur les droits budgétaires des conseils : la répartition des fonds entre les ministres appartient exclusivement au Parlement. Opinions de Vernier, Tronchet, Dupont de Nemours. Rejet de la résolution.)

Second rapport fait au conseil des Anciens, par A.-D. Laffon-Ladebat, au nom de la commission formée le 6 frimaire an IV, in-8°. (Étude détaillée des propositions du conseil des Cinq-Cents. Montant des biens nationaux à réserver et à aliéner. Système substitué à celui des Cinq-Cents. Suite du rapport de Lebrun. 10 p.)

Rapport fait au conseil des Anciens par Laffon-Ladebat, au nom de la commission nommée pour l'examen de la résolution du conseil des Cinq-Cents du 18 pluviôse relative à la contribution foncière. 10 ventôse an IV, in-8°. (Proposition de changer la période d'exercice de la contribution foncière. Séparation des rôles des fonds de terre et des bâtiments. 6 p.)

Opinion de Laffon-Ladebat, sur la résolution du conseil des Cinq-Cents, relative à la surveillance que doit exercer le Corps législatif sur la trésorerie nationale. 29 germinal an IV, in-8°.

Rapport fait par Laffon-Ladebat au nom de la commission chargée d'examiner le message du Directoire exécutif sur la situation des finances de la République. 29 vendémiaire an V, in-8°. (Exposé de la situation financière sous son véritable jour : discrédit, pénurie, difficulté de sortir des embarras actuels. 15 p.)

Rapport fait par Laffon-Ladebat sur la résolution relative aux dépenses

termina le rapport commencé par Lebrun. Dans cette dernière partie, il fait succéder au préambule général de son collègue l'exposé précis des mesures nouvelles proposées. Sans doute, la valeur de ces mesures se ressent beaucoup des difficultés ambiantes; mais elles ont l'avantage, par rapport à celles que le Directoire préconisait, d'être beaucoup plus exactement chiffrées et plus pratiques : les assignats se trouvant dépréciés d'une manière définitive, on ne saurait espérer les revoir au pair; il faut donc déterminer la date irrévocable de leur retirement, confier à une banque le soin de vendre les domaines nationaux restants, attribuer aux porteurs de papier-monnaie la plus-value éventuelle de ces domaines, créer de nouvelles taxes ordinaires et extraordinaires pour équilibrer les budgets, faire cesser des dilapidations telles que « l'histoire des hommes « n'en présente pas d'exemple », etc. D'autres rapports du même auteur à consulter sur le même sujet.

Vernier [1] opina comme les rapporteurs de la commission des Anciens dans la discussion relative à la liquida-

<hr/>

départementales et communales du trimestre actuel. 21 nivôse an V, in-8°.

1. Opinion sur les motifs qui nécessitent la non-approbation de la résolution du conseil des Cinq-Cents relativement au plan de finances, par le citoyen Vernier. 12 frimaire an IV. (Mêmes conclusions à peu près que celles de la commission soutenues par Lebrun et Laffon-Ladebat).

Discours prononcé au conseil des Anciens sur la nécessité d'admettre la résolution du conseil des Cinq-Cents relative à l'emprunt forcé; par Vernier, député. 19 frimaire an IV, in-8°. (Avantages de l'emprunt forcé qui ne pèsera que sur les gens aisés et exemptera les pauvres. Théories révolutionnaires curieuses à relire. Réfute Dupont de Nemours qui a parlé avant lui. 11 pages.)

Opinion de Vernier sur la résolution relative aux salines. Séance du 14 germinal an V. (38 pages.)

Rapport fait par Vernier au nom de la commission nommée pour examiner différentes résolutions relatives aux douanes. 15 germinal an V, in-8°.

Opinion de Vernier sur les loteries. 24 germinal an V. (Approuve le rétablissement de la loterie en considération de l'état des finances. 14 pages.)

tion des assignats. Plus tard, dans un discours sur l'emprunt forcé, il ne craignit pas d'énoncer des idées beaucoup moins réservées au sujet de la taxation progressive de la richesse. Le premier discours de Lecouteulx-Canteleu [1], du 12 frimaire an IV, retrace, d'une manière très profitable pour le lecteur, la suite des principaux rapports adressés par Cambon et Johannot à la Convention relativement aux assignats. C'est le résumé de l'histoire même du papier-monnaie. Son rapport du 16 pluviôse an V sur l'entier retirement des mandats en forme l'épilogue.

Concernant la loterie, il émit un avis, très discuté aux Anciens, qui aboutit à faire rejeter son rétablissement.

Barbé-Marbois [2] rédigea deux rapports spécialement

---

1. Opinion de Lecouteulx-Canteleu, représentant du peuple, et membre de la commission du conseil des Anciens nommée pour examiner les propositions du conseil des Cinq-Cents sur les finances. 12 frimaire an IV, in-8o. (Il faut conserver les assignats jusqu'à la paix et s'efforcer de relever leur crédit. 20 p.)

Opinion de Lecouteulx-Canteleu, représentant du peuple, sur la résolution du conseil de Cinq-Cents qui propose un emprunt forcé de six cent millions en numéraire; frimaire an IV. (Même opinion que celle de Vernier. Calcul du revenu net de la France d'après les auteurs financiers. 12 p.)

Réflexions de Lecouteulx-Canteleu sur la résolution relative au paiement des domaines nationaux en numéraire, ou en mandats au cours. S. l., in-8o.

Rapport par le citoyen Lecouteulx-Canteleu, 19 messidor an IV, in-8o. (Pour accélérer le paiement du 3e quart des biens nationaux soumissionnés.)

Rapport sur l'entier retirement des mandats, fait par Lecouteulx-Canteleu. 16 pluviôse an V, in-8o. (Le gouvernement parvient ainsi « à la dernière scène du papier-monnaie, au dénouement de cette grande contribution révolutionnaire... » 6 p.)

Rapport sur le quatrième quart des domaines nationaux, fait par Lecouteulx-Canteleu. 16 pluviôse an V, in-8o.

Rapport fait par Lecouteulx-Canteleu sur les loteries. 11 germinal an V, in-8o. (Conclut contre le rétablissement de la loterie. 16 pages.)

Opinions de Baudin (des Ardennes), Vernier, Dupont (de Nemours) (voir plus bas), J.-S.-B. Delmas, etc., sur le rétablissement de la loterie. 22, 23, 24, 25 germinal an V.

2. Opinion prononcée par Barbé-Marbois, dans la séance du 3 fructi-

dignes d'attention. Le premier, sur la trésorerie nationale, énonce des principes assez nouveaux alors. Le second, beaucoup plus important, sur la situation des
finances de la République, [1] provoqua chez les contemporains une admiration méritée ; son impression et sa diffu-
sion furent ordonnées par décret spécial du Conseil.

· Les travaux de Cretet[2] ainsi que ceux de Lacuée[3] doivent

dor an IV, sur la résolution relative aux pensionnaires de l'État, in-8°.
(Situation de la dette publique. Malheureux sort des rentiers et pensionnaires.)
· Rapport fait, au nom d'une commission, sur une résolution relative à
la comptabilité de la trésorerie nationale, par Barbé-Marbois. 7 vendémiaire an V. (Règles de contrôle et de publicité. Dépenses ordinaires et
extraordinaires, 14 pages.)
Rapport fait par Barbé-Marbois sur une résolution qui met des
fonds à la disposition du ministre des finances. 28 brumaire an V, in-8°.
Rapport fait par Barbé-Marbois sur la résolution du conseil des Cinq-
Cents du 30 nivôse concernant les droits d'entrée et de sortie. 23 nivôse
an V, in-8°.
1. Rapport fait par Barbé-Marbois, les 28 ventôse an V et jours suivants
sur la situation des finances de la République. Paris, Imp. nat., germinal an V, in-4°. (Œuvre qui est qualifiée « un trésor de lumière, en
« même temps qu'un modèle de sagesse », par le conseil des Anciens
dans sa délibération du 3 germinal an V. L'impression en est ordonnée
à un grand nombre d'exemplaires et une copie officielle envoyée au
Directoire. Le travail de Barbé-Marbois mérite, en effet, ces éloges : il
est remarquable par sa clarté, sa sincérité et son étendue. Il analyse et
discute les budgets de chaque ministère, dans des conditions toutes nouvelles, et ne craint pas d'énoncer les faits que son contrôle lui fait découvrir. 113 pages. En annexes : le rapport sur la situation des finances pour l'exercice de l'an IV fait au Directoire exécutif par le ministre
des finances (D.-V. Ramel), le 30 frimaire an V. Ce rapport, très utile
à connaître, ne se trouve pas ailleurs. 16 p. in-4°.)

2. Rapport fait par Cretet sur la résolution relative aux assignats de
dix mille et de deux mille francs. 18 floréal an IV, in-8°.
Rapport fait par le citoyen Cretet sur la contribution foncière de l'an
IV. 20 prairial an IV, in-8°.
Rapport fait par Cretet au nom de la commission chargée de l'examen de la résolution du 3 de ce mois relative aux droits d'enregistrement. 14 thermidor an IV.
Rapport fait par Cretet sur une résolution du conseil des Cinq-Cents
relative au payement des contributions. 30 fructidor an IV, in-8°. (Suppression des payements en nature. Rentrée des contributions arriérées.
10 p.)

encore figurer à part. Enfin Dupont de Nemours[1], avec la droiture de son esprit et sa franchise habituelle, prononça de vigoureux réquisitoires contre l'emprunt forcé, d'autant plus remarquables qu'ils se trouvent presque seuls alors de leur espèce. Dupont combattit aussi le rétablissement de la loterie.

Autres travaux des membres du Conseil des Anciens rangés par ordre chronologique.

Parmi les autres documents[2], distinguons le rapport de

Rapport fait par Cretet sur une résolution du conseil des Cinq-Cents, portant établissement d'une inspection des contributions directes. 23 floréal an V, in-4º.

3. Rapport fait par J.-G. Lacuée sur l'emprunt forcé. 18 thermidor an IV, in-8º. (L'emprunt n'a produit que 8 millions en valeurs actives sur 600 millions : le surplus en valeurs mortes. Difficulté des rentrées. 15 p.)

Opinion de J.-G. Lacuée sur la résolution relative aux contributions directes de l'an V, 8 germinal an V, in-8º.

1. Discours de Dupont de Nemours contre l'emprunt forcé. Séance du 19 frimaire an IV. (Démontre l'amoindrissement considérable survenu dans la richesse publique. Le pays ne saurait fournir les 600 millions demandés.)

Rapport de la commission chargée d'examiner la résolution du 29 messidor relative au paiement des fermages des domaines nationaux, par Dupont (de Nemours), 12 vendémiaire an V, in-8º.

Opinion de Dupont (de Nemours) sur les projets de loterie et sur l'état des revenus ordinaires de la République. 24 germinal an V, in-8º. (Exposé intéressant des anciennes et nouvelles contributions. Conclusion très vive contre la loterie. 31 p.)

2. Opinion de Charles Cochon, représentant du peuple, membre de la commission du conseil des Anciens nommée pour examiner les résolutions du conseil des Cinq-Cents sur les finances. 12 frimaire an IV, in-8º. (Conclut au rejet des propositions du conseil des Cinq-Cents. 18 p.)

Second rapport fait par J. Dusaulx au nom de la commission spéciale, sur la résolution du 4 germinal relative au renouvellement de la loterie nationale. 11 germinal an IV, in-8º. (Critiques violentes contre la loterie. Propose de repousser son rétablissement. 19 p.)

Rapport sur les patentes, au nom de la commission des finances, par Thibault, député, 4 thermidor an IV, in-8º.

Rapport par Roger Martin sur la contribution personnelle et les taxes somptuaires. 9 thermidor an IV, in-8º.

Porcher sur les interventions de Calonne à la Bourse, double du rapport des Cinq-Cents déjà cité, tous deux constituant des pièces essentielles du dossier de cette curieuse affaire, récemment étudiée par M. Léon Say; différents rapports et discours sur la taxe d'entretien, des routes que les Anciens repoussèrent; enfin, le grand et instructif travail de Poullain-Grandprey sur la comptabilité et le contrôle.

Rapport fait par Porcher, député, sur l'affaire Veymeranges. Vendémiaire an V, in-8o. (Suite du procès relatif aux fonds employés, sur l'ordre de Calonne, à faire hausser les cours de la Bourse. Voir ci-dessus, au conseil des Cinq-Cents, le rapport de Pelet, de la Lozère. 14 pages.)

Rapport fait par J.-L. Girod (de l'Ain) sur la résolution relative aux rentiers et pensionnaires de l'État. 12 nivôse an V, in-8o.

Rapport fait au nom d'une commission chargée d'examiner la résolution qui porte des modifications à la loi du 10 brumaire sur les marchandises anglaises, par Johannot. 4 pluviôse an V, in-8o.

Opinions de Lecouteulx-Canteleu, G.-F. Denzel, P.-N. Perrée, Johannot, sur le même sujet. 16, 18, 19, 21 pluviôse an V.

Opinion de Matthieu Depère sur la répartition des contributions foncière et personnelle. Séance des 12 et 13 pluviôse an V. (Grand travail de 44 pages in-4o, avec nombreux tableaux in-folio, et un supplément de 16 pages in-4o, avec tableaux.)

Rapport fait au conseil des Anciens par Johannot, sur la résolution relative aux sommes qui seront reconnues, dans chacun des départements du ministère, être due à des créanciers et fournisseurs de la République, pour des causes antérieures à l'établissement de la République. 3 ventôse an V, in-8o.

Rapport fait par J.-B. Marragon, au nom d'une commission composée des représentants Cretet, Lacuée, Dupont (de Nemours), Goupil-Préfeln, Marragon, sur une résolution relative à l'établissement d'une taxe d'entretien sur les grandes routes. 11 floréal an V, in-8o.

Opinions de Creuzé-Latouche, Decomberousse. Dupont (de Nemours), J.-G. Lacuée, etc., sur le droit de passe pour l'entretien des routes. 5, 9 ventôse, 5, 7 germinal an V.

Rapport fait par Girod (de l'Ain) sur la résolution du 7 floréal relative à l'arriéré des traitements dus aux fonctionnaires publics. 14 floréal an V, in-8o.

Rapport sur la comptabilité nationale fait par Poullain-Grandprey, député, au nom de la commission de surveillance de cette comptabilité. 29 floréal an V. Paris, messidor an V, in-4o. (Histoire du bureau de comptabilité et de l'apurement des comptes. Organisation actuelle. Contrôle des ordonnateurs. 56 p. in-4o et nombreux tableaux annexes.)

2° SECONDE LÉGISLATURE, DE PRAIRIAL AN V A FLORÉAL AN VI

La seconde législature se laissa souvent distraire des finances par des discussions sur les cultes, l'instruction publique, les successions, la contrainte par corps, le développement des brigandages, la réglementation des transactions particulières en papier-monnaie, les événements de Saint-Domingue, etc., et surtout par le coup d'État du 18 fructidor an V. Cependant, la pénurie du Trésor, les embarras quotidiens de toute nature, la nécessité de vivre enfin, ramenaient l'inéluctable question financière, et finalement c'est au cours de cette session que fut votée la loi du 9 vendémiaire an VI qui réorganisa les budgets sur la base de la célèbre faillite du tiers consolidé, loi fatale du 9 vendémiaire an VI, fait capital de la période.

A. — *Conseil des Cinq-Cents de la deuxième législature.* — *Travaux de Gibert-Desmolières, Fabre de l'Aude, Villers, Bailleul et autres.*

En continuant, comme précédemment, à distinguer les plus notoires parmi les rapporteurs et orateurs de chaque Conseil, nous voyons, aux Cinq-Cents, Gibert-Desmolières [1] gagner un des premiers rangs. Dès le 5 messidor

1. Rapport fait par Gibert-Desmolières au nom de la commission des finances, sur la situation des finances, 26 prairial an V. Paris, messidor an V, in-4°. (Nécessité de faire rentrer les impôts, de cesser toute délivrance d'ordonnances d'urgence, d'arrêter les anticipations, de renoncer à toute faveur dans l'ordre des payements, etc. État approximatif du revenu et des dépenses ordinaires de l'an VI, etc. 31 p. in-4°.)
Observation sur le rapport fait au conseil des Cinq-Cents par le représentant du peuple Gibert-Desmolières, au nom de la commission des finances par F.-Ch. Bailleul, député. 26 prairial an V, in-8°.
Opinion de Thibaudeau et observations de Gibert-Desmolières sur le rapport ci-dessus. 7 messidor an V, in-4°.
Opinions de Bérenger, Villers, Crassous, etc., sur le même sujet, 8 et 9 messidor an V, in-8°.
Motion d'ordre sur les finances, par Beyts, député, 14 fructido an V, in-4°. (Discussion des chiffres de Gibert-Desmolières, Camus,

un V, son grand exposé fait pressentir aux créanciers de
l'État la nécessité de subir des sacrifices; il aborde aussi
le sujet délicat des ordonnances délivrées d'urgence par
les ministros au profit de fournisseurs privilégiés, source
de graves abus.

Les rapports de Fabre de l'Aude [1] révèlent les tendances
nouvelles de la fiscalité. L'impôt sur le sel est proposé,

Treilhard, Montesquiou (gouvernement des finances de la France),
Rouyer, etc. Se prononce contre l'impôt sur le sel et le tabac. Néces·
sité de connaître exactement le déficit. 20 p. in-4o.)

Rapport fait par Gibert-Desmolières au nom de la commission des
finances sur l'ordre des payements à faire par la trésorerie nationale.
25 messidor an V, in-4o.

Observations faites par Gibert-Desmolières, au nom de la commission
des finances sur les travaux du conseil des Cinq-Cents relativement à
un message du directoire du 14 thermidor an V. 28 thermidor an V,
in-4o.

Rapport fait par Gibert-Desmolières sur l'emploi des coupons de l'em·
prunt forcé. 10 fructidor an V, in-4o.

1. Motion d'ordre de Fabre (de l'Aude) sur les dépenses ordinaires et
extraordinaires de l'an VI et sur les moyens d'y pourvoir. Fructidor
an V, in-4o. (Examen détaillé des états de dépenses et de recettes. Propose le rétablissement de la loterie et une taxe sur le sel perçue aux
salines. 29 p. in-4o.)

Rapport fait par Fabre (de l'Aude) au nom de la commission des dépenses ordinaires et extraordinaires de l'an VI, à la charge du Trésor
public. 3 brumaire an VI, in-4o. (Examen, en forme de budget, des dépenses de chaque ministère, avec tableaux à l'appui. 45 p. in-4o.)

Rapport fait par Fabre (de l'Aude) au nom de la commission des dépenses et des finances, sur le mode d'imposition et de payement des
charges départementales, municipales et communales. 8 brumaire an VI,
in-4o. (Historique, utile à lire, des budgets locaux depuis le début de la
Révolution. 18 p. in-4o.)

Rapport fait par Fabre (de l'Aude) au nom de la commission des dépenses, sur le mode de payement des bâtiments nationaux. 1er frimaire
an VI, in-4o.

Rapport fait au nom de la commission des dépenses et finances, par
Fabre (de l'Aude), sur le crédit à ouvrir au ministre des finances pour
les dépenses extraordinaires de son ministère, pendant le dernier semestre
de l'an V. 23 frimaire an VI, in-4o.

Rapport fait par Fabre (de l'Aude) au nom de la commission des
finances, sur le message du Directoire exécutif concernant les loteries
particulières et sur les moyens de réprimer la falsification des billets de
la loterie nationale. 27 ventôse an VI, in-4o.

malgré les souvenirs de la gabelle. S'il ne réussit pas encore à prendre place dans les lois de recettes, la loterie est plus favorisée. Les budgets locaux sont pour la première fois aussi l'objet d'études sérieuses. Dubois des Vosges [1] s'occupe de la taxe d'entretien des routes qui, comme la loterie, triomphe des précédentes résistances du Conseil des Anciens.

C'est Villers [2], qui rédige au nom de la commission des

---

1. Rapport et projet de résolution, par Dubois (des Vosges), sur les moyens d'activer et régulariser la rentrée des contributions directes. 13 vendémiaire an VI, in-8o.

Rapport et projet de résolution présentés par Dubois (des Vosges) au nom de la commission des finances, sur le tarif et les dispositions réglementaires relatifs à la taxe d'entretien des routes. 2 brumaire an VI, in-4o. 22 p.)

Rapport et projet de résolution présentés par Dubois (des Vosges), au nom de la commission des finances, sur un message du Directoire exécutif du 11 nivôse dernier, relativement à l'agence des contributions directes. 12 pluviôse an VI, in-8o.

Rapport et projet de résolution présentés par Dubois (des Vosges), au nom de la commission des finances, sur les taxations des receveurs généraux des départements et de leurs préposés. 28 pluviôse an VI, in-8o. Autre rapport du même sur le même sujet, du 22 floréal an VI, in-8o.

Motion d'ordre faite par Dubois (des Vosges), au nom de la commission des finances, sur l'exécution de la loi du 3 nivôse dernier relative à la taxe d'entretien des routes. 27 germinal an VI, in-8o.

---

2. Rapport fait par Villers au nom de la commission des finances et des dépenses, sur les finances. 24 fructidor an V, in-4o. (Projet général des recettes et des suppléments d'impôts à établir en l'an VI : contribution foncière, enregistrement, timbre, patentes, douanes, droit de passe, marque d'or et d'argent, loterie, tabacs, etc. Proposition de rembourser les deux tiers de la dette publique en papier. Rapport d'un grand intérêt. 38 pages.)

Rapport fait par Villers, au nom de la commission des finances, sur les patentes. 12 vendémiaire an VI, in-8o.

Rapport fait par Villers, au nom de la commission des finances, sur les rentes consolidées de 200 francs et au-dessous. 5 frimaire an VI, in-4o. (Caisse Lafarge, associations tontinières, rentiers viagers. 15 p. in-4o.)

Rapport fait par Villers, au nom d'une commission spéciale sur le message du Directoire exécutif du 15 de ce mois, relatif aux marchandises anglaises. 22 nivôse an VI, in-8o.

Rapport fait par Villers au nom de la commission des finances. 24 pluviôse an VI, in-8o. (Situation des contributions directes. 53 millions en

finances le rapport concernant la trop fameuse loi du
9 vendémiaire an VI (30 septembre 1797), intitulée : « Loi
« relative aux fonds nécessaires pour les dépenses géné-
« rales ordinaires et extraordinaires de l'an VI. » Déjà la
faillite du papier-monnaie a été consommée. Voici maintenant le tour de la rente, réduite des deux tiers. La dite
loi, d'ailleurs, préparée par Ramel, ministre des finances,
dont nous avons récapitulé les exposés, s'occupe de toutes
les parties du service, contributions directes, enregistrement, timbre, patentes, droits sur les lettres de voitures,
affiches, journaux et papiers de musique, droits de passe
sur les chemins, sur les voitures publiques, loterie, etc.,
en un mot, de l'universalité du budget des recettes. Il
n'est parlé des dépenses que pour arriver à réduire les
rentes et pensions. Villers groupe ici les dispositions que
plusieurs de ses collègues ont déjà traitées en détail,
comme on l'a vu. Divers de ses travaux postérieurs en
suivent l'exécution et les complètent.

Dufresne [1], ancien employé de la Trésorerie, utilise sa

---

plus à espérer des nouvelles taxes sur les hypothèques, les routes, le
tabac, la loterie, et des domaines nationaux. 22 p.)

Rapport fait par Villers, au nom de la commission des finances sur
les messages du Directoire exécutif, des 3 et 4 germinal dernier. 21 floréal an VI, in-4°. (Examen des différentes parties des recettes, contributions directes, timbre et enregistrement, patentes, tabacs, loteries,
routes, etc. Projets nouveaux d'impôts sur les annonces, les étoffes, le
papier, les journaux, etc. 26 pages.)

---

1. Rapport fait par Dufresne, au nom des deux commissions réunies
de surveillance et des dépenses, 12 thermidor an V, in-4°. (Abus des
mandats d'urgence : ils épuisent les caisses des départements. Pénurie du
Trésor. Les biens nationaux se vendent peu et sont mal payés : les contributions ne rentrent pas, etc. 6 p. in-4°.)

Rapport et projet de résolution par Dufresne, concernant les fournitures des armées. 20 thermidor an V, in-4°.

Rapport fait par Dufresne, au nom des deux commissions réunies de
dépenses et de surveillance de la trésorerie, 30 thermidor an V, in-4°.
(« Nos finances sont dans un état de détresse qu'il serait dangereux de
« vous dissimuler. » Ancienne période d'exercice de la taille et des

compétence en l'appliquant aux sujets des mandats d'urgence, du contrôle et de la comptabilité. Crassous [1], parmi beaucoup de sujets financiers qu'il aborde couramment, s'attache spécialement aux payements et aux remboursements des emprunts; Bailleul [2], à la dette publique et aux payeurs généraux.

D'autres rapports, motions et discours [3] complètent les

---

vingtièmes, d'octobre en octobre. Perte de revenus. Projet de budget de l'an VI. Nécessité de mesures radicales, 12 p. in-4º.)

Rapport fait, au nom de la commission des dépenses, par Dufresne, concernant la contribution imposée par le général Hoche. 10 fructidor an V, in-4º. (Une somme de plusieurs millions, levée à titre de contributions par l'armée de Sambre-et-Meuse n'aurait pas été versée à la trésorerie.)

1. Rapport fait par Crassous (de l'Hérault) au nom d'une commission spéciale chargée de présenter un projet de résolution sur le mode de payement des intérêts et arrérages de rentes perpétuelles et viagères et des pensions. 27 vendémiaire an VII, in-8º.

Rapport fait par Crassous (de l'Hérault) au nom de la commission des finances sur le message du Directoire exécutif en date du 9 ventôse. 15 floréal an VI, in-8º. (Questions relatives au mode de remboursement des emprunts.)

2. Motion d'ordre faite par Bailleul sur la dette publique. 5º jour complémentaire an V, in-8º.

Motion d'ordre par Bailleul sur la nécessité de supprimer les payeurs généraux de département. 17 vendémiaire an VI, in-8º.

Rapport fait par Monnot sur les payeurs de département. 13 frimaire an VI, in-4º. (Projet de suppression des payeurs.)

3. Rapport fait par Malès sur le transit des marchandises étrangères pour les départements du Haut et Bas-Rhin, Meuse et Moselle. 20 prairial an V, in-8º.

Motion d'ordre de Ch. Tarbé, député, sur le crédit public. 22 prairial an V, in-8º.

Opinions de Ludot, de Portiez (de l'Oise), sur l'apurement de la comptabilité arriérée ou intermédiaire. 28 prairial an V, in-8º.

Opinion de Tallien sur le projet présenté au nom de la commission des finances tendant au rapport de la loi du 3 frimaire an IV, qui autorise la trésorerie nationale à faire des négociations sous l'approbation du Directoire exécutif. 30 prairial an V, in-8º.

Rapport fait au nom de la commission des dépenses, par Noguier-Malijay. 22 thermidor an V, in-4º. (Nécessité pour le Directoire exécutif de fournir, conformément à la Constitution, l'aperçu des dépenses

précédents en y ajoutant quelques éléments nouveaux.
notamment en ce qui concerne les droits d'enregistrement,
de douanes, etc..., le projet de souscription pour une
descente en Angleterre, que nous avons vu déjà Ramel
patronner, la répartition de la contribution foncière, la
situation déplorable des dépenses hospitalières et péniten-
tiaires dans les départements, etc.

---

annuelles de la République. Jusqu'ici, cette obligation a été imparfaite-
ment remplie.)

Les commissaires de la Trésorerie nationale au conseil des Cinq-Cents.
Fructidor an V, in-4°. (État succinct du payement des rentes et pensions,
2 p.)

Conseil des Cinq-Cents. Rapport fait par Quatremère sur l'exemption
du droit de patente en faveur des peintres, sculpteurs, graveurs et ar-
chitectes. Séance du 13 messidor an V. Paris, an V, in-8°. (Sur ce rapport, ainsi que sur le discours de Mercier, lire l'*Histoire de la Société
française pendant le Directoire*, par Edmond et Jules de Goncourt,
3e édition. Paris, 1864, in-18.)

Commission des finances. Tableau des dépenses et des recettes ordinaires des années V et VI. Fructidor an V, in-4°. (Tableaux assez succincts, mais conçus en forme de budget, qui aboutissent à la balance
suivante : Dépenses de l'an VII : 487.207.460 l. Recettes : 410.000.000 l.
Déficit : 77.207.460 l. 8 p. in-4°.)

Opinion de Julien Souhait sur les finances de la République. 3 fructidor an V, in-4° (Examen des rapports de Treilhard et de Gibert-Desmolières. 52 p. in-4°.)

Rapport au nom de la commission des finances par Duchatel (de la
Gironde) sur les droits d'enregistrement. 17 fructidor an V, in-4°.

Rapport fait par Aubert, au nom d'une commission spéciale, sur la
répartition de la contribution foncière de l'an VII, 2 vendémiaire an VI,
in-4°. (Nouvelles bases de répartition de l'impôt entre les départements.
14 p. tableaux.)

Rapport fait par Monnot sur le message du Directoire relatif à l'emprunt proposé par le commerce. 9 nivôse an VI. (Souscription destinée
à payer les frais d'une descente en Angleterre.)

Discours de Jean Debry et de F. Lamarque, et motion de Thomas
Payne sur le même sujet. 9 nivôse et 9 pluviôse an VI.

Motion d'ordre par F.-M.-A. Labrouste (de la Gironde) sur le payement des dépenses publiques dans les départements. 12 nivôse an VI,
in-8°. (Maux causés par les retards dans le payement des dépenses : les
hospices sont dans le dénûment ; les détenus n'ont plus de lit, ni de vê-
tement, ni de chauffage, etc. 10 p.)

Système de contributions facultatives et individuelles, présenté par
Pons (de Verdun) au nom des citoyens Imbert et Fera. 2 germinal an VI,

B. — *Conseil des Anciens de la deuxième législature. — Travaux de Lebrun, Lecouteulx-Canteleu, Crelet, Dupont de Nemours, Vernier et autres.*

Le Conseil des Anciens continue à réviser, avec une sagesse relative, les résolutions des Cinq-Cents.

L'épuration du 18 Fructidor l'a cependant décimé, et Barbé-Marbois notamment n'est plus là pour l'inspirer de ses conseils modérés.

Laffon-Ladebat [1], également arraché de son siège, a le temps, avant son emprisonnement et son exil à Sinamari, de poursuivre ses travaux sur la contribution foncière, laquelle avait bien besoin qu'un esprit tel que le sien s'en occupât spécialement.

Lebrun [2] rédige le rapport sur la contribution mobilière,

---

in-4o. (Distinction entre l'impôt et la contribution. Classification des contribuables suivant leur revenu présumé, etc. 23 p. et tableaux.)

1. Rapport fait par Laffon-Ladebat sur la résolution du conseil des Cinq-Cents du premier floréal relative à la contribution foncière. Séance du 2 prairial an V. (31 pages in-4o. Exposé des principes sur lesquels repose l'impôt foncier. Récapitulations intéressantes des précédents travaux législatifs. Attribution aux départements surchargés d'un dégrèvement partiel. Suivi d'un mémoire sur le cadastre signé Prony, exposant les travaux entrepris depuis 1791.)
Opinions de P. Dedelay, Chassiron, etc., sur l'assiette et la répartition de la contribution foncière. Opinion de Mathieu Depère, qui forme, avec son supplément, un traité complet sur la matière de 60 p., avec tableaux. 12, 13, 14, 15 et 18 prairial an V, in-8o.
2. Rapport fait par le citoyen Lebrun sur la résolution concernant les patentes. 9 frimaire an V, in-8o.
Opinion de Crenière sur la résolution tendant à exempter du|droit de patente les officiers de santé... et les peintres, sculpteurs, graveurs et architectes. 5 nivôse an V, in-8o.
Rapport fait par Lebrun, sur la résolution du 11 floréal relative à la contribution personnelle mobilière et somptuaire. 19 prairial an V, in-8o. (Inégalités de la répartition entre les départements. Institution des jurys d'équité auxquels Lebrun donne son approbation, tout en proposant le rejet de la résolution pour différentes défectuosités de détail.)
Opinions de P. Dedelay, Regnier, etc., sur le même sujet. 14 et 15 thermidor an V, in-8o.
Second rapport fait par Lebrun sur la résolution du 6 messidor rela-

personnello et somptuaire dont l'établissement est confié
à des jurys d'équité, et divers rapports sur d'autres
sujets. Lecouteulx-Canteleu [1], chargé d'étudier le meilleur
mode d'exécution de la loi du tiers consolidé, saisit cette
occasion pour comparer la situation actuelle à la situation
sous l'ancien régime et à celle de l'Angleterre.

Les hommes les plus capables de la Révolution dressent
ainsi, de temps en temps, de larges récapitulations historiques dont on ne saurait trop profiter. Leurs vues d'ensemble possèdent une saveur d'actualité et souvent même
une autorité que n'ont plus toujours, au même degré, les
jugements rendus après coup.

C'est à Cretet [2] qu'incomba la charge de rapporter le

---

tive à des erreurs de rédaction dans la résolution du 30 prairial concernant la trésorerie. 9 messidor an V, in-8°.

Rapport fait par Lebrun, au nom de la commission, sur la résolution
du 30 prairial portant abrogation de la loi du 3 frimaire an IV, qui
autorise la trésorerie nationale à faire des négociations sous l'approbation du Directoire exécutif. 10 messidor an V, in-8°.

Rapport fait par Lebrun, nivôse an VI, in-8°. (Organisation nouvelle
du service des payements et des recettes dans les départements.)

Rapport fait par Lebrun sur la résolution du 9 nivôse portant emprunt
de 80 millions. 16 nivôse an VI, in-8°.

Opinion de Cretet à ce sujet, 16 nivôse an VI, in-8°.

1. Opinion de Lecouteulx-Canteleu sur la résolution du Conseil des
Cinq-Cents relative aux patentes. Séance du 11 nivôse an V, in-8°.

Rapport fait par Lecouteulx-Canteleu sur la résolution relative à la
liquidation de l'arriéré de la dette publique et au mode de remboursement des deux tiers. 14 frimaire an VI. Première et seconde partie,
in-4°. (1° : comparaison de la situation actuelle avec celle qui précédait
1789 et surtout avec la situation présente de l'Angleterre. 2° : mode
d'exécution de la consolidation du tiers de la dette. 12 et 13 p. in-4°.)

Rapport fait par Jean-Barthélemy Lecouteulx, sur la résolution qui
établit une taxe d'humanité. 21 pluviôse an VI, in-8°.

Motion d'ordre de J.-B. Lecouteulx, 16 germinal an VI, in-8°. (Mode
de liquidation de la dette de l'État.)

Rapport fait par Lecouteulx sur la résolution du 13 floréal relative
aux bons des deux tiers. 18 floréal an VI, in-8°.

2. Rapport fait au nom d'une commission sur les dépenses de la
liquidation générale, par Cretet. Messidor an V, in-4°. (Situation des
travaux de liquidation. 8 p. in-4°.)

Rapport fait par Cretet sur la résolution relative aux intérêts et arré-

projet de la loi du 9 vendémiaire an VI. Son travail doit
être rapproché de celui de Villers au Conseil des Cinq-
Cents et lu avec non moins d'attention, comme tout ce
qui se rapporte à cette décisive étape des finances de la
Révolution. Les passages saillants du rapport de Cretet
figurent entre guillemets dans beaucoup d'histoires de ce
temps. La discussion qui le suivit [1] mérite également
d'être étudiée de près. Quant au public, nous constaterons
plus loin sans étonnement qu'il demeura silencieux, au
moment de cette douloureuse opération de faillite.

Dupont de Nemours [2] décrit dans ses discours les dilapidations du régime directorial. Legrand [3] établit une sorte

---

rages des rentes perpétuelles, et rentes viagères et des pensions.
17 fructidor an V, in-8°.

Rapport fait par Cretet sur la résolution du 19 fructidor de l'an V,
relative aux finances de la République. Séance du 8 vendémiaire an VI,
in-4°. (Examen détaillé des propositions relatives aux impôts nouveaux.
Question de la faillite des deux tiers. Énoncé des arguments invoqués
pour et contre. Curieux motifs cités de part et d'autre. Pas de conclusion.
Cet exposé prétend être impartial. Il récapitule simplement toutes les
objections que l'on peut opposer au projet de faillite et toutes les raisons
qui pourraient déterminer à l'adopter. Rapport très souvent consulté et
cité, dont les 35 pages méritent d'être lues avec soin.)

1. Opinions de Pierre Dedelay, Clauzel, Delzons, Regnier, Vernier, etc.,
sur les fonds nécessaires aux dépenses de l'an VI et le remboursement
des deux tiers de la dette publique. 8, 9 vendémiaire an VI, in-8°.
Rapport fait par C. Cretet sur la résolution du conseil des Cinq-Cents
relative aux rentiers de l'État de 200 fr. et au-dessous. 22 nivôse an VI,
in-8°. Opinions de F. Cornudet, Ledanois, Lecouteulx, Cretet, P. Dedelay,
etc., sur le même sujet. 21 nivôse, 3, 5, 8 pluviôse an VI.

2. Rapport fait par Dupont (de Nemours) au nom d'une commission
spéciale sur l'organisation et les dépenses de la trésorerie nationale.
17 prairial an V, in-8°.
Opinion de Dupont (de Nemours) sur l'imprimerie de la République.)
29 prairial an V, in-8°.
Opinion de Dupont (de Nemours) sur la résolution du 1er messidor
relative à l'urgence des payements et aux négociations à faire par la
trésorerie, 9 messidor an V, in-8°. (Description du gaspillage des finances. Recettes provenant des armées. Dépenses non soldées, etc. 101 p.)

3. Rapport fait par Legrand sur la résolution du 14 brumaire an VI
concernant les dépenses ordinaires ou extraordinaires de l'an VI, à la
charge du trésor public. Frimaire an VI, in-4°. (Rapport détaillé sur le

do budget des dépenses d'apparences régulières. Vernier[1] installe le nouveau grand-livre des rentes réduites au tiers, sur les ruines de celui que Cambon avait solennellement et intégralement garanti quatre ans auparavant. Divers [2] s'occupent de comptabilité, de contributions directes, de la taxe d'entretien des routes, du milliard attribué aux défenseurs de la patrie, etc.

---

budget des dépenses des différents services pour l'an VI, analogue aux rapports généraux actuels des commissions du budget. 77 pages, un tableau.)

1. Rapport fait par Vernier sur la résolution du 21 vendémiaire relative aux patentes. 26 vendémiaire an VI, in-8o.

Rapport fait par Vernier sur la formation d'un nouveau grand livre du tiers consolidé des parties de la dette publique précédemment inscrites, ou liquidées. 28 frimaire an VI, in-8o.

2. Rapport de Tronchet sur le mode d'élection des commissaires de la trésorerie nationale et de la comptabilité. 4 prairial an V, in-8o. (Détails intéressants sur le mode de nomination et sur les attributions de ces agents.)

Opinions de Girod (de l'Ain), Lecouteulx, Picault, etc., sur l'établissement d'une inspection des contributions directes. 5 et 8 prairial an V, in-8o. (L'opinion de Girod de l'Ain met à jour la fausseté des principes constitutionnels en vigueur.)

Rapports faits par Ledanois, sur les réductions et décharges et sur la perception des contributions directes de l'an V. Séance du 30 prairial an V. (22 pages in-4o.)

Rapport fait par Regnier sur la résolution du 16 floréal relative au droit d'enregistrement. 19 messidor an V, in-8o.

Opinion de Girod (de l'Ain) sur le même sujet. 27 messidor an V, in-8o.

Opinion de Dedelay sur le droit d'enregistrement et son influence sur la législation civile et bursale. 27 messidor an V.

Premier rapport de Chassiron sur la résolution du 20 messidor, relative à la contribution personnelle, mobilière et somptuaire de l'an V. Séance du 13 thermidor an V. (15 pages in-4o.)

Rapport fait par Pescheur, sur la résolution du conseil des Cinq-Cents relative à la rentrée des contributions directes. Séance du 6 brumaire an VI. (20 pages in-4o.)

Opinions de Chassiron, de Cornudet, de Dedelay d'Agier, sur l'inspection des contributions directes. Séances des 21 et 22 brumaire an VI, in-8o.

Rapport fait par Pierre Dedelay sur la résolution concernant le droit d'entretien des routes. 3 frimaire an VI, in-8o. Rapport de Brothier et discussion sur le même sujet. 4, 12, 13 frimaire an VI.

Rapport fait par Marbot (de la Corrèze) sur le milliard destiné comme récompense nationale aux défenseurs de la patrie. Pluviôse an VI, in-8o.

3° TROISIÈME LÉGISLATURE, DE PRAIRIAL AN VI A FLORÉAL AN VII

Malgré la faillite du papier-monnaie et la réduction des deux tiers de la dette consolidée, le budget n'a pas retrouvé son équilibre. Il s'agit donc, maintenant que le passé est plus ou moins régulièrement liquidé, de créer de nouvelles ressources capables de mettre pour l'avenir le total des recettes au niveau du total des dépenses. Telle est la préoccupation spéciale de la législature de prairial an VI à floréal an VII. A cet effet, les Conseils passent en revue les diverses catégories d'impôts qui peuvent être créés, les moyens de crédit dont il est encore possible de disposer et les économies dont les services publics sont susceptibles, en essayant de supprimer les abus et les dilapidations.

A. — *Conseil des Cinq-Cents de la troisième législature. — Travaux de Crassous, Villers, Destrem, Génissieu et autres.*

Le conseil des Cinq-Cents entre le premier dans cette voie, par l'organe de ses rapporteurs habituels, Crassous, Fabre de l'Aude, Dubois des Vosges, Destrem, Malès, Génissieu, Villers, Duchatel, Bailleul, etc.

En cessant de suivre ici l'ordre des auteurs, afin d'abréger, citons seulement les principaux sujets en discussion, avec l'indication des membres qui y prirent spécialement part.

L'établissement des budgets et la création des nouveaux impôts occupe le premier rang [1]. Le rapport fait à la

---

1. Opinions de Bénard-Lagrave, Duchatel (de la Gironde), Ozun, René Lenormand, Got, Delaporte, Joubert, etc., sur les six titres du projet de la commission des finances présenté le 21 floréal dernier par Villers. 4, 9, 11, 12 prairial an VI. (Ces six titres, déposés sous forme de simple projet de loi, concernaient les domaines nationaux et engagés, les droits nouveaux sur le timbre proportionnel des affiches, de la musique, des annonces, sur les étoffes et sur le papier.)

précédente législature par Villers, le 24 floréal an VI, sur
les différentes parties des recettes, suscite au mois de prai-

Rapport fait par Villers, au nom de la commission des finances, sur
le message du Directoire exécutif du 1er messidor, relatif aux dépenses
et aux recettes de l'an VII. 22 thermidor an VI, in-4o. (Revue de toutes
les sources de revenus. Propositions nouvelles, spécialement en ce qui
concerne les patentes. 28 p. in-4o.)

Rapport fait au nom de la commission des finances, par Duchatel (de
la Gironde) sur le droit d'enregistrement. 6 fructidor an VI, in-4o.

Rapport fait par Duchatel (de la Gironde) au nom de la commission
des finances sur le timbre. 26 fructidor an VI, in-4o.

Motion d'ordre faite par F.-Ch. Bailleul sur les impositions indirectes.
11 vendémiaire an VII, in-8o.

Motion d'ordre de Groscossand-Dorimond sur les moyens complé-
mentaires de fournir aux dépenses de l'an VII. 12 vendémiaire an VII,
in-8o.

Rapport fait par Destrem, au nom des commissions des impôts directs
et indirects et des finances réunies, sur les moyens de compléter les
600 millions de recettes nécessaires aux dépenses de l'an VII. 24 vendémiaire an VII, in-4o. (Projet de création de 55 millions de taxes
nouvelles sur le papier, sur les portes et fenêtres et sur les douanes.
Texte et motifs du projet de loi d'impôt sur les portes et fenêtres, 24 p.
in-4o.)

Discours de Destrem sur le même sujet. Vendémiaire an VII.

Rapport fait par Malès au nom de la commission des finances de
l'an VII sur l'état des dépenses et des recettes publiques de l'an VII et le
complément des recettes. 26 nivôse an VII, in-4o. (Nécessité de nouvelles
ressources. Examen des principes fiscaux. Revue des projets divers mis
en avant. Avantages d'un impôt sur le sel perçu à l'extraction. 32 p.
in-4o.)

Opinions de Bérenger, Chottard, Luminais, Creuzé-Latouche, Lucien
Bonaparte, Labrouste, Grocossand-Dorimond, Poullain-Grandprey, André, Bergasse-Laziroule, Boulay (de la Meurthe), etc., sur les propositions de la commission des finances, spécialement en ce qui concerne
l'impôt sur le sel. 3, 9, 11, 12, 14, 16, 17, 21, 22 pluviôse an VII. (Le
discours de Doche-Delisle contre l'impôt sur le sel forme un traité complet de la matière, 22 p. in-4o.)

Réponse de Malès à quelques objections contre son Rapport du 26 nivôse sur les dépenses et les recettes de l'an VII, et contre le projet de
résolution présenté à la suite pour l'établissement d'un impôt sur le sel
à l'extraction des marais salants. 17 pluviôse an VII, in-8o.

Rapport fait par Génissieu, au nom de la commission chargée de présenter les moyens d'élever les recettes de l'an VII, in-4o. (Déficit de
50 millions. Revue des ressources nouvelles proposées pour le combler
28 p. in-4o.)

Rapport fait par Berlier, au nom de la commission chargée de pré-

rial une vive discussion. Puis Villers dépose le rapport
relatif au budget de l'an VII, comme il l'avait fait déjà pour
l'an VI.

L'impôt sur le sel est proposé et mis en délibération,
ainsi que les taxes indirectes en général. Destrem présente,
au nom des commissions de contributions et de finances
réunies, le projet qui aboutit à la loi du 4 frimaire an VII
créant la taxe des portes et fenêtres. Malès et Génissieu
rédigent des rapports importants sur cette même et cons-
tante nécessité d'élever les recettes à la hauteur des dépenses au moyen de la création de nouvelles ressources.
Duchatel poursuit ses études sur l'enregistrement et le
timbre.

D'autres travaux concernent plus particulièrement les
moyens de relever le crédit par des procédés de trésorerie,
et la création de banques, etc. ³, les dilapidations et les

---

senter un moyen d'élever les recettes au niveau des dépenses. 16 floréal,
in-8º. Autre rapport de Berlier sur le même sujet. 26 floréal an VII.

Second rapport fait par Génissieu, au nom de la commission chargée
de proposer les moyens de mettre le niveau entre les recettes et les
dépenses de l'an VII. 25 floréal an VII, in-4º. (Déficit porté de 50 à
67 millions. Examen de la situation générale. Dilapidations. Ressources
proposées. 32 p. in-4º.)

Projet de résolution proposé, au nom de la commission des finances,
par suite du message du Directoire exécutif en date du 3 pluviôse de
l'an VI, par C. Crassous (de l'Hérault). 1er prairial an VI, in-8º. (Liquidation des créances sur les émigrés.)

Opinion de Duchatel (de la Gironde) sur le même sujet. 4 prairial
an VI.

Rapport fait au nom de la commission des finances par J.-Ch. Bailleul,
sur les moyens de relever et de maintenir le crédit. 21 thermidor an VI,
in-4º. (Considérations générales sur les avantages du crédit, sur les
moyens de le fonder. Théories de Smith, Hamilton, Mirabeau, etc. Rapport doctrinal et déclamatoire. 30 p. in-4º.)

Rapport fait par Crassous, au nom de la commission des finances,
sur l'état actuel des ventes de biens nationaux et sur les mesures à
prendre pour la liquidation de la dette publique. 11 fructidor an VI,
in-8º.

Opinion d'Hemart, sur les moyens de payer aux rentiers et pensionnaires de l'État les arrérages qui leur sont dus, jusques et y compris le
1er semestre de l'an VI. Thermidor an VI, in-8º.

mesures qu'elles devraient provoquer [1], la comptabilité et
le contrôle [2], les finances locales [3], dont l'histoire est
tracée par Fabre de l'Aude. Enfin, la création d'octrois
municipaux est proposée; déjà plusieurs, du reste, avaient
été reconstitués, celui de Paris notamment, le 2 vendémiaire an VII.

Rapport fait par Fabre (de l'Aude) sur le remboursement de l'emprunt
contre l'Angleterre. 3 vendémiaire an VII, in-8°.

Motion d'ordre sur la proposition d'une banque, par Bailleul. 29 pluviôse an VII, in-8°.

Rapport fait par Duchâtel (de la Gironde) au nom d'une commission
spéciale sur les formalités relatives au payement des intérêts de la dette
publique et aux transferts des inscriptions et sur les moyens de rétablir
le crédit public. 6 floréal an VII, in-8°.

1. Motion d'ordre de Théodore Chabert, sur les dilapidations commises
par les fournisseurs et sur les moyens propres à les prévenir. 21 thermidor an VI, in-8°.

Motion d'ordre faite par Lucien Bonaparte au nom de la commission
des dilapidations. 29 thermidor an VI, in-8°.

Rapport fait par Duplantier au nom de la commission spéciale relative
aux dilapidations. 2 fructidor an VII, in-8°.

2. Rapport fait par Poullain-Grandprey au nom de la commission de
surveillance du conseil des Cinq-Cents sur la trésorerie nationale. 26 floréal an VII, in-folio.

Rapport fait par Portiez, au nom de la commission de surveillance et
de comptabilité, sur l'apurement des comptes jugés par les ci-devant
Chambres des comptes. 21 prairial an VI, in-8°. (6 p.)

. Rapport sur les travaux de la comptabilité nationale depuis l'organisation du régime constitutionnel jusqu'au 1er vendémiaire an VII, fait
par Jean Portiez. 14 nivôse an VII, in-4°. (Résumé des travaux de la
comptabilité ancienne, antérieure à la Révolution. 28 p. in-4°, avec tableaux.)

3. Rapport fait par Fabre (de l'Aude), au nom de la commission des
finances, sur le mode d'imposition, de payement et de comptabilité des
charges départementales, municipales et communales, sur l'arriéré de
ces dépenses. 16 messidor an VI, in-4°. (Historique des taxes et des
dépenses locales. Nécessité de les classifier et de les unifier. 41 pages.)

Projet d'établissement d'un octroi municipal et de bienfaisance pour
toutes les communes de la République dont la population s'élève à deux
mille âmes et au-dessus, par A. Goussard, commissaire de la comptabilité nationale. Paris, imp. nat., floréal an VII, in-8°. (Des octrois
sont déjà établis à Bordeaux, à Rouen, à Poitiers, à Versailles, à Nantes,
etc.)

B. — *Conseil des Anciens de la troisième législature.* — *Travaux de Cretet, Legrand, Arnould, Vernier et autres.*

Les principaux rapporteurs et orateurs des Anciens sur les sujets qui viennent d'être traités aux Cinq-Cents sont toujours Cretet [1], Legrand [2], Arnould [3], Vernier [4], etc. [5].

4° GRANDES LOIS FISCALES DE L'AN VII

Dans les premiers mois de l'an VII, au cours même de

---

1. Rapport fait par Cretet sur une résolution du conseil des Cinq-Cents relative à l'établissement de centimes additionnels pour l'an VII. 11 frimaire an VII, in-8°.

Rapport fait par Cretet sur une résolution du conseil des Cinq-Cents relative au mode d'administration des dépenses départementales, municipales et communales. 11 frimaire an VII, in-8°.

Rapport fait par Cretet sur la résolution du conseil des Cinq-Cents relative au remboursement de l'emprunt du 16 nivôse de l'an VI. 6 nivôse an VII, in-8°.

Rapport fait par Cretet sur la résolution relative au payement des intérêts de la dette publique. 22 floréal an VII, in-8°.

Rapport fait par Cretet sur la résolution du conseil des Cinq-Cents relative aux transferts de la dette publique. 27 floréal an VII, in-8°.

2. Rapport fait par Legrand, au nom d'une commission, sur la résolution du 28 thermidor relative à la réémission de 25 millions de mandats territoriaux de 5 francs pour le remboursement de la dette mobilisée. 21 fructidor an VI, in-8°. (Examen rétrospectif des émissions de mandats territoriaux. 18 p.)

Rapport fait par Legrand au nom d'une commission spéciale sur la résolution du 29 fructidor relative à la délivrance de bons au porteur en payement des intérêts de la dette publique, à compter du second semestre de l'an VI. Vendémiaire an VII, in-8°.

Opinions de Gorneau, Picault, Sedillez, Arnould, etc., sur le payement des intérêts de la dette publique. 17, 22, 28 vendémiaire an VII.

3. Rapport fait par Arnould sur la résolution du 8 fructidor an VI, concernant les fonds nécessaires pour le service ordinaire et extraordinaire de l'an VII. 26 fructidor an VI, in-4°. (600 millions sont nécessaires. Rapport superficiel sur l'ensemble de la situation. 34 p.)

4. Rapport fait par Vernier sur le mode de liquidation des rentes de 600 francs et au-dessous. 12 brumaire an VII, in-8°.

5. Rapport fait par Rousseau sur la résolution relative aux emprunts faits avec privilège sur les rentes. 27 messidor an VI, in-8°. (Affaire spéciale concernant un contrat passé avec le banquier Cambiso de Gênes. Trente têtes genevoises.)

cette troisième législature, parut une série de lois fiscales
constitutives de notre code actuel, que nous avons réservées pour les classer à part en raison de leur importance.
L'impôt foncier, l'impôt mobilier, les patentes, l'enregistrement, le timbre, les douanes, etc., trouvèrent alors leur
forme définitive. L'œuvre de 1790 et 1791, reprise ainsi en
sous-œuvre par les législateurs du Directoire, après sept
ans d'expérience, devint l'œuvre de la Révolution.

A. — *Contribution foncière.*

La contribution foncière, codifiée dans la loi du 3 frimaire an VII toujours en vigueur, eut pour rapporteurs
Malès aux Cinq-Cents [1] et Ledanois aux Anciens [2]. Leurs
deux travaux, très rarement cités, sont cependant les
seuls qui, en l'absence presque complète de discussions
publiques, aient éclairé les votes. Mais il faut reconnaître qu'ils pénètrent peu dans les détails et n'envi-
sagent le sujet que par ses côtés généraux, d'une manière
intéressante, du reste. Vraisemblablement, le mérite de
cette législation très étudiée revient surtout aux modestes

---

1. Rapport fait par Malès, au nom d'une commission spéciale, sur
l'assiette et le recouvrement de la contribution foncière. Séance du 7
vendémiaire an VII, in-4o. (Projet de la loi fondamentale du 3 frimaire
an VII. La commission a examiné toutes les réclamations qui lui ont
été transmises sur le fait de la contribution foncière. Elle reprend l'œuvre de la Constituante, la confirme et la perfectionne. Discussion au
sujet du mode d'évaluation des biens fonciers, en capital ou en revenu.
Motifs qui font écarter la valeur vénale. Séparation des propriétés bâties
et non bâties : la proposition n'est pas admise. Principes généraux. 46
pages.)
2. Rapport fait par Ledanois, au nom d'une commission chargée
d'examiner la résolution du 7 brumaire dernier, sur la répartition,
l'assiette et le recouvrement de la contribution foncière. Séance du 3
frimaire an VII, in-8o. (La résolution est du 9 brumaire et non du 7. Il
s'agit toujours de la loi fondamentale devenue celle du 3 frimaire an
VII et que Malès rapporta aux Cinq-Cents. Énumération intéressante
des perfectionnements apportés à la législation existante, en plus de sa
codification. 34 pages.)

et laborieux préparateurs des premiers projets, c'est-à-
dire au personnel des administrations financières réorga-
nisées depuis la fin de la tourmente.

Cette loi fondamentale de la contribution foncière du
3 frimaire an VII avait été précédée, sous le Directoire, des
travaux déjà cités de Gibert-Desmolières, Dubois-Crancé,
Laffon-Ladebat, Mathieu-Depère, Dédelay-d'Agier, etc.
Quelques autres la suivirent [1].

B. — Contribution mobilière.

La contribution personnelle, mobilière et somptuaire
doit sa constitution définitive à la loi du 3 nivôse du même
an VII, refondue depuis dans celle du 21 avril 1832. Ses
rapporteurs sont Sainthorent aux Cinq-Cents [2] et Arnould
aux Anciens [3].

1. Rapport fait par Arnould sur la résolution relative à la répartition
des 210 millions de contribution foncière pour l'an VII. 7 brumaire an
VII, in-4°.
Seconde opinion de Mathieu Depère sur la répartition des contributions foncière et mobilière. Séance du 7 brumaire an VII, in-4°. (La
première opinion, citée plus haut, date des 12 et 13 pluviôse an VII.
Elle contenait, avec son supplément, 60 pages in-4° et beaucoup de tableaux. Celle-ci comporte encore 40 pages in-4° et six tableaux in-folio.)
Opinions de Vernier, Chassiron, Laussat, Picault, Arnould, etc., sur
le sujet. 8 brumaire, 3 et 4 nivôse an VII.
De la nécessité d'adopter l'imposition territoriale en nature, ne fût-ce
que comme moyen d'obtenir le cadastre, par Delpierre. Nivôse an VII, in-8°.
Discours prononcé par Prévost (de la Somme), en présentant au Conseil un manuscrit du citoyen Gressier sur le revenu net foncier de chacun des départements de la République. 4 pluviôse an VII, in-8°.
Réflexions générales sur le système actuel de contributions publiques
et le nouveau mode d'assiette et de répartition de la contribution foncière proposé pour l'an VIII, par P.-C.-M. Chassiron, député aux
Anciens. Paris, pluviôse an VII, in-4°. (Travail préparé à l'occasion
des projets rapportés par Arnould. 23 pages in-4° avec tableaux.)

2. Rapport fait par F. Sainthorent, sur la répartition entre les départements de la contribution personnelle, mobilière et somptuaire de
l'an VII. 17 brumaire an VII, in-4°. Second projet de résolution sur le
même sujet, par F. Sainthorent. 14 frimaire an VII, in-4°.

3. Rapport fait par Arnould sur la résolution du 19 frimaire relative

De nombreux travaux déjà cités à leur date l'avaient précédée sous le Directoire, émanant de Chassiron, Delarue, Roger Martin, Lebrun (qui traita le sujet des jurys d'équité), etc. Au cours de la présente législature, Arnould fit un second rapport sur la répartition de l'an VII [1].

C. — Patentes.

Les projets relatifs aux patentes, qui aboutiront à la loi spéciale du 1er brumaire an VII, sont englobés dans le rapport général sur les recettes de l'an VII par Villers, déjà cité [2]. « Ces modifications et cette unité, dit-il, rendront la « perception plus prompte ». Pour la première fois, les droits sont nettement divisés en droits fixes et en droits proportionnels. Aux Anciens, Crelet, rapporteur [3], vit sa motion adoptée sans discussion.

Les patentes avaient, d'ailleurs, fait déjà, sous le Directoire, l'objet des études de Thibault, Lebrun, Vernier, Lecouteulx-Canteleu, Villers, etc., précédemment cités.

à l'assiette, au recouvrement et au dégrèvement de la contribution personnelle mobilière et somptuaire. Séance du 4 nivôse an VII, in-4°. (Le rapport d'Arnould concerne la loi du 3 nivôse, bien qu'il soit daté du 4 nivôse. Cette erreur, ou cette postdate provient, sans doute, d'une confusion dont le procès-verbal donne une explication très obscure. Arnould expose le mécanisme de la loi nouvelle, son caractère de superposition par rapport à l'ensemble des revenus fonciers et mobiliers, ses éléments somptuaires, etc. Utile commentaire, bien que trop abrégé. 8 pages in-4°.)

1. Rapport fait par Arnould sur la résolution du 27 brumaire relative à la répartition de la contribution personnelle mobilière et somptuaire de l'an VII. Séance du 7 nivôse an VII, in-4°.

---

2. Rapport fait par Villers sur les dépenses et les recettes de l'an VII, du 22 thermidor an VI, in-4°, déjà cité. (Partie consacrée aux patentes.)

3. Rapport par Crelet sur la résolution du 2 vendémiaire relative à la contribution des patentes. Séance du 1er brumaire an VII. Paris, an VII, in-8°. (La contribution des patentes n'est pas un impôt sur l'industrie. Dans un gouvernement libre, l'industrie ne doit pas être imposée. Mais elle frappe les capitaux mobiliers employés au commerce. Détails sur le tarif.)

D. — *Impôt des portes et fenêtres.*

L'impôt nouveau des portes et fenêtres du 4 frimaire an VII, compris, on s'en souvient, dans l'ensemble des propositions relatives au budget en l'an VII, eut pour préparateur aux Cinq-Cents, Destrem [1], rapporteur déjà cité de ces propositions générales. Aux Anciens, Legrand et Crétet s'en occupèrent dans des rapports spéciaux [2].

E. — *Enregistrement, timbre et greffe.*

La paternité de la loi du 22 frimaire an VII, relative à l'enregistrement, appartient, chacun le sait, à Duchatel de la Gironde, plus tard directeur général de la régie de l'enregistrement, alors membre de la commission des finances aux Cinq-Cents [3]. Aux Anciens, le rapporteur fut Crétet [4].

Cette loi du 22 frimaire au VII figure encore aujour-

---

1. Rapport fait par Destrem sur les moyens de compléter les 600 millions de recettes nécessaires, du 24 vendémiaire an VII. Déjà cité. (Partie relative à l'impôt des portes et fenêtres.)

2. Rapport de Legrand sur le projet d'impôt des portes et fenêtres. Séance du 1er frimaire an VII, du Conseil des Anciens.

Opinions de Théodore-François Huguet, P.-C. Laussat, etc., sur la résolution du 11 brumaire an VII, portant établissement d'une contribution sur les portes et fenêtres. 4 frimaire an VII.

Rapport fait par Crétet sur la résolution du 11 ventôse relative à un supplément de taxe sur les portes et fenêtres. 17 ventôse an VII, in-8o.

---

3. Rapport au nom de la commission des finances, par Duchatel, sur les droits d'enregistrement. 6 fructidor an VI, in-4o.

Nouveau projet de résolution présenté par Duchatel (de la Gironde) au nom de la commission des finances, sur l'enregistrement. 21 vendémiaire an VII, in-4o.

Exposé des principaux points du nouveau projet de résolution, par Duchatel (de la Gironde), au nom de la commission des finances, sur l'enregistrement. 17 brumaire an VII, in-8o.

4. Rapport fait par Crétet sur une résolution du conseil des Cinq-Cents relative aux droits d'enregistrement. 21 frimaire an VII, in-8o.

Opinions de Jousselin, Chassiron sur le même sujet. 21, 22 frimaire an VII.

d'hui en tête de tous les recueils officiels. Elle eut pour précédents sous le Directoire celles des ans IV, V et VI, dont Duchatel avait été également le rapporteur exclusif. Aux Anciens, Crotel et Regnier firent voter les projets de Duchatel.

La loi du timbre, du 13 brumaire an VII, corrélative à celle d'enregistrement, fut aussi préparée par Duchatel aux Cinq-Cents [1]; aux Anciens, par Lebrun et Moreau de l'Yonne [2].

Les droits de greffe organisés par la loi du 21 ventôse an VII, même jour que la loi des hypothèques, furent soumis aux Cinq-Cents par Doche-Delisle [3], et aux Anciens par Huguet et Letourneux [4].

F. — Douanes.

Les douanes virent leurs dispositions réglementaires consacrées par la loi du 9 floréal an VII. Destrem en fit le

---

1. Rapport fait par Duchatel (de la Gironde) au nom de la commission des finances, sur le timbre. Séance du 26 fructidor an VI. Paris, an VI, in-4º.

2. Rapport fait par Lebrun sur la résolution du 3 messidor, relative au droit de timbre. 14 messidor an VI, in-8º.

Rapport fait par Moreau (de l'Yonne) sur le timbre. 2 brumaire an VII, in-8º.

Opinions de Delneufcour, Bosquillon, Loysel, sur le droit de timbre. 12, 13 brumaire an VII.

3. Motion d'ordre de Legier sur les moyens de régulariser au profit du Trésor public la perception des droits de greffe. 5 messidor an VI, in-4º.

Motion d'ordre et projet de résolution par Poirriez (de la Somme) sur la perception au profit du Trésor public des droits de greffe et d'expédition. 8 vendémiaire an VII, in-8º.

Opinions de Belmont, Desclozeaux, Doche-Delisle, Duval-Villebogard, Légier, sur les droits de greffe, 13 vendémiaire, 2 et 29 brumaire an VII.

Nouvelle rédaction du projet de résolution présenté par Doche-Delisle sur les droits de greffe. 7 frimaire an VII, in-8º.

Rapport par Doche-Delisle sur le mode d'établissement et de perception de droits de greffe au profit de la République dans les tribunaux civils et de commerce. 1er ventôse an VII, in-8º.

4. Rapports faits par Huguet et par Letourneux sur une résolution relative aux droits de greffe dans les tribunaux civils, criminels et correctionnels. Séance du 22 prairial an VII.

rapport aux Cinq-Cents [1] et Lecouteulx-Canteleu aux Anciens [2]. Le sujet avait été traité déjà par Johannot, Villers, Barbé-Marbois, Vernier, etc., dans les législatures précédentes du Directoire.

G . — Droits sur les tabacs.

La loi du 22 brumaire an VII créa des droits sur la fabrication des tabacs. Dès l'an VI, de longues discussions s'étaient élevées au sujet de cette sorte d'impôt [3], dont les rapporteurs définitifs pour la loi du 22 brumaire an VII furent Bailleul aux Cinq-Cents [4] et Rossée aux Anciens [5].

---

1. Observations faites par Destrem, au nom des commissions des finances et des impôts directs et indirects sur le projet présenté le 23 ventôse, pour la rectification du tarif des douanes et améliorations de cette partie du revenu public. 3 germinal an VII, in-4º.

Rapport fait par Destrem, au nom des commissions des finances et des impôts directs et indirects réunis, sur la rectification des douanes et l'amélioration de cette partie du revenu public. Séance du 2 floréal an VII, in-8º.

2. Rapport fait par Lecouteulx sur la résolution du 14 ventôse pour la rectification du tarif des douanes. Séance du 21 germinal an VII, in-8º. Autre rapport fait par Lecouteulx. Séance du 9 floréal an VII, in-8º.

3. Rapport fait par Villers sur le tabac. 21 brumaire an VI, in-8º.

Opinions de Bénard-Lagrave, Frédéric Hermann, Mounot, Tallien, Woussen, Julien Souhait, sur le projet de rétablir la fabrication nationale du tabac et d'en imposer la culture. 15, 21 et 25 frimaire, 24 nivôse an VI.

Rapport fait par Tallien, au nom de la commission chargée de présenter le mode de perception d'un impôt de 10 millions sur les tabacs. Séance du 23 pluviôse an VI, in-8º.

Opinion de Hermann, 15 ventôse an VI.

Nouvelle rédaction du projet de résolution présenté par Tallien. 17 ventôse an VI, in-8º.

Opinions de Champion (de la Meuse), de Mathieu Depère, Alex. Ysabeau, Dentzel, Kauffmann, sur les tabacs. 29 germinal, 1er, 2 floréal an VI, in-8º.

4. Rapport et projet de résolution présenté au nom de la commission des finances, par J.-C. Bailleul, sur le tabac. 27 thermidor an VI, in-4º.

Opinions de Cunier, Leborgne, Bérenger, Boulay-Paty, Laurent, Lesage-Senault, etc., aux Cinq-Cents sur le même sujet. 17, 18, 19, 21 fructidor an VI.

5. Rapport fait par Rossée sur la résolution du 9 vendémiaire relative à l'impôt sur le tabac. 9 brumaire an VII, in-8º.

II. — *Droits de bacs. Taxe d'entretien des routes.*

A la même époque, les droits sur les bacs et passages
d'eau firent l'objet de plusieurs discussions, qui aboutirent·à la loi du 6 frimaire an VII [1].

La taxe d'entretien des routes fut également reprise par
la loi du 14 brumaire an VII [2].

I. — *Impôt sur le sel.*

Comme nous l'avons indiqué, l'impôt sur le sel, officiellement proposé malgré les souvenirs de la gabelle, risqua
d'être voté à la suite de discussions caractéristiques pour
l'époque [3]. On se souvient des rapports de Malès déjà
cités sur ce sujet.

Opinions de Cornudet, Dentzel, Kauffmann, Brostaret, Legrand, aux
Anciens, sur le même sujet. 19, 21, 22 brumaire an VII.

---

1. Rapport fait par Bénard-Lagrave, au nom d'une commission spéciale, sur un message du Directoire exécutif relatif aux droits de bacs
et de passage sur les canaux et rivières. 13 pluviôse an VI, in-8º.

Rapport fait par Cretet sur la résolution du conseil des Cinq-Cents du
26 pluviôse de l'an VI relative à l'administration des bacs établis sur les
rivières. 15 prairial an VI, in-8º.

Opinions de Champion, Chassiron, Depère sur le même sujet. 12, 23,
26 prairial an VI.

Rapport fait par Challan au nom d'une commission spéciale chargée
de présenter une nouvelle résolution sur les droits de bacs. 4e jour complémentaire an VI, in-8º.

Opinions de Lafargue, Borel-Vernière, sur les droits de bacs. 12,
13 vendémiaire an VII.

2. Rapport et projet de résolution présentés par Dubois (des Vosges),
au nom de la commission des finances, sur la taxe d'entretien des routes.
8 messidor an VI, in-4º.

Rapport et projet de résolution présentés par Dubois (des Vosges) au
nom de la commission des finances, sur deux messages du Directoire
exécutif relatifs à la taxe d'entretien des routes. 19 vendémiaire an VII,
in-4º.

Rapport fait par Cretet sur la résolution du conseil des Cinq-Cents
relative à la taxe d'entretien des routes. 10 brumaire an VII, in-8º.

---

3. Rapport fait par Bertrand (du Bas-Rhin) sur un droit sur les sels
à leur entrée en consommation pour l'intérieur tant des marais salants
que des salines. 28 thermidor an VI, in-8º.

J. — *Droits sur les objets d'or et d'argent.*

Enfin, c'est avec intention que nous avons omis précédemment de parler, à sa date, de la loi du 19 brumaire
an VI, réorganisant les droits de marque sur les objets
d'or et d'argent, afin de pouvoir la ranger ici parmi les
codifications de l'an VII; car elle rentre légitimement dans
cette grande famille. Ses rapporteurs furent Prieur (Prieur-
Duvernois) aux Cinq-Cents [1] et Loysel aux Anciens [2].

5° QUATRIÈME ET DERNIÈRE LÉGISLATURE, DE PRAIRIAL AN VII
AU 19 BRUMAIRE AN VIII

La dernière période du Directoire, de prairial an VII à

Opinions de Cabanis, Couturier, Joubert, Simon, etc., au sujet de
l'impôt sur le sel. 11 fructidor, 12 vendémiaire, 3, 9, 11, 12, 14, 16 pluviôse an VII.

Rapport fait par Legrand sur une résolution du 24 pluviôse an VII
concernant un impôt sur le sel. Séance du 29 pluviôse an VII. (Discussion de chacune des objections élevées contre l'impôt du sel. La nécessité est impérieuse. La majorité de la commission propose donc de
l'adopter. 24 pages in-4° avec tableaux.)

Opinions de Chassiron, Loysel, Ballard, Rodat, Legrand, Baudin,
Lacuée, Arnould, Dubois-Dubais, Girod (de l'Ain), Bourdon (de l'Orne),
Lecouteulx, Dussieux, etc., sur la résolution du 24 pluviôse tendant à
établir un impôt sur le sel à l'extraction. 26, 27, 28, 29 pluviôse, 1, 2,
3, 4, 19 ventôse an VII.

---

1. Rapport fait au nom d'une commission spéciale composée des
représentants Thibault, Richaud et Beffroy, par L.-E. Beffroy, député,
sur la garantie des titres des ouvrages d'or et d'argent. 14 pluviôse an V,
in-8°.

Opinion de Gibert-Desmolières sur le droit de garantie des ouvrages
d'or et d'argent. 28 ventôse an V, in-8°.

Réfutation de l'opinion de Gibert-Desmolières sur le projet présenté
par une commission spéciale, pour établir la garantie du titre des matières
d'or et d'argent, par L.-E. Beffroy, rapporteur. 27 floréal an V, in-8°.

Rapport sur le rétablissement de la surveillance et de la perception du
droit sur les matières et ouvrages d'or et d'argent, fait au nom de la
commission des finances, par C.-A. Prieur. 15 vendémiaire an VI, in-8°.

2. Rapport fait par Loysel sur une résolution relative à la perception
des droits sur les matières et ouvrages d'or et d'argent. 12 brumaire
an VI, in-8°.

brumaire an VIII, est bien telle qu'on a le droit de la supposer. Les Conseils, après avoir tenté de liquider le passé
et n'y avoir réussi que par des faillites successives, après
avoir eu, un moment, le courage de réorganiser certaines
branches d'impôt, se montrent incapables maintenant d'aller plus loin. Leur œuvre financière est consommée. Ils
ne peuvent plus s'opposer au déficit qui déborde définitivement, sans autre obstacle que celui de discours stériles; ils
ne peuvent plus refréner les dilapidations ; ils ne peuvent
plus rétablir l'ordre dans les budgets, ni fermer la porte
aux expédients spoliateurs.

Parmi ces expédients spoliateurs figure au premier rang
l'emprunt forcé et progressif de cent millions sur les riches. C'est par l'emprunt forcé, on s'en souvient, que le
Directoire débuta en l'an IV; c'est par l'emprunt forcé que
ses opérations financières vont se clore en l'an VIII.

Les événements financiers de cette dernière période
n'offrent donc plus par eux-mêmes grand intérêt. Ils ont
seulement le privilège d'enseigner, avec une cruelle évidence, que toujours les agissements révolutionnaires
aboutissent forcément au désordre et à la ruine. En vain
a-t-on voulu s'illusionner longtemps ; en vain même quelquefois a-t-on semblé croire que la marche inévitable du
mal se trouvait suspendue; en vain s'est-on allégé du poids
des rentes les plus solennellement garanties; en vain
s'est-on dégagé des entraves d'un papier-monnaie que la
crédulité publique avait accepté sur la foi des plus men-
songères statistiques; en vain a-t-on mis en coupe réglée
les milliards des biens confisqués. Le moment arrive où
il faut définitivement s'avouer vaincu. Le gouffre dans lequel ont été englouties les richesses accumulées de la
nation demeure toujours béant, et le Directoire, près de
succomber, doit reconnaitre lui-même son impuissance à
le combler.

A. — *Conseil des Cinq-Cents de la quatrième législature. — Travaux de Thibault, Poullain-Grandprey, Arnould, Génissieu.*

Au conseil des Cinq-Cents, les principaux rapports sont rédigés par Thibault [1], Poullain-Grandprey [2], Arnould [3], Génissieu [4], etc. [5]

---

1. Motion d'ordre faite par Thibault sur les recettes et dépenses dont est chargée la trésorerie nationale pour tous les services de l'an VII, 3e jour complétaire an VII, in-8°. (Nécessité de revenir au payement en valeurs métalliques.)

Rapport fait par Thibault, sur les moyens d'élever à 100 millions l'emprunt décrété. 9 brumaire an VIII in-8°. (Vices du système de la progression : il a fait échouer l'emprunt de l'an IV et celui contre l'Angleterre. L'arbitraire paralyse la confiance. Recouvrements actuels. Projet d'un nouveau tarif proportionnel.)

Additions au rapport fait par Thibault, sur les moyens de régulariser l'emprunt forcé. 16 brumaire an VIII, in-8°. (Suppression du système progressif. Cotisations proportionnelles.)

Opinions de Duchesne, Trumeau, Ludot, Félix Faulcon, etc., sur le projet de rapporter les lois relatives à l'emprunt forcé. 16, 17 brumaire an VIII.

2. Nouvelle rédaction du projet de résolution relatif au mode d'exécution de la loi du 10 messidor an VII, qui ouvre un emprunt de 100 millions, par Poullain-Grandprey, 28 messidor an VII, in-8°.

Rapport fait par Poullain-Grandprey sur les moyens d'accélérer et de régulariser la comptabilité intermédiaire et constitutionnelle. 14 vendémiaire an VIII, in-4°.

Nouvelle rédaction présentée par Poullain-Grandprey du projet de résolution relatif à un nouveau mode de recouvrement des contributions directes et indirectes. 29 vendémiaire an VIII, in-4°.

3. Rapport fait par Arnould (de la Seine) au nom de la commission spéciale pour le service de l'an VIII, sur le message du Directoire exécutif du 25 prairial an VII, concernant les dépenses de la dite année. 24 thermidor an VII, in-folio.

Rapport fait par Arnould (de la Seine) au nom de la commission du service de l'an VIII sur le payement des rentes et pensions pendant la dite année. 29 vendémiaire an VIII, in-4°.

Opinion de Fabre (de l'Aube) à ce sujet. 29 vendémiaire an VIII.

4. Projet de résolution présenté par Génissieu sur l'emprunt. 25 messidor an VII, in-8°.

Rapport fait par Génissieu, au nom de la commission chargée de proposer la fixation des dépenses du ministère des finances pour l'an VII. Fructidor an VII, in-8°.

5. Motion d'ordre de Bonnaire (Cher). 17 messidor an VII, in-8°. (Abus commis dans la comptabilité.)

Le sujet de l'emprunt forcé y prédomine. Sera-t-il progressif ou proportionnel ? Question nouvelle qui n'aurait jamais été posée sous la Convention, où la progressivité constituait un principe à la fois financier et social. Le fait seul de discuter maintenant ce principe prouve que

---

Motion d'ordre par Héard sur la poursuite des traîtres et des dilapidateurs. 18 messidor an VII, in-8°.

Motion d'ordre par Foncez (de Jemmapes) sur les dilapidations. 16 thermidor an VII, in-8°.

Motion faite par Creuzé-Latouche sur le plan des recettes et des dépenses proposé par une commission spéciale pour l'an VIII. 6 fructidor an VII, in-8°.

Rapport fait par Destrem, au nom d'une commission spéciale, sur les dépenses du Directoire exécutif pour l'an VIII. 19 fructidor an VII, in-8°.

Rapport fait par Richard (des Vosges) au nom de la commission de surveillance de la trésorerie nationale, 2e jour complémentaire an VII, in-8°. (Suivi de trois tableaux contenant beaucoup de chiffres, mais peu de renseignements utiles.)

Rapport fait par Portiez, au nom de la commission de surveillance de la comptabilité nationale sur le travail de la comptabilité nationale en l'an VII. 14 vendémiaire an VIII, in-4°.

Rapport par Sainthorent, au nom de la commission des contributions directes de l'an VIII, sur la répartition des contributions foncière, personnelle, mobilière et somptuaire de l'an VIII, et sur leur mode d'assiette. 16 vendémiaire an VIII, in-4°.

Nouvelle rédaction d'un projet de résolution tendant à généraliser la mesure des octrois municipaux de bienfaisance, par Delpierre jeune. 27 vendémiaire an VIII, in-8°. (Exécution de la loi du 11 frimaire an VII. L'auteur voudrait, par le moyen des octrois, supprimer les centimes additionnels aux contributions directes.)

Rapport fait par Doche-Delisle, au nom d'une commission spéciale chargée de présenter les moyens d'effectuer le remboursement de l'emprunt forcé de 100 millions. 2 brumaire an VIII, in-8°. (Éloge de l'emprunt forcé : son exécution a pleinement réussi. Thèse exceptionnelle, presque unique, même dans ces temps troublés.)

Rapports de C.-M. Lafont sur la perception immédiate des contributions directes et sur l'inspection des contributions. 13 et 14 brumaire an VIII, 2 vol. in-4°.

Rapport fait par Labrouste (de la Gironde) sur le payement des rentes et pensions pendant l'an VIII. 16 brumaire an VIII, in-4°.

Opinion de Lucien Bonaparte sur la situation de la République. Séance de nuit du 19 brumaire an VIII, in-8°. (« La République, mal gouvernée, tiraillée dans tous les sens, minée par l'affreux épuisement des finances, croule de toutes parts. »)

l'esprit public a quand même progressé, impression que
fortifie, d'ailleurs, la lecture des solides arguments invoqués en faveur de la proportionnalité.

B. — *Conseil des Anciens de la quatrième législature.*
Travaux de Cretet, Lebrun, Chassiron.

Aux Anciens, Cretet [1] et Lebrun [2] rédigent encore les
principaux rapports, spécialement ceux qui concernent
l'emprunt forcé. D'autres traitent les divers sujets de
comptabilité qui sont à l'ordre du jour [3], ou s'efforcent

---

1. Rapport fait par Cretet sur la résolution relative à l'emprunt de
cent millions. 12 thermidor an VII, in-8°.
Projet de l'emprunt progressif de cent millions, présenté par Martin
Chassiron. An VII, in-4°.

2. Rapport fait par Lebrun sur l'impôt du tabac. 9 prairial an VII.
Premier rapport fait par Lebrun sur la résolution du 18 thermidor
relative à l'emprunt de cent millions. 19 thermidor an VII, in-8°.
Second rapport fait par Lebrun sur la résolution rectifiée du 15
thermidor relative à l'emprunt de cent millions. 19 thermidor an VII,
in-8°.
Rapport fait par Dieudonné au nom d'une commission spéciale sur
la résolution du 2 fructidor relative à l'emprunt de cent millions. 6 fructidor an VII, in-8°. (Moyens coercitifs nécessités pour l'application des
lois sur l'emprunt forcé.)
Opinions de Chabot, Chassiron, etc., sur le même sujet. 6 fructidor
an VII.
Rapport fait par Lebrun sur la résolution du 3 fructidor, relative à la
fixation des recettes pour l'an VIII. 14 fructidor an VII, in-8°. (Les
demandes de recettes doivent suivre les demandes de dépenses. Le Directoire est invité à fournir un état de situation des finances.)
Rapport fait par Lebrun sur la résolution du 29 fructidor relative aux
dépenses du ministère des finances. 6 vendémiaire an VIII, in-8°. (Organisation du ministère des finances. Réductions de personnel réalisées par
Ramel.)
Rapport fait par Lebrun sur les dépenses du ministère des finances,
29 vendémiaire an VIII, in-8°. (S'oppose aux réductions excessives de
crédits qui sont demandées.)
Rapport fait par Lebrun sur la résolution du 6 brumaire qui autorise
un emprunt de cinquante millions sur les premières rentrées des contributions arriérées, pour assurer le service de l'an VIII. Saint-Cloud, 19
brumaire an VIII, in-8°.

3. Observations de P.-Ch.-Martin Chassiron sur l'exécution de la loi

vainement de combattre le développement des concus-
sions et des dilapidations [1].

6° COMMISSIONS INTERMÉDIAIRES DES CINQ-CENTS ET DES ANCIENS

Après le 19 brumaire, des commissions intermédiaires,
prises dans le sein de chacun des deux Conseils[2], et chargées de rédiger les lois jusqu'à la proclamation du
Consulat [3], abattirent beaucoup de bonne besogne en peu
de temps. Rapports courts, discussions sans phrases, textes de lois sans considérants, tel est le caractère de cette

---

du 11 frimaire et l'organisation des octrois de bienfaisance et taxes locales dans les grandes communes de la République. 14 messidor an VII,
in-8°.

Rapport fait par Laussat, au nom d'une commission, sur la résolution du 29 fructidor an VII qui ordonne que les produits *bruts* des
recettes seront portés intégralement en recettes et que les frais feront
partie des crédits à ouvrir. 6ᵉ jour complémentaire an VII, in-8°.

1. Rapport fait par Ch. Vacher, sur une résolution relative aux bons
de réquisition pour fournitures faites aux armées. 27 vendémiaire an VIII,
in-8°. (Abus des bons de réquisition. Limitation de leur emploi.)

Rapport fait par Baret (de la Lys) sur la résolution relative aux entre-
preneurs et aux fournisseurs. 3 vendémiaire an VIII, in-8°. (Dilapidations. Relevé des lois déjà rendues pour les combattre. Nouvelles
mesures nécessaires. « Le peuple français voit, sans cesse, s'échapper
« de ses mains le fruit de ses sueurs. » 26 p.)

Rapport fait par Bourdon (de l'Orne) sur la résolution du 22 thermidor an VII relative aux fonctionnaires et employés de la République
intéressés dans les fournitures et aux moyens de prévenir la corruption.
26 thermidor an VII, in-8°. (Précédent rapport du même, du 17 messidor an VII.)

---

2. Commission du conseil des Cinq-Cents créée en exécution de la
loi du 19 brumaire an VIII. Procès-verbal. (21 brumaire-5 nivôse
an VIII.) Paris, in-8°.

Procès-verbal des séances de la commission du conseil des Anciens
créée par la loi du 19 brumaire an VIII (21 brumaire-5 nivôse an VIII).
Paris, in-8°.

3. Registre des délibérations du Consulat provisoire. 20 brumaire-
3 nivôse an VIII, publié pour la première fois d'après le manuscrit des
Archives nationales, par F.-A. Aulard. Paris, 1894, in-8°. (108 pages
publiées par la Société de l'histoire de la Révolution française ; intéressant compte rendu des délibérations des commissions intermédiaires.)

dernière partie des travaux des conseils des Cinq-Cents [1] et des Anciens [2], si l'on peut encore donner ce nom de Conseils aux débris qui composaient les commissions intermédiaires. Avec elles, nous atteignons la limite du dix-huitième siècle.

§ 3. — *Écrits financiers, livres, brochures, pamphlets, etc., publiés pendant tout le cours du Directoire.*

Recherchons maintenant ce qui se passait en dehors des Conseils. Car, pendant que les ministres et les mem-

---

1. Opinion de Cabanis sur l'emprunt forcé. 25 brumaire an VIII, in-8º. (Funestes effets de la loi sur l'emprunt forcé, 12 p.)

Rapport fait par Arnould (de la Seine) au nom de la section des finances sur le payement des rentes et pensions du second semestre de l'an VII. 26 brumaire an VIII, in-8º.

Rapport fait par Thibault sur le message de la commission consulaire de la République qui demande l'abrogation des lois sur l'emprunt forcé de cent millions. 26 brumaire an VIII, in-8º.

Rapport fait par Thibault, au nom de la section des finances, sur les obligations et cautionnements en espèces à fournir par les receveurs généraux. 4 frimaire an VIII, in-8º.

Rapport fait par Arnould (de la Seine), au nom de la section des finances, sur une prorogation de délais pour le payement des domaines nationaux. 8 frimaire an VIII, in-8º. (Autre rapport sur le même sujet du 15 frimaire an VIII.)

Rapport et projet de décret présentés par Bérenger sur les contributions directes. 9 frimaire an VIII, in-8º. (Réorganisation de l'administration des contributions directes.)

Rapport fait par Thibault, au nom de la section des finances. Impôts sur les consommations à l'octroi de Paris. 17 frimaire an VIII, in-8º.

Rapport fait par Thibault, au nom de la section des finances. Rappel de la loi sur l'emprunt forcé. 24 frimaire an VIII, in-8º.

Rapport fait par Arnould (de la Seine), au nom de la section des finances, sur les ressources qu'offre pour le service de l'an VIII la création de 150 millions d'inscriptions foncières sur biens nationaux. 26 frimaire an VIII, in-8º.

Rapport fait par Thibault, au nom de la section des finances. Autorisation d'aliéner certains biens nationaux. 27 frimaire an VIII, in-8º.

2. Rapport de Chassiron relatif au cautionnement des receveurs généraux de département et à l'établissement d'une caisse d'amortissement. 6 frimaire an VIII, in-8º.

bres des assemblées délibéraient, le public s'associait à
leurs travaux par la publication d'un nombre assez considérable de livres, brochures, pamphlets, etc., qu'il convient de classer, en les rattachant, cela va sans dire, aux
faits dont nous avons précédemment donné la chronologie.

1° ÉCRITS LES PLUS NOTOIRES CLASSÉS PAR NOMS D'AUTEURS : SAINT-AU-
BIN, D'IVERNOIS, JOLLIVET, MONTESQUIOU, CALONNE, DUPONT DE NE-
MOURS, RŒDERER, LECOUTEULX-CANTELEU.

Le premier des auteurs, par sa fécondité d'abord, par
son bon sens souvent, en tous cas par l'originalité de son
argumentation, est Saint-Aubin[1]. Il semble inutile de

---

1. La rareté du numéraire influe-t-elle sur la valeur ou sur le prix des
denrées autant qu'on le croit? par Saint-Aubin. Paris, an IV, in-8°.

Rentiers et inscriptions au grand-livre, par Saint-Aubin. Paris, 22
nivôse, in-8°.

L'emprunt forcé considéré sous le rapport de l'impôt et du crédit de
l'assignat, par l'auteur de « Donnons notre bilan » (G. Saint-Aubin).
Paris, 22 nivôse an IV, in-8°. (L'emprunt forcé était nécessaire. Il est
juste et salutaire. Description de ses avantages. Il permet de relever le
crédit de l'assignat. Tableau des prix de divers objets depuis la chute
des assignats. 66 pages.)

Additions à la brochure intitulée : « Rentiers et inscriptions au grand-
livre », par Saint-Aubin. Paris, s. d., in-8°.

Exposé des avantages qui résulteraient de la vente immédiate des biens
nationaux de la Belgique contre des inscriptions au grand-livre, par
Saint-Aubin. Paris, 4 floréal an V, in-8°.

Saint-Aubin, sur la suspension proposée de la vente des biens nationaux de la Belgique. Paris, 24 prairial an V, in-8°.

Observation sur le discours du citoyen Beytz, membre du conseil des
Cinq-Cents, prononcé le 10 de ce mois, relativement à la vente des biens
nationaux de la Belgique contre des inscriptions en dettes exigibles, par
Saint-Aubin. Paris, s. d., in-8°.

Post-scriptum à ajouter aux observations du citoyen Saint-Aubin sur
le discours du citoyen Beytz. Paris, s. d., in-8°.

Beytz au citoyen Saint-Aubin. Paris, messidor an V, in-8°.

Réponse de Saint-Aubin à plusieurs questions proposées par le citoyen
F. C. sur la hausse des rentes, questions qui se trouvent dans « le Miroir »
du 25 prairial n° 409. Paris, messidor an V, in-8°.

Quelques mots sur le second article de la résolution du 19 thermidor
an V, par Saint-Aubin. Paris, s. d., in-4°. (Mode de paiement de certaines
obligations postérieures au 1er janvier 1792. Rapport Paradis.)

donner le résumé de ses ouvrages dont les titres très développés suffisent à découvrir les conclusions. Beaucoup de réflexions justes, une connaissance complète des opé-

---

Observations sur le discours du représentant du peuple Gibert-Desmolières prononcé à la tribune du conseil du Cinq-Cents le 28 thermidor, par Saint-Aubin. Paris, 2 fructidor an V, in-8º. (État des recettes du trésor public. Réflexions générales sur les impôts et particulièrement sur l'impôt du sel.)

Sur la mobilisation des deux tiers de la dette publique, d'après le projet de la commission des finances, par Saint-Aubin. Paris, 27 fructidor an V, in-8º. (L'auteur s'oppose énergiquement au projet de faillite.)

Supplément à l'écrit : « Sur la mobilisation des deux tiers de la dette publique », par Saint-Aubin. Paris, 28 fructidor an V, in-8º. (Se défend d'avoir changé d'avis. Insiste sur les arguments donnés la veille.)

Observations sur l'emprunt proposé au gouvernement par des négociants de Paris, par Saint-Aubin. Paris, 6 nivôse an VI, in-8º. (Nécessité de l'emprunt. Pour le gager, l'impôt du sel à l'extraction est la ressource la plus opportune. 34 p. et tableaux.)

Moyen simple d'améliorer le sort de tous les rentiers et créanciers de l'État, tout en diminuant d'un tiers, plus ou moins, la dette publique, par Saint-Aubin. Paris, s. d., in-8º. (Les inscriptions de rentes doivent être respectées. Proposition de vendre 500 millions de biens nationaux contre des inscriptions au grand-livre, 20 p.)

Sur les bons du quart donnés aux rentiers en payement des arrérages échus antérieurement au deuxième semestre de l'an V, par le C. Saint-Aubin. Paris, 27 nivôse an VI, in-8º.

Saint-Aubin, sur les dilapidations, les fournitures, l'agiotage, etc., et sur les dénonciations faites à ce sujet. S. l. n. d., in-8º.

Ne peut-on pas sauver la République en la faisant aimer? N'y a-t-il pas moyen d'emprunter cent millions sans ruiner la France et mécontenter tous les citoyens? ou réflexions isolées sur l'emprunt de 100 millions, par Saint-Aubin. Paris, s. d., in-8º.

Encore quelques réflexions isolées sur l'emprunt forcé, par Saint-Aubin. Paris, s. d., in-8º. (Dans cet écrit, l'auteur attaque violemment et spirituellement le système d'emprunt progressif. 5 pages.)

Voulez-vous qu'on paie mieux les fonctionnaires publics et les rentiers? ou réflexions sur la meilleure manière de faire rentrer à la trésorerie nationale ce qui restera des contributions levées en Italie, après que l'armée aura été équipée et approvisionnée, par Saint-Aubin. Paris, s. d., in-8º. (Les millions d'Allemagne, de Modène, de Parme, de Naples, de Gênes, du Pape, ne sont connus des rentiers et fonctionnaires publics que de réputation : ils traversent la trésorerie nationale incognito. 10 pages.)

Sur les moyens de tirer le meilleur parti possible, dans les circonstances actuelles, des biens nationaux provenant du partage de la Répu-

rations financières de l'époque qui s'éclairent sous sa
plume, une discussion animée, humoristique, paradoxale
quelquefois, rendent leur lecture à la fois attrayante et
instructive. Saint-Aubin se trouve sur la brèche en toute
occasion. Blanqui aîné dit de lui : « J.-B. Say l'appelait le
« bouffon de l'économie politique, bouffon souvent très
« judicieux. »

Un autre écrivain, non moins paradoxal, plus instruit
peut-être encore que le précédent, est d'Ivernois[1]. Mais

---

blique avec les ascendants d'émigrés, par Saint-Aubin. S. l. n. d., in-8º.

Est-il conforme à un bon système de finances de traiter la terre comme
l'on a fini par traiter les assignats? par Saint-Aubin. Paris, ventôse
an VII, in-8º.

Principaux articles financiers de Saint-Aubin insérés dans le *Journal
d'économie publique*, qui est lui-même cité plus bas :

Réponse à l'article : Donation des biens nationaux (30 frimaire an V).

Moyen de percevoir les contributions directes (10 germinal an V).

Essai d'un tableau comparatif de la dette publique de l'Angleterre avec
celle de la France (20 et 30 floréal an V).

Observations sur le mémoire des envoyés extraordinaires du commerce concernant les monnaies (30 messidor an V).

Moyen de concilier les projets d'économie de la commission des
finances avec l'urgence des besoins du gouvernement (5ᵉ volume).

1. Des révolutions de France et de Genève. par M. d'Ivernois. Londres,
octobre 1795, in-8º. (Comprend deux ouvrages, le premier intitulé : « La
Révolution française à Genève » ; le second : « Réflexions sur la guerre ».
Ce second ouvrage, ainsi que le « Coup d'œil sur les assignats », sont
réfutés par Calonne dans son *Tableau de l'Europe*.)

État des finances et des ressources de la République française au
1ᵉʳ janvier 1796, par M. D'Ivernois; pour faire suite au « Coup d'œil
sur les assignats » et aux « Réflexions sur la guerre ». Londres, 25
janvier 1796, in-8º. (Répond aux attaques formulées contre lui par Calonne
dans son *Tableau de l'Europe*. Analyse et critiques très vives des opinions émises au Parlement français. Appréciation très chargée de la
situation présente et de l'avenir. 133 p.)

Histoire de l'administration des finances de la République pendant
l'année 1796, par sir François d'Ivernois. Londres et Hambourg, 1797,
in-8º.

Tableau historique et politique de l'administration de la République
française pendant l'année 1797 et des causes qui ont amené la révolution
du 4 septembre, et de ses résultats, par sir François d'Ivernois. Londres,
février 1798, in-8º. (Tableau sous le jour le plus sombre de la situation
financière. Histoire des finances du Directoire remplie de citations et de
faits. Très utile à lire, en faisant la part des exagérations, 358 p.)

son caractère de citoyen étranger, son inimitié profonde contre la France, sa partialité passionnée empêchent qu'on puisse, autant qu'on le voudrait, tirer profit de ses ouvrages. Il faut les lire, bien entendu, s'en servir même, mais toujours avec défiance, en se gardant d'accepter ses appréciations et même ses citations sans les contrôler. Ce travail de contrôle, du reste, ne manque pas d'intérêt et devient souvent très fructueux. Une fois la part faite des exagérations, des sentiments anti-patriotiques et des commentaires de mauvaise foi, beaucoup de vérités s'en dégagent. Les auteurs contemporains bien avisés utilisent les élucubrations de F. d'Ivernois, en évitant toujours de l'inscrire trop en relief parmi leurs sources.

Avec Jollivet[1], nous rentrons dans le cercle des écri-

Tableau historique et politique des pertes que la révolution et la guerre ont causées au peuple français dans sa population, son agriculture, ses colonies, ses manufactures et son commerce, par sir Francis d'Ivernois. Londres, mars 1799, in-8o. (Autre édition, 2 vol. in-8o. Particulièrement instructif, à condition, toujours bien entendu, de faire la large part des exagérations. 502 p.)

Des causes qui ont amené l'usurpation du général Bonaparte et qui préparent sa chute, par sir Francis d'Ivernois. Londres, 15 juin 1800, in-8o. (Revue des actes de la révolution et du début du Consulat. Ouvrage rempli de citations curieuses. 324 p.)

---

1. De la conservation générale des hypothèques. Notions succinctes de cet établissement et de ses principaux effets sur le régime social, par Jollivet, conservateur général des hypothèques. Paris, ventôse an IV, in-4o.

De l'impôt progressif et du morcellement des patrimoines, par Jean-Baptiste-Moïse Jollivet, ex-député à l'assemblée nationale législative et conservateur général des hypothèques. Paris, an V, in-8o. (Epigraphe de l'ouvrage : « C'est le vautour déchirant ses propres entrailles. » D'après l'auteur, en effet, l'impôt progressif se détruit lui-même, puisque la matière imposable doit se dérober successivement et disparaître enfin par le fait du morcellement et de l'absorption des patrimoines. 103 p., avec figures. Compte rendu dans le Journal d'économie publique de Roederer du 20 vendémiaire an V.)

De l'impôt sur les successions, de celui sur le sel et comparaison de ces deux impôts soit entre eux, soit avec les contributions directes, par Jean-Bapt.-Moïse Jollivet. Paris, pluviôse an VI, in-8o.

Pétition de J.-B.-M. Jollivet au conseil des Cinq-Cents, contre l'em-

vains moyens, chez lesquels on peut puiser en sécurité.
Moïse Jollivet s'attacha spécialement à combattre l'impôt
progressif : il le fit sous l'inspiration d'exemples contemporains qui doublent la valeur de ses arguments. Aujour-
d'hui encore, il serait très opportun de ne pas oublier les
motifs qui suscitèrent la verve ardente de l'ancien député,
devenu conservateur des hypothèques.

Montesquiou [1], que nous avons si souvent rencontré à
la Constituante, n'a publié, sous le Directoire, qu'un seul
ouvrage financier : *Du gouvernement des finances de
France*. Mais ce livre fait autorité : chacun le lit et le
commente ; il n'est guère de travail financier de l'époque
qui ne le cite.

Sans le discrédit qui s'attachait à la personne de Calonne [2], le mérite de ses publications politiques et finan-

---

ploi des progressions dans les contributions et les emprunts forcés.
Paris, 11 thermidor an VII, in-8o. (L'auteur rappelle sa pétition à la
Convention nationale du 10 avril 1793 et son précédent ouvrage contre
l'impôt progressif. Il en résume clairement les arguments. 20 pages.)

De l'une des bases de la constitution tirée des principes des finances,
par J.-B.-M. Jollivet. Paris, 1er frimaire an VII, in-8o. (Les fonctionnaires
publics devront justifier qu'ils sont propriétaires de biens fonds et créanciers de l'État. Brochure sans valeur. 16 pages.)

1. Du gouvernement des finances de France d'après les lois constitutionnelles et d'après les principes d'un gouvernement libre et représentatif,
par A.-P. Montesquiou. Paris, an V, 1797, in-8o. (Conditions spéciales
des finances sous la République. Analyse des recettes et des dépenses.
Nécessité des économies et de la fidélité aux engagements. Nouveaux
impôts. Aliénation des forêts. L'ordre et la régularité sont indispensables. Conseils très sages en général. L'ouvrage manque un peu de relief.
138 pages.)

Réponse à P. Montesquiou sur les forêts nationales, par L.-C. Chéron.
Paris, an V, in-8o.

Coup d'œil sur la Révolution française, par le général Montesquiou,
suivi de la réponse du comte d'Antraigues. Genève, 1793, in-12. (1re édition sans nom d'auteur en 1791.)

2. Tableau de l'Europe jusqu'au commencement de 1796, par M. de
Calonne, ministre d'État. Londres, mars 1796, in-8o. (Dans la partie
financière de cet écrit, l'auteur combat les opinions de sir Francis d'Ivernois. Il ne croit pas à la chute prochaine des assignats, ni, en tous cas,
à la ruine de la France. Les moyens révolutionnaires, dit-il, surpassent

cières, spécialement de son *Tableau de l'Europe*, ne serait
pas contesté. Il pouvait, d'ailleurs, n'être pas très difficile
alors, avec une certaine expérience financière, de découvrir, par-dessus les frontières, les maux dont souffrait
la France.

Cambon[1] essaye de justifier sa gestion dans une courte
brochure. Latude[2], sur la fin de sa trop célèbre carrière,
s'adonne sans grand succès à des conceptions chimériques.

Du Pont de Nemours[3] complète par ses écrits ses cou-

---

en force et en étendue les moyens légitimes. Plan pour l'avenir. Appendices sur la population et les richesses de la France. 215 pages. Le
même ouvrage avait déjà paru, sans nom d'auteur, au mois de novembre précédent.)

Lettre de M. de Calonne sur les finances, aux Français. Londres, le
18 février 1797. Paris, in-8o. (Le moyen de restaurer les finances consiste à vider impitoyablement les poches des voleurs publics. Une chambre ardente ferait rentrer au Trésor plus de 4 milliards, 8 pages.)

Lettre à l'auteur des « Considérations sur les affaires publiques au
commencement de l'année 1798 », par de Calonne. Londres, s. d., in-8o.
(Considérations sur la continuation de la guerre : rien de financier.
24 pages.)

Tableau spéculatif de l'Europe, par Dumouriez. (Février 1798.) Hambourg, 1798, in-8o. (Ouvrage réfuté sommairement dans quelques-unes
de ses parties par le précédent de Calonne.)

1. Lettre de Cambon fils aîné à ses concitoyens sur les finances. Paris, s. d., in-8o. (Justification de sa gestion. Annonce le projet d'une publication de tous les documents relatifs à son administration, qui n'a
jamais paru. 16 pages.)

2. Mémoire sur les moyens de rétablir le crédit public dans les finances de la France, par le citoyen Latude. Paris, brumaire an VIII, in-8o.
(L'auteur est le fameux Latude, enfermé 35 ans dans diverses prisons
d'État. Son projet de restauration du crédit public, au moyen d'une
contribution volontaire de 500 millions, ne mérite pas l'examen. 45 pages.)

3. Du Pont de Nemours à ses collègues sur les calculs de Vernier. (On
peut arriver à 528 millions de revenus réguliers sans impositions nouvelles, en percevant celles qui existent ; c'est-à-dire à 78 millions au-dessus de la dépense présumée. Aucune nation n'a de si belles finances. Il
y aurait démence et délit à proposer de nouvelles taxes. Opuscule qui doit
dater du 7e mois de l'an IV (germinal) d'après son texte. 8 pages in-8o).

Calculs de Dupont (du 24 germinal) rectifiés par son collègue Vernier.
Paris, s. d., in-8o.

rageuses interventions oratoires au conseil des Anciens, où nous l'avons vu lutter pour la bonne cause.

Rœderer[1] dirige le *Journal d'économie publique*, avec

L'Historien, 1er frimaire an IV-fructidor an V. Paris, 654 nᵒˢ en 17 vol. in-8° (par du Pont de Nemours, pour la partie littéraire et politique, et Bienaymé pour les séances des Conseils. Les questions financières y sont traitées presque chaque jour. Dans le compte rendu des débats législatifs, les interventions de Du Pont au conseil des Anciens sont spécialement relatées).

1. Journal d'économie publique, de morale et de politique, rédigé par Rœderer, de l'Institut national de France. (Les derniers numéros sont intitulés : Mémoire d'économie publique.) Paris, du 10 fructidor an IV au 30 vendémiaire an VI inclus, 5 vol. in-8°. (Recueil rédigé par Rœderer, Lacretelle aîné, Morellet, Talleyrand-Périgord, Lezay, Dupont de Nemours, Walkenaer, Saint-Aubin, etc.)

Les principaux articles financiers de ce recueil, un des plus sérieux de l'époque, sont les suivants :

En premier lieu, les articles de Saint-Aubin, relatés déjà à la suite des ouvrages du même auteur. Puis les articles ci-après :

Considérations générales sur les monnaies par Mongez, membre de l'Institut national. (10 fructidor an IV.)

Observations sur nos nouvelles monnaies, par Desrotours. (10 brumaire an V.)

Observations du citoyen Des Rautours concernant les monnaies. (10 nivôse an V.)

Des finances, par A. P. M. (30 fructidor an IV.)

Du grand-livre et de la dette publique, par A. P. M. (30 vendémiaire an V.)

Donation des biens nationaux, par Z. (10 frimaire an V.)

De la vente des biens nationaux, par Z. (frimaire an V). (Ces deux articles réfutés par Saint-Aubin dans le nᵒ du 30 frimaire.)

Rapport fait à l'Institut national par Lagrange, Laplace et Legendre, sur le projet de Duvillard pour l'établissement d'une caisse d'économie. (10 brumaire an V.)

De l'impôt direct (20 nivôse an V.)

Réflexions relatives au droit de garantie des ouvrages d'or et d'argent, par G. G. L. Métrophile. (30 germinal an V.)

Mémoire concernant l'établissement d'un impôt sur le tabac, par R. (10 floréal an V.)

Sur le remboursement des deux tiers de la dette publique, par Zollikofer (5ᵉ volume).

Mémoire présenté par les envoyés extraordinaires du commerce au ministre des finances concernant les monnaies, du 5 ventôse an VII, rédigé par Jollivet, inséré in extenso dans le nᵒ du 20 thermidor an V.

Quant à Rœderer personnellement, il publia soit dans le *Journal de Paris*, soit dans le *Journal d'économie publique*, un assez grand nom-

un groupe d'écrivains financiers. Ses œuvres complètes reproduisent ses propres articles, plus faciles à y rencontrer que dans la collection du journal. Celle-ci cependant, une fois qu'on parvient à se la procurer, offre, sous un format commode, outre les articles de fond de Rœderer, des travaux de Des Rotours, Saint-Aubin, Zollikofer, etc., et des chroniques parlementaires, des recueils d'actes publics, des comptes rendus d'ouvrages, qui rendent sa consultation très profitable.

Le remarquable *Essai sur les contributions* de Lecouteulx-Canteleu [1] lui assure une des premières places dans la pléiade, assez peu brillante d'ailleurs, des auteurs financiers d'alors qui produisirent, non pas seulement des pamphlets, mais des volumes. C'est à juste titre que son livre fut réimprimé en 1816.

Parmi les autres publicistes, Mengin [2] et Robin [3] se

lire d'articles (*Des sols dans les républiques, Des expédients de finances*, etc., etc.) qui se trouvent intégralement reproduits dans l'ouvrage suivant :

Œuvres du comte P.-L. Rœderer, pair de France, membre de l'Institut, publiées par son fils. Paris, 1853, 8 vol. gr. in-8°.

1. Lecouteulx-Canteleu à ses compatriotes, les négociants, manufacturiers, fabricants de la Seine-Inférieure, Paris, an IV, in-8°. (Avantages des banques. Elles seules peuvent aujourd'hui relever le crédit de l'assignat. Projet de fondation d'une banque et souscriptions recueillies par les premiers administrateurs : Fulchiron, Laffon-Ladebat, Perregaux, Lebrun, Lecouteulx, Monneron, Johannot, etc. 35 pages.)

Essai sur les contributions proposées en France pour l'an VII, sur celles qui existent actuellement en Angleterre et sur le crédit public, par Lecouteulx, membre du conseil des Anciens, Paris, 10 vendémiaire an VII, in-4°. (Autre édition, 1816, in-8°. Remarquables considérations sur l'impôt direct et indirect, sur l'impôt personnel et l'impôt réel, sur les taxes frappant les objets de luxe et celles qui sont assises sur les objets de première nécessité, en France et en Angleterre. Bases et effets du crédit public. Traité à la fois théorique et pratique, qui n'a certainement pas vieilli. 104 p. in-4°.)

2. Plan de finances pour fonder un nouveau crédit public, par le citoyen Mengin. Paris, germinal an V, in-4°.

Plan de finances pour suffire aux dépenses de l'an IV : casser la plan-

font remarquer par leur fécondité ; Panckoucke [1] continue
la série de ses mémoires sur les assignats commencée, on
s'en souvient, à la fin de la Convention : il en est maintenant à son sixième mémoire. Necker [2] reste ici confondu
avec la foule parce que ses *Dernières vues de politique et
de finances* omettent presque complètement le second
des sujets. Mallet du Pan [3], dans sa célèbre *Correspondance politique*, s'intéresse incidemment aux questions
financières. Citons encore Barère [4], dont certains passages

che aux assignats et rembourser à volonté ceux actuellement en circulation, par le citoyen Mengin. Paris, s. d., in-8°.

Discours sur les finances, par le citoyen Mengin, l'un des agents de
la conservation générale des hypothèques. Paris, an V, in-8°.

Principes de finances d'un peuple agricole et commerçant, par Mengin. S. l. n. d., in-8° (1796).

Plan de finances extrait d'un ouvrage ayant pour titre : « Recherches
historiques sur les principes de finances et du crédit public, » par le
citoyen Mengin. Paris, 1er vendémiaire an VIII, in-8°.

3. Observations sur le projet de loi de Dubois-Crancé, par Charles-
César Robin. S. l. n. d., in-8°.

Société d'assurance d'assignats, par Ch.-César Robin. Paris, 21 ventôse, in-8°.

De la rareté de l'argent en France et des moyens d'y suppléer, par
Charles-César Robin. Paris, an VIII, in-8°.

Sauvons les assignats, la République et Paris sont sauvés, par Charles-César Robin. Paris, s. d., in-4°.

Les billets de banque vont ruiner les assignats et seront pis, par
Charles-César Robin. S. l. n. d., in-8°.

1. Sixième mémoire sur l'assignat, contenant une lettre du citoyen
Panckoucke aux citoyens représentants de la commission des Cinq,
avec un nouveau projet de décret. Paris, 3 frimaire an IV, in-8°. (Nota :
on ne vend point ce mémoire. Destruction de la planche aux assignats.
Echange des assignats en circulation contre des cédules hypothéquées.
8 pages.)

2. Dernières vues de politique et de finances, offertes à la nation
française, par M. Necker. S. l., an X-1802, in-8°. (La partie des finances, reléguée à la fin du volume, contient des considérations générales
assez vagues sans renseignements intéressants.)

3. Correspondance politique pour servir à l'histoire du républicanisme
français, par M. Mallet du Pan. Hambourg, 1796, in-8°.

4. De la pensée du gouvernement républicain, par Bertrand Barère.
S. l., floréal an V, in-8°. (S'élève avec force contre les procédés adoptés
jusqu'à ce jour. Tristes effets des banqueroutes ouvertes ou déguisées.

du livre sur *la Pensée du gouvernement républicain*
sont à méditer ; l'économiste Herrenschwand[1] ; Barbé-
Marbois[2], auquel les bibliographes attribuent un titre
erroné d'ouvrage; Français de Nantes[3] ; Hua[4] ; Arnould[5],
l'auteur de la *Balance du Commerce*, souvent nommé
déjà comme rapporteur au conseil des Anciens, etc.

2° ÉCRITS MOINS NOTOIRES CLASSÉS PAR ORDRE CRONOLOGIQUE

Si nous cessons maintenant d'énumérer individuellement
les divers écrits parus au cours de la période du Directoire,

---

Nécessité de faire cesser les dilapidations et de revenir à l'économie,
tout en augmentant les impôts. Grande sagesse tardive. 180 pages.)

1. De l'économie politique et morale de l'espèce humaine (par Herrenschwand). Londres, 1796, 2 forts vol. gr. in-4°. (Un chapitre intitulé :
Des contributions publiques des peuples cultivateurs.)

2. Mémoire sur les finances par Barbé-Marbois. Ouvrage mentionné,
avec la date de 1797 et le format in-4°, dans presque toutes les biographies, notamment dans les suivantes : Dictionnaire d'économie politique,
Dictionnaire des finances : article Boiteau, Dictionnaire biographique
général, de Firmin-Didot, des contemporains, etc., même l'excellente
notice consacrée à Barbé-Marbois par Antoine Passy (Les Andelys,
1837, in-8°). Cependant nous n'avons pu rencontrer la trace de cet écrit.
C'est à douter qu'il ait été réellement composé. Comment supposer, en
effet, que Barbé-Marbois, en 1797, ait pu faire imprimer un mémoire
sur les finances, quand, jusqu'au mois de septembre de cette année, il
donna tout son temps aux travaux du conseil des Anciens, et qu'après
le mois de septembre il fut privé des moyens d'écrire par le fait de son
exil à Cayenne. Vraisemblablement, il s'est établi une confusion dans
l'esprit des biographes, qui auront considéré comme une publication
spéciale intitulée à tout hasard : Mémoire sur les finances, le grand rapport de Barbé-Marbois sur la situation des finances de la République,
cité plus haut, page 270, lequel porte la date de l'an V (1797) et figure
dans les papiers du conseil des Anciens sous le format in-4°.

3. Coup d'œil rapide sur les mœurs, les lois, les contributions, les
secours publics, par Français (de Nantes). Grenoble, 14 pluviôse an VI,
in-12.

4. Réflexions sur le rapport relatif aux moyens de pourvoir aux dépenses de l'an V, par Hua. Paris, s. d., in-4°. (Avantages du régime
des hypothèques pour l'État et pour les particuliers, 8 pages.)

5. Mémoire sur le retour en France au système monétaire métallique,
par des moyens propres à procurer un secours actuel de 100 millions
en argent, par le citoyen Arnould. Paris, an IV, in-8°.

ce n'est pas que le surplus paraisse dépourvu d'intérêt. Au contraire, parmi les ouvrages qui vont être cités en bloc [1], beaucoup méritent d'être lus ou feuilletés.

---

1. Moyen pour retirer promptement de la circulation une grande quantité d'assignats, par Hayem Worms. Paris, s. d., in-8°.

Mémoire sur la pénurie des finances par un anti-financier. Rouen, an IV, in-8°. (Attribué à Ribart. L'auteur s'élève contre l'agiotage, propose un plan de retirement des assignats, prône l'impôt en nature et donne des détails intéressants sur les irrégularités dans l'exécution de l'emprunt forcé qui vient d'être décrété. 15 pluviôse an IV. 39 pages.)

Au conseil des Anciens. Le 8 frimaire an IV. Plan de finance proposé contre celui qui a été résolu au conseil des Cinq-Cents, par Jacques Annibal Ferrières et Charles Desaudray. S. l. n. d., in-8°.

Et moi je demande l'ordre du jour sur le plan de finance par les citoyens Ferrières et Désaudray, motivé sur ce que leur plan ne mène à rien, par l'auteur de la nouvelle taxe de guerre. S. l. n. d., in-8°.

J'ai la parole sur les finances. 2e édition, avec des développements partiels et les tables graduées des impositions, par Charles Desaudray et Annibal Ferrières. Paris, 28 frimaire an IV, in-8°.

Lettre écrite au bonhomme Richard sur les assignats, par J.-B. Jumelin. Paris, s. d., in-8°.

Assignats remis au pair avec l'argent, par Thirion. Paris, s. d., in-8°.

Finances. Réflexions sur le plan d'une banque territoriale par le citoyen Ferrières, par Cossigny. Paris, 26-29 nivôse an V, in-8°.

Projet de retrait de 30 milliards d'assignats sans démonétisation par F. Jourdan, l'aîné, de Marseille. Paris, 5 frimaire an IV, in-8°.

Moyens faciles de rendre le crédit aux assignats par la concurrence de l'or et de l'argent, par le citoyen Knapen fils. Paris, s. d., in-8°.

Nouveau moyen de rendre le crédit aux assignats, par le citoyen Knapen fils. Paris, frimaire an IV, in-8°.

Projet provisoire d'emprunt progressif, par Lemoine. S. l. n. d., in 8°.

Nouveau plan de finances basé sur la justice et sur l'absolue nécessité, par Robert jeune. Toulouse, 5 nivôse an IV, in-8°.

Opinions de deux bons citoyens sur les finances, par Moulin l'aîné. Paris, s. d., in-8°.

L'ami des prêteurs d'assignats hypothéqués sur les domaines nationaux, par Garnier. Paris, s. d., in-8°.

Lettre à Dubois-Crancé sur l'emprunt forcé, par Louis-Charles-Hyacinthe Marmet. Paris, an IV, in-8°.

Au conseil des Anciens. Projet de retirer les assignats de la circulation, par Toloze. Paris, s. d., in-4°.

Des finances de la République française, par Paul Capon, commissaire à la ci-devant commission exécutive des armes, poudres et mines de la République. Paris, s. d., in-4°.

L'idée dominante de la majorité d'entre eux, pendant
les premières années, est la recherche d'un plan libéra-
teur. Par quel moyen se délivrer de la plaie des assi-

Observations sur le mode de payement du quatrième quart des biens
nationaux, par Paul Capon. Paris, 1796, in-8°.

Mon opinion sur les finances, par Paul Capon. S. l. n. d., in-8°.

Balance de finance, par Fournier. Paris, s. d., in-8°.

Plan d'un emprunt-loterie par J.-L. Lefèbvre. Paris, an V, in-8°.

Réflexions d'un membre du conseil des Cinq-Cents sur la résolution
relative aux négociations de la trésorerie nationale, par Gau. Paris,
4 messidor an V, in-8°.

Rêves sur nos finances, maux à détruire, améliorations à faire, par
Jean-Alexis Borrelly. Marseille, 1er messidor an V, in-8°.

Observations pour les créanciers bailleurs de fonds des ci-devant fermiers généraux, par Sophie Girardin. S. l. n. d., in-8°.

Réponse à l'écrit distribué au Corps législatif le 28 pluviôse an VI
ayant pour titre : « Observations pour les créanciers, etc., » par Verdun, Giricu et Puissant. Paris, s. d., in-8°.

Opinion sur les finances et sur les moyens de payer promptement les
rentiers et les créanciers de la République, par J.-J. S. Paris, vendémiaire an VI, in-8°.

Ressources énergiques de la République française, par Pelletier. Paris, s. d., in-4°.

Notice sur le mode de liquidation de l'arriéré des ministères. Paris,
an VI, in-8°.

La cause de tous les acquéreurs d'immeubles nationaux pendant le
cours légal du papier-monnaie, par le citoyen Meslier. Paris, messidor
an VI, in-8°.

Précis du citoyen Ollivault, sur le plan de finances qu'il propose au
Corps législatif. Paris, s. d., in-4°.

Projet pour retirer tous les assignats de la circulation par un expédient en forme de loterie, par N. Caron. Amiens, s. d., in-8°.

Dernier mot sur les finances, par Le Franc. S. l. n. d., in-8°.

Plan de banque nationale, ou nouveau système de finances, par Ollivault. Paris, s. d., in-8°.

Lettre de Polichinelle à ses compères des deux Conseils..... Nouveau
projet pour libérer l'État sans bourse délier, par Louis-Germain Peti-
tain. Paris, s. d. (1795), in-8°. (Suite de l'écrit cité sans nom d'auteur,
page 210.)

Quelques vues sur les contributions publiques, par P.-F. Charrel.
Paris, s. d., in-8°. Déjà cité page 210.

Mémoire sur les finances et sur les moyens de pourvoir aux besoins
urgents de la République, par F.-V. Aigoin. Paris, s. d., in-8°.

Mobilisation de la dette publique. Le citoyen Jacob au conseil des
Anciens. Paris, s. d., in-8°.

Réclamation des Génois au conseil des Cinq-Cents, contre la propo-

gnats? Autrefois, lors do la création du papier-monnaie, chacun rivalisait d'imagination pour propager ce soi-disant merveilleux instrument do richesse universelle.

---

sition d'autoriser les débiteurs français à payer en inscriptions leurs créanciers étrangers. Paris, s. d., in-8º.

Projet de finances, par Félix Guimberteau. Paris, 1er et 15 vendémiaire an VII, in-8º.

Mémoire sur les finances adressé au Corps législatif, par Mallet. S. l. n. d., in-8º.

Mémoires sur les moyens de payer en numéraire les arrérages de l'an VII du tiers consolidé et de rétablir le crédit public, par F. L. B. Paris, brumaire an VII, in-8º.

Réflexions sur l'état des finances de la République, par J.-B. Paulée. Paris, s. d., in-8º.

Observations sur les finances et les factions, par J.-Ch. Bailleul. Paris, 1799, in-8º. (Publié avant le 30 prairial an VII. Voir la liste complète des ouvrages de Bailleul, dont le nom a été souvent cité déjà, liste que l'auteur dresse lui-même dans son *Dictionnaire critique du langage politique*, in-8º, de 1842.)

Quelques réflexions sur les motifs auxquels on attribue la rareté du numéraire, par André Ostrogothus (Des Rotours). S. l., 1797, in-8º.

Idées sur la pénurie de nos finances et sur un moyen facile de les restaurer, par Noël Famin, Honoré Duhem. Paris, 7 pluviôse an VII, in-8º.

Plan de la banque territoriale, par Ferrières. Paris, 4 ventôse an VII, in-8º.

Plan pour rétablir solidement les finances, par Ferrières. Paris, s. d., in-8º.

Projet d'un emprunt de 100 millions, à 5 p. cent, par le citoyen Muller. Paris, 15 messidor an VII, in-8º.

Projet de répartition de l'emprunt de 100 millions, par le citoyen Martin Crécy. S. l. n. d., in-4º.

Tableau du mode progressif pour l'emprunt de 100 millions, par Sancé. S. l. n. d., in-8º.

Moyen de procurer, dès à présent, le secours extraordinaire de 100 millions résolu par le Corps législatif, par Sabatier. Paris, an VII, in-8º.

Sur les principes et les caractères de l'emprunt forcé. Paris, s. d., in-8º.

Réflexion adressée au conseil des Anciens sur l'emprunt forcé, par un républicain ennemi de toutes les factions. S. l. n. d., in-8º.

Bilan de la République, ou tableau de ses dépenses pendant l'an VIII..., par Hyac. M., de la commune d'Issoudun. Paris, chez l'ex-ministre Ramel et chez tous les marchands de nouveautés, an VII, in-8º. (59 pages.)

Observations sur les résolutions relatives à un impôt sur les billets de spectacle, par Cochet, Paris. s. d., in-4º.

Essai sur l'embarras de nos finances par La Porte. Paris, s. d., in-8º.

Aujourd'hui, chacun rivalise inversement pour prôner son retirement. C'est toujours le même enthousiasme, les mêmes illusions de la part des faiseurs de projets, seulement le but est changé, contraste bibliographique entre les deux époques qui forme une instructive leçon.

La plupart des plans proposés prétendent opérer le retour à la circulation monétaire sans secousse, sans faillite, presque séance tenante, en restituant même aux assignats leur valeur nominale au pair, par le moyen de créations de banques, de caisses hypothécaires, de combinaisons de crédit, d'organisation de loteries, etc.

Les questions d'impôts, dans ce groupe d'auteurs secondaires, sont surtout abordées aux points de vue de la progressivité des tarifs et de la taxation des riches, sujets qu'alimentèrent les deux opérations d'emprunt forcé.

Du rétablissement de l'ordre dans les finances, par une organisation nouvelle de la trésorerie et de la comptabilité, par Paulin Crassous. Paris, frimaire an VIII, in-8°.

Doctrine sur l'impôt, par Guiraudet, lu à l'Institut national. Paris, an VIII, in-8°. (Cet ouvrage s'attache, en vertu de déductions soi-disant théoriques, à prôner de parti pris l'imposition du blé et des objets de première nécessité. Guiraudet cependant s'était adonné avec succès aux études financières. Ses biographes lui attribuent un ouvrage : *Erreurs des économistes sur l'impôt*, 1790, in-8°, que nous n'avons pas mentionné à sa date.)

Quelques idées sur les finances, par le citoyen Viot, l'un des régisseurs de l'enregistrement et du domaine national. Paris, an VIII, in-8°. (Revue sérieuse et intéressante des impôts existants et de leurs développements possibles. Réfute le projet d'imposer les blés. 226 pages.)

Idées sur l'administration des finances par le citoyen Delafontaine. Paris, an VIII, in-8°.

Idées sur l'état actuel des finances adressées aux Conseils de la République, par Arm. Séguin. 2° édit. Paris, an IX, 1801, in-4°.

Procès-verbal de la séance des banquiers et négociants convoqués chez le consul Bonaparte, le 3 frimaire an VIII. S. l. n. d., in-4°.

Plan de finances par le moyen duquel les rentiers seront immédiatement réintégrés dans la totale propriété de leurs anciens capitaux..., par le citoyen P. D. L. G. (G. Poncet de La Grave). Paris, an VIII, in-8° (27 pages). Autre édition de 29 pages.

Moyens assurés de parvenir à la formation d'un système général de finances en France et d'amortir l'intégralité de la dette publique..., par M. G. D. G. (Grouber de Groubental). Paris, an VIII (1800), in-8°.

Puis quelques livres s'occupent des principes mêmes de l'impôt, tels que celui de Guiraudet, qui ne craint pas de préconiser la taxation des objets de première nécessité, et celui de Viot qui le réfute.

Nous séparons à la fin deux lots de brochures caractéristiques, le premier consacré aux plaintes des rentiers, pensionnaires et fonctionnaires impayés [1], le second con-

---

1. La grande joie des rentiers d'apprendre qu'ils vont être payés en numéraire.

Le cri des rentiers. S. l. n. d., in-8°.

Le défenseur officieux des rentiers, par Debauve, rentier lui-même. S. l. n. d., in-8°.

Le carnaval des rentiers et des pensionnaires de la République une et indivisible, avec des couplets sur huit airs différents. Paris, s. d., in-8°.

Mémoire en faveur des rentiers de l'État, par Lhoste de Beaulieu. Paris an V, in-8°.

Le vœu général en faveur des créanciers de rentes sur l'État, par H. Duveyrier. Paris, s. d., in-8°.

Rentes perpétuelles et viagères. Premières observations sur le rapport fait par Cretet le 29 messidor, par Ollivier. Paris, s. d., in-4°.

Rentes perpétuelles et viagères. Seconde observation, par Ollivier. Paris, s. d., in-4°.

Sur le remboursement des deux tiers de la dette publique, par J.-C. Zollikofer. Paris, an V-1797, in-8°. Déjà cité page 308.

Association des rentiers de la République, par Tolozé. Paris, an VI, in-4°.

Réclamations des rentiers et pensionnaires de l'État au Directoire exécutif. Paris, an VI, in-8°.

Le grand cri des rentiers. Paris, 9 vendémiaire an VI, in-8°.

Lettre sur le tiers provisoire, la dette exigible, la commission intermédiaire, etc., etc., écrite au citoyen Saint-Aubin, professeur de législation, par le citoyen Jean-Franç. Ruiné-Définitif, créancier de la dette exigible. S. l., 15 floréal an VII, in-4°.

Payez ou protégez les rentiers de l'État, par Morel. Paris, s. d., in-8°.

Rentiers de l'État. Additions à faire au projet de loi sur les transactions, par Ollivier. Paris, s. d., in-8°.

Rentes perpétuelles et viagères constituées en assignats, ou réfutation des on dit et des erreurs imputées à la nouvelle commission des finances, par Ollivier, homme de loi. Paris, s. d., in-8°.

Les rentiers de l'État plus maltraités que les morts, par Ollivier. Paris, s. d., in-4°.

Réponse à la lettre d'un rentier, par le citoyen Corrot. S. l. n. d., in-8°.

tenant l'expression de l'indignation publique contre les
prévaricateurs[1].

Enfin, aux derniers jours du Directoire, une intéressante
querelle financière porta sur la comparaison des finances
de l'Angleterre et de celles de la France [2], querelle sus-
citée par les attaques antérieures, plus ou moins récentes,
de Th. Paine et Lanthenas [2], de Saint-Aubin [3], de Sabatier, [4] etc., contre le système anglais, dont la brochure

---

1. Prenez garde à vos poches! Vous êtes volés et vous le serez toujours ! S. l. n. d., in-8º.

Dialogue entre l'ingénu et un député, sur les finances, les impôts et
les dilapidations. Paris, s. d., in-8º.

Liste des députés enrichis depuis la révolution et leur commerce
secret. Paris, s. d., in-8º.

Liste des coquins qui se sont enrichis de l'or et de l'argent de la République. Paris, an V, in-8º.

Méthode economico-patriotique pour engraisser en très peu de temps
les oies et dindons de la République française. S. l. n. d., in-8º.

Histoire curieuse et véritable des enrichis de la révolution. Paris,
an VI, 1798, in-8º.

Liste générale et qualités des fripons qui ont volé la République, par
Hennequin. Paris, s. d., in-8º.

Liste générale des noms et qualités des coquins, des fournisseurs in-
fidèles, des dilapidateurs du trésor public, des agioteurs, par Genthon.
Paris, s. d., in-8º.

2. Décadence et chute du système de finances de l'Angleterre, par
Th. Paine..... Traduit de l'anglais par F. Lanthenas, membre du
conseil des Cinq-Cents. Paris, s. d. (1796), in-8º (La préface de Lanthenas déclare que le système financier anglais va s'écrouler. Paine,
en effet, d'après des symptômes certains, des faits connus, des données
officielles, prédit sa banqueroute presque à date fixe. « Il ne durera pas
« la vie de Pitt, en supposant à Pitt une vie d'homme. » L'insolvabilité
existe déjà ; la déclaration de banqueroute devient dès lors forcément
imminente. Ouvrage fortement composé, où le crédit est considéré
comme une chimère dangereuse. Daté du 19 germinal an IV, 8 avril
1796. 50 pages y compris les notes de Lanthenas.)

3. Œuvres de Saint-Aubin, déjà citées, spécialement son tableau
comparatif de la dette publique de l'Angleterre avec celle de la France.

4. Tableau de comparaison entre les contributions et les dépenses annuelles de l'Angleterre en 1797 et les contributions et dépenses annuelles de la République française en l'an VI; par le C_{en} Sabatier. Paris, an
VII, in-4º. (Exposé de la situation comparative des deux pays. Les Anglais payent 76 fr. d'impôts par tête et les Français 14 fr. 50 seulement.
La seule supériorité de l'Angleterre réside dans son crédit. C'est le crédit
qu'il faut rétablir chez nous. 24 pages, 2 tableaux.)

allemande do Gentz [1], publiée sous l'invocation de d'Ivernois, entreprit la défense. Gentz affirmait, et l'avenir a
confirmé ses assertions, que la richesse de la Grande
Bretagne dépassait alors en importance sa dette et ses
contributions. Fonvielle [2] lui répondit dans deux volumes
érudits, et d'Hauterive [3], dans un in-octavo imprimé et
distribué à peu près officiellement.

En ce qui concerne l'état réel des affaires du pays au
moment du changement do régime, consulter, pour terminer, l'ouvrage très connu de M. Félix Rocquain [4].

1. Essai sur l'état actuel de l'administration des finances et de la
richesse nationale de la Grande-Bretagne, par Frédéric Gentz. Londres
et Hambourg. Paris, 1800, in-8o (Daté de Berlin, 18 janvier 1800. La
thèse de l'auteur consiste, en résumé, à montrer que la richesse de l'Angleterre n'a pas cessé de progresser et que dès lors sa situation financière
n'a rien d'inquiétant 275 p.)

2. Situation de la France et de l'Angleterre à la fin du xviiie siècle, ou
conseils au gouvernement de la France, et réfutation de l'Essai sur les
finances de la Grande-Bretagne par Frédéric Gentz, par le citoyen
Fonvielle aîné, de Toulouse. Paris, octobre 1800, 2 vol. in-8o. (Les
finances ne sont abordées que dans le second volume, qui contient
365 pages, où se trouvent beaucoup de bonnes idées et de nombreux
renseignements sur la situation des deux pays. Fonvielle avait déjà publié : *Essai sur l'état actuel de la France, 1er mai 1796.* Paris, 1796
(25 prairial an IV), ouvrage didactique de 416 pages, contenant des chapitres sur les finances, les impôts et les assignats, remplis de considérations générales assez vagues.

3. De l'état de la France à la fin de l'an VIII. Paris, brumaire an IX,
octobre 1800, gr. in-8o. (Par Alex.-Maurice Blanc d'Hauterive, conseiller d'Etat. « M. de Talleyrand, dit Joseph de Maistre a fait écrire sous
« ses yeux par un homme de confiance et même a composé, en grande
« partie, un ouvrage intitulé : « Etat de la France. » Les questions
diplomatiques sont spécialement traitées dans la première partie. La
seconde partie, consacrée à la situation économique, s'en prend directement à Gentz, et lui oppose des considérations, rédigées en très bon
style, sur les difficultés d'évaluer la richesse réelle d'une nation, ainsi
que ses forces contributives, et la mesure de son crédit. 350 pages.)

4. L'état de la France au 18 Brumaire, d'après les rapports des con-
seillers d'Etat chargés d'une enquête sur la situation de la République,
avec pièces inédites de la fin du Directoire, publiés pour la première
fois..., par Félix Rocquain. Paris, 1874, in-12. (Une excellente introduction de M. Rocquain résume la série de documents officiels que contient ce volume, cité, à juste titre, par tous les historiens. On y trouve,
à la fois, l'épilogue du Directoire jugé par ses œuvres et le point de
départ du Consulat. 426 pages.)

CHAPITRE FINAL

La bibliographie laisse aux lecteurs eux-mêmes le soin de tirer une moralité des faits et des théories placés sous leurs yeux.

Cette moralité, d'ailleurs, devient ici presque banale à force d'être évidente et tant de fois démontrée au cours du siècle. Elle se résume simplement dans la formule suivante : le désordre aboutit inévitablement à la ruine. Ou bien, d'une manière inverse : la prospérité des finances ne saurait s'établir ou se maintenir que par la stricte observation des règles d'ordre et d'économie. Voilà ce qu'à chaque page redit l'histoire qui vient d'être feuilletée.

Ainsi, depuis le début du siècle jusqu'à la mort du grand roi, la seule mesure régulière qui fut prise consista dans la création normale d'un impôt de guerre, le dixième. Ce fut corrélativement aussi la seule mesure salutaire. En dehors de là, les expédients hétérogènes inventés pour se procurer de l'argent, ventes d'offices, émissions de papiers, anticipations, surhaussement des monnaies, etc., ne firent qu'aggraver le mal, en ruinant le pays, réservoir même où s'alimente le Trésor.

Cette vérité sembla comprise par les hommes d'État du début de la Régence, qui effectuèrent alors sans trop d'encombres la liquidation de l'arriéré sous la direction du duc de Noailles, président du Conseil des finances, adversaire courageux de toute idée de banqueroute.

Mais à peine sortie d'affaire, la France céda aux invraisemblables séductions du système de Law, dont les conséquences si rapidement désastreuses auraient dû, pour toujours, détourner les plus utopistes de l'amour du papier-monnaie.

Bien que l'administration relativement sage du cardinal de Fleuri ait évité le retour de nouveaux accidents financiers, les abus essentiels au système de l'ancien régime n'en subsistèrent pas moins. Et comme les tentatives de Machault et de Silhouette pour les extirper échouèrent, comme la propagande éclairée de l'école des physiocrates ne parvint pas à sortir du domaine de la théorie, on vit les banqueroutes de l'abbé Terray former l'épilogue nécessaire du règne de Louis XV.

Les choix que fit Louis XVI de Turgot pour ministre, puis de Necker, tous deux inspirés de principes réguliers, laissèrent un instant supposer que la monarchie allait remonter le courant. Encore aujourd'hui, l'historien se demande avec inquiétude si les violences de la Révolution ne pouvaient pas être prévenues à ce moment décisif; si la situation était déjà perdue; si l'ordre financier, restauré par une ferme et persistante volonté, n'eût pas alors accompli ses miracles ordinaires.

Malheureusement, Calonne représentait le contraire même de l'ordre : le grand jour de l'assemblée des notables ne le démontra que trop clairement.

De sorte que, retombant dans ses détestables pratiques financières, la monarchie en arriva, non seulement d'abord à la faillite partielle, qui lui était habituelle, mais enfin à l'impuissance absolue de trouver désormais nulle part aucun nouveau subside.

C'est sous le coup de cette impuissance qu'elle succomba. La conséquence de ses fautes, pour avoir été longue à se produire, devint d'autant plus irrémédiable. Le ministre Brienne, désespérant de jamais parvenir à combler le vide du Trésor, se retira. Necker dut reconnaître, lui-même, que le crédit avait cessé de répondre à son appel, que les forces financières de l'ancien régime se trouvaient définitivement épuisées. Un invincible déficit détermina ainsi l'avènement du régime nouveau.

Sous ce régime nouveau, les mêmes enseignements se répètent avec plus d'intensité, parce que les faits deviennent plus extrêmes. L'assemblée constituante débute par les larges discussions théoriques qui lui font tant d'honneur, d'où naquit l'organisme fiscal que nous voyons toujours debout. Mais la crainte des révoltes populaires l'ayant empêchée d'achever son œuvre, elle se livre aux séductions fatales du papier-monnaie. Une fois sur cette pente, ses successeurs ne s'arrêteront plus.

L'histoire financière de la Législative, de la Convention et des débuts du Directoire se résume, en effet, dans l'histoire même des assignats, dont successivement une valeur de quarante-cinq milliards inonda le pays. L'immense gage des domaines nationaux, l'argenterie des églises, le métal des cloches, le mobilier des émigrés et des condamnés sont gaspillés. Le papier tombe à des taux dérisoires, jusqu'à ce que sa faillite complète, sa démonétisation définitive aient été proclamées. La rente et les pensions à leur tour sombrent pour les deux tiers de leur montant dans ce naufrage. De tels allégements ramènent-ils au moins la prospérité financière? Jamais, au contraire, on ne vit détresse plus profonde. C'est que le désordre persiste, en dépit des sages conseils qui commencent à devenir perspicaces, en dépit des efforts du ministre des finances, dont la bonne volonté est tenue en échec. Le désordre forme la caractéristique et corrélativement la cause déterminante de la ruine des finances du Directoire.

La suite des événements au delà du dix-huitième

siècle l'a bien prouvé d'ailleurs. Car aussitôt qu'intervient un gouvernement ordonné, aussitôt qu'un homme, habitué à mettre chaque chose à sa place par le fait même de son instinct militaire, prend les affaires en mains, les difficultés s'aplanissent, l'équilibre règne dans les budgets, la prospérité se rétablit.

Telles sont les vérités élémentaires que le lecteur des ouvrages cités au cours de cette bibliographie dégagera spontanément, puisque, encore une fois, c'est à lui qu'appartiennent les conclusions historiques.

Pour nous, demeurant dans le rôle plus modeste de collectionneur de livres, nous ne pouvons qu'exprimer en terminant ici le sentiment d'admiration qu'inspire la merveilleuse fécondité de l'esprit humain, d'où tant de productions diverses ont jailli. Non seulement leur nombre est considérable ; mais que de recherches, que de réflexions, d'aspirations, de contention de la pensée, de dépenses en travail et en talent représente cet immense répertoire !

Et notez qu'il ne s'agit ici que des finances, c'est-à-dire d'un coin de l'économie politique, laquelle ne forme elle-même qu'une branche des sciences sociales, confondues à leur tour dans le groupe plus étendu des sciences philosophiques ! Pour ces simples questions de finances, pendant tout le cours du dix-huitième siècle, le cerveau de l'homme s'est échauffé, torturé, passionné, au point d'arriver à produire une bibliothèque, dont la mise en catalogue seule constitue un effort !

Passe encore pour les personnages officiels, que leurs hautes fonctions obligent à composer des rapports ou des comptes rendus. Mais le particulier, que rien ne force à sortir de son attitude passive, prend fiévreusement la plume, trace ses idées sur le papier, les livre à l'impression, les répand dans le public, en dépit de la peine et des frais, des risques de critiques, des souffrances d'amour-propre, du trouble peut-être de sa vie !

Tant est puissante la vision du bien, la poussée vers le progrès, l'impulsion qui nous arrache à nous-mêmes! L'homme que ces sentiments possèdent, par une singulière et noble spontanéité de sa nature, ne se croit plus maître de garder pour lui seul le fruit de ses labeurs et de ses réflexions. Souvent il s'illusionne et le produit qu'il met au jour ne valait pas la peine de naître. Mais souvent aussi la postérité doit un chef-d'œuvre à cet incessant désir de procréation intellectuelle.

D'un bout à l'autre du siècle, le phénomène se renouvelle, avec une recrudescence particulière aux époques de crises.

Peut-être, d'ailleurs, avons-nous incidemment assigné un rôle trop secondaire aux questions de finances. En y regardant de près, on reconnaît que, pendant le cours du dix-huitième siècle, les finances exercèrent, au contraire, sur les esprits et sur les faits une influence remarquable.

Ce sont les fautes de leur gestion qui aggravèrent jusqu'au désastre les maux des dernières années du règne de Louis XIV. Ce sont-elles qui dominèrent les événements de la Régence ; elles encore qui envenimèrent sous Louis XV les haines funestes de castes; c'est par elles que Louis XVI sembla vouloir régénérer le pays. Enfin, c'est la chute des finances qui provoqua la chute de la monarchie et qui, dix ans plus tard, par la crainte d'un nouvel emprunt forcé, précipita, à son tour, la Révolution dans les bras d'un sauveur.

Rien de surprenant, dès lors, que les finances occupent une si large place dans les productions de l'esprit humain au cours de ces cent ans.

L'histoire générale du pays se lit, en résumé, dans la présente bibliographie, toute spéciale qu'elle soit. Ce qui prouve une fois de plus que, pour être complètes, les études historiques peuvent difficilement se passer du concours des études financières.

TABLE PAR ORDRE ALPHABÉTIQUE
DE TOUS LES NOMS D'AUTEURS
CITÉS DANS LA BIBLIOGRAPHIE HISTORIQUE

TABLE GÉNÉRALE DES MATIÈRES

Librairie GUILLAUMIN et Cie

14, Rue Richelieu, Paris

EXTRAIT DU CATALOGUE

Nouveau Dictionnaire d'Économie politique, publié sous la direction de M. Léon SAY, de l'Académie française, et de M. Joseph CHAILLEY-BERT. 2 vol. gr. in-8. Prix, brochés.................................... 55 fr.
Demi-reliure veau ou chagrin................................... 64 fr.

Traité de la Science des Finances, par M. Paul LEROY-BEAULIEU, membre de l'Institut. 5ᵉ édition, 2 volumes in-8. Prix................... 25 fr.

Les Finances de l'ancien régime et de la Révolution, origines du système financier actuel, par M. René STOURM, ancien inspecteur des Finances et ancien administrateur des contributions indirectes. 2 vol. in-8. Prix .... 16 fr.

État de la France en 1789, par Paul BOITEAU, 2ᵉ édition, avec une *notice* par M. Léon ROQUET et des *annotations* de M. GRASSOEILLE, archiviste. 1 vol. in-8. Prix... 10 fr.

Traité d'Économie politique, sociale ou industrielle, par Joseph GARNIER, membre de l'Institut. 1 vol. in-18. Prix..................... 7 fr. 50

Traité d'Économie politique, par M. COURCELLE-SENEUIL, membre de l'Institut. 3ᵉ édition. 2 vol. in-18. Prix........................ 7 fr.

Les Causes financières de la Révolution Française, 1ʳᵉ partie. *les Ministères de Turgot et de Necker*; 2ᵉ partie. *Les derniers contrôleurs généraux*, par Charles GOMEL. 2 vol. in-8. Prix, chacun............. 8 fr.
Les deux volumes.. 16 fr.
Les volumes se vendent séparément.

La Caisse nationale de prévoyance ouvrière et l'intervention de l'État, par Eugène ROCHETIN. Historique, définition et avantages du principe mutuel. Critique du projet de la Commission du travail (Rapport de M. Guieysse) et exposé d'un projet nouveau sans charges pour le budget. 1 vol. in-18. Prix.. 3 fr. 50

Réformes pratiques dans le régime des impôts, par M. Édouard COHEN. 1 vol. in-18. Prix.. 3 fr. 50

Annuaire de l'Économie politique et de la statistique, 51ᵉ année, 1894, par M. Maurice BLOCK, de l'Institut. Un fort vol. in-18. Prix.... 9 fr.

A B C des changes étrangers, par M. G. CLARE, traduit de l'anglais par M. G. MACREL. 1 volume petit in-8ᵉ. Prix............................. 5 fr.

Poitiers. — Imprimerie BLAIS, ROY et Cie, 7, rue Victor-Hugo.

www.ingramcontent.com/pod-product-compliance
Lightning Source LLC
Chambersburg PA
CBHW050451270326
41927CB00009B/1699